刑事诉讼原理与实务

（第二版）

主　　编：韩德利

副 主 编：徐振科　李士虎　梁志刚

参编人员：（以撰写章节先后为序）

韩德利　刘增娥　杨国标

李士虎　李永和　胡继华

徐振科　梁志刚　邵书平

法律出版社
LAW PRESS · CHINA
——北京——

图书在版编目(CIP)数据

刑事诉讼原理与实务 / 韩德利主编. -- 2 版. -- 北京 : 法律出版社, 2020(2023.2 重印)
ISBN 978 - 7 - 5197 - 4381 - 9

Ⅰ. ①刑… Ⅱ. ①韩… Ⅲ. ①刑事诉讼法－中国－高等学校－教材 Ⅳ. ①D925.2

中国版本图书馆 CIP 数据核字(2020)第 056503 号

刑事诉讼原理与实务(第二版)
XINGSHI SUSONG YUANLI YU SHIWU(DI - ER BAN)

韩德利 主编

责任编辑 李 群 陈 熙
装帧设计 贾丹丹

出版发行 法律出版社
编辑统筹 法规出版分社
责任校对 张红蕊
责任印制 耿润瑜
经　　销 新华书店

开本 710 毫米 × 1000 毫米 1/16
印张 24.5 **字数** 466 千
版本 2020 年 7 月第 2 版
印次 2023 年 2 月第 2 次印刷
印刷 永清县金鑫印刷有限公司

地址:北京市丰台区莲花池西里 7 号(100073)
网址:www.lawpress.com.cn
投稿邮箱:info@lawpress.com.cn
举报盗版邮箱:jbwq@lawpress.com.cn

销售电话:010 - 83938349
客服电话:010 - 83938350
咨询电话:010 - 63939796

书号:ISBN 978 - 7 - 5197 - 4381 - 9
定价:48.00 元
凡购买本社图书,如有印装错误,我社负责退换。电话:010 - 83938349

第二版说明

2018年10月26日第十三届全国人民代表大会常务委员会第六次会议对《刑事诉讼法》进行了第三次修正。本次修正主要包括以下内容：

一、完善与监察法的衔接机制，调整人民检察院侦查职权

1. 删去人民检察院对贪污贿赂等案件行使侦查权的规定，保留人民检察院在诉讼活动法律监督中，发现司法工作人员利用职权实施的非法拘禁、刑讯逼供、非法搜查等侵犯公民权利、损害司法公正的犯罪的侦查权。

2. 相应修改有关程序规定，在《刑事诉讼法》关于侦查期间辩护律师会见经许可、指定居所监视居住、采取技术侦查措施的规定中，删去有关贪污贿赂犯罪的内容，并完善《刑事诉讼法》关于“侦查”定义的表述。

3. 对人民检察院审查起诉监察机关移送的案件、留置措施与刑事强制措施之间的衔接机制作出规定。明确人民检察院对于监察机关移送起诉的案件，依照《刑事诉讼法》和《监察法》的有关规定进行审查；认为需要补充核实的，应当退回监察机关补充调查，必要时可以自行补充侦查；对于监察机关采取留置措施的案件，人民检察院应当对犯罪嫌疑人先行拘留，留置措施自动解除，人民检察院应当在10日以内作出是否逮捕、取保候审或者监视居住的决定。在特殊情况下，决定的时间可以延长。

二、建立刑事缺席审判制度

为了加强反腐败和国际追逃追赃工作的需要，在《刑事诉讼法》第五编特别程序中增设缺席审判程序一章，主要规定以下内容：

1. 建立犯罪嫌疑人、被告人潜逃境外的缺席审判程序，规定对于贪污贿赂等犯罪案件，犯罪嫌疑人、被告人潜逃境外，监察机关移送起诉，人民检察院认为犯罪事实已经查清，证据确实、充分，依法应当追究刑事责任的，可以向人民法院提起公诉。

2. 规定犯罪嫌疑人、被告人潜逃境外的缺席审判的具体程序。一是，明确由犯罪地、被告人离境前居住地或者最高人民法院指定的中级人民法院组成合议庭进行审理。二是，规定人民法院通过司法协助方式或者受送达人所在地法律允许的其他方式，将传票和起诉书副本送达被告人。三是，规定被告人未按要求归案的，人民法院应当开庭审理，依法作出判决，并对违法所得及其他涉案财产作出处理。

3. 充分保障被告人的诉讼权利。一是，对委托辩护和提供法律援助作出规定。二是，赋予被告人的近亲属上诉权。三是，规定人民法院应当告知罪犯有权对判决、裁定提出异议。罪犯提出异议的，人民法院应当重新审理。这样规定，不违反刑事诉讼的公正审判和程序参与原则，也符合国际上通行的司法准则的要求。

4. 根据司法实践情况和需求，增加对被告人患有严重疾病中止审理和被告人死亡案件可以缺席审判的规定。

三、完善刑事案件认罪认罚从宽制度和增加速裁程序

2014 年 6 月，全国人大常委会作出授权最高人民法院、最高人民检察院在部分地区开展刑事案件速裁程序试点工作的决定。2016 年 9 月，又作出授权最高人民法院、最高人民检察院在部分地区开展刑事案件认罪认罚从宽制度试点工作的决定。总结试点工作中行之有效的做法，对《刑事诉讼法》作以下修改补充：

1. 在《刑事诉讼法》第一编第一章中明确刑事案件认罪认罚可以依法从宽处理的原则。

2. 完善刑事案件认罪认罚从宽的程序规定。包括：侦查机关告知诉讼权利和将认罪情况记录在案；人民检察院在审查起诉阶段就案件处理听取意见，犯罪嫌疑人认罪认罚的，签署认罪认罚具结书；人民检察院提出量刑建议和人民法院如何采纳量刑建议；人民法院审查认罪认罚自愿性和具结书真实性合法性等。增加规定，犯罪嫌疑人认罪认罚，有重大立功或者案件涉及国家重大利益的，经最高人民检察院核准，可以不起诉或者撤销案件。

3. 增设速裁程序。适用于基层人民法院管辖的可能判处 3 年有期徒刑以下刑罚、被告人认罪认罚，民事赔偿问题已经解决的案件。规定速裁程序不受《刑事诉讼法》规定的送达期限的限制，不进行法庭调查、法庭辩论，但应当听取被告人的最后陈述意见；应当当庭宣判。同时，对办案期限和不宜适用速裁的程序转化作出规定。

4. 加强对当事人的权利保障。对诉讼权利告知、建立值班律师制度，明确将认罪认罚作为采取强制措施时判断社会危险性的考虑因素等作出规定。

基于以上对《刑事诉讼法》的修改，本教材也进行了修订。主要包括以下内容：

1. 在第一章第二节增加一项基本原则“认罪认罚从宽处理原则”。

2. 在“第三章管辖制度第一节立案管辖”中对人民检察院直接受理的案件进行了调整。

3. 在“第五章辩护与代理制度”第一节增加值班律师制度。

4. 在“第十一章侦查程序”中，对侦查的概念进行了调整。

5. 在“第十二章起诉程序第二节提起公诉程序”中，增加了与《监察法》衔接相关的内容和犯罪嫌疑人认罪认罚的程序规定。

6. 在“第十三章刑事审判基本制度第三节审判组织”中，对合议庭的组成进行了调整。

7. 在第十四章增加一节“速裁程序”，作为第四节。

8. 在第十九章增加一节“缺席审判程序”，作为第三节。

另外，基于本次对《刑事诉讼法》的修改，其法条数由 290 条增加为 308 条，法条的次序也有较大变化，因此本次修订教材，对书中引用的法条也逐一进行了修订。对于案例中引用的法条，由于审判案件时适用的是修改前的《刑事诉讼法》，所以对于其中不适宜调整的法条没有进行修订。

韩德利

2019 年 2 月

前　言

《刑事诉讼原理与实务》在每一章都配有若干实训案例，突出理论联系实际，注重培养学生的实践能力。本教材注重培养学生的法治思维，使学生形成良好的法律职业素养，树立人权保障意识和尊法守法意识。

本教材共分六大模块十九章。

第一模块是刑事诉讼基本原理。该模块包括刑事诉讼与刑事诉讼法的概念和理论，重点内容是刑事诉讼的基本原则和刑事诉讼的主体。

第二模块是刑事诉讼基本制度。该模块是刑事诉讼中应遵循的基本制度，包括管辖制度、回避制度、辩护与代理制度、刑事证据制度、刑事强制措施制度、附带民事诉讼制度和期间与送达制度。

第三模块是侦查与起诉程序。该模块是立案、侦查和起诉的程序，重点内容为立案程序和立案监督、侦查行为和遵循的程序、公诉案件和自诉案件的起诉程序。

第四模块是审判程序。该模块是刑事审判的基本制度和程序，重点内容为第一审程序、第二审程序、死刑复核程序和审判监督程序。

第五模块是执行程序。该模块是刑事执行程序，重点内容包括判决、裁定的执行程序，执行变更和执行监督。

第六模块是特别程序。该模块是针对特殊案件的刑事诉讼程序，包括未成年人、精神病人和涉外案件的刑事案件诉讼程序，当事人和解的公诉案件诉讼程序、违法所得的没收程序等。

《刑事诉讼原理与实务》由韩德利任主编，徐振科、李士虎、梁志刚任副主编。全书经韩德利、徐振科审查修改定稿。各章撰稿人为（以撰写章节先后为序）：

韩德利　（河北司法警官职业学院）：第一章、第二章。
刘增娥　（河北司法警官职业学院）：第三章、第十八章。
杨国标　（云南司法警官职业学院）：第四章、第五章。
李士虎　（四川司法警官职业学院）：第六章、第七章。
李永和　（山西警官职业学院）：第八章、第十二章。
胡继华　（新疆司法警官学校）：第九章、第十六章、第十七章。
徐振科　（河北司法警官职业学院）：第十章、第十一章。
梁志刚　（河南司法警官职业学院）：第十三章、第十四章、第十五章。
邵书平　（新疆兵团警官高等专科学校）：第十九章。

目　　录

第一模块　刑事诉讼基本原理

第三模块 侦查与起诉程序

第四模块 审判程序

第六模块　特别程序

第一模块　刑事诉讼基本原理

第一章

刑事诉讼概述

本章导读

通过本章的学习，了解刑事诉讼的概念、特征、阶段、职能和基本理念，掌握刑事诉讼法的渊源、目的和任务，明确刑事诉讼法的基本原则，逐步形成运用刑事诉讼法基本原则的理论分析问题、解决问题的能力。

导入案例

雍某某杀人案

2008 年 1 月 19 日 11 时许，通化市公安局东昌分局接到尹某报案称：其 74 岁的母亲白某被杀死于自家蔬菜水果店内。经警方勘查，白某系被他人用钝器打击头部致死。次日，警方在现场附近的铁路 292 号楼走访时，在该楼一单元二、三楼间缓台上发现一袋橙子，结合案发现场有散落橙子这一情况，警方认为可能与案件有关，将之提取指纹送检；同时在周围对外来人口及家庭条件较差的，可能铤而走险的人员进行排查，提取指纹，其中就有来自四平市农村的雍某某。经鉴定，塑料袋上唯一可查清的指纹与雍某某指纹一致。2008 年 3 月 5 日，公安机关在四平市家中将雍某某抓获。

通化市人民检察院指控：案发当日，雍某某与白某因琐事发生口角，产生报复及抢劫之念，遂从自家取来斧子，到水果店内以买橙子为由，趁其不备用斧子猛击白某头部，将其打倒在地。为避免被人发现，雍某某将其拖至室内，见白某仍有呼吸，便将其面部用枕巾盖上后又用斧子连续击打头部数下，致其颅脑重度损伤，当场死亡，后抢走10余元逃离现场。

2009年7月，通化市中级人民法院以故意杀人罪判处雍某某死刑，缓期二年执行。雍某某不服，以被“刑讯逼供”为由，提出上诉。吉林省高院裁定，认为本案事实不清、证据不足，撤销原判，发回重审。

在重审期间，羁押在看守所内的雍某某，曝出顶罪线索。2010年3月，雍某某在通化市看守所羁押期间，向同监舍王某承诺如果其能帮助顶罪，则给其10万元钱，王某同意。在公安机关对王某提审时，他供认雍某某抢劫案系其所为，但在民警带其指认现场时，未找到案发现场，遂向公安机关交代了顶罪事实，并在监舍内发现了4张雍某某所画的案发现场草图。

基于以上新情况，通化市法院于2010年12月，再次以抢劫罪判处雍某某死刑。雍某某以“没有杀人”为由，提出上诉。而被害人的女儿尹某认为民事赔偿数额过低，也提出上诉。2012年6月，吉林省高院再次裁定，认为本案事实不清、证据不足，发回重审。2014年10月，通化市法院第三次判决，雍某某犯故意杀人罪，判处死刑，缓期二年执行，赔偿附带民事诉讼原告人尹某合理经济损失2.1万余元。雍某某与尹某均不服，上诉至吉林省高院。吉林省高院于2015年5月开庭审理此案。

二审期间，控辩双方均未提出新的证据，吉林省高院对四个焦点问题进行了评判：

焦点一：铁路292号楼发现的橙子，与本案是否有关联

警方在现场附近铁路292号楼走访时，发现缓台上有1袋橙子，结合案发现场有散落橙子这一情况，提取塑料袋上指纹，经鉴定，与雍某某左手食指指纹一致。吉林省高院认为，公安机关没有对塑料袋内的橙子和塑料袋与案发现场的橙子和塑料袋进行比对鉴定，无法确定292号楼提取的橙子和塑料袋是从现场拿走的，也未能查实该袋橙子是何时、何种情况下所遗留。现有证据无法确定该袋橙子是雍某某从案发现场拿走的，与本案不具有关联性。

焦点二：作案工具是否为斧子

尸检鉴定只是认定本案作案工具系钝器，并没有确定具体的工具。案发现场也没有提取到作案工具，一审判决依据雍某某供述认定为斧子，但是该斧子在案发后未提取到。确定杀人凶器是斧子及雍某某持斧子击打被害人头部致其死亡缺乏证据支持。

焦点三：雍某某是否找同监羁押人员顶罪

吉林省高院认为，顶罪问题，虽有雍某某所画的4张草图佐证，但关于顶罪的具体报酬、支付方法、支付对象等方面各方证言前后矛盾，而且称有5万元钱汇到王某女友卡里，经查不实。另外，雍某某找可能判处较轻刑罚的王某顶替死刑重罪不合常理。而4张草图，在雍某某对现场有所了解的情况下，没有体现出新的可以证明其作案的有力证据，故其是否找人顶罪对案件本身无法起到证明作用。

焦点四：雍某某的供述是否可以作为证据使用

雍某某被采取强制措施后，从审讯录像中可见脸上有伤痕，故不能排除公安机关刑讯逼供的可能，据此一审已将雍某某在公安机关的口供作为非法证据予以排除。吉林省检察院检察人员认为，雍某某在公安机关有罪供述被排除前提下，其在公诉机关的有罪供述的证明力明显下降，应以客观证据为主。吉林省高院认为，省检察机关的意见有理，应予采纳。

吉林省高院综合以上因素认为，作为本案的关键证据，案发现场附近提取到一塑料袋橙子，因未与案发现场的塑料袋和橙子作种属认定，致使认定雍某某是否作案的证据链条中断；雍某某在公安机关有罪供述亦作为非法证据予以排除，从而缺乏指向雍某某有罪的客观证据。但雍某某否认装有橙子的塑料袋是自己所扔，又不能合理解释为什么塑料袋上留有自己的指纹。雍某某在检察院审查起诉阶段作了有罪供述，并不能排除该证据的有效性，只是该供述的证明力下降。对本案的审理本着“疑罪从无”的规则进行裁判。

吉林省高院认为，原审判决认定的雍某某持斧子击打被害人头部，致其死亡的证据没有达到确实、充分的证明标准，不能得出本案系雍某某作案的唯一结论。原审判决认定的雍某某杀人案事实不清，证据不足，原公诉机关指控的雍某某杀人犯罪不能成立。故宣判雍某某无罪。

本案知识点

刑事诉讼法的制定目的、任务、基本理念。

第一节　刑事诉讼与刑事诉讼法

一、刑事诉讼

（一）刑事诉讼的概念与特征

刑事诉讼是指依法追究犯罪人刑事责任的活动。在我国，刑事诉讼是指人民法院、人民检察院和公安机关（包括国家安全机关等其他侦查机关）在当事人及其他诉讼参与人的参加下，依照法定程序，解决被追诉人刑事责任问题的活动。

刑事诉讼具有以下特征:

1. 刑事诉讼是实现国家刑罚权的活动

刑罚权是国家对犯罪人实行刑罚惩罚的权力，是国家主权的组成部分。刑罚权的内容包括制刑权、求刑权、量刑权与行刑权。制刑权是国家立法机关在刑事立法中创制刑罚的权力。求刑权是指对犯罪人提起刑事诉讼的权力。量刑权是法院对犯罪人决定科处刑罚的权力。行刑权是特定机关将法院对犯罪人所判处的刑罚付诸执行的权力。刑事诉讼的核心是解决被追诉人的刑事责任问题，因而刑事诉讼过程就是行使刑罚权、实现刑罚权的过程。

2. 刑事诉讼是国家专门机关主导，在当事人和其他诉讼参与人参加下共同进行的活动

刑事诉讼由国家专门机关主导进行，在我国，行使刑罚权的国家专门机关主要是指人民法院、人民检察院和公安机关。犯罪嫌疑人、被告人等当事人与案件结果有直接利害关系，因而必须参加刑事诉讼。为了查明案件事实，证人、鉴定人、辩护人等诉讼参与人依法也应参加刑事诉讼。

3. 刑事诉讼必须依照法定程序进行

刑事诉讼的过程与结果直接关系到人的财产权利、人身自由，甚至生命权利，因而必须确保诉讼程序的公正、合法。国家专门机关在行使国家刑罚权，追诉犯罪活动中，必须严格依照刑事诉讼法规定的程序进行，以防权力滥用，侵犯人权。

(二) 刑事诉讼的阶段与职能

一个完整的刑事诉讼过程应当由不同的阶段组成，而且各阶段之间是按照一定的次序逐步展开。只有完成前一阶段任务，才能进入下一阶段；前一阶段是后一阶段的基础，后一阶段是前一阶段的发展。世界各国一般把刑事诉讼分为侦查、起诉、审判、执行四个基本阶段。根据我国《刑事诉讼法》的规定，我国刑事诉讼公诉案件分为立案、侦查、起诉、审判、执行五个阶段；自诉案件分为立案（起诉和受理）、审判、执行三个阶段。

刑事诉讼职能是指根据法律规定，刑事诉讼主体在刑事诉讼中所承担的职责、具有的作用和功能。在现代刑事诉讼中，由于控诉与审判的分离，被告人获得为自己辩护的权利，形成控、辩、审三种基本诉讼职能共存的局面。

1. 控诉职能

控诉职能是指向人民法院揭露、证实犯罪并要求人民法院对被告人确定刑罚的职能。控诉职能的存在主要是基于国家惩罚犯罪的客观需要，其行使主体包括：公诉人、自诉人和被害人等。

2. 辩护职能

辩护职能是指针对犯罪嫌疑或指控进行反驳，说明犯罪嫌疑或指控不存在、不成立，要求宣布犯罪嫌疑人、被告人无罪、罪轻或者从轻、减轻、免除刑罚处罚，以维护犯罪嫌疑人、被告人合法权利的职能。人权思想、程序公正观念以及宪法的相关规定，是产生辩护职能的决定性因素。行使辩护职权的主体包括：犯罪嫌疑人、被告人、辩护人等。

3. 审判职能

审判职能是指通过审判确定被告人是否犯有被指控的罪行和应否处以刑罚以及处以何种刑罚的职能。审判职能的行使主体只有一个，即法院。

（三）刑事诉讼的结构

刑事诉讼结构，是指刑事诉讼法所确立的进行刑事诉讼的基本方式和刑事诉讼主体在诉讼中形成的法律关系的基本格局。它集中体现在控诉、辩护和审判三方在刑事诉讼过程中的地位和相互关系。它是刑事诉讼的基本框架，反映了刑事诉讼中控、辩、审三方的不同地位及国家权力与个人权利之间的关系，决定了整个刑事诉讼的基本运行态势。

1. 从历史角度考察，人类历史上出现过两种类型的诉讼结构

（1）弹劾式诉讼。弹劾式诉讼，是人类刑事诉讼制度史上的第一种诉讼结构，主要存在于奴隶制民主共和国和封建初期的一些国家，古代中国、埃及、印度、罗马、欧洲日耳曼法前期时代和英国的封建时期，都实行这种诉讼结构。它的主要特征是：第一，司法机关比较原始和简陋，行政、司法合一，行政职能与司法职能没有明确分工，没有形成独立、完整的司法机构体系。第二，实行私人告诉制度，法院不主动追究犯罪，实行“无告诉即无审判”的原则。一切案件都由原告向法院直接提出控诉，将被告人传唤到庭的义务也由原告人承担，是绝对意义上的不告不理。第三，原告、被告双方的诉讼地位形式上平等，享有对等的诉讼权利，承担对等的诉讼义务。第四，当事人自主收集证据在法庭上进行辩论，法官不收集证据，一般也不主动调查案件，基本上处于被动地位。第五，在发生疑难时采取神明裁决或者决斗的方式解决。

（2）纠问式诉讼。纠问式诉讼盛行于中世纪欧洲大陆君主专政时期和我国的封建时期。它的主要特征是：第一，审判机关主动追究犯罪，兼控诉职能和审判职能于一身。即法官一旦发现犯罪，无论是否有原告都可以追究犯罪、进行侦查、审讯嫌疑人并作出审判。第二，被告人没有任何诉讼权利，沦为刑事诉讼的客体。第三，对被告人进行刑讯获取口供成为最重要的证据来源，刑讯逼供合法化，甚至演变为诉讼的中心环节。第四，法官秘密审理案件，法庭上没有辩论程序，一切由法官说了算，法官主动调查、收集证据，当事人不得在法庭上进行

辩论。

2. 现代西方国家，产生了三种刑事诉讼结构

(1) 对抗式诉讼结构。对抗式诉讼结构又称当事人主义诉讼结构、辩论式诉讼结构，为英美法系国家采用。这种诉讼结构的显著特点是：强调控辩双方当事人的平等地位、相互对抗及攻防力量的平衡，注重发挥控辩双方当事人在诉讼中的主体地位和积极作用，认为审判机关应该消极中立的裁判。这种诉讼结构源于自由主义及权力限制的理念，其诉讼目的更倾向于对人权和自由的保障。

(2) 非对抗式诉讼结构。非对抗式诉讼结构又称为职权主义诉讼结构，为德国、法国等大陆法系国家采用。这种诉讼结构的显著特点是：强调国家的干预和国家司法机关的主导地位，注重发挥国家司法机关的职能，尤其强调侦查机关和审判机关查明案件真实情况的作用。这种诉讼结构基于惩罚犯罪为主的刑事诉讼目的，追求的是社会的稳定与安全。

(3) 混合式诉讼结构。混合式诉讼结构又称折中主义诉讼结构，日本和意大利改革后的刑事诉讼结构属于典型的混合式诉讼结构，这种诉讼结构是基于保障人权和惩罚犯罪兼顾的刑事诉讼目的。它的特点是：第一，在侦查阶段注重对被告人合法权利的程序保护，同时注重国家机关的职权作用，侦查活动由侦查机关负责进行，侦查机关拥有广泛、强大的侦查力量和手段。第二，在起诉程序中，实行“起诉书一本主义”，取消开庭前的审查。检察官具有较大的酌定起诉权，实行有限制的起诉便宜主义。第三，在审判程序中，法庭审判基本上由双方当事人积极主动的举证和交叉询问推进，但法官并不是完全消极的，在法官认为有必要时可以依职权调查证据，在征求当事人意见之后，审判长可以对审判的形式和内容等问题作出决定或处分。这种诉讼结构兼具了对抗式和职权式的特征，吸收了两者的优点，是现今存在的一种比较科学合理的诉讼结构。

3. 我国诉讼法学界提出的代表性诉讼结构学说

(1) 刑事诉讼的三角结构。即作为双方当事人的原告、被告平等对立，法官作为第三方居于其中，公正裁判、解决纠纷。此结构要求控审分离、审判中立、控辩平等对抗。

(2) 刑事诉讼的线形结构。所谓“线形结构”，实际上是将诉讼视为一种“双方组合”，一方是作为整体的国家司法机关，另一方为被告人（包括犯罪嫌疑人），诉讼活动的基本内容是司法机关积极地推进司法活动。线性结构的内在要求是司法一体化、司法活动的积极性与主动性、被告方的权利受到限制。

我国刑事诉讼结构总体上由控诉、辩护、裁判三方构成，基本形成了一个三角结构。不过，我国的刑事诉讼结构还有不够完善之处。随着司法改革的不断深入，相信我国的刑事诉讼结构会日趋合理。

（四）刑事诉讼的价值与理念

刑事诉讼的价值是指刑事诉讼立法及实施对国家、社会和社会成员所具有的效用和意义。刑事诉讼价值包括秩序、公正、效益等内容。刑事诉讼的基本理念体现出刑事诉讼的价值追求。目前，我国刑事诉讼的基本理念分为以下三个方面。

1. 惩罚犯罪与保障人权相结合

惩罚犯罪，是指国家通过刑事诉讼活动，在准确、及时地查明案件事实真相的基础上，对依法构成犯罪的被告人公正地适用刑法，惩罚犯罪，实现国家刑罚权。保障人权，是指国家在刑事诉讼过程中，必须保障公民的合法权益不受非法或无理的侵犯，特别是保障与案件结果有直接利害关系的犯罪嫌疑人、被告人、被害人和其他诉讼参与人的实体权利和程序权利不受非法侵害。

惩罚犯罪与保障人权是对立统一的辩证关系。首先，在现代法治社会，由于政府权力本身就是以保障个人权益为存在根据的，所以说，惩罚犯罪与保障人权作为刑事诉讼的双重目的从根本上来说是一致的。其次，一方面，政府出于惩罚犯罪，维护社会秩序的需要，在一定程度上正在“侵犯”人权；另一方面，犯罪者也往往利用人权之名，滥用权利，阻碍和逃避法律的追究。因而二者也是对立的。

惩罚犯罪与保障人权二者要有机结合，不可偏废。在惩罚犯罪过程中进一步尊重个人的正当权益，不断扩大和切实保障犯罪嫌疑人和被告人的法定权利，以最小限度侵害人权的代价，获得最大限度惩罚犯罪的效果。

2. 实体公正和程序公正并重

司法公正，就是要在司法活动的过程和结果中体现公平、平等、正当、正义的精神。司法公正包括实体公正和程序公正，前者是司法公正的根本目标，后者是司法公正的重要保障。

实体公正，是指司法活动就诉讼当事人的实体权利和义务关系所作出的裁决或处理是公正的，实质上就是结果公正；程序公正，是指诉讼活动的过程对有关人员来说是公正的，诉讼参与人在诉讼过程中所受到的对待是公正的，所得到的权利主张机会是公平的，实质上就是过程公正。实体公正和程序公正是不可偏废的。实体公正应该是司法追求的根本目标，程序公正则是实现实体公正的措施和保障。

3. 公正为先，追求效率

诉讼效率指诉讼中所投入的司法资源与所取得成果的比例。追求诉讼效率要求投入较少的司法资源取得尽可能多的诉讼成果，即降低诉讼成本，提高工作效率，加速诉讼运作，减少案件拖延和积压的现象。效率与公正是互相促进、互相补充、相辅相成的关系。

首先，司法公正是诉讼活动中永恒的主题，司法效率则居于辅助地位。如果裁判不公，是非颠倒，审判就会成为违法者获得非法利益的工具，合法利益得不到保护，社会正义就无法得到实现，社会就难以进步和发展。

其次，公正与效率间是存在冲突的。一方面，司法人员对绝对公正的追求，会导致司法成本的增加，从而不符合诉讼效率的原则；另一方面，对司法效率的不适当追求，会使司法公正无法在诉讼活动中得以体现，从而导致冤狱丛生。

最后，在特定情况下，公正与效率可以共存。在现实生活中，案件的繁简不同，争议大小也不同。对于有些事实简单、争议不大的案件，适用普通程序无疑是对司法资源的一种浪费。因此，在保证司法公正的前提下，对此类案件可采用相对简单的诉讼程序，以提高司法效率。

总之，在公正与效率的关系中，应当是公正优先兼顾效率。当二者发生冲突时，一般要优先考虑公正的价值。

二、刑事诉讼法

（一）刑事诉讼法的概念与渊源

刑事诉讼法是指国家制定或者认可的调整刑事诉讼活动的法律规范的总称，有狭义和广义之分。我国狭义的刑事诉讼法是指 1979 年 7 月 1 日通过的，经过 1996 年 3 月 17 日、2012 年 3 月 14 日和 2018 年 10 月 26 日三次修正的《刑事诉讼法》；广义的刑事诉讼法是指一切调整刑事诉讼活动的法律规范。

刑事诉讼法的渊源是指刑事诉讼法的表现形式，是刑事诉讼法律规范的存在形式或载体。我国刑事诉讼法的法律渊源有以下几种：

1. 宪法

宪法作为根本法，是制定其他法律的基础和依据，是一个国家法律制度的基石，是公民权利的保障书。刑事诉讼法的制定和修改，也必须以宪法为根据。《刑事诉讼法》第 1 条明确规定，根据宪法，制定本法。通过制定刑事诉讼法，将宪法中有关刑事诉讼程序的抽象的法律规范变为可操作的、具体的刑事诉讼法法律条文，使宪法精神得到具体化。宪法中规定的如“国家维护社会秩序，镇压叛国和其他危害国家安全的犯罪活动，制裁危害社会治安、破坏社会主义经济和其他犯罪活动，惩办和改造犯罪分子”“被告人有权获得辩护”“任何公民，非经人民检察院批准或者决定或者人民法院决定，并由公安机关执行，不受逮捕”等内容，都在刑事诉讼法中得到了体现。

2. 狭义的刑事诉讼法

狭义的刑事诉讼法是指我国于 1979 年 7 月 1 日第五届全国人民代表大会第二次会议通过的，经 1996 年 3 月 17 日第八届全国人民代表大会第四次会议、

2012年3月14日第十一届全国人民代表大会第五次会议和2018年10月26日第十三届全国人民代表大会常务委员会第六次会议三次修正的《刑事诉讼法》。《刑事诉讼法》有五编和一个附则，共308条，全面系统地规定了刑事诉讼的任务、基本原则、基本制度和具体程序，是我国刑事诉讼法主要的法律渊源。

3. 其他法律和决定

（1）全国人民代表大会及其常务委员会（以下简称全国人大常委会）制定的与刑事诉讼有关的其他法律，包括《刑法》《人民检察院组织法》《人民法院组织法》《国家赔偿法》《监狱法》《律师法》等。

（2）全国人大常委会制定的与刑事诉讼有关的决定，如2005年2月28日通过的《关于司法鉴定管理问题的决定》（已被修改）等，这些决定和法律具有同等效力。

4. 行政法规

行政法规是指国务院制定的与刑事诉讼有关的行政法规，如2003年7月国务院通过的《法律援助条例》、1990年3月国务院通过的《看守所条例》等。

5. 司法解释及规范性文件

司法解释是指全国人大常委会、最高人民法院、最高人民检察院和其他有权机关作出的关于刑事诉讼法的解释。主要包括：最高人民法院于2021年1月26日公布的《关于适用〈中华人民共和国刑事诉讼法〉的解释》（以下简称《解释》）；最高人民法院于2015年4月15日公布的《关于人民法院登记立案若干问题的规定》；最高人民检察院于2019年12月30日公布的《人民检察院刑事诉讼规则》（以下简称《规则》）；公安部于2020年7月20日公布的《公安机关办理刑事案件程序规定》（以下简称《规定》）；最高人民法院、最高人民检察院、公安部、国家安全部、司法部、全国人大常委会法制工作委员会于2012年12月26日联合发布的《关于实施刑事诉讼法若干问题的规定》（以下简称《六机关规定》）；最高人民法院、最高人民检察院、公安部、司法部于2020年6月18日联合发布的《中华人民共和国社区矫正法实施办法》。

6. 国际条约

我国加入或者缔结的国际条约，经全国人大常委会批准后，其中与刑事诉讼有关的内容，即成为刑事诉讼法的渊源。例如，《禁止酷刑和其他残忍、不人道或有辱人格的待遇和处罚公约》《联合国少年司法最低限度标准规则》等。

（二）刑事诉讼法与刑法的关系

刑事诉讼法与刑法的关系是程序法和实体法的关系，刑事诉讼法属于程序法，刑法属于实体法。刑法规定了犯罪与刑罚的问题，是刑事实体法；刑事诉讼法则规定追诉犯罪的程序，追诉机关、审判机关的权力范围，当事人以及诉讼参与人的诉讼权利以及相互的法律关系，是刑事程序法。程序法是为实体法的实现而存在的，而程序法本身具有独立的品格。

在现代国家法律体系中，刑法和刑事诉讼法共同构成刑事法治的整体内容，二者相辅相成、相得益彰。就惩罚犯罪、保障人权而言，刑事诉讼法与刑法同等重要、密不可分。刑法关于定罪量刑的内容，只有通过刑事诉讼程序才能得以实现。没有刑事诉讼法从程序上保证刑法的执行，刑法的规定就是一纸空文，不能发挥应有的作用。同样，没有刑法作为刑事诉讼的内容和标准，刑事诉讼法关于追诉犯罪的程序规定就失去了目的和意义。

（三）刑事诉讼法的制定目的与任务

刑事诉讼法的制定目的，就是刑事诉讼法的立法目的，也称立法宗旨。我国刑事诉讼法的立法目的是保证刑法的正确实施，惩罚犯罪，保护人民，保障国家安全和社会公共安全，维护社会主义社会秩序。

我国《刑事诉讼法》第 2 条规定了刑事诉讼法的任务，即中华人民共和国刑事诉讼法的任务，是保证准确、及时地查明犯罪事实，正确应用法律，惩罚犯罪分子，保障无罪的人不受刑事追究，教育公民自觉遵守法律，积极同犯罪行为作斗争，维护社会主义法制，尊重和保障人权，保护公民的人身权利、财产权利、民主权利和其他权利，保障社会主义建设事业的顺利进行。刑事诉讼法的任务可分为以下三方面内容来理解：

1. 保证准确、及时地查明犯罪事实，正确应用法律，惩罚犯罪分子，保障无罪的人不受刑事追究

这是刑事诉讼法的首要任务。刑事诉讼法就是规定哪些机关、哪些人有权进行调查取证工作，以及调查取证时应遵循的原则，从程序上规定如何讯问犯罪嫌疑人、询问证人，以及如何进行勘验、检查、扣押物证、书证等，以准确、及时地查明犯罪事实。准确、及时地查明犯罪事实是正确应用法律，惩罚犯罪，保障无罪的人不受刑事追究的前提和重要基础。其中的“准确”“及时”都很重要，但“准确”是核心，即对犯罪的事实认定应准确，对实施犯罪行为的人要查准，不能把事实认定错了，冤枉了好人。如果不准确，再及时也是没有意义的，及时应当建立在准确的基础上。但及时也很重要，如果时间拖得很长，时过境迁，就很难收集证据，不利于查清犯罪事实。“保证正确应用法律，惩罚犯罪分子，保障无罪的人不受刑事追究”，是在查明犯罪事实基础上得以实现的刑事诉讼法的基本任务。正确应用法律是指依照刑事诉讼法的规定在查清犯罪事实的基础上，正确适用刑法和其他法律对犯罪分子定罪判刑，使其受到应有的惩罚。能否做到正确应用法律，除了要保证准确无误地查明犯罪事实以外，还要设置和遵循保证

公正司法的具体诉讼程序，如审查批准逮捕、审查起诉、审判程序、审判监督程序等。只有严格依照刑事诉讼程序办案，保证程序公正，才能做到不枉不纵，保证刑法的正确执行，有效地惩罚犯罪，保护公民的合法权益，保障无罪的人不受追究。保障无罪的人不受追究，是刑事诉讼法保护公民合法权利的重要体现，与正确应用法律，惩罚犯罪是一个问题的两个方面。如果不能保障无罪的人不受刑事追究，就谈不上正确应用法律，也不能准确地惩罚犯罪。因此，公检法机关在追究犯罪时，必须对保障无罪的人不受追究予以高度重视。

2. 教育公民自觉遵守法律，积极同犯罪行为作斗争

刑事诉讼法的这个任务主要是通过立案、侦查、提起公诉和审判活动来实现的。通过这些刑事诉讼活动使公民认识到什么是犯罪，犯罪的危害性以及应负的法律责任，从而增强公民的法治观念，提高守法以及同犯罪行为作斗争的自觉性，以达到预防和减少犯罪的目的。

3. 维护社会主义法制，尊重和保障人权，保护公民的人身权利、财产权利、民主权利和其他权利，保障社会主义建设事业的顺利进行

这是刑事诉讼法的根本任务，或者说是总任务。这一根本任务是在“保证准确、及时地查明犯罪事实，正确应用法律，惩罚犯罪分子，保障无罪的人不受刑事追究，教育公民自觉遵守法律，积极同犯罪行为作斗争”的基础上得以实现和完成的；也可以说，保证准确、及时地查明犯罪事实，正确应用法律，惩罚犯罪分子，保障无罪的人不受刑事追究，是为了维护社会主义法制，尊重和保障人权，保护公民的人身权利、财产权利、民主权利和其他权利，保障社会主义建设事业的顺利进行。这一总任务鲜明地体现了我国刑事诉讼法的社会主义特征，既是刑事诉讼法立法的出发点和落脚点，又是对刑事诉讼法执法的总要求。

（四）刑事诉讼法的作用

刑事诉讼法对于刑法实施具有保障作用，同时又具有自身的独立价值。

1. 刑事诉讼法对刑法实施的保障作用

（1）刑事诉讼法通过规定办理刑事案件的专门机关及其职权，为刑法的正确实施提供了组织保证。我国刑事诉讼法明确规定，公安机关行使侦查权，人民检察院行使批准逮捕权、公诉权、对直接受理案件的侦查权和法律监督权，人民法院行使审判权。公安机关、人民检察院和人民法院分工负责、互相配合、互相制约，确保刑事案件得到及时、正确处理，保证刑法的实施。

（2）刑事诉讼法通过规定证据制度、辩护制度等，为刑法的正确实施提供了防错机制。我国刑事诉讼法规定了证据的种类、非法证据排除规则、质证制度等，为准确认定案件事实，正确实施刑法提供了事实基础。刑事诉讼法还规定了辩护制度、代理制度、回避制度等，充分保障了当事人的诉讼权利，尽可能避免

冤假错案的发生。

(3) 刑事诉讼法通过科学的程序设计，为刑法的正确实施提供了纠错机制。我国刑事诉讼法规定刑事诉讼由立案、侦查、起诉、审判、执行等阶段组成。在诉讼过程中，前一阶段为后一阶段做准备，前一阶段的缺陷、错误，也可以通过后一阶段得到发现、弥补和纠正。

(4) 刑事诉讼法通过规定诉讼期限、刑事和解程序、简易程序、速裁程序等，保证刑法的高效实施。案件的及时解决是正确实施刑法的必然要求，因为高效及时惩罚犯罪分子、解脱无辜，才能产生最佳的社会效果。

2. 刑事诉讼法的独立作用

(1) 保障公民的权利。刑事诉讼的进行直接关系到公民的生命、财产和自由等基本权利。刑事诉讼法通过规范国家专门机关权力行使的范围、方式和程序，防止和减少司法人员的随意、专断，最大限度地保障公民的合法权利不受非法侵犯。

(2) 促进司法公正。我国刑事诉讼法规定的司法独立、审判公开、辩护制度、控辩式的审判方式以及严禁刑讯逼供等，是民主法治精神的重要体现，是司法公正乃至社会公正的重要标志。

第二节　刑事诉讼法的基本原则

刑事诉讼法的基本原则，是指由法律规定的，贯穿于刑事诉讼的全过程或主要诉讼阶段，对刑事诉讼的进行具有普遍指导意义，国家专门机关和诉讼参与人进行刑事诉讼活动都必须遵循的基本行为准则。

一、职权法定原则

职权法定原则是指侦查权、检察权、审判权分别由不同的国家专门机关行使，各专门机关进行刑事诉讼，应当分工负责，互相配合，互相制约，以保证准确有效地执行法律。

职权法定原则的法律依据是《刑事诉讼法》第 3 条、第 5 条、第 7 条的规定。《刑事诉讼法》第 3 条规定："对刑事案件的侦查、拘留、执行逮捕、预审，由公安机关负责。检察、批准逮捕、检察机关直接受理的案件的侦查、提起公诉，由人民检察院负责。审判由人民法院负责。除法律特别规定的以外，其他任何机关、团体和个人都无权行使这些权力。人民法院、人民检察院和公安机关进行刑事诉讼，必须严格遵守本法和其他法律的有关规定。”第5条规定：“人民法院依照法律规定独立行使审判权，人民检察院依照法律规定独立行使检察权，不受行政机关、社会团体和个人的干涉。”第7条规定：“人民法院、人民检察院和公安机关进行刑事诉讼，应当分工负责，互相配合，互相制约，以保证准确有效地执行法律。”

职权法定原则包括以下具体内容：

（一）侦查权、检察权、审判权分别由公安机关、人民检察院、人民法院行使

1. 刑事案件的侦查权、检察权、审判权分别由公检法机关专门行使，除法律特别规定的以外，其他任何机关、团体和个人都无权行使这些权力。法律的特别规定，主要是指《刑事诉讼法》第4条、第308条的规定。根据上述规定，国家安全机关办理危害国家安全的刑事案件，行使与公安机关相同的职权；军队保卫部门对军队内部发生的刑事案件行使侦查权；对罪犯在监狱内犯罪的案件由监狱进行侦查。

2. 公检法三机关只能在法律规定的职责范围内进行诉讼活动，而不能超越职责或者互相代替。

（二）专门机关行使职权应当严格遵守法律程序

人民法院、人民检察院和公安机关在进行刑事诉讼活动时，必须严格遵守刑事诉讼法和其他有关法律的规定，不得违反法律规定的程序和规则，更不得侵害各方当事人和其他诉讼参与人的合法权益。这里所说的“其他法律”，是指所有与刑事诉讼程序有关的法律，如刑法、法院组织法、法官法、检察院组织法、检察官法、律师法、人民警察法等。

人民法院、人民检察院和公安机关在诉讼活动中违反法律规定的程序和规则的，有关当事人和其他诉讼参与人有权依法提出申诉和控告。违反法定程序的机关，应依法承担相应的法律后果。

（三）人民法院、人民检察院依法独立行使职权

1. 独立行使审判权和检察权是指由人民法院独立行使审判权，由人民检察院独立行使检察权，而不是由法官和检察官个人独立行使审判权和检察权。

2. 独立行使审判权和检察权的前提，必须是依法，也就是说，在独立行使审判权、检察权时必须依照法律规定的权限、程序和规范进行，而不能脱离法律规范。

3. 对于任何倚仗权势以言代法、以权压法，非法干涉办案活动的行为，都有权抵制，依法行使审判权、检察权不受任何行政机关、社会团体和个人的干涉。

4. 人民法院、人民检察院独立行使审判权、检察权，并不意味着独立于党

的领导之外，也不意味着不受监督。党的领导是做好司法工作的根本保证，党的领导是方针政策的领导，而不是包办代替办理具体案件，同时人民法院、人民检察院还要受同级人民代表大会及其常务委员会的监督。

（四）公检法机关分工负责，互相配合，互相制约

1. 公检法三机关的分工负责，是指职责分工和案件管辖分工。对刑事案件的侦查、拘留、执行逮捕、预审，由公安机关负责；检察、批准逮捕、对检察机关直接受理的案件的侦查、提起公诉，由人民检察院负责；审判由人民法院负责。

刑事案件除法律另有规定的以外，都由公安机关进行侦查；对于司法工作人员在诉讼活动实行利用职权实施的非法拘禁、刑讯逼供、非法搜查等侵犯公民权利、损害司法公正的犯罪，由人民检察院立案侦查；自诉案件，由人民法院直接受理。公检法三机关在刑事诉讼活动中，应当依照法律规定的分工，在各自的职责范围内，各司其职，各负其责，既不能包办代替，越权行事，也不能互相推诿，不负责任。

2. 公检法三机关的互相配合，是指公检法三机关在查明案件真实情况，正确适用法律追究犯罪，实现公平正义方面有着共同的目标，要按照法律规定，在正确履行各自职责的基础上，互相支持，共同完成惩罚犯罪和保护人民的任务。而不能违反法律规定，各行其是，互不通气，甚至互相扯皮。

3. 公检法三机关的互相制约，是指公检法三机关在刑事诉讼中，为防止和及时纠正可能发生的错误，通过程序上的制约，以保证案件质量，正确应用法律惩罚犯罪。互相制约在刑事诉讼法中有具体体现，如法院、检察院决定逮捕犯罪嫌疑人、被告人的，由公安机关执行；公安机关侦查的案件需要逮捕犯罪嫌疑人的，要经人民检察院批准才能逮捕，检察机关不批准逮捕的，公安机关应当不予逮捕。公安机关移送起诉的案件，人民检察院作出不起诉的决定，公安机关认为不起诉决定是错误的，有权要求人民检察院复议或者复核。人民检察院发现公安机关侦查活动有违法行为时，有权提出纠正意见；发现人民法院的判决有错误的，有权提出抗诉等。

4. 分工负责、互相配合、互相制约，是密切相关，缺一不可的。分工负责是前提，没有分工负责，就谈不上配合和制约。配合和制约是公检法三机关依法行使职权，顺利进行刑事诉讼，正确处理案件，防止和减少错案发生的保障，分工负责、互相配合、互相制约，最终目的都是实现公平正义。只有这样，才能达到准确、有效地执行法律，惩罚犯罪，保护人民的目的。

二、“以事实为根据，以法律为准绳”原则

“以事实为根据，以法律为准绳”原则是《刑事诉讼法》第6条中的规定。

1. 以事实为根据，是正确惩罚犯罪，防止错案，保障无罪的人不受追究的重要原则。一个人是否犯罪，是罪轻还是罪重，都要以事实为根据，对事实情况既不夸大也不缩小，做到客观公正，不因案件的不同、当事人的不同而不同。所谓“事实”，是指人民法院、人民检察院、公安机关进行刑事诉讼，追究刑事责任，必须以客观存在的、经过调查属实的、有证据证明的事实为根据，而不是靠主观想象、推测和怀疑。

2. 以法律为准绳，是指人民法院、人民检察院和公安机关办理刑事案件，必须以法律为标准。法律既包括刑法，也包括刑事诉讼法和其他法律中的有关规定，如人民法院组织法、人民检察院组织法、监狱法等法律中的有关规定。处理刑事案件，从程序上讲，对于是否立案侦查、对犯罪嫌疑人是否要采取强制措施以及如何收集、调取证据，是否移送起诉，是否开庭审判等，都必须依照刑事诉讼法的规定进行，不得违背程序方面的规定；从实体上看，被告人该不该定罪，定什么罪以及如何处刑，都必须以刑法为标准，正确定罪量刑。

3. “以事实为根据，以法律为准绳”，是正确处理案件不可分割的两个方面，二者互相联系，缺一不可。事实是前提，是基础和根据，法律是标准、尺度。只有把二者结合起来，作为一个重要原则贯彻执行，才能保证刑事诉讼的正确进行，才能完成刑事诉讼的任务。

三、适用法律一律平等原则

这一原则规定在《刑事诉讼法》第6条中，是宪法规定的平等原则在刑事诉讼法中的具体体现。

1. 人民法院、人民检察院、公安机关在刑事诉讼中，对一切公民，不分民族、种族、职业、出身、性别、宗教信仰、教育程度、财产情况、职位高低和功劳大小，都应一律平等地适用法律，不允许有任何的特权。

2. 平等的适用法律是指任何人触犯了刑法，都应受到追究，并承担相应刑事责任，而不能有任何例外；在刑事诉讼中，任何人的诉讼权利和其他合法权益都同样受到国家法律的保护，不能因人而异。任何人都不能有超越法律之外的特权。这也是维护司法公正的基本要求。

四、法律监督原则

《刑事诉讼法》第8条规定本项原则，即“人民检察院依法对刑事诉讼实行法律监督”。在我国，人民检察院是国家的法律监督机关，有权对刑事诉讼、民事诉讼、行政诉讼实行法律监督。在刑事诉讼中，人民检察院对公安机关的立案侦查、法院的审判和执行机关的执行活动是否合法进行监督。这种监督贯穿于刑事诉讼活动的始终。这一原则具体有以下内容：

（一）立案监督

人民检察院认为公安机关对应当立案侦查的案件而不立案侦查的，或者被害人认为公安机关对应当立案侦查的案件而不立案侦查，向人民检察院提出的，人民检察院应当要求公安机关说明不立案的理由。人民检察院认为公安机关不立案理由不能成立的，应当通知公安机关立案，公安机关接到通知后应当立案。

（二）侦查监督

人民检察院通过批准逮捕程序对公安机关的侦查活动是否合法、适用法律是否准确进行监督。检察机关如果发现公安机关的侦查活动有违法情况，应当通知公安机关予以纠正，公安机关应当将纠正情况通知人民检察院。

人民检察院对公安机关移送起诉的案件，经审查后，应当作出起诉决定，或者作出不起诉决定。这一审查是对公安机关工作结果，即犯罪事实是否查清、适用法律是否准确的审查，也是对公安机关工作是否遵守法定程序的审查，并最后作出是否提起公诉的决断。审查起诉本身也是对公安机关侦查工作的监督。

（三）审判监督

人民检察院认为人民法院的第一审判决、裁定有错误的，应当向上一级人民法院提出抗诉；上一级人民法院应当开庭审理。最高人民检察院对各级人民法院已经发生法律效力的判决和裁定，上级人民检察院对下级人民法院已经发生法律效力的判决和裁定，如果发现确有错误，有权依照审判监督程序向同级人民法院提出抗诉。接受抗诉的人民法院应当组成合议庭重新审理，对于原判决事实不清或者证据不足的，可以指令下级人民法院再审。人民检察院在出庭支持公诉的过程中，发现人民法院审理案件违反法律规定的诉讼程序，有权向人民法院提出纠正意见。

（四）执行监督

人民检察院对执行机关执行刑罚的活动是否合法实行监督。如果发现有违法的情况，应当通知执行机关纠正。

人民检察院认为人民法院减刑、假释的裁定不当，应当在收到裁定书副本后20日以内，向人民法院提出书面纠正意见。人民法院应当在收到纠正意见后1个月以内重新组成合议庭进行审理，作出最终裁定。

人民检察院认为暂予监外执行不当的，应当自接到通知之日起1个月以内将书面意见送交决定或者批准暂予监外执行的机关，决定或者批准暂予监外执行的机关接到人民检察院的书面意见后，应当立即对该决定进行重新核查。

人民法院在交付执行死刑前，应当通知同级人民检察院派员临场监督。

五、使用本民族语言文字进行诉讼原则

《刑事诉讼法》第 9 条规定："各民族公民都有用本民族语言文字进行诉讼的权利。人民法院、人民检察院和公安机关对于不通晓当地通用的语言文字的诉讼参与人，应当为他们翻译。在少数民族聚居或者多民族杂居的地区，应当用当地通用的语言进行审讯，用当地通用的文字发布判决书、布告和其他文件。"本条规定了使用本民族语言文字进行诉讼的基本原则。这一原则的主要内容包括：

1. 使用本民族的语言文字进行诉讼，是法律规定的各民族的诉讼参与人享有的诉讼权利，司法机关在刑事诉讼中应当为他们行使这项权利提供必要的便利和帮助；对于不通晓当地通用的语言文字的诉讼参与人，人民法院、人民检察院和公安机关应当为他们提供翻译。各民族有权用本民族语言进行诉讼是民族平等的重要体现，各民族公民在刑事诉讼中虽可以使用本民族的语言文字，但当诉讼参与人不通晓当地通用的语言文字时，就应当有翻译人员为他们进行口头和文字的翻译，这是公检法机关应尽的义务。"通用的语言文字"，是指当地的国家权力机关与行政机关行使权力和履行职务时正式使用的语言文字。通用的语言文字可能是一种，也可能是多种。

2. 在少数民族聚居或者多民族杂居地区存在多种民族语言的情况下，在刑事诉讼各个阶段讯问犯罪嫌疑人、被告人应当使用当地通用的语言，发布判决书、布告和送达传票、通知等文件，也应当使用当地通用的文字。

六、权利保障原则

诉讼权利是诉讼参与人享有的法定权利，法律应予保护，国家专门机关不得以任何方式加以剥夺。不仅如此，专门机关还有义务保障诉讼参与人充分行使诉讼权利，对于刑事诉讼中妨碍诉讼参与人行使诉讼权利的各种行为，专门机关有义务采取措施予以制止。我国《刑事诉讼法》第 11 条、第 14 条对此项原则作出了明确规定，即被告人有权获得辩护，人民法院有义务保证被告人获得辩护。人民法院、人民检察院和公安机关应当保障犯罪嫌疑人、被告人和其他诉讼参与人依法享有的辩护权和其他诉讼权利。诉讼参与人对于审判人员、检察人员和侦查人员侵犯公民诉讼权利和人身侮辱的行为，有权提出控告。本项原则的主要内容包括：

（一）犯罪嫌疑人、被告人有权获得辩护

辩护是指犯罪嫌疑人、被告人及其辩护人从事实上和法律上反驳控诉，提（供）出有利于犯罪嫌疑人、被告人的材料和意见的诉讼活动。

1. 辩护权是犯罪嫌疑人、被告人最基本和最重要的诉讼权利，赋予犯罪嫌

疑人、被告人辩护权是现代法治的要求，是诉讼民主的体现，也是查明案件事实和正确适用法律的必然要求。

2. 犯罪嫌疑人、被告人在整个刑事诉讼过程中都有权为自己辩护。犯罪嫌疑人、被告人可以自行辩护，在侦查期间，可以委托律师作为辩护人；在审查起诉和审判阶段，可以委托律师或者法律允许的其他人为自己辩护。

3. 公检法等专门机关有义务保障犯罪嫌疑人、被告人有效行使辩护权。侦查机关在第一次讯问犯罪嫌疑人或者对犯罪嫌疑人采取强制措施的时候，应当告知犯罪嫌疑人有权委托辩护人。人民检察院自收到移送审查起诉的案件材料之日起3日以内，应当告知犯罪嫌疑人有权委托辩护人。人民法院自受理案件之日起3日以内，应当告知被告人有权委托辩护人。犯罪嫌疑人、被告人在押期间要求委托辩护人的，人民法院、人民检察院和公安机关应当及时转达其要求。

（二）人民法院、人民检察院和公安机关在刑事诉讼活动中，应当保障犯罪嫌疑人、被告人和其他诉讼参与人依法享有的辩护权和其他诉讼权利

1. 诉讼参与人是指当事人、法定代理人、诉讼代理人、辩护人、证人、鉴定人和翻译人员。由于诉讼参与人在刑事诉讼活动中，参与诉讼的目的和要求以及所处的诉讼地位不同，他们依法享有的诉讼权利也各不相同。犯罪嫌疑人、被告人参加诉讼是为了维护自己的合法权益，案件的处理与其有直接的利害关系。因此法律赋予其较为广泛的权利，如申请回避、辩护、拒绝回答与本案无关的问题、阅读侦查讯问笔录、庭审笔录、在法庭的最后陈述权、上诉权等。辩护律师和其他辩护人，从审查起诉阶段开始，可以查阅、摘抄、复制本案的案卷材料，可以同在押的犯罪嫌疑人会见和通信，有权收集与本案有关的证据，提出犯罪嫌疑人、被告人无罪、罪轻或者减轻、免除处罚的材料和意见等。证人参加诉讼是履行作证义务，法律只赋予其与作证义务相应的权利，如认为因在诉讼中作证，其本人或者近亲属的人身安全面临危险的，向人民法院、人民检察院、公安机关请求予以保护等。

2. 对于不同的诉讼参与人依法享有的各项诉讼权利，人民法院、人民检察院和公安机关在刑事诉讼中，应当切实予以保障，这是公检法三机关应尽的义务，不得以任何借口进行限制或者剥夺。

（三）诉讼参与人有权提出控告

诉讼参与人对于审判人员、检察人员和侦查人员以限制、剥夺等形式侵犯公民依法享有的诉讼权利和对其进行人身侮辱的行为，有权提出控告。对于控告，任何人不得阻止。如果查证属实，应当严肃处理，构成犯罪的，应当依法追究其刑事责任。

七、未经判决不得确定有罪原则

《刑事诉讼法》第 12 条规定："未经人民法院依法判决，对任何人都不得确定有罪。"

（一）未经判决不得确定有罪原则的含义

1. 在刑事诉讼中，确定被告人有罪的权力由人民法院统一行使。在刑事诉讼中，审判权依法只能由人民法院统一行使，其他任何机关、团体和个人都无权行使。审判权包括定罪权与量刑权。人民法院是唯一有权确定某人有罪和判处刑罚的机关。在刑事案件的侦查和审查起诉程序中，公安机关和人民检察院根据已经查明的事实和证据，可以对犯罪嫌疑人移送起诉和提起公诉，但它们对犯罪嫌疑人、被告人有罪的认定，只会带来诉讼程序意义上的效果，而不是终局的有罪判定。只有人民法院依法所作的定罪判决，才是国家对被告人有罪结论的权威宣告。

2. 人民法院的判决必须依法作出。在刑事诉讼中要确定被告人有罪，人民法院必须按照刑法和刑事诉讼法的规定，经过开庭审理查明事实，以法律为依据作出有罪的判决，并且将其公开宣告。未经法律规定的诉讼程序，人民法院不得确定任何人有罪。

（二）未经判决不得确定有罪原则在刑事诉讼法中的体现

我国刑事诉讼法在以下几个方面体现了这一原则的精神：废除了人民检察院原来曾长期拥有的以免予起诉为名义的定罪权，使定罪权由人民法院专门行使；受到刑事追诉的人在侦查和审查起诉阶段，一律称为"犯罪嫌疑人"，而从检察机关起诉到法院之后，则改称为"被告人"；检察机关对于补充侦查的案件，认为证据不足，不符合起诉条件的，有权作出不起诉的决定；合议庭经过开庭审理，认为案件事实不清、证据不足，不能认定被告人有罪的，应当作出证据不足、指控的犯罪不能成立的无罪判决。

八、认罪认罚从宽处理原则

《刑事诉讼法》第 15 条规定："犯罪嫌疑人、被告人自愿如实供述自己的罪行，承认指控的犯罪事实，愿意接受处罚的，可以依法从宽处理。"

（一）认罪认罚从宽处理原则的条件

1. 犯罪嫌疑人、被告人自愿如实供述自己的罪行，承认指控的犯罪事实

这是"认罪"的要求。"认罪"是指"犯罪嫌疑人、被告人自愿如实供述自己的罪行，对指控的犯罪事实没有异议"。需要指出，"认罪"与"坦白"是有区别的："坦白"是指行为人对案件事实经过的客观描述，坦白并不意味着一定

认罪；“认罪”不仅要坦白案件事实，还要认识到自己行为是犯罪。因此，“认罪”必然包含着“坦白”。同时，“认罪”还应当包含“悔罪”，即既要认罪，又要真诚悔过，不再实施危害社会的行为。综上，对“认罪”的判断，要从“坦白”、“认识到犯罪”和“悔罪”三方面来掌握。

2. 犯罪嫌疑人、被告人愿意接受处罚

这是“认罚”的要求。“认罚”是指犯罪嫌疑人、被告人对量刑建议的主刑、附加刑、是否适用缓刑等全部认同。如果表面上认罚，但在有能力和条件的情况下拒不退缴赃款赃物、拒不赔偿被害人损失，以及隐匿、转移财产逃避财产刑执行，都不属于真实的“认罚”。

（二）认罪认罚从宽处理原则的适用

1. 如何理解认罪认罚从宽制度的适用范围

认罪认罚从宽制度的适用没有罪名和刑期上的限制，从轻微案件到重罪案件，原则上都可以适用。认罪认罚从宽，也不是一味地从宽，对于罪大恶极、必须予以严惩的犯罪，如手段残忍、社会影响恶劣、没有从宽余地的死刑案件，如果从宽处理会明显违背公平正义和社会伦理的底线，严惩犯罪比认罪认罚的意义更为重大，就不应适用认罪认罚从宽制度。

2. 认罪认罚与适用审理程序的关系

《刑事诉讼法》规定的审理程序主要有普通程序、简易程序以及速裁程序。任何审理程序都可以适用认罪认罚从宽制度。

对于基层法院管辖的可能判处3年有期徒刑以下刑罚的案件，案件事实清楚，证据确实、充分，被告人认罪认罚并同意适用速裁程序的，可以适用速裁程序。

对于基层法院管辖的可能判处3年有期徒刑以上刑罚的案件，犯罪嫌疑人、被告人认罪认罚的，可以适用简易程序。

对于不适用速裁程序或简易程序的犯罪嫌疑人、被告人认罪认罚的其他案件，适用普通程序。

检察官可以根据案件的不同情况建议法院适用不同的审理程序。

3. 如何把握“从宽”的原则

首先，认罪认罚不是必须从宽，而是可以从宽处罚。其次，从宽处罚必须依法从宽，即必须依照《刑法》规定的量刑制度和《刑事诉讼法》规定的诉讼程序进行。最后，要正确处理坦白、自首、立功和认罪认罚等从宽情节的关系。在坦白、自首、立功和认罪认罚同时具备的情况下，处理原则是：坦白是被认罪认罚包含的，因此应避免重复评价。只坦白而不认罪认罚的，只对坦白进行从宽处理；既坦白又认罪认罚的，按照认罪认罚进行从宽处理。自首、立功和认罪认罚不存在重复评价问题，应当先对自首、立功情节按照刑法规定从轻处理，再按照认罪认罚从宽制度给予再次从轻处理。

认罪认罚从宽处罚是我国刑事诉讼的一项重要制度创新，体现了我国宽严相济的形势政策，对于节省司法资源、提高司法效率，保障被害人的合法权益，强化监督制约，确保司法公正具有重大意义。

九、依法不追究刑事责任原则

《刑事诉讼法》第 16 条规定："有下列情形之一的，不追究刑事责任，已经追究的，应当撤销案件，或者不起诉，或者终止审理，或者宣告无罪：（一）情节显著轻微、危害不大，不认为是犯罪的；（二）犯罪已过追诉时效期限的；（三）经特赦令免除刑罚的；（四）依照刑法告诉才处理的犯罪，没有告诉或者撤回告诉的；（五）犯罪嫌疑人、被告人死亡的；（六）其他法律规定免予追究刑事责任的。"

（一）依法不追究刑事责任的法定情形

1. 情节显著轻微，危害不大，不认为是犯罪的。这是指根据刑法的规定不构成犯罪，不应当追究刑事责任的一种情形。

2. 犯罪已过追诉时效期限的。这是指行为人的行为已构成犯罪，但根据《刑法》第 87 条、第 88 条和第 89 条的规定，已过了追诉时效期限的。对于超过追诉时效的案件，除最高人民检察院依照《刑法》第 87 条第 4 项的规定核准追诉的以外，不能再追究刑事责任。

3. 经特赦令免除刑罚的。这是指行为人确实犯了罪，但遇有国家发布特赦令，免除了某些犯罪分子的刑罚。特赦令是指根据我国《宪法》第 67 条和第 80 条的规定，国家主席根据全国人民代表大会的决定和全国人民代表大会常务委员会的决定，发布特赦令，以免除特定的正在服刑的罪犯全部或部分的刑罚的特赦命令。在这种情况下，如果对犯罪分子尚未追究或者正在追究刑事责任的，就可以根据特赦令不再追究。

4. 依照刑法告诉才处理的犯罪，没有告诉或者撤回告诉的。这是指根据刑法规定，对于侮辱罪、诽谤罪、暴力干涉他人婚姻自由罪、虐待罪和侵占罪，只有被害人提出控告的，才能依法予以追究。如果被害人没有告诉，或者告诉后又撤回告诉的，不应再追究。但是如果被害人因受强制、威吓而无法告诉的，人民检察院和被害人的近亲属也可以告诉，对于这种情况，应当依法追究。

5. 犯罪嫌疑人、被告人死亡的。这是指根据我国刑法规定，只对实施犯罪的人才能治罪，不能株连他人。犯罪嫌疑人、被告人既然死亡了，没有科刑的对象了，再追究其刑事责任就没有实际意义了，所以就不必继续追究了。

6. 其他法律规定免予追究刑事责任的。这是指刑法或者其他有刑事处罚规定的法律中有关免予追究刑事责任的规定。对于依照其他法律规定免予追究刑事责任的，不应再追究。

（二）不予追究刑事责任的处理方式

人民法院、人民检察院和公安机关在刑事诉讼中，遇到上述六种情形之一，要分别作出如下处理：

1. 在立案阶段发现和出现六种情形中的任何一种，对于自诉案件人民法院应当决定不予受理；对于公诉案件，公安机关或人民检察院应当决定不予立案。

2. 在侦查阶段发现和出现六种情形中的任何一种，都应当由公安机关或者人民检察院作出撤销案件的决定。

3. 案件移送人民检察院审查起诉时，如果发现和出现六种情形中的任何一种情况，都应当作出不起诉的决定。

4. 案件如果在人民法院审判阶段发现和出现的，应分别情况处理。对于情节显著轻微、危害不大，不认为是犯罪的，应当作出判决，宣告无罪。对于被告人死亡或者其他情形，应当裁定终止审理。

十、追究外国人刑事责任适用我国刑事诉讼法原则

《刑事诉讼法》第 17 条规定：“对于外国人犯罪应当追究刑事责任的，适用本法的规定。对于享有外交特权和豁免权的外国人犯罪应当追究刑事责任的，通过外交途径解决。”本条规定了追究外国人刑事责任适用我国刑事诉讼法的原则。

（一）对于外国人犯罪应当追究刑事责任的，适用我国刑法和刑事诉讼法

这里的外国人包括具有外国国籍的人、无国籍人以及国籍不明的人。“外国人犯罪”，是指外国人在我国领域内犯我国刑法规定的各种罪和在我国领域外对我们国家和公民实施的而按照刑法规定的最低刑为 3 年有期徒刑的犯罪。我国作为一个主权独立的国家，在我国司法管辖权范围内，外国人应与中国人一样，遵守中国法律。当外国人的行为触犯刑法，应当受到刑事追究时，公安司法机关应当按照我国刑事诉讼法的规定进行立案、侦查、起诉及审判。

（二）对于享有外交特权和豁免权的外国人犯罪的处理

外交特权和豁免权，是指一个国家为了保证和便利驻在本国的外交代表、外交机关以及外交人员执行职务，而给予他们的一种特殊权利和待遇。这是各国按照平等、相互尊重主权的原则，根据国际惯例和国际公约、协议和国家法律的有关规定，互相给予驻本国的外交代表和外交官的特殊权利。根据我国外交特权与豁免条例的有关规定，这种特殊权利和豁免权包括：使馆馆舍不受侵犯；免纳捐

税；使馆的档案和文件不受侵犯；人身不受侵犯，不受逮捕或者拘留；寓所不受侵犯，并受保护；刑事管辖豁免；没有以证人身份作证的义务；民事管辖、行政管辖豁免等。享有外交特权和豁免权的外国人主要是指以下几种人：（1）外国驻中国的外交代表以及与其共同生活的不是中国公民的配偶及未成年子女；（2）途经中国的外国驻第三国的外交代表和与其共同生活的配偶及未成年子女；（3）来中国访问的外国国家元首、政府首脑、外交部部长及其他具有同等身份的官员；（4）来中国参加联合国及其专门机构召开的国际会议的外国代表、临时来中国的联合国及其专门机构的官员和专家、联合国及其专门机构驻中国的代表机构和人员等。对于享有外交特权和豁免权的外国人犯罪，应当追究刑事责任的，通过外交途径解决，这是保证国与国之间的正常交往所必需的条件。对于这些犯罪，一般采取宣布其为“不受欢迎的人”，令其限期出境，或宣布驱逐出境，并建议派出国依照他们国家的法律进行处理等方式加以解决。

实训案例

案例一

1997 年 10 月 30 日，河南省柘城县老王集乡赵楼村村民赵作海和赵振晌因琐事打架后，赵振晌失踪。随后，赵振晌的亲属报案，称赵振晌已失踪 4 个多月，怀疑被赵作海杀害。柘城警方将赵作海关押审讯 20 多天后放出。1999 年 5 月 8 日，赵楼村村民在淘井时发现一具高度腐烂的无头、膝关节以下缺失的无名尸体，被认为是赵振晌，警方立即将赵作海列为重大嫌疑人，于次日对其刑事拘留。

2002 年 11 月 11 日，商丘市检察院提起公诉。同年 12 月 5 日，商丘市中级人民法院以故意杀人罪判处赵作海死刑，缓期二年执行，剥夺政治权利终身。判决后，赵作海未上诉。羁押期间，赵作海两次获减刑，先后被改判为无期徒刑、有期徒刑 20 年。

2010 年 4 月 30 日，被“杀死”的赵振晌“复活”，出现在赵楼村。原来当年案发时，他携菜刀砍了赵作海几刀，以为将赵作海砍死了，故连夜收拾东西出逃。在外流浪 13 年，因患偏瘫无钱医治，才回到村里。

2010 年 5 月初，“赵作海案”经媒体曝光后，舆论一片哗然，被称为河南版的“佘祥林案”。2010 年 5 月 5 日，河南省高院启动再审程序，召开审委会，认定赵作海故意杀人案是一起明显错案。同年 5 月 9 日，赵作海被无罪释放，河南省高院启动责任追究机制。2010 年 5 月 11 日，老王集乡的党委书记送来 1000 元生活费，派施工队帮赵作海建新房。2010 年 5 月 11 日，商丘市中级人民法院一位副院长到赵作海家中道歉，递上一个装有 5000 元的信封，并深深鞠了一个 90

度的躬。2010年5月11日，商丘市政法委书记王建民、商丘市中级人民法院院长宋海萍、商丘市人民检察院检察长王广军、商丘市公安局局长许大刚慰问赵作海，并送来1万元慰问金。2010年5月12日，商丘市检察机关正式立案，成立由纪委牵头的16人评查组，查究赵作海案的相关责任人，对3名涉嫌刑讯逼供的警察采取刑事拘留措施。2010年5月13日，赵作海获赔共计65万元，其中50万元是国家赔偿款，15万元是生活困难补助费。

问题：本案中司法机关违反了刑事诉讼法的哪些基本原则？

分析：本案中检察机关违反了法律监督原则，人民检察院没有对本案进行有效监督，致使冤案发生。公安机关、人民检察院、人民法院都违反了权利保障原则和“以事实为根据，以法律为准绳”的原则。公安机关对赵作海刑讯逼供明显违法，违反了权利保障原则；人民法院和人民检察院也没有确实保障赵作海的辩护权等诉讼权利。同时三机关在事实不清，证据不足的情况下，对赵作海拘留、逮捕、起诉和判处刑罚明显违反了“以事实为根据，以法律为准绳”的原则。

案例二

1996年4月9日，内蒙古自治区呼和浩特市毛纺厂年仅18周岁的职工呼格吉勒图被认定为一起奸杀案的凶手。案发仅仅61天后，法院判决呼格吉勒图死刑，并立即执行（又称“4·09”毛纺厂女厕女尸案）。2005年，被媒体称为“杀人恶魔”的内蒙古系列强奸杀人案凶手赵志红落网。其交代的第一起杀人案就是“4·09”毛纺厂女厕女尸案，从而引发媒体和社会的广泛关注。

2014年11月20日，呼格吉勒图案进入再审程序，再审不进行公开审理。12月15日，内蒙古高院再审判决宣告原审被告人呼格吉勒图无罪，之后启动追责程序和国家赔偿程序。12月19日，内蒙古公检法等部门启动呼格吉勒图案的追责调查程序。2014年12月30日，内蒙古高院依法作出国家赔偿决定，决定支付李三仁、尚爱云国家赔偿金共计2 059 621.40元。

问题：

1. 呼格吉勒图案中公检法机关违反了刑事诉讼法中的哪些基本原则？
2. 结合本案，阐释刑事诉讼中公正和效率的关系。

思考与练习题

1. 我国刑事诉讼法有哪些渊源？
2. 简述我国刑事诉讼的基本理念。
3. 简述我国刑事诉讼法的基本原则。

第二章

刑事诉讼的主体

本章导读

通过本章的学习，了解刑事诉讼专门机关的含义及类别，刑事诉讼当事人及其他诉讼参与人的含义和种类，掌握刑事诉讼各专门机关的职权，明确刑事诉讼当事人和其他诉讼参与人的诉讼权利和诉讼义务。

导入案例

范刚等强迫劳动案

（一）基本案情

被告人范刚、李苑玮是夫妻关系，租用广州市越秀区王圣堂大街十一巷16号201房做手表加工及住宿场所。2013年4月至10月，被告人范刚与李苑玮以招工为名，先后从中介处招来钟某（案发时16岁）、苏某某（案发时13岁）、周某（案发时15岁）3名被害人，使用锁门禁止外出的方法强迫3名被害人在该处从事手表组装工作。其间，被告人范刚对被害人钟某、周某有殴打行为，被告人李苑玮对3名被害人有语言威胁的行为，被告人罗春龙于2013年5月入职后协助被告人范刚看管3名被害人。2013年10月20日，经被害人报警，公安人员到场解救了3名被害人，并将被告人范刚、李苑玮、罗春龙抓获归案。经法医鉴定，被害人钟某和周某的头部、颈部、臂部受伤，损伤程度属轻微伤。

（二）裁判结果

广东省广州市越秀区人民法院经审理认为，被告人范刚、李苑玮、罗春龙以暴力、胁迫和限制人身自由的方法强迫未成年人劳动，其行为均侵犯了他人的人身权利，共同构成强迫劳动罪，情节严重。被告人范刚在共同犯罪中起主要作用，应认定为主犯；被告人李苑玮、罗春龙在共同犯罪中起次要或辅助作用，应认定为从犯，依法应当从轻处罚。被告人范刚、李苑玮自愿认罪，能如实供述自己的罪行，依法可以从轻处罚。依照刑法有关规定，认定被告人范刚犯强迫劳动罪，判处有期徒刑3年，并处罚金10 000元；被告人李苑玮犯强迫劳动罪，判处有期徒刑10个月，并处罚金5000元；被告人罗春龙犯强迫劳动罪，判处有期徒刑7个月，并处罚金1000元。宣判后，没有上诉、抗诉。判决已发生法律效力。

本案知识点

刑事诉讼当事人的范围及其诉讼权利义务。

第一节　刑事诉讼的专门机关

刑事诉讼主体是指所有参与刑事诉讼活动，在刑事诉讼中享有一定权利、承担一定义务的国家专门机关和诉讼参与人。根据《刑事诉讼法》的规定，我国刑事诉讼的主体包括三类：（1）代表国家行使侦查权、起诉权、审判权和刑罚执行权的国家专门机关，即公安机关、国家安全机关、监狱、军队保卫部门、海警局、人民检察院、人民法院；（2）直接影响诉讼的进程并且与诉讼结果有直接利害关系的诉讼当事人，包括被害人、自诉人、犯罪嫌疑人、被告人、附带民事诉讼的原告人和被告人；（3）协助国家专门机关和诉讼当事人进行诉讼活动的其他诉讼参与人，包括法定代理人、诉讼代理人、辩护人、证人、鉴定人和翻译人员。

刑事诉讼的专门机关是指依照法定职权进行刑事诉讼活动，并在刑事诉讼中承担一定职能的国家机关，主要包括公安机关、人民检察院和人民法院等。

一、公安机关

（一）公安机关的性质、任务和组织体系

公安机关是国家的治安保卫机关，是各级人民政府的组成部分，属于国家行政机关。同时公安机关在刑事诉讼中负责刑事侦查工作，行使国家的司法权，因

而又具有司法属性。

公安机关的任务是：通过治安、户籍、交通、消防、边防等管理工作和刑事侦查活动，维护社会治安秩序，预防和打击犯罪，保卫国家、集体的财产和公民私有的合法财产，保护公民的人身安全和其他合法权益，保卫社会主义制度，保障社会主义建设事业的顺利进行。

公安机关的组织体系是：中央人民政府即国务院设公安部，组织领导全国的公安工作。地方各级人民政府分别设置：省、自治区公安厅；直辖市公安局；省辖市公安局；自治州公安处（局）；县、自治县、县级市公安局。市辖区设公安分局。各级公安机关在本行政区内经批准可设立派出机构。此外，国家还在铁路、民航、河运、林业等具有一定行业特殊性的系统及大型企业、事业单位中设立公安局、处或具有派出机构性质的保卫处、科，负责本单位的治安保卫工作。作为各级人民政府的职能部门，公安机关实行双重领导体制，公安机关在接受本级人民政府领导的同时，下级公安机关还必须接受上级公安机关的领导。

（二）公安机关的职权

根据《刑事诉讼法》的规定，公安机关在刑事诉讼中主要任务是负责刑事案件的侦查工作。

1. 立案权

对于法律规定属于自己管辖的案件，在认为有犯罪事实发生并且需要追究刑事责任时，公安机关有权决定立案。

2. 侦查权

在侦查过程中，公安机关有权依法讯问犯罪嫌疑人、询问证人，进行勘验、检查、搜查，有权扣押书证、物证，查询、冻结犯罪嫌疑人的存款、汇款、债券、股票、基金份额等财产，组织鉴定、辨认和侦查实验，实施通缉，有权对犯罪嫌疑人采取拘传、取保候审、监视居住等强制措施。对现行犯和重大嫌疑分子有权先行拘留。对符合逮捕条件的犯罪嫌疑人有权提请检察机关批准逮捕。对经人民检察院批准逮捕或人民检察院、人民法院决定逮捕的犯罪嫌疑人、被告人，有权执行逮捕。对有证据证明有犯罪事实的案件，有权进行预审。对符合法定条件的案件，有权作出侦查终结的决定。

3. 执行权

在刑事诉讼的执行阶段，对于被判处拘役、剥夺政治权利、驱逐出境的罪犯，由公安机关执行。对被判处有期徒刑的罪犯，在被交付执行刑罚前，剩余刑期在3个月以下的，由公安机关看守所代为执行刑罚。

二、人民检察院

（一）人民检察院的性质、任务和组织体系

根据我国宪法和法律规定，中华人民共和国人民检察院是国家的法律监督机关，代表国家行使检察权。检察权是依法监督国家机关和国家机关工作人员、企事业单位、人民团体和全体公民遵守宪法与法律的权力，是国家维护法制统一和保障法律正确实施的一种特殊权力，是国家权力的重要组成部分。

人民检察院的任务，是通过行使检察职权，追诉犯罪，维护国家安全和社会秩序，维护个人和组织的合法权益，维护国家利益和社会公共利益，保障法律正确实施，维护社会公平正义，维护国家法制统一、尊严和权威，保障中国特色社会主义建设的顺利进行。

根据我国宪法和人民检察院组织法的规定，人民检察院的组织设置是：

1. 最高人民检察院

最高人民检察院是我国的最高检察机关，领导各级地方检察院的工作。

2. 地方各级人民检察院

地方各级人民检察院分为：（1）省、自治区、直辖市人民检察院；（2）设区的市级人民检察院，包括省、自治区辖市人民检察院，自治州人民检察院，省、自治区、直辖市人民检察院分院；（3）基层人民检察院，包括县、自治县、不设区的市、市辖区人民检察院。

3. 专门人民检察院

专门人民检察院在特定的行业部门内设置。我国的专门人民检察院主要有：中国人民解放军军事检察院，铁路运输检察院。

我国人民检察院实行双重领导体制。一方面，各级人民检察院均由本级人民代表大会产生，对它负责，受它监督；另一方面，最高人民检察院领导地方各级人民检察院和专门检察院的工作，上级人民检察院领导下级人民检察院的工作。

（二）人民检察院的职权

人民检察院是国家的专门法律监督机关，是国家唯一的公诉机关，代表国家行使公诉案件的控诉权，也是行使侦查权的国家机关之一。在刑事诉讼中，人民检察院依法行使立案侦查权、公诉权和法律监督权。

1. 立案侦查权

人民检察院对司法工作人员利用职权实施的非法拘禁、刑讯逼供、非法搜查等侵犯公民权利、损害司法公正的犯罪等案件有权立案侦查。在侦查中，人民检察院有权实施除通缉以外的一切侦查行为和强制措施。对于公安机关侦查的案件，在审查起诉中认为需要补充侦查的，有权自行侦查。

2. 公诉权

人民检察院对所有公诉案件，有权进行审查并作出是否提起公诉的决定；对提起公诉的案件，有权出庭支持公诉。公诉权包括：审查起诉权、提起公诉权、出庭支持公诉权。

3. 法律监督权

根据监督发生的诉讼阶段和监督对象的不同，人民检察院的法律监督权可以分为：立案监督权、侦查监督权、审判监督权、执行监督权。人民检察院有权对人民法院的审判活动是否合法实行监督；认为人民法院的判决和裁定确有错误的，有权提出抗诉。有权对刑事判决、裁定的执行和监狱、看守所的活动是否合法进行监督。同时，有权对人民法院减刑、假释的裁定是否正确进行监督。

三、人民法院

（一）人民法院的性质、任务和组织体系

我国《宪法》第128条规定：“中华人民共和国人民法院是国家的审判机关。”审判权，是依法对刑事案件、民事案件和行政案件进行审理和判决的权力，是国家权力的重要组成部分。人民法院是国家的审判机关，代表国家行使审判权。

人民法院的任务是通过审判刑事案件、民事案件、行政案件以及法律规定的其他案件，惩罚犯罪，保障无罪的人不受刑事追究，解决民事、行政纠纷，保护个人和组织的合法权益，监督行政机关依法行使职权，维护国家安全和社会秩序，维护社会公平正义，维护国家法制统一、尊严和权威，保障中国特色社会主义建设的顺利进行。人民法院用它的全部活动教育公民忠于社会主义祖国，自觉地遵守宪法和法律。

根据宪法以及人民法院组织法等法律的规定，我国的人民法院组织体系由最高人民法院、地方各级人民法院和专门人民法院组成。其中，最高人民法院是国家最高审判机关。地方各级人民法院分为基层人民法院、中级人民法院和高级人民法院三级。专门人民法院，包括军事法院、海事法院等专门人民法院。各级人民法院由同级人民代表大会产生，对同级人民代表大会负责，并受其监督。我国上下级人民法院之间的关系不是领导关系，而是监督关系，即最高人民法院监督地方各级人民法院和专门人民法院的审判工作，上级人民法院监督下级人民法院的审判工作。“监督”是指上级人民法院不能直接指挥下级人民法院具体进行审判，只能通过审判监督程序对下级人民法院的审判活动是否合法、正确进行审查。

（二）人民法院的职权

人民法院是国家的审判机关，在刑事诉讼中的职权包括：

1. 审判权

人民法院有权直接受理并审判自诉案件；对于公诉案件进行审查，对符合起诉条件的案件决定开庭审判；有权对案件的程序问题和部分实体问题作出裁定或者决定；有权根据事实和法律对被告人作出有罪或无罪、罪重或罪轻、处罚或免予处罚的判决。

2. 执行权

对死刑立即执行、罚金和没收财产的判决、裁定，有执行权。

3. 与审判有关的其他职权

有权对被告人决定采取拘传、取保候审、监视居住和逮捕等强制措施；在法庭审理过程中，有权对证据进行调查核实，必要时可以进行勘验、检查、扣押、鉴定和查询、冻结；有权主持和指挥审判活动，对违反法庭秩序的人有权采取警告、强行带出法庭、罚款、拘留等处罚措施。

四、监狱

（一）监狱的性质和任务

根据我国监狱法的规定，监狱是国家的刑罚执行机关。被判处死刑缓期二年执行、无期徒刑、有期徒刑的罪犯，在监狱内执行刑罚。

监狱的任务是依法执行刑罚、对罪犯进行教育改造，坚持对罪犯实行惩罚和改造相结合、教育和劳动相结合的原则，将罪犯改造成为守法公民。

（二）监狱的职权

1. 刑罚执行权

刑罚执行权包括收监权，对罪犯提出的申诉、控告、检举的处理权，暂予监外执行建议权，减刑、假释建议权等。

2. 狱政管理权

狱政管理权包括分押分管权，警戒权，戒具和武器的使用权，通信、会见管理权，生活、卫生管理权，对罪犯的奖惩权等。

3. 教育改造权

监狱对罪犯应当依法监管，根据改造罪犯的需要，组织罪犯从事生产劳动，对罪犯进行思想教育、文化教育、技术教育。教育改造罪犯，实行因人施教、分类教育，以理服人的原则，采取集体教育与个别教育相结合、狱内教育与社会教育相结合的方法。

4. 狱内侦查权

对罪犯在监狱内犯罪的案件，由监狱进行侦查。侦查终结后，写出起诉意见书，连同案卷材料、证据一并移送人民检察院。

五、社区矫正机构

（一）社区矫正机构的性质和任务

社区矫正是与监禁矫正相对的行刑方式，是指将符合法定条件的罪犯置于社区内，由社区矫正机构在相关部门和社会力量的协助下，在判决、裁定或决定确定的期限内，矫正其犯罪心理和行为恶习，并促进其顺利回归社会的非监禁刑罚执行活动。

社区矫正机构是指为了保障社区矫正工作的顺利进行，国家设置的具有法定职责，具有一定数量专业矫正人员从事社区矫正工作的组织，是履行社区矫正职责的专门机关和组织。在我国，主要是司法行政机关承担社区矫正工作。具体而言，司法行政机关负责指导管理、组织实施社区矫正工作；县级司法行政机关社区矫正机构对社区矫正人员进行监督管理和教育帮助。司法所承担社区矫正日常工作。

社区矫正的任务是积极利用各种社会资源、整合社会各方面力量，对罪行较轻、主观恶性较小、社会危害性不大的罪犯或者经过监管改造、确有悔改表现、不致再危害社会的罪犯在社区中进行有针对性的管理、教育和改造，将社区矫正人员改造成为守法公民。

（二）社区矫正机构的职责

县级司法行政机关负责社区矫正的执行工作，主要工作包括：社区矫正适用前的调查评估，法律文书和社区矫正人员的接收，建立社区矫正人员的执行档案，社区矫正人员出入特定场所、外出、变更居住地的审批，给予警告，提出治安管理处罚建议，提出撤销缓刑、假释、收监执行建议，对脱离监管的社区矫正人员组织追查，发放解除矫正证明书等。也可以开展集中教育、心理矫正、协调有关部门为社区矫正人员提供帮扶等工作。

司法所承担社区矫正日常工作：在接收环节，根据县级司法行政机关的指派，接收社区矫正人员，并组织宣告；确定社区矫正小组；制订矫正方案；建立社区矫正工作档案。要监督社区矫正人员定期报告，定期走访，了解其动态和现实表现；发现脱离监管，立即报告；7日内外出审批；组织日常教育和社区服务；开展个别教育和心理辅导；考核并分类管理；解除矫正时，出具书面建议，提出安置帮教协议，组织解除矫正宣告；派员参加社会调查评估等。

第二节 刑事诉讼当事人

刑事诉讼当事人是指与案件的处理结果有直接的利害关系，在诉讼中享有一定的诉讼权利、承担一定的诉讼义务的诉讼参与人，包括被害人、自诉人、犯罪嫌疑人、被告人、附带民事诉讼的原告人和被告人。根据《刑事诉讼法》的规定，刑事诉讼当事人共同享有的诉讼权利包括以下几项：(1) 用本民族语言文字进行诉讼。(2) 申请回避权，对于驳回申请回避的决定，有权申请复议一次。(3) 有权参加法庭调查、质证和辩论、发表意见，申请通知新的证人到庭，调取新的物证，申请重新鉴定或勘验。(4) 控告权。对侦查、检察、审判人员侵犯其诉讼权利或人身侮辱的行为，有权提出控告。(5) 申诉权。对已经发生法律效力的判决、裁定不服的，有权向人民法院、人民检察院提出申诉。

一、被害人

被害人是指人身、财产或者其他合法权益受到犯罪行为直接侵害的单位或者个人。广义的被害人包括三类：(1) 公诉案件中的被害人；(2) 在自诉案件中提起刑事诉讼的被害人，即自诉人；(3) 由于犯罪行为遭受物质损失的被害人，即附带民事诉讼的原告人。本处的被害人是狭义的被害人，专指公诉案件的被害人。

(一) 被害人的诉讼权利

被害人除了具有当事人共有的诉讼权利外，还享有以下诉讼权利：

1. 委托诉讼代理人的权利

被害人自案件移送审查起诉之日起，有权委托诉讼代理人。人民检察院自收到移送审查起诉的案件材料之日起3日以内，应当告知被害人及其法定代理人或者其近亲属有权委托诉讼代理人。

2. 控告权和申请复议权

对于侵犯其人身、财产权利的犯罪事实或者犯罪嫌疑人，有权向公安机关、人民检察院或者人民法院报案或者控告，要求有关机关立案。对于有关机关不立案的，有权获知原因，并可申请复议。

3. 申诉权

申诉包括以下三种情况：一是对公安机关不立案的申诉。对公安机关应当立案而不立案的，有权向人民检察院提出，请求人民检察院责令公安机关向检察机关说明不立案的理由。人民检察院认为其理由不能成立的，应当通知公安机关立案，公安机关则必须立案。二是对检察机关不起诉决定的申诉。对人民检察院作出的不起诉决定不服的，有权向上一级人民检察院提起申诉。三是对生效判决的申诉。不服地方各级人民法院的生效判决的，有权提出申诉。

4. 自诉权

被害人有证据证明对被告人侵犯自己人身、财产权利的行为应当依法追究刑事责任，而公安机关或者人民检察院不予追究被告人刑事责任的案件，被害人有权向人民法院提起自诉。

5. 申请抗诉权

对地方各级人民法院第一审的判决不服的，有权请求人民检察院抗诉。

（二）被害人的诉讼义务

1. 如实向公安司法机关陈述案件事实。

2. 接受公安司法机关传唤，按时出席法庭。

3. 遵守法庭纪律，在法庭上接受询问和回答问题。

二、自诉人

自诉人是指直接向人民法院提起刑事诉讼，要求人民法院追究被告人刑事责任的人，包括被害人，如果被害人死亡或者丧失行为能力的，被害人的法定代理人、近亲属有权向人民法院起诉。自诉人是自诉案件的一方当事人，与诉讼结果具有直接的利害关系，具有独立的诉讼地位。一方面，自诉人为了维护自己的或者其近亲属的权益，以自己的名义参加诉讼，在诉讼中行使控诉职能，其诉讼地位相当于原告；另一方面，如果自诉案件中的被告人提起反诉，那么自诉人则具有双重身份。在其自己提起的自诉中属于自诉人，行使控诉职能；在反诉中是被告人，行使辩护职能。

（一）自诉人的诉讼权利

1. 提起自诉权。自诉人有权直接向人民法院提起自诉。

2. 委托诉讼代理权。自诉人有权随时委托诉讼代理人。

3. 和解权、撤诉权。自诉人在宣告判决前，可以同被告人自行和解或者撤回自诉。

4. 接受调解权。在告诉才处理的案件和被害人有证据证明的轻微刑事案件中，有权在人民法院的主持下与被告人达成调解协议。

5. 程序参与权。自诉人有权参加法庭调查和法庭辩论，申请审判人员以及书记员、鉴定人、翻译人员回避。

6. 申请法院调查取证权。人民法院受理自诉案件后，对于因为客观原因不能取得并提供的有关证据，自诉人有权申请人民法院调查取证。人民法院认为必要的，可以依法调取。

7. 上诉权。自诉人有权对第一审人民法院尚未发生法律效力的判决、裁定提起上诉。

8. 申诉权。自诉人有权对人民法院已经发生法律效力的判决、裁定提出申诉。

（二）自诉人的诉讼义务

1. 承担举证责任。自诉人对自己的主张和请求应当提供证据证明，这是自诉人最主要的诉讼义务。人民法院已经立案的自诉案件，经审查缺乏罪证的，自诉人应当补充证据。如果自诉人提不出补充证据，人民法院将说服自诉人撤回自诉，经说服不予撤诉的，人民法院将裁定驳回自诉。自诉人经说服撤回自诉或者人民法院裁定驳回起诉后，如果能够提出新的足以证明被告人有罪的证据，则可以再次提起自诉。

2. 不得捏造事实诬告陷害他人或者伪造证据，否则应当承担法律责任。

3. 按时出席法庭审判。自诉人经两次依法传唤，无正当理由拒不到庭的，或者未经法庭许可中途退庭的，人民法院将按照撤诉处理。

4. 遵守法庭纪律，听从审判人员的指挥。

三、犯罪嫌疑人、被告人

犯罪嫌疑人、被告人是在刑事诉讼中被指控犯罪并被追究刑事责任的人。涉嫌犯罪的人在我国刑事诉讼中，在不同的诉讼阶段称谓不同。在侦查阶段和审查起诉阶段被称为犯罪嫌疑人，在审判阶段被称为被告人。

犯罪嫌疑人、被告人与案件的处理结果有直接的利害关系，是刑事诉讼中的核心人物。犯罪嫌疑人、被告人享有广泛的诉讼权利。同时，犯罪嫌疑人、被告人本身是重要的证据来源，他们的供述和辩解是法定的证据。

（一）犯罪嫌疑人、被告人的诉讼权利

犯罪嫌疑人、被告人的诉讼权利按其性质和作用的不同，可分为防御性权利和救济性权利两种。防御性权利，是指犯罪嫌疑人、被告人为对抗追诉方的指控、抵消其控诉效果所享有的诉讼权利；救济性权利，是指犯罪嫌疑人、被告人对国家专门机关所作的对其不利的行为、决定或裁判，要求另一专门机关予以审查并作出改变或撤销的诉讼权利。

1. 防御性权利

（1）有权使用本民族语言文字进行诉讼。

(2) 辩护权。犯罪嫌疑人、被告人有权自行或在辩护人协助下获得辩护。

(3) 拒绝回答权。犯罪嫌疑人有权拒绝回答侦查人员提出的与本案无关的问题。

(4) 被告人有权在开庭前10日内收到起诉书副本。

(5) 参加法庭调查权和参加法庭辩论权。

(6) 最后陈述权。被告人有权向法庭作最后陈述。

(7) 反诉权。自诉案件的被告人有权对自诉人提起反诉。

2. 救济性权利

(1) 申请复议权。犯罪嫌疑人、被告人有权申请侦查人员、检察人员、审判人员、书记员、鉴定人、翻译人员回避，对驳回申请回避的决定不服的，有权申请复议。

(2) 控告权。犯罪嫌疑人、被告人对审判人员、检察人员和侦查人员侵犯其诉讼权利和人身侮辱的行为，有权提出控告。

(3) 申请变更强制措施权。犯罪嫌疑人、被告人被羁押的，有权申请取保候审；对于人民法院、人民检察院和公安机关采取强制措施超过法定期限的，有权要求解除强制措施。

(4) 申诉权。对于人民检察院作出的酌定不起诉决定，有权向人民检察院提出申诉；对各级人民法院已经发生法律效力的判决、裁定，有权向人民法院、人民检察院提起申诉。

(5) 上诉权。对地方各级人民法院的第一审尚未生效的判决、裁定，有权向上一级人民法院上诉。

(二) 犯罪嫌疑人、被告人的诉讼义务

1. 在符合法定条件的情况下承受逮捕、拘留、监视居住、拘传等强制措施。
2. 接受侦查人员的讯问、搜查、扣押等侦查行为。
3. 对侦查人员的讯问，应当如实回答。
4. 承受检察机关的起诉，依法按时出席并接受法庭审判。
5. 遵守法庭纪律，听从审判人员指挥。
6. 对于生效的裁定和判决，有义务执行或协助执行。

四、附带民事诉讼的当事人

附带民事诉讼当事人包括附带民事诉讼原告人和附带民事诉讼被告人。

(一) 附带民事诉讼原告人

附带民事诉讼原告人是指在刑事诉讼中，因被告人的犯罪行为遭受物质损失，并在刑事诉讼中提出赔偿请求的人。有权提起附带民事诉讼的主体包括：

(1) 遭受犯罪行为直接侵害的被害人本人，包括公民、企事业单位、机关、团体等组织。(2) 被害人的近亲属、法定代理人。被害人死亡或者丧失行为能力的，被害人的法定代理人、近亲属有权提起附带民事诉讼。(3) 人民检察院。如果是国家财产、集体财产遭受损失的，人民检察院在提起公诉的时候，可以提起附带民事诉讼。

1. 附带民事诉讼原告人的诉讼权利

(1) 有权提起附带民事诉讼，要求赔偿物质损失。

(2) 申请回避权。

(3) 有权委托诉讼代理人。公诉案件中，附带民事诉讼当事人可以自案件移送审查起诉之日起委托诉讼代理人；自诉案件中，附带民事诉讼当事人可以随时委托诉讼代理人。

(4) 有权申请人民法院采取财产保全措施。

(5) 有权申请先予执行。

(6) 有权参加法庭调查和法庭辩论。附带民事诉讼当事人对于附带民事诉讼部分的事实和证据作出陈述和发表意见，但是对于刑事部分不参与法庭调查和辩论。

(7) 有权请求人民法院主持调解或者与附带民事诉讼被告人自行和解。

(8) 有权对地方各级人民法院第一审尚未发生法律效力的判决和裁定的附带民事部分提出上诉。

(9) 有权对地方各级人民法院发生法律效力的判决和裁定的附带民事部分提出申诉。

2. 附带民事诉讼原告人的诉讼义务

(1) 对于附带民事诉讼请求提供证据，负有举证责任。

(2) 必须正确行使诉讼权利，不得滥用诉权。

(3) 必须遵守法庭秩序，按照法定程序和法庭纪律进行诉讼活动，服从审判人员的指挥，尊重对方当事人的诉讼权利。

(4) 必须履行人民法院已经发生法律效力的判决、裁定和调解书。

(二) 附带民事诉讼被告人及诉讼权利义务

附带民事诉讼被告人，是指在刑事诉讼中对犯罪行为所造成的物质损失负有赔偿责任的人。附带民事诉讼被告人包括：(1) 刑事被告人以及未被追究刑事责任的其他共同侵害人；(2) 刑事被告人的监护人；(3) 死刑罪犯的遗产继承人；(4) 共同犯罪案件中，案件审结前死亡的被告人的遗产继承人；(5) 对被害人的物质损失依法应当承担赔偿责任的其他单位和个人。

1. 附带民事诉讼被告人的诉讼权利

（1）有权委托诉讼代理人。

（2）有权提起反诉。附带民事诉讼本质上属于民事诉讼，因而同样适用民事诉讼的反诉制度。

（3）有权申请回避。

（4）有权参加附带民事诉讼部分的法庭调查和法庭辩论。

（5）有权要求人民法院主持调解或者与附带民事诉讼原告人自行和解。

（6）有权对于地方各级人民法院尚未生效的第一审判决、裁定的附带民事诉讼部分提出上诉。

（7）有权对地方各级人民法院已经生效的判决、裁定的附带民事诉讼部分提出申诉。

2. 附带民事诉讼被告人的诉讼义务

（1）如实陈述案情。

（2）按时出席法庭审判，接受调查。必须遵守诉讼秩序，按照法定程序和法庭纪律进行诉讼活动，服从审判人员的指挥，尊重对方当事人的诉讼权利。

（3）对自己的主张提供证据证明。

（4）必须履行人民法院已经发生法律效力的判决、裁定和调解书。

五、单位当事人

（一）单位犯罪嫌疑人、被告人

在单位犯罪的情形下，单位可以成为独立的犯罪嫌疑人、被告人，与单位直接负责的主管人员和其他责任人员一起参与刑事诉讼。根据最高人民法院《解释》的规定，被告单位的诉讼代表人，应当是法定代表人、实际控制人或者主要负责人；法定代表人、实际控制人或者主要负责人被指控为单位犯罪直接责任人员或者因客观原因无法出庭的，应当由被告单位委托其他负责人或者职工作为诉讼代表人。但是，有关人员被指控为单位犯罪直接责任人员或者知道案件情况、负有作证义务的除外。

单位犯罪嫌疑人、被告人的诉讼权利义务，与自然人犯罪嫌疑人、被告人大致相同。最高人民法院《解释》对此作了规定，单位被告人有权委托辩护人；诉讼代表人有出庭的义务。人民法院应当通知被告单位的诉讼代表人出庭，被告单位的诉讼代表人无正当理由拒不出庭的，可以拘传其到庭；被告单位的违法所得及其孳息，尚未被依法追缴或者查封、扣押、冻结的，人民法院应当决定追缴或者查封、扣押、冻结。为保证判决的执行，人民法院可以先行查封、扣押、冻结被告单位的财产，或者由被告单位提出担保。

(二) 单位被害人

单位被害人参与刑事诉讼时，应当由其法定代表人作为代表参加刑事诉讼。根据我国《刑事诉讼法》的规定，法定代表人也可以委托诉讼代理人参加刑事诉讼。单位被害人在刑事诉讼中的诉讼权利和义务，与自然人被害人大体一致。

第三节 刑事诉讼其他参与人

其他诉讼参与人是指除国家专门机关工作人员和当事人之外，参与诉讼活动并在诉讼中享有一定的诉讼权利、承担一定诉讼义务的人。包括法定代理人、诉讼代理人、辩护人、证人、鉴定人和翻译人员。

一、法定代理人

刑事诉讼中的法定代理人，是指由法律规定的对被代理人负有专门保护义务并代为进行诉讼的人。

(一) 法定代理人的范围

根据《刑事诉讼法》第108条中的规定，法定代理人是指被代理人的父母、养父母、监护人和负有保护责任的机关、团体的代表。此处的监护人是指除父母、养父母以外，对未成年人、精神病人和其他无行为能力人的人身、财产及其他合法权益，依照法律规定有责任进行保护的人。

(二) 被代理人的范围

根据法律规定，在刑事诉讼中，当事人是未成年人、无行为能力人或者限制行为能力人时，需要法定代理人代为参加刑事诉讼。根据民法典和刑法的规定，自然人是否具有行为能力主要依据年龄和精神状况确定，因此，被代理人主要是指未成年人、精神病人和其他无行为能力人或者限制行为能力人。

(三) 法定代理人的法律地位

法定代理人参加刑事诉讼是依据法律的规定，而不是基于委托关系。因此，法定代理人具有独立的诉讼地位，并享有法律赋予的诉讼权利和承担相应的诉讼义务。法定代理人依法代表被代理人参加诉讼，不受被代理人意志的约束，行使代理权限无须经被代理人同意。

(四) 法定代理人的诉讼权利

法定代理人享有与被代理人相同的诉讼权利。但是法定代理人不得为被代理人承担与其人身有关的特定的诉讼义务，如不得代替被代理人进行供述、辩解、陈述、服刑等。法定代理人的诉讼权利，因被代理人的诉讼地位不同而存在差异。如被告人、自诉人的法定代理人，不服地方各级人民法院一审判决、裁定的，有权独立提出上诉；而被害人的法定代理人对一审判决不服的，只能请求人民检察院抗诉，无权提起上诉。

二、诉讼代理人

（一）诉讼代理人的产生

诉讼代理人是基于被代理人的委托而代表被代理人参与刑事诉讼的人。根据《刑事诉讼法》第108条第5项中的规定，公诉案件的被害人及其法定代理人或者近亲属有权委托诉讼代理人；自诉案件的自诉人及其法定代理人有权委托诉讼代理人；附带民事诉讼的当事人及其法定代理人有权委托诉讼代理人。根据《刑事诉讼法》第299条第2款的规定，在犯罪嫌疑人、被告人逃匿、死亡案件违法所得的没收程序中，犯罪嫌疑人、被告人的近亲属，以及其他与涉案财产有利害关系的人，也可以委托诉讼代理人。刑事诉讼中的“近亲属”是指夫、妻、父、母、子、女、同胞兄弟姊妹。

（二）诉讼代理人的权限

诉讼代理人与法定代理人不同。诉讼代理人参与刑事诉讼是基于被代理人的委托，在双方签订的委托协议授权范围内进行代理，而不是依据法律的规定。诉讼代理人只能在被代理人授权范围内进行诉讼活动，不得超越代理范围，也不能违背被代理人的意志。如果没有被代理人的授权，诉讼代理人代替被代理人进行的诉讼活动就不具有法律效力。

三、辩护人

辩护人，是指在刑事诉讼中接受犯罪嫌疑人、被告人委托，或者接受法律援助机构的指派，依法为犯罪嫌疑人、被告人进行辩护，维护其合法权益的诉讼参与人。辩护人主要由律师担任，也可以是犯罪嫌疑人、被告人的监护人、亲友，人民团体或者犯罪嫌疑人、被告人所在单位推荐的人。辩护人是犯罪嫌疑人、被告人合法权益的专门维护者，依法独立行使辩护权，不受犯罪嫌疑人、被告人意志的约束，其诉讼地位不同于诉讼代理人。辩护人的范围、诉讼地位、诉讼权利和义务等内容，详见本书第五章“辩护与代理制度”。

四、证人

证人是指当事人以外的，了解案件情况并在刑事诉讼中提供证言的诉讼参与人。凡是知道案件情况的人，都有作证的义务。生理上、精神上有缺陷或者年幼，不能辨别是非、不能正确表达的人，不能作证人。

(一) 证人的条件

1. 证人必须是了解案件情况的人。这是做证人的先决条件。

2. 证人必须是当事人以外的人。犯罪嫌疑人、被告人虽然了解案情，但他们不属于证人，而属于当事人。

3. 证人只能是自然人，单位不具有证人资格。

4. 证人必须具有作证能力，即具有辨别是非、正确表达的能力。生理上、精神上有缺陷或者年幼，不能辨别是非、不能正确表达的人，不能作证人。

(二) 证人的诉讼权利

根据刑事诉讼法的规定，证人在刑事诉讼中享有以下诉讼权利：

1. 有权使用本民族语言文字进行诉讼。

2. 有权查阅证言笔录，在发现笔录中的内容与作证的内容不符时，有权要求补充或者修改。

3. 对公安司法机关工作人员侵犯其诉讼权利或者人身侮辱的行为，有权提出控告。

4. 因履行作证义务而支出的交通、住宿、就餐等费用，有权要求补偿。

5. 因在诉讼中作证，本人或者其近亲属的人身安全面临危险的，有权向公安司法机关请求予以保护。

(三) 证人的诉讼义务

证人在刑事诉讼中应当承担以下诉讼义务：

1. 如实提供证言。证人如果有意作伪证或者隐匿罪证，应当承担法律责任。

2. 有义务回答公安司法人员的询问。

3. 出席法庭审判并接受控辩双方的询问和质证，但是被告人的配偶、父母、子女不得被强制出庭。

4. 遵守法庭纪律，听从审判人员指挥。

5. 证人应当保守案件秘密。

五、鉴定人

鉴定人是指接受公安司法机关的指派或聘请，运用自己的专门知识或者技能对刑事案件中的专门性问题进行分析判断并提出书面鉴定意见的诉讼参与人。鉴定人必须是自然人。鉴定人参与诉讼具有中立的诉讼地位，应当依法独立进行鉴定。鉴定人的书面分析判断意见称为鉴定意见，是刑事诉讼法规定的证据种类之一。

(一) 鉴定人的诉讼权利

1. 有权了解与鉴定有关的案件情况。

2. 有权要求指派或者聘请的机关提供足够的鉴定材料。在提供的鉴定材料不充分、不具备作出鉴定意见的条件时，有权要求指派或者聘请机关补充材料，否则有权拒绝鉴定。

3. 有权要求为鉴定提供必要的条件。

4. 有权收取鉴定费用。

5. 因在诉讼中作证，本人或者其近亲属的人身安全面临危险的，有权向公安司法机关请求予以保护。

（二）鉴定人的诉讼义务

1. 如实作出鉴定。鉴定人如果故意作出虚假鉴定的，应当承担相应的法律责任。

2. 依法回避。鉴定人如果与案件或者案件当事人有利害关系的，应当回避。

3. 保密义务。对于在鉴定过程中了解的案件情况和有关人员的隐私，应当保密。

4. 出庭的义务。在接到人民法院出庭通知时，应当亲自出庭作证，说明鉴定意见的根据和理由，并接受公诉人、当事人、辩护人、诉讼代理人以及审判人员的发问、询问。

5. 遵守法庭纪律，听从审判人员的指挥。

六、翻译人员

翻译人员，是指在刑事诉讼中接受公安司法机关指派或者聘请，为参与诉讼的外国人、少数民族人员、聋哑人等进行语言、文字或者手势翻译的诉讼参与人。

《刑事诉讼法》第 9 条第 1 款规定：“各民族公民都有用本民族语言文字进行诉讼的权利。人民法院、人民检察院和公安机关对于不通晓当地通用的语言文字的诉讼参与人，应当为他们翻译。”因此，翻译人员必须具备通晓诉讼参与人所使用的语言文字（包括哑语）和当地通用的语言文字，并正确传达被翻译人意愿的能力。

（一）翻译人员的诉讼权利

1. 有权了解与翻译有关的案件情况。

2. 有权要求公安司法机关提供与翻译内容有关的材料。

3. 有权查阅记载其翻译内容的笔录，如果笔录内容与翻译内容不符，有权要求修正或者补充。

4. 有权获得相应的报酬和经济补偿。

（二）翻译人员的诉讼义务

1. 实事求是，如实翻译。翻译应当力求准确无误，不得隐瞒、歪曲或者伪造，如果有意弄虚作假，应当承担法律责任。

2. 依法回避。翻译人员如果与案件或者案件当事人有利害关系的，应当回避。

3. 保密义务。对提供翻译活动所获知的案件情况和他人的隐私，翻译人员应当保密。

实训案例

案例一

被告人邵建通过网络聊天认识被害人张某某（女，17 岁），2013 年 6 月 25 日，被告人邵建约见张某某，并在吉林省榆三公路道南加油站附近，强行将被害人张某某拽上一辆捷达出租车前往吉林省榆树市，在一家旅店内非法拘禁张某某至 6 月 26 日。2013 年 6 月 26 日，邵建又将张某某带至黑龙江省哈尔滨市，在哈尔滨市南岗区汉广街与汉阳街交口处的北往旅店内，非法拘禁张某某至 6 月 28 日。

2013 年 6 月 25 日，邵建将张某某强行带至吉林省榆树市后，在一家旅店内多次强行与张某某发生性行为，6 月 26 日邵建将张某某强行带至哈尔滨市后，在哈尔滨市南岗区汉广街与汉阳街交口处的北往旅店内，多次强行与张某某发生性关系。

黑龙江省哈尔滨市南岗区人民法院经审理认为，被告人邵建非法拘禁他人并多次以暴力、胁迫手段强奸妇女，其行为已构成非法拘禁罪、强奸罪。公诉机关指控的罪名成立，应予以惩处。依照刑法有关规定，判决被告人邵建犯强奸罪，判处有期徒刑 9 年，剥夺政治权利 1 年；犯非法拘禁罪，判处有期徒刑 2 年；数罪并罚，决定执行有期徒刑 10 年，剥夺政治权利 1 年。宣判后，原审被告人邵建不服，以原审判决量刑过重为由，提出上诉。

经二审审理查明的事实、证据与一审相一致。原审判决认定上诉人（原审被告人）邵建犯强奸罪、非法拘禁罪的事实清楚，证据充分，定罪准确，诉讼程序合法。原审法院对邵建所犯强奸罪、非法拘禁罪的量刑规范，且在刑罚幅度之内，并无不当。上诉人邵建的上诉理由无法律依据，不予支持。在二审审理过程中，邵建申请撤回上诉。邵建申请撤回上诉，符合法律规定的撤诉条件，依据最高人民法院《解释》第 305 条、第 308 条之规定，裁定准许上诉人（原审被告人）邵建撤回上诉。

问题：本案中有哪些诉讼当事人，分别具有哪些诉讼权利？

分析：

一、本案中邵建是犯罪嫌疑人、被告人。他的诉讼权利包括：

1. 防御性权利

（1）有权使用本民族语言文字进行诉讼。

（2）辩护权。犯罪嫌疑人、被告人有权自行或在辩护人协助下获得辩护。

（3）拒绝回答权。犯罪嫌疑人有权拒绝回答侦查人员提出的与本案无关的问题。

（4）被告人有权在开庭前10日内收到起诉书副本。

（5）参加法庭调查权和参加法庭辩论权。

（6）最后陈述权。被告人有权向法庭作最后陈述。

（7）反诉权。自诉案件的被告人有权对自诉人提起反诉。

2. 救济性权利

（1）申请复议权。犯罪嫌疑人、被告人有权申请侦查人员、检察人员、审判人员、书记员、鉴定人、翻译人员回避，对驳回申请回避的决定不服的，有权申请复议。

（2）控告权。犯罪嫌疑人、被告人对审判人员、检察人员和侦查人员侵犯公民诉讼权利和有人身侮辱的行为，有权提出控告。

（3）申请变更强制措施权。犯罪嫌疑人、被告人被羁押的，有权申请取保候审；对于人民法院、人民检察院和公安机关采取强制措施超过法定期限的，有权要求解除强制措施。

（4）申诉权。对于人民检察院作出的酌定不起诉决定，有权向人民检察院提出申诉；对各级人民法院已经发生法律效力的判决、裁定，有权向人民法院、人民检察院提起申诉。

（5）上诉权。对地方各级人民法院的第一审尚未生效的判决、裁定，有权向上一级人民法院上诉。

二、本案中张某某是被害人，她的诉讼权利包括：

1. 委托诉讼代理人的权利。被害人自案件移送审查起诉之日起，有权委托诉讼代理人。人民检察院自收到移送审查起诉的案件材料之日起3日以内，应当告知被害人及其法定代理人或者其近亲属有权委托诉讼代理人。

2. 控告权和申请复议权。对于侵犯其人身、财产权利的犯罪事实或者犯罪嫌疑人，有权向公安机关、人民检察院或者人民法院报案或者控告，要求有关机关立案。对于有关机关不立案的，有权获知原因，并可申请复议。

3. 申诉权，包括三种情况：一是对公安机关不立案的申诉。对公安机关应当立案而不立案的，有权向人民检察院提出，请求人民检察院责令公安机关向检察机关说明不立案的理由。人民检察院认为其理由不能成立的，应当通知公安机关立案，公安机关则必须立案。二是对检察机关不起诉决定的申诉。对人民检察院作出的不起诉决定不服的，有权向上一级人民检察院提起申诉。三是对生效判决的申诉。不服地方各级人民法院的生效判决的，有权提出申诉。

4. 自诉权。被害人有证据证明对被告人侵犯自己人身、财产权利的行为应当依法追究刑事责任，而公安机关或者人民检察院不予追究被告人刑事责任的案件，被害人有权向人民法院提起自诉。

5. 申请抗诉权。对地方各级人民法院第一审的判决不服的，有权请求人民检察院抗诉。

本案的典型意义：本案是一起利用网络聊天，欺骗被害人与其见面、胁迫并拘禁被害人，并在拘禁期间，对未成年被害人多次强奸的恶性案件。我国《刑法》第236条第3款第1项规定，强奸妇女、奸淫幼女情节恶劣的，处10年以上有期徒刑、无期徒刑或者死刑。但对“情节恶劣”的认定标准，刑法和司法解释无明文规定，在司法实践中，对于长时间针对同一妇女非法拘禁并多次实施强奸的，一般认定为“情节恶劣”。本案中虽未按10年以上对被告人的处刑，但考虑本案中被告人长时间对未成年被害人多次实施强奸行为的性质比较恶劣的具体情况，可以依法从严惩处，故在3年以上10年以下有期徒刑的法定幅度内，“从高”判处被告人邵建有期徒刑9年，量刑适当，充分体现了对未成年被害人等特殊群体的保护。

案例二

被告人刘卫平，男，汉族，1962年12月6日出生，湖南省湘潭县立胜煤矿投资人、实际控制人之一。

被告人刘胜杰，男，汉族，1973年11月29日出生，湘潭县立胜煤矿投资人、实际控制人之一。

被告人楚湘葵，男，汉族，1962年11月6日出生，湘潭县立胜煤矿投资人、实际控制人之一。

1. 非法采矿、重大劳动安全事故事实：2008年11月15日，被告人刘卫平、刘胜杰、楚湘葵共同承包了湖南省湘潭县立胜煤矿的采矿权。立胜煤矿采矿许可证核准的开采范围为约0.0362平方公里，深度为100米至-124米，有限期为2008年4月至2009年4月。2009年1月13日，因立胜煤矿安全生产许可证、煤炭生产许可证均已过期，湘潭县煤监局下达停产通知；同年4月，因立胜煤矿采矿许可证到期，且存在越界开采行为，湘潭县国土资源局责令立即停产。但刘卫平、刘胜杰、楚湘葵多次采取封闭矿井、临时遣散工人等弄虚作假手段，故意逃避管理部门实施监督检查，拒不执行停产监管决定，长期以技改名义非法组织生产。截至2010年1月，立胜煤矿东井已开采至-640米水平，中间井已拓至-420米水平，西井已采至-580米水平，严重超越采矿许可证核准的-124米水平。经湖南省国土资源厅鉴定，立胜煤矿2009年5月1日至2009年12月25日，计采原煤29 958.72吨，破坏矿山资源价值9 046 634.68元。

2010年1月5日12时5分，立胜煤矿中间井（又名新井）三道暗立井（位于-155米至-240米）发生因电缆短路引发的火灾事故。事故当日有85人下井，事故发生后安全升井51人，遇难34人，造成直接经济损失2962万元。经鉴定，造成事故的直接原因是立胜煤矿中间井三道暗立井使用非阻燃电缆，吊箩向上提升时碰撞已损坏的电缆芯线，造成电缆相间短路引发火灾，产生大量有毒有害气体，且矿井超深越界非法开采，未形成完整的通风系统和安全出口，烟流扩散造成人员中毒死亡。被告人刘卫平、刘胜杰、楚湘葵作为立胜煤矿负有管理职责的共同投资人和实际控制人，未认真履行职责，在生产经营过程中未采取有效安全防范管理措施，对于立胜煤矿未采用铠装阻燃电缆、未按规定安装和使用检漏继电器、矿井暗立井内敷设大量可燃管线和物体、无独立通风系统、在矿井超深越界区域无安全出口和逃生通道、无防灭火系统、避灾自救设施不完善等安全隐患均负有责任。

2. 单位行贿事实：被告人刘卫平、刘胜杰、楚湘葵为了3人投资和实际控制的立胜煤矿逃避监管部门监督检查，谋取不正当利益，先后向湘潭县煤监局局长郭平洋、湘潭县国土资源管理局主管副局长谭正荣（均另案处理，已判刑）等人行贿共计29万元。另外，刘卫平为给其投资的湘潭县新发煤矿谋取不正当利益，先后向湘潭市煤炭工业行业管理办公室安全生产科科长刘永松（另案处理，已判刑）等人行贿51.5万元。

湖南省湘潭县人民法院一审判决认为，被告人刘卫平、刘胜杰、楚湘葵作为立胜煤矿投资人和实际控制人，违反矿山资源法的规定，未取得采矿许可证即擅自采矿，情节特别严重，行为均已构成非法采矿罪；在立胜煤矿安全生产设施及安全生产条件不符合国家规定的情况下组织生产，因而发生重大伤亡事故，情节特别恶劣，行为均已构成重大劳动安全事故罪；为给自己控制的煤矿谋取不正当利益和逃避监管，向国家机关工作人员行贿，情节严重，行为均已构成单位行贿罪，应依法并罚。刘胜杰系累犯，依法应当从重处罚；刘卫平、刘胜杰、楚湘葵事故发生后均积极组织抢救，配合政府职能部门关闭整合当地其他违规开展生产的煤矿，并对事故遇难者家属进行了足额经济赔偿，可以酌情从轻处罚。综上，对被告人刘卫平以重大劳动安全事故罪判处有期徒刑5年，以非法采矿罪判处有期徒刑6年，并处罚金人民币300万元，以单位行贿罪判处有期徒刑2年，决定执行有期徒刑9年，并处罚金人民币300万元；对被告人刘胜杰以重大劳动安全事故罪判处有期徒刑4年，以非法采矿罪判处有期徒刑4年，并处罚金人民币300万元，以单位行贿罪判处有期徒刑1年，决定执行有期徒刑7年，并处罚金人民币300万元；对被告人楚湘葵以重大劳动安全事故罪判处有期徒刑4年，以非法采矿罪判处有期徒刑4年，并处罚金人民币300万元，以单位行贿罪判处有期徒刑1年，决定执行有期徒刑6年6个月，并处罚金人民币300万元。

一审宣判后，检察机关以一审判决对单位行贿部分事实认定错误、量刑畸轻为由提出抗诉；被告人刘卫平、刘胜杰、楚湘葵以不构成重大劳动安全事故罪和非法采矿罪为由提出上诉。

湖南省湘潭市中级人民法院二审裁定认为，一审判决认定被告人刘卫平、刘胜杰、楚湘葵行贿29万元有误，3人行贿数额应认定为34万元，但不足以影响量刑，依法驳回检察机关部分抗诉，驳回3被告人上诉，维持原判。

问题：

1. 本案中人民检察院具有哪些法定职责和职权？
2. 本案中3名被告人具有哪些诉讼权利，应承担哪些诉讼义务？

思考与练习题

1. 简述人民检察院的职权。
2. 简述犯罪嫌疑人、被告人的诉讼权利和义务。
3. 简述证人的条件、诉讼权利和义务。

第二模块　刑事诉讼基本制度

第三章

管辖制度

本章导读

通过本章的学习，了解刑事诉讼管辖制度的含义，掌握各专门机关立案管辖的具体范围，明确审判管辖的分类及相应规定，培养学生应用具体管辖制度解决实际问题的能力。

导入案例

薄熙来受贿、贪污、滥用职权案

被告人薄熙来，男，1949 年 7 月 3 日出生于北京市，汉族，研究生文化，原系十七届中共中央政治局委员，曾任辽宁省大连市人民政府市长、中共大连市委书记、中共辽宁省委副书记、辽宁省人民政府省长、商务部部长、中共重庆市委书记，第十一届全国人民代表大会代表（2012 年 9 月 28 日被依法终止代表资格），户籍地北京市东城区新开路胡同 71 号，住重庆市渝中区中山四路 36 号中共重庆市委 3 号楼，因涉嫌犯受贿罪于 2012 年 9 月 29 日被逮捕，现羁押于公安部秦城监狱。

2013 年 7 月 25 日，薄熙来涉嫌受贿、贪污、滥用职权犯罪一案，经依法指定管辖，由山东省济南市人民检察院向济南市中级人民法院提起公诉。8 月 22 日至 26 日，济南市中级人民法院一审公开开庭审理了被告人薄熙来受贿、贪污、滥用职权案。庭审中，法院严格遵循修改后《刑事诉讼法》规定的诉讼程序，让控辩双方充分质证、充分辩论，并对庭审过程以微博直播方式公开。9 月 22

日，济南市中级人民法院作出一审判决，对被告人薄熙来以受贿罪、贪污罪、滥用职权罪依法判处刑罚，数罪并罚，决定执行无期徒刑，剥夺政治权利终身，并处没收个人全部财产。薄熙来不服一审判决提出上诉，山东省高级人民法院受理此案。同年10月25日，山东省高级人民法院对薄熙来受贿、贪污、滥用职权案二审公开宣判，裁定驳回上诉，维持一审无期徒刑判决。

问题：薄熙来受贿、贪污、滥用职权案为什么可以由济南市中级人民法院管辖?

分析：《刑事诉讼法》第25条规定："刑事案件由犯罪地的人民法院管辖。如果由被告人居住地的人民法院审判更为适宜的，可以由被告人居住地的人民法院管辖。"《刑事诉讼法》第21条规定，中级人民法院管辖下列第一审刑事案件：(1) 危害国家安全、恐怖活动案件；(2) 可能判处无期徒刑、死刑的案件。

薄熙来原籍山西，户籍所在地是北京，曾经在辽宁、重庆等地任职，并实施犯罪的行为；薄熙来案件就犯罪嫌疑人可能判处的刑罚来看，有可能被判处无期徒刑或者死刑。因此，根据刑事诉讼法的规定，如果没有特殊情况，此案应该是在他犯罪地点或居住地的中级人民法院进行审判，也就是重庆、北京、辽宁相应的中级人民法院都有审判权。

但实际生活中的刑事案件错综复杂，司法实践中有时会出现有管辖权的法院不宜行使审判权的情况，薄熙来案件即属于这种情况。薄熙来位高权重，若在上述地点审判，他可能会利用当地的关系网影响案件的侦查和审判活动，这个案件会受到薄熙来势力的干扰。为了预防和排除对审判工作的干扰，保证法官依法独立审判，确保司法公正，对高官职务犯罪案件，往往会进行跨省或者在省内异地进行审判。

要实现异地审判，就要进行指定管辖，也就是由上级人民法院依法指定某个法院管辖。《刑事诉讼法》第27条规定："上级人民法院可以指定下级人民法院审判管辖不明的案件，也可以指定下级人民法院将案件移送其他人民法院审判。"据此，本案遵照最高人民法院的决定，将薄熙来受贿、贪污、滥用职权案指定济南市中级人民法院审判。

本案知识点

地区管辖、级别管辖、指定管辖。

第一节　立案管辖

一、管辖概述

（一）管辖的概念

管辖是指公安机关、人民检察院、人民法院等在直接受理刑事案件上的权限划分以及人民法院系统内部在审理第一审刑事案件上的权限划分。其实质是公安司法机关在受理刑事案件方面的权限划分和职责分工。

刑事诉讼程序开始于立案活动，面对纷繁复杂的刑事案件，应当由公安司法机关中的哪一个机关立案受理？哪一个地区、哪一个级别的法院对此案件享有审判权？这些都是立案要解决的问题。所以，管辖是刑事诉讼活动启动最先要明确的问题。

（二）确定管辖的原则

1. 分工合理、权责明确原则

公安机关、人民检察院、人民法院等国家专门机关在刑事诉讼中承担着不同的诉讼职能，其组织体系、人员素养、物质配备和技术装备等存在显著不同，不同级别的国家专门机关之间所承担的职责也不相同。因此，刑事诉讼中管辖的确定，应当将刑事案件的数量、复杂程度等因素与各个国家专门机关担负的工作量和业务能力综合起来全面考虑，做到分工合理、权责明确，以利于他们充分履行各自的职责，准确、及时、有效地处理案件，保证案件质量，提高办案效率。

2. 便利诉讼原则

刑事诉讼法关于管辖的规定，首先，应当便于有关单位和公民个人向有管辖权的公安司法机关报案、控告、检举犯罪，防止状告无门现象的发生，充分发挥人民群众同犯罪行为作斗争的积极性；其次，还应当便于公安司法机关调查取证、正确处理刑事案件，提高办案效率。

3. 确定性与灵活性相结合原则

确定管辖，既要分工合理，权责明确，又要有一定的灵活性。因为刑事案件往往错综复杂，随着社会的发展，一些新型案件层出不穷，实践中也会遇到人们想象不到的特殊情况。考虑到实际办案工作的需要，过于强调确定性，有时候并不利于刑事诉讼活动的开展。因此，刑事案件的管辖，除了要有明确的原则性规定以外，还应有一定的灵活性。例如，《刑事诉讼法》第24条关于上下级人民法院的变通管辖、第 27 条的指定管辖，都赋予了公安司法机关一定的裁量权，以适应不断发展变化的刑事诉讼实践的需要。

(三) 管辖的意义

管辖制度是刑事诉讼中一项重要的制度，明确、科学、合理地划分刑事案件的管辖范围，具有十分重要的意义：

1. 有利于公安司法机关各司其职、各负其责

法律明确规定了管辖权限，这样能使相应的公安司法机关在受理刑事案件上分工清楚，权责明确，管辖不明的情况得以减少，管辖权得到具体落实。这样既有利于他们依法行使自己的职权，也可以调动他们处理案件的积极性、主动性，同时还可以防止他们在受理案件上互争管辖权或互相推诿。这样，公安司法机关各司其职、各负其责，保证刑事诉讼的顺利进行，达到国家进行刑事诉讼的目的。

2. 有利于单位和公民等报案、控告、检举犯罪

明确公安司法机关的案件管辖范围，便于相关单位和公民个人参照管辖范围，直接向有管辖权的公安司法机关报案、控告、检举犯罪，避免或减少不必要的案件移送环节。这样可以节约时间，便于公安司法机关及时、有效地展开刑事诉讼活动。

3. 有利于案件得到准确、及时的处理

日常生活中，一旦发现有犯罪事实或犯罪嫌疑人，需要追究刑事责任时，明确、科学、合理地划分刑事案件的管辖范围，可以将立案权很快落实到具体的公安司法机关身上。这样此机关就可以及时展开相应的侦查活动，及时采取相应的措施，缉拿犯罪嫌疑人；也便于与案件有关的单位和公民个人参与刑事诉讼，从而使刑事案件得到准确、及时的处理，诉讼活动得以顺利进行。

二、立案管辖

(一) 立案管辖概述

1. 立案管辖的概念

立案管辖，又称职能管辖或部门管辖，是指进行刑事诉讼的国家专门机关之间在直接受理刑事案件上的权限划分。

立案管辖所要解决的是哪类刑事案件应当由哪个机关立案受理的问题。具体地讲，也就是确定哪些刑事案件不需要经过侦查由人民法院直接受理审判；哪些刑事案件由人民检察院直接受理立案、侦查，从而开始诉讼；哪些刑事案件由公安机关立案、侦查，开始刑事诉讼。

2. 划分立案管辖的根据

（1）公安司法机关在刑事诉讼中的法律性质和诉讼职能。公安司法机关是我国刑事诉讼中的主导机关，它们的性质和职能各不相同，在刑事诉讼中也承担着不同的职能。人民法院是国家的审判机关，人民检察院是国家的法律监督机关，公安机关是国家的治安保卫机关和刑事诉讼中专门的侦查机关，因此立案管辖中对直接受理的案件范围的划分就应该与它们的法律性质和诉讼职能相一致。比如，公安机关是我国的主要的侦查机关，所以除非有法律的另行规定，刑事案件都由公安机关立案侦查。

（2）刑事犯罪案件的性质、案情的轻重、难易程度。现实中的刑事案件各色各样，复杂多变，难易不同。有的案件比较简单，不需要侦查就能作出处理，比如轻微刑事案件，这类案件直接由人民法院立案；有些案件性质比较严重、案情复杂，侦破难度较大，就由社会治安基础工作扎实、经验丰富、技术装备和人员配备较好的公安机关立案侦查。除此之外，国家安全机关、军队保卫部门、监狱和中国海警局都负责一定范围内的刑事案件的立案侦查任务，这些都是由案件的性质决定的。

（二）公安机关立案侦查的案件范围

我国《刑事诉讼法》第 19 条第 1 款规定："刑事案件的侦查由公安机关进行，法律另有规定的除外。"这一规定说明，刑事案件的侦查由公安机关负责是立案管辖的一项原则，除了法律另有规定的情况外，所有刑事案件的侦查都由公安机关负责。

法律另有规定的情形主要包括：（1）自诉案件，由人民法院直接受理。但是，对人民法院直接受理的被害人有证据证明的轻微刑事案件，因证据不足驳回起诉，人民法院移送公安机关或者被害人向公安机关控告的，公安机关应当受理；被害人直接向公安机关控告的，公安机关应当受理。（2）依法由人民检察院直接立案侦查的案件。（3）国家安全机关依照法律规定，办理危害国家安全的刑事案件，行使与公安机关相同的职权。（4）军队保卫部门对军队内部发生的刑事案件行使侦查权。（5）对罪犯在监狱内犯罪的案件由监狱进行侦查。（6）中国海警局履行海上维权执法职责，对海上发生的刑事案件行使侦查权。（7）其他依照法律和规定应当由其他机关管辖的刑事案件。

公安机关作为我国的治安保卫机关，肩负维护社会秩序，保障公民安全的职责，有严密的组织系统、良好的侦查设备、较强的技术装备和人员配备，并具有同犯罪行为作斗争的丰富经验，在刑事诉讼中可以采用专门的侦查手段和强制性措施，作为主要的刑事侦查机关是比较合适的。法律将绝大多数刑事案件交由公安机关负责立案侦查，符合同犯罪行为作斗争的需要，可以及时惩罚犯罪，保护人民。

（三）人民检察院直接受理的刑事案件

我国《刑事诉讼法》第19条第2款规定：“人民检察院在对诉讼活动实行法律监督中发现的司法工作人员利用职权实施的非法拘禁、刑讯逼供、非法搜查等侵犯公民权利、损害司法公正的犯罪，可以由人民检察院立案侦查。对于公安机关管辖的国家机关工作人员利用职权实施的重大犯罪案件，需要由人民检察院直接受理的时候，经省级以上人民检察院决定，可以由人民检察院立案侦查。”

具体来说，人民检察院直接受理的刑事案件包括以下几类：

1. 人民检察院在对诉讼活动实行法律监督中，发现司法工作人员涉嫌利用职权实施的下列侵犯公民权利、损害司法公正的犯罪案件

（1）非法拘禁罪（《刑法》第238条）（非司法工作人员除外）；

（2）非法搜查罪（《刑法》第245条）（非司法工作人员除外）；

（3）刑讯逼供罪（《刑法》第247条）；

（4）暴力取证罪（《刑法》第247条）；

（5）虐待被监管人罪（《刑法》第248条）；

（6）滥用职权罪（《刑法》第397条）（非司法工作人员滥用职权侵犯公民权利、损害司法公正的情形除外）；

（7）玩忽职守罪（《刑法》第397条）（非司法工作人员玩忽职守侵犯公民权利、损害司法公正的情形除外）；

（8）徇私枉法罪（《刑法》第399条第1款）；

（9）民事、行政枉法裁判罪（《刑法》第399条第2款）；

（10）执行判决、裁定失职罪（《刑法》第399条第3款）；

（11）执行判决、裁定滥用职权罪（《刑法》第399条第3款）；

（12）私放在押人员罪（《刑法》第400条第1款）；

（13）失职致使在押人员脱逃罪（《刑法》第400条第2款）；

（14）徇私舞弊减刑、假释、暂予监外执行罪（《刑法》第401条）。

以上犯罪案件，由设区的市级人民检察院立案侦查。基层人民检察院发现犯罪线索的，应当报设区的市级人民检察院决定立案侦查。设区的市级人民检察院也可以将案件交由基层人民检察院立案侦查，或者由基层人民检察院协助侦查。最高人民检察院、省级人民检察院发现犯罪线索的，可以自行决定立案侦查，也可以将案件线索交由指定的省级人民检察院、设区的市级人民检察院立案侦查。

2. 国家机关工作人员利用职权实施的其他重大犯罪案件

除上述犯罪案件外，我国《刑事诉讼法》第19条第2款还规定，对于公安机关管辖的国家机关工作人员利用职权实施的重大犯罪案件，需要由人民检察院

直接受理的时候，经省级以上人民检察院决定，可以由人民检察院立案侦查。此类由人民检察院直接受理的案件，必须符合以下条件：（1）必须是国家机关工作人员利用职权实施的；（2）属于上述14种案件以外的其他重大犯罪案件；（3）需要由检察院直接受理；（4）经省级以上检察院决定。

上述规定应属于检察机关直接受案方面的弹性规定，但必须在具体执行中严格掌握。这里仅应理解为人民检察院根据法律监督职权对个案的监督条款，不宜作任意扩大解释。即只有极个别的国家机关工作人员利用职权实施的其他重大犯罪案件，确实不宜由公安机关立案侦查，必须由人民检察院直接管辖的，经省级以上人民检察院决定，才可以由人民检察院立案侦查。对于司法实践中有案不立、有罪不究、以罚代刑等问题，人民检察院应当根据刑事诉讼法的规定，通知公安机关立案侦查。

（四）人民法院直接受理的刑事案件

《刑事诉讼法》第19条第3款规定，“自诉案件，由人民法院直接受理”。

自诉案件是指由被害人及其法定代理人或者其近亲属向人民法院起诉的案件。这类刑事案件不需要经过公安机关或者人民检察院立案侦查，不通过人民检察院提起公诉，而由人民法院对当事人提起的诉讼直接立案和审判。根据《刑事诉讼法》第210条的规定，自诉案件包括以下三类：

1. 告诉才处理的案件

根据我国刑法的规定，告诉才处理的案件共有四种：侮辱、诽谤案（但严重危害社会秩序和国家利益的除外）；暴力干涉婚姻自由案；虐待案；侵占案。这四种案件，犯罪情节轻微，案情都比较简单，不需要侦查即可查清案件事实，所以适宜由人民法院直接受理。这种做法实际上是将是否控告和追究犯罪的权利赋予了被害人，体现了国家对被害人自由意志的尊重。

需要注意的是，告诉才处理的案件中，只有被害人或其法定代理人提出控告和起诉，人民法院才予以受理解决，假如他们没有告诉或者告诉后又撤回的，人民法院就应不予追究。但是，如果被害人因受到强制、威吓、无法告诉的，人民检察院或者被害人的近亲属也可以告诉。

2. 被害人有证据证明的轻微刑事案件

此类案件必须符合两个条件：（1）属于法定的轻微刑事案件。轻微包括罪质轻微和情节轻微。罪质轻微是指案件中的行为触犯的罪名较轻；情节轻微是指案件的情节形成的危害性较小。（2）被害人有证据证明被告人有罪，应当追究其刑事责任。被害人在追诉时处于控告者地位，应当负有举证责任，提出证据用来证明其诉讼主张。

根据最高人民法院《解释》，这类案件包括：故意伤害案；非法侵入住宅案；侵犯通信自由案；重婚案；遗弃案；生产、销售伪劣商品案（但严重危害社会秩序和国家利益的除外）；侵犯知识产权案（但严重危害社会秩序和国家利益的除外）；《刑法》分则第四章、第五章规定的，对被告人可能判处3年有期徒刑以下刑罚的其他轻微刑事案件（这是一类犯罪，包括多个罪名）。

3. 公诉转自诉的案件

这类案件指被害人有证据证明对被告人侵犯自己人身、财产权利的行为应当依法追究刑事责任，且有证据证明曾经提出控告，而公安机关或者人民检察院不予追究被告人刑事责任的案件。

这类案件从性质上说本来属于公诉案件的范围，要成为自诉案件，需要具备以下几个条件：（1）被告人的行为侵犯了被害人的人身权利或者财产权利；（2）被害人有证据证明被告人的行为构成了犯罪，并且应当追究刑事责任；（3）被害人有证据证明曾经提出控告；（4）公安机关或者人民检察院作出了不予追究被告人刑事责任的书面决定。

这类刑事案件范围很广，既包括公安机关或者检察机关决定不立案、决定撤销案件的案件，也包括检察机关决定不起诉的案件。

（五）其他侦查机关立案侦查的案件

1. 国家安全机关立案侦查的案件

国家安全机关立案侦查的案件有：背叛国家案，分裂国家案，煽动分裂国家案，武装叛乱、暴乱案，颠覆国家政权案，煽动颠覆国家政权案，资助危害国家安全犯罪活动案，投敌叛变案，叛逃案，间谍案，为境外窃取、刺探、收买、非法提供国家秘密、情报案，资敌案。

2. 军队保卫部门立案侦查的案件

军队保卫部门立案侦查的案件有：战时违抗命令案，隐瞒、谎报军情案，拒传、假传军情案，投降案，战时临阵脱逃案，阻碍执行军事职务案，军人叛逃案，非法获取军事秘密案，为境外窃取、刺探、收买、非法提供军事秘密案，故意泄露军事秘密案，战时造谣惑众案，战时自伤案，逃离部队案，武器装备肇事案，盗窃、抢夺武器装备、军用物资案，非法出卖、转让武器装备案，遗弃武器装备案，遗失武器装备案，战时残害居民、掠夺居民财物案，私放俘虏案。

3. 监狱立案侦查的案件

根据《监狱法》和《刑事诉讼法》第308条中的规定，对罪犯在监狱内犯罪的案件，由监狱管辖，进行立案侦查。

4. 中国海警局立案侦查的案件

根据《刑事诉讼法》第308条第2款的规定，中国海警局履行海上维权执法职责，对海上发生的刑事案件行使侦查权。

（六）监察机关立案调查的案件

监察机关是行使国家监察职能的专责机关，依照监察法对所有行使公权力的公职人员进行监察，调查职务违法和职务犯罪，开展廉政建设和反腐败工作。监察机关虽然不是公安司法机关，不具有刑事侦查权，但是根据《监察法》的规定，它具有对公职人员职务犯罪的立案调查权。

1. 监察机关的职责

监察委员会依照监察法和有关法律规定履行监督、调查、处置职责：

（1）对公职人员开展廉政教育，对其依法履职、秉公用权、廉洁从政从业以及道德操守情况进行监督检查。

（2）对涉嫌贪污贿赂、滥用职权、玩忽职守、权力寻租、利益输送、徇私舞弊以及浪费国家资财等职务违法和职务犯罪进行调查。

（3）对违法的公职人员依法作出政务处分决定；对履行职责不力、失职失责的领导人员进行问责；对涉嫌职务犯罪的，将调查结果移送人民检察院依法审查、提起公诉；向监察对象所在单位提出监察建议。

2. 监察机关的监察范围

监察机关对下列公职人员和有关人员进行监察：

（1）中国共产党机关、人民代表大会及其常务委员会机关、人民政府、监察委员会、人民法院、人民检察院、中国人民政治协商会议各级委员会机关、民主党派机关和工商业联合会机关的公务员，以及参照《公务员法》管理的人员；

（2）法律、法规授权或者受国家机关依法委托管理公共事务的组织中从事公务的人员；

（3）国有企业管理人员；

（4）公办的教育、科研、文化、医疗卫生、体育等单位中从事管理的人员；

（5）基层群众性自治组织中从事管理的人员；

（6）其他依法履行公职的人员。

3. 监察机关立案调查的案件范围

监察机关管辖范围主要是分为六大类，其中有 88 个具体罪名。

（1）贪污贿赂犯罪。包括：贪污罪，挪用公款罪，受贿罪，单位受贿罪，利用影响力受贿罪，行贿罪，对有影响力的人行贿罪，对单位行贿罪，介绍贿赂罪，单位行贿罪，巨额财产来源不明罪，隐瞒境外存款罪，私分国有资产罪，私分罚没财物罪，非国家工作人员受贿罪，对非国家工作人员行贿罪，对外国公职人员、国际公共组织官员行贿罪。共计 17 个罪名。

（2）滥用职权犯罪。包括：滥用职权罪，滥用管理公司、证券职权罪，食品、药品监管渎职罪，故意泄露国家秘密罪，阻碍解救被拐卖、绑架妇女、儿童罪，帮助犯罪分子逃避处罚罪，违法发放林木采伐许可证罪，办理偷越国（边）境人员出入境证件罪，放行偷越国（边）境人员罪，国有公司、企业、事业单位人员滥用职权罪，挪用特定款物罪，非法剥夺公民宗教信仰自由罪，侵犯少数民族风俗习惯罪，打击报复会计、统计人员罪，报复陷害罪。共计 15 个罪名。

（3）玩忽职守犯罪。包括：国有公司、企业、事业单位人员失职罪，签订、履行合同失职被骗罪，国家机关工作人员签订、履行合同失职被骗罪，玩忽职守罪，环境监管失职罪，传染病防治失职罪，商检失职罪，动植植物检疫失职罪，不解救被拐卖、绑架妇女儿童罪，失职造成珍贵文物损毁、流失罪，过失泄露国家秘密罪。共计 11 个罪名。

（4）徇私舞弊犯罪。包括：徇私舞弊低价折股、出售国有资产罪，非法经营同类营业罪，为亲友非法牟利罪，非法批准征收、征用、占用土地罪，非法低价出让国有土地使用权罪，枉法仲裁罪，徇私舞弊发售发票、抵扣税款、出口退税罪，商检徇私舞弊罪，动植物检疫徇私舞弊罪，放纵走私罪，放纵制售伪劣商品犯罪行为罪，招收公务员、学生徇私舞弊罪，徇私舞弊不移交刑事案件罪，违法提供出口退税凭证罪，徇私舞弊不征、少征税款罪。共计 15 个罪名。

（5）重大责任事故犯罪。包括：重大责任事故罪，教育设施重大安全事故罪，消防责任事故罪，重大劳动安全事故罪，强令、组织他人违章冒险作业罪，不报、谎报安全事故罪，铁路运营安全事故罪，重大飞行事故罪，大型群众性活动重大安全事故罪，危险物品肇事罪，工程重大安全事故罪。共计 11 个罪名。

（6）公职人员其他犯罪。包括：破坏选举罪，背信损害上市公司利益罪，金融工作人员购买假币、以假币换取货币罪，利用未公开信息交易罪，诈骗投资者买卖证券、期货合约罪，背信运用受托财产罪，违法运用资金罪，违法发放贷款罪，吸收客户资金不入账罪，违规出具金融票证罪，对违法票据承兑、付款、保证罪，非法转让、倒卖土地使用权罪，私自开拆、隐匿、毁弃邮件、电报罪，职务侵占罪，挪用资金罪，故意延误投递邮件罪，泄露不应公开的案件信息罪，披露、报道不应公开的案件信息罪，接送不合格兵员罪。共计 19 个罪名。

（七）立案管辖中的交叉管辖

在刑事诉讼法的相关规定中，明确了各个专门机关的立案分工问题，但司法实践中往往出现不同机关在管辖案件时的互相交叉的复杂情况。对此，应注意以下几点：

1. 人民检察院立案侦查犯罪案件时，发现犯罪嫌疑人同时涉嫌监察委员会管辖的职务犯罪线索的，应当及时与同级监察委员会沟通，一般应当由监察委员会为主调查，人民检察院予以协助。经沟通，认为全案由监察委员会管辖更为适宜的，人民检察院应当撤销案件，将案件和相应职务犯罪线索一并移送监察委员会；认为由监察委员会和人民检察院分别管辖更为适宜的，人民检察院应当将监察委员会管辖的相应职务犯罪线索移送监察委员会，对依法由人民检察院管辖的犯罪案件继续侦查。人民检察院应当及时将沟通情况报告上一级人民检察院。沟通期间，人民检察院不得停止对案件的侦查。监察委员会和人民检察院分别管辖的案件，调查（侦查）终结前，人民检察院应当就移送审查起诉有关事宜与监察委员会加强沟通，协调一致，由人民检察院依法对全案审查起诉。

人民检察院立案侦查犯罪案件时，发现犯罪嫌疑人同时涉嫌公安机关管辖的犯罪线索的，依照现行有关法律和司法解释的规定办理。

2. 公安机关或人民检察院在侦查过程中，如果发现犯罪嫌疑人还犯有属于人民法院直接受理的罪行时，应先接受控告人的控告，并进行必要的调查，然后在人民检察院提起公诉时，随同公诉案件移送人民法院，由人民法院合并审理。侦查终结后不提起公诉的，则应直接移送人民法院处理。

3. 人民法院在审理自诉案件的过程中，如果发现被告人犯有必须由人民检察院提起公诉的罪行时，则应将新发现的罪行另案移送有管辖权的机关。

4. 公安机关、人民检察院或者人民法院对于报案、控告、举报，都应当接受。对于不属于自己管辖的，应当移送主管机关处理，并且通知报案人、控告人、举报人；对于不属于自己管辖而又必须采取紧急措施的，应当先采取紧急措施，然后移送主管机关。

第二节　审判管辖

一、审判管辖的概念

审判管辖，是指普通人民法院之间、普通人民法院与专门人民法院之间以及专门人民法院之间对第一审刑事案件审判权限的划分。与立案管辖不同，审判管辖解决的是人民法院系统内部在受理案件方面的权限划分，它所要解决的是第一审刑事案件应由哪一种、哪一级、哪一个人民法院进行审判的问题。

立案管辖与审判管辖的关系因公诉案件和自诉案件而有所不同。对于自诉案件，立案管辖和审判管辖是重合的。公诉案件则不同，它由公安机关或者检察机关立案：由检察机关提起公诉，根据审判管辖的原则确定第一审的审判法院。在确定立案管辖时，应考虑公、检、法三机关的级别对应原则，根据审判管辖的原则确定第一审法院，再确定与其级别相对应的检察机关。

至于第二审刑事案件的管辖，根据刑事诉讼法的规定，只能是第一审人民法院的上一级人民法院，因此，明确了第一审刑事案件的管辖，第二审刑事案件的审判管辖也就得到了解决。

根据《刑事诉讼法》第20条至第28条的规定，我国的刑事审判管辖分为普通管辖和专门管辖；普通管辖又分为级别管辖、地区管辖和指定管辖。

二、级别管辖

级别管辖是指各级人民法院之间在审判第一审刑事案件上的权限分工。它解决了上下级人民法院之间刑事审判权的分配问题。级别管辖的划分主要考虑下列因素：案件的性质和影响以及涉及面的大小、罪行的轻重和可能判处的刑罚的轻重、不同级别法院在刑事审判体系中的地位和职责及工作负担的平衡。

（一）基层人民法院管辖的第一审刑事案件

《刑事诉讼法》第20条规定，基层人民法院管辖第一审普通刑事案件，但是依照本法由上级人民法院管辖的除外。可见，普通刑事案件的第一审原则上由基层人民法院管辖。

司法实践中绝大多数刑事案件实际上由基层人民法院进行第一审，其审判任务十分繁重。法律之所以这样规定，是因为基层人民法院在人民法院组织体系中数量较多，分布的地区也广，离犯罪地近，最接近人民群众。第一审普通刑事案件由其管辖，便于核查证据，也便于诉讼参与人参加诉讼，从而使案件得到正确、及时的处理。

（二）中级人民法院管辖的第一审刑事案件

《刑事诉讼法》第21条规定，中级人民法院管辖下列第一审刑事案件：

1. 危害国家安全、恐怖活动案件

危害国家安全案件指《刑法》分则第一章规定的下列犯罪案件：背叛国家案，分裂国家案，煽动分裂国家案，武装叛乱、暴乱案，颠覆国家政权案，煽动颠覆国家政权案，资助危害国家安全犯罪活动案，投敌叛变案，叛逃案，间谍案，为境外窃取、刺探、收买、非法提供国家秘密、情报案，资敌案等。这类案件性质严重，对国家危害极大。

恐怖活动案是指组织、领导、参加恐怖组织案、资助恐怖活动案等。这类犯罪规定在《刑法》危害公共安全犯罪之中，且近年来国内外恐怖犯罪逐渐增多，案件频发，涉案人员众多，涉及面广，多存在跨国、跨境的情况，案情复杂，而且危害极其严重，属于打击的重点。

2. 可能判处无期徒刑、死刑的案件

这是依据可能判处的刑罚轻重为标准进行的界定。

3. 对犯罪嫌疑人、被告人在境外，缺席审判的案件

这是根据《刑事诉讼法》第五编“特别程序”中的第三章“缺席审判程序”所作的规定。

4. 对犯罪嫌疑人、被告人逃匿、死亡案件中涉及财产进行处理的案件

这是《刑事诉讼法》第五编“特别程序”中的第四章“犯罪嫌疑人、被告人逃匿、死亡案件违法所得的没收程序”所作的规定。

总体来说，处理这四类案件，在案件事实认定和法律适用上，往往面临较大的难度，需要法律、政策水平更高、业务能力更强的司法工作人员。因此，由中级人民法院作为第一审，是适宜的，也是必要的，有利于保证案件的审判质量，实现司法公正。

（三）高级人民法院管辖的第一审刑事案件

《刑事诉讼法》第22条规定：“高级人民法院管辖的第一审刑事案件，是全省（自治区、直辖市）性的重大刑事案件。”因此，由高级人民法院管辖的第一审刑事案件，应具备两个条件：第一，案件具有全省（自治区、直辖市）性影响；第二，案情重大，罪行严重。

高级人民法院是地方各级人民法院中最高的一级，它的主要任务有对不服中级人民法院第一审判决、裁定的上诉、抗诉案件的第二审工作，死刑缓期二年执行案件的复核和核准工作，监督全省（自治区、直辖市）的下级人民法院的审判工作，等等。因此，刑事诉讼法只能将影响大、涉及面广但是数量不多的全省（自治区、直辖市）性重大案件划归高级人民法院管辖，这是与高级人民法院所处的位置和工作负担量相适应的。

（四）最高人民法院管辖的第一审刑事案件

《刑事诉讼法》第23条规定：“最高人民法院管辖的第一审刑事案件，是全国性的重大刑事案件。”事实上，由最高人民法院审判的第一审刑事案件十分罕见。

最高人民法院作为全国的最高审判机关，担负着监督、指导全国地方各级人民法院和专门人民法院的审判工作的重要职责，负责对审判过程中的法律适用问题作出司法解释，审判上诉、抗诉案件，核准死刑案件，且随着死刑复核权的收回，所有死刑案件的复核权都要由最高人民法院行使。因此，刑事诉讼法将犯罪性质极其严重、案情十分复杂、具有全国性影响的刑事案件第一审归最高人民法院管辖是恰当的。

（五）级别管辖的变更及案件的移送

除上述级别管辖的法定情形外，人民法院在级别管辖方面，还应遵守下列规定：

1.《刑事诉讼法》第24条规定：“上级人民法院在必要的时候，可以审判下级人民法院管辖的第一审刑事案件；下级人民法院认为案情重大、复杂需要由上级人民法院审判的第一审刑事案件，可以请求移送上一级人民法院审判。”根据这条规定，这里有两种情况：

（1）上级人民法院在必要的时候可以审判应当由下级人民法院审判的第一审刑事案件。必要的时候一般指案情比较重大、复杂或者社会影响较大，涉及本院院长需要回避，以及下级人民法院遇到自然灾害等困难无法顺利开展审判工作等个别情况。最高人民法院《解释》第16条规定，上级人民法院决定审判下级人民法院管辖的第一审刑事案件的，应当向下级人民法院下达改变管辖决定书，并书面通知同级人民检察院。

（2）下级人民法院将属于自己管辖的案件，请求移送上级人民法院。最高人民法院《解释》第17条规定，基层人民法院对可能判处无期徒刑、死刑的第一审刑事案件，应当请求移送中级人民法院审判。

基层人民法院对下列第一审刑事案件，可以请求移送中级人民法院审判：①重大、复杂案件；②新类型的疑难案件；③在法律适用上具有普遍指导意义的案件。

需要将案件移送中级人民法院审判的，应当在报请院长决定后，至迟于案件审理期限届满15日前书面请求移送。中级人民法院应当在接到申请后10日内作出决定。不同意移送的，应当下达不同意移送决定书，由请求移送的人民法院依法审判；同意移送的，应当下达同意移送决定书，并书面通知同级人民检察院。

最高人民法院《解释》第16条规定，上级人民法院决定审判下级人民法院管辖的第一审刑事案件，应当向下级人民法院下达改变管辖决定书，并书面通知同级人民检察院。

2. 最高人民法院《解释》第14条规定，人民检察院认为可能判处无期徒刑、死刑而向中级人民法院提起公诉的普通刑事案件，中级人民法院受理后，认为不需要判处无期徒刑以上刑罚的，可以依法审理，不再交基层人民法院审理。

3. 最高人民法院《解释》第15条规定，一人犯数罪、共同犯罪和其他需要并案审理的案件，只要其中一人或者一罪属于上级人民法院管辖的，全案由上级人民法院管辖。

从以上规定可以看出，级别管辖的变更规则是：管辖权只能上收，不能下放。即上级人民法院可以审判下级人民法院管辖的刑事案件，下级人民法院不能审判上级人民法院管辖的刑事案件，上级人民法院也不能将自己管辖的刑事案件交由下级人民法院审判。

三、地区管辖

地区管辖，是指同级人民法院之间在审理第一审刑事案件权限上的划分。级别管辖是从纵的方面解决案件由哪一级人民法院管辖的，而地区管辖则是在明确案件的级别管辖的基础上，确定某一案件由同级法院中的哪一个法院管辖，是从横的方面解决案件的管辖问题。因此，只有级别管辖与地区管辖同时确定，案件的管辖权才能最终落实。根据《刑事诉讼法》的规定，我国刑事案件的地区管辖的原则是：

（一）以犯罪地人民法院管辖为主，以被告人居住地人民法院管辖为辅

《刑事诉讼法》第25条规定："刑事案件由犯罪地的人民法院管辖。如果由被告人居住地的人民法院审判更为适宜的，可以由被告人居住地的人民法院管辖。"

第一，刑事案件原则上由犯罪地的人民法院管辖，这是确定地区管辖的首要原则。最高人民法院《解释》第2条第1款规定，犯罪地包括犯罪行为地和犯罪结果地。犯罪行为地，包括犯罪行为的实施地以及预备地、开始地、途经地、结束地等与犯罪行为有关的地点；犯罪行为有连续、持续或者继续状态的，犯罪行为连续、持续或者继续实施的地方都属于犯罪行为地。犯罪结果地，包括犯罪对象被侵害地、犯罪所得的实际取得地、藏匿地、转移地、使用地、销售地。

现代社会由于网络技术应用的普及，网络犯罪大量发生，最高人民法院《解释》第2条第2款规定："针对或者主要利用计算机网络实施的犯罪，犯罪地包括用于实施犯罪行为的网络服务使用的服务器所在地，网络服务提供者所在地，被侵害的信息网络系统及其管理者所在地，犯罪过程中被告人、被害人使用的信息网络系统所在地，以及被害人被侵害时所在地和被害人财产遭受损失地等。"

之所以以犯罪地人民法院管辖为主，是因为：犯罪地是犯罪证据最多的地方，由犯罪地人民法院审理，便于人民法院就地调查、核实证据，正确、及时地处理案件；犯罪地往往是被害人、证人等所在地，便于人民法院就近传唤和通知他们参加诉讼，也便于这些人参与诉讼活动；犯罪地群众最关心本地发生的案件的处理，由犯罪地人民法院审判，便于当地群众旁听，也便于结合案件进行法制宣传教育。

第二，如果被告人居住地的人民法院管辖更为适宜的，也可以由被告人居住地人民法院管辖。所谓被告人居住地，最高人民法院《解释》第3条第1款规定："被告人的户籍地为其居住地。经常居住地与户籍地不一致的，经常居住地为其居住地。经常居住地为被告人被追诉前已连续居住一年以上的地方，但住院

就医的除外。”

针对单位犯罪案件犯罪主体居住地的特殊性，该条第 2 款规定：“被告单位登记的住所地为其居住地。主要营业地或者主要办事机构所在地与登记的住所地不一致的，主要营业地或者主要办事机构所在地为其居住地。”此款规定解决了单位犯罪案件居住地的确定问题。

所谓更为适宜，一般包括：被告人流窜作案，主要犯罪地难以确定，而其居住地的群众更加了解案件的情况；被告人在居住地民愤极大，当地群众要求在当地审判；可能对被告人适用缓刑、管制或者单独适用剥夺政治权利等刑罚，因而需要在其居住地执行的，等等。

（二）以最初受理的人民法院审判为主，主要犯罪地人民法院审判为辅原则

《刑事诉讼法》第 26 条规定：“几个同级人民法院都有权管辖的案件，由最初受理的人民法院审判。在必要的时候，可以移送主要犯罪地的人民法院审判。”

第一，在多个同级人民法院均有管辖权时，原则上由最初受理的人民法院管辖。这样规定避免了人民法院之间发生管辖争议或者互相推诿而延误案件的审判，同时，最初受理的人民法院对案件往往已经做了一定的工作，对案情有了一定程度的了解，由它审理，有利于及时、顺利地审结案件。

第二，几个同级人民法院都有权管辖的案件，在必要的时候，可以移送主要犯罪地的人民法院审判。所谓“主要犯罪地”，包括案件涉及多个地点时，对该犯罪的成立起主要作用的行为地，也包括一人犯数罪时，主要罪行的实行地。所谓“必要的时候”，是指对查清主要犯罪事实以及及时处理案件更为有利的情况。我国刑事诉讼法之所以作出这一规定，是因为被告人的主要罪行较之于其他罪行危害重、影响大，又是对其定罪量刑的主要依据，由主要犯罪地的人民法院审判，对全面查清案件事实，正确、及时处理案件更为有利，达到惩罚犯罪、保护人民的目的。

四、指定管辖

在实践中，由于刑事案件的复杂性，有时会发生人民法院因管辖界限不明出现争议或推诿，或者有管辖权的法院不宜行使管辖权的现象。为了使案件得到及时、公正的审判，立法赋予了上级人民法院以指定的方式确定或改变管辖的权力。诉讼法理论将这种由上级人民法院以指定的方式确定管辖的情况称为指定管辖。

（一）指定管辖的情形

《刑事诉讼法》第 27 条规定：“上级人民法院可以指定下级人民法院审判管

辖不明的案件，也可以指定下级人民法院将案件移送其他人民法院审判。”可见，指定管辖分为两种情况：

1. 由上级人民法院以指定的方式确定管辖不明的案件的管辖权

司法实践中，管辖不明的情况经常发生，两个以上同级人民法院对管辖权发生争议的，依据最高人民法院《解释》第19条第2款的规定，管辖权发生争议的，应当在审理期限内协商解决；协商不成的，由争议的人民法院分别层报共同的上级人民法院指定管辖。

2. 由上级人民法院以指定的方式改变管辖权

司法实践中有时还会出现有管辖权的法院不宜行使审判权的情况，如案件涉及本院院长，院长需要回避；如案件在该法院审判，会受到严重干扰而不能很好地行使审判权等。在此情况下，应当由上级人民法院指定管辖。

（二）指定管辖后的处理

最高人民法院《解释》第21条规定：“上级人民法院指定管辖，应当将指定管辖决定书送达被指定管辖的人民法院和其他有关的人民法院。”

最高人民法院《解释》第22条规定：“原受理案件的人民法院在收到上级人民法院改变管辖决定书、同意移送决定书或者指定其他人民法院管辖的决定书后，对公诉案件，应当书面通知同级人民检察院，并将案卷材料退回，同时书面通知当事人；对自诉案件，应当将案卷材料移送被指定管辖的人民法院，并书面通知当事人。”

五、专门管辖

专门管辖是专门人民法院与普通人民法院之间，各种专门人民法院之间以及各专门人民法院系统内部在第一审刑事案件受理范围上的分工。它主要解决的是哪些案件由专门人民法院审判以及由哪一个专门人民法院审判的问题。《刑事诉讼法》第28条规定：“专门人民法院案件的管辖另行规定。”

设置专门人民法院行使刑事案件管辖权的原因在于，有些案件与某些类型的专门业务有密切联系，涉及的专门性问题较多，交由普通人民法院审判有一定的困难和不便。

根据《人民法院组织法》的规定，我国设立军事法院等专门人民法院。专门人民法院的设置是按照各种专门业务机构的组织体系建立起来的审判机关，是我国人民法院组织体系中的重要组成部分。我国目前已经建立的专门人民法院主要有军事法院、知识产权法院、海事法院、金融法院等。其中海事法院不具有刑事案件的管辖权，因此，受理刑事案件的专门人民法院包括军事法院和铁路运输法院。

(一) 军事法院管辖的案件范围

军事法院是基于军队的体制和作战任务的特殊性而设立的。其具体任务是通过审判危害国家和损害国防力量的犯罪分子，保卫国家安全，维护国家法制和军队秩序，巩固部队战斗力，维护军人和其他公民的合法权益。

1. 军事法院管辖的案件包括：(1) 涉及军事秘密的案件；(2) 刑法分则第十章规定的军人违反职责的案件；(3) 军队内部发生的刑事案件，包括现役军人的刑事案件、军队在编职工的刑事案件；(4) 最高人民法院授权审判的刑事案件。

2. 不属于军事法院管辖的案件包括：(1) 非军人、随军家属在部队营区内犯罪的；(2) 军人在办理退役手续后犯罪的；(3) 现役军人入伍前犯罪的（需与服役期内犯罪一并审判的除外）；(4) 退役军人在服役期内犯罪的（犯军人违反职责罪的除外）。

需要说明的是，军队文职人员、非现役工勤人员、在编职工、由军队管理的离退休人员，以及执行军事任务的预备役人员和其他人员，按照军人确定管辖。列入中国人民武装警察部队序列的公安边防、消防、警卫部队人员犯罪的，由地方法院管辖。

3. 交叉管辖问题。对军队与地方互涉案件，原则上实行分别管辖的制度，即现役军人（含在编职工）和非军人共同犯罪的，分别由军事法院和地方法院或者其他专门人民法院管辖。但涉及国家军事秘密的，全案由军事法院管辖。

(二) 铁路运输法院管辖的案件

铁路运输法院管辖的案件是铁路系统公安机关负责侦破的刑事案件，主要包括：(1) 危害和破坏铁路运输和生产的案件；(2) 破坏铁路交通设施的案件；(3) 火车上发生的犯罪案件；(4) 违反铁路运输法规、制度造成重大事故或严重后果的案件。

需要注意的是，当铁路运输法院与地方人民法院因管辖不明而发生争议时，一般由地方人民法院管辖。

六、几种特殊案件的审判管辖

在实践中，关于审判管辖，存在一些特殊情况。对于这类特殊案件的审判管辖，最高人民法院《解释》第 7 条至第 13 条作出了明确规定：

1. 在中华人民共和国领域外的中国船舶内的犯罪，由该船舶最初停泊的中国口岸所在地或者被告人登陆地、入境地的人民法院管辖。

2. 在中华人民共和国领域外的中国航空器内的犯罪，由该航空器在中国最初降落地的人民法院管辖。

3. 在国际列车上的犯罪，根据我国与相关国家签订的协定确定管辖；没有协定的，由该列车始发或者前方停靠的中国车站所在地负责审判铁路运输刑事案件的人民法院管辖。

4. 中国公民在中国驻外使、领馆内的犯罪，由其主管单位所在地或者原户籍地的人民法院管辖。

5. 中国公民在中华人民共和国领域外的犯罪，由其登陆地、入境地、离境前居住地或者现居住地的人民法院管辖；被害人是中国公民的，也可以由被害人离境前居住地或者现居住地的人民法院管辖。

6. 外国人在中华人民共和国领域外对中华人民共和国国家或者公民犯罪，根据《中华人民共和国刑法》应当受处罚的，由该外国人登陆地、入境地或者入境后居住地的人民法院管辖，也可以由被害人离境前居住地或者现居住地的人民法院管辖。

7. 对中华人民共和国缔结或者参加的国际条约所规定的罪行，中华人民共和国在所承担条约义务的范围内行使刑事管辖权的，由被告人被抓获地、登陆地或者入境地的人民法院管辖。

8. 正在服刑的罪犯在判决宣告前还有其他罪没有判决的，由原审地人民法院管辖；由罪犯服刑地或者犯罪地的人民法院审判更为适宜的，可以由罪犯服刑地或者犯罪地的人民法院管辖。罪犯在服刑期间又犯罪的，由服刑地的人民法院管辖。罪犯在脱逃期间又犯罪的，由服刑地的人民法院管辖。但是，在犯罪地抓获罪犯并发现其在脱逃期间犯罪的，由犯罪地的人民法院管辖。

实训案例

案例一

李某，男，45岁，系某区副区长。某日晚，李某利用收取公路建设集资款的机会以暴力手段将前去县办公室的女青年王某强奸。王某被害后，立即到县人民检察院告发，县检察院按管辖规定转往县公安局并通知其及时查处。县公安局派人前去调查，李某矢口否认，公安局因而没有立案。县检察院经调查发现王某被强奸属实，遂通知县公安局立案侦查，但县公安局立案后又作了撤案处理。

问题：

1. 在本案中，县检察院将案件转往县公安局查处的做法对吗？

2. 如果人民检察院认为公安机关不立案和立案后又撤案的行为是错的，其应该怎么做，公安机关又应如何处理？

3. 在上述情况下，县检察院是否有权直接受理案件？如果有权受理，则要经过什么程序？

分析：

1. 县检察院的做法是对的。本案为强奸犯罪案件，应该由公安机关立案管辖。因此，县人民检察院接受了被害人王某的告发后，又按照管辖的规定移送公安机关处理。

2. 县人民检察院应当要求公安机关说明不立案的理由。公安机关在收到人民检察院《要求说明不立案理由通知书》后7日内应将说明情况书面答复人民检察院。人民检察院认为公安机关不立案理由不能成立，发出《通知立案书》，公安机关在收到《通知立案书》后，应当在15日内决定立案并将立案决定书送达人民检察院。

3. 经省人民检察院批准决定，县人民检察院有权直接受理该案件。本案中，县公安局立案调查后未立案，县检察院再次通知县公安局立案，县公安局立案后又撤案；同时，本案属于国家机关工作人员利用职权实施的危害严重、影响较大的犯罪，因此，根据《刑事诉讼法》第19条中的规定，经省人民检察院决定后，可以由县人民检察院直接立案侦查。

案例二

北京市海淀区一居民张某某经常被其丈夫易某打骂，张某某为了孩子一直忍气吞声。有一天晚上，易某喝醉回到家里又打其妻，并将其妻打晕后浇上汽油烧，幸亏邻居及时发现，将其送往医院抢救，张某某才幸免于难。但据医生诊断，张某某全身3/4的面积属4度烧伤（重伤），面目全非。就此，张某某的姐姐向当地派出所报案，要求严惩凶手易某，但该派出所所长以此事属家庭纠纷为由而不予受理。

问题：派出所所长的做法对吗？此事应该怎么处理？

思考与练习题

1. 确定刑事案件管辖的原则有哪些？
2. 由人民检察院直接受理的刑事案件有哪些？
3. 各级法院在审判第一审刑事案件上是如何分工的？
4. 根据《刑事诉讼法》的相关规定，我国刑事案件的地区管辖如何确定？

第四章

回避制度

本章导读

通过本章的学习，掌握回避的概念、种类和适用对象，理解回避的意义，掌握回避的程序，能够运用回避制度解决实际问题。

导入案例

李 庄 案

2009 年 11 月，北京律师李庄接受委托，成为重庆“龚刚模涉黑案”主要犯罪嫌疑人龚刚模的辩护人。同年 12 月 10 日，龚刚模检举李庄，称李庄教唆他编造“被刑讯逼供”的虚假口供。当地检察院怀疑李庄唆使犯罪嫌疑人及证人伪造证据，令犯罪嫌疑人谎称被警方刑讯逼供。检察院随后以诉讼代理人毁灭证据、伪造证据、妨害作证等罪名对其提起公诉。2009 年 12 月 30 日上午 9 时 10 分，“李庄案”一审正式开庭。当法官宣读完审判员、公诉人和辩护人的名单后，李庄提出回避申请：“我申请 3 位审判员、3 位公诉人和 2 位法院书记员集体回避。”李庄认为，他被指控伪造证据、妨害作证的“受害者”都是当地法院，因此当地法院与他有明显的利害关系，而“运动员不能同时做裁判员”。审判长驳回了回避申请，理由是：法律未就集体回避有明文规定。李庄进而提出：“那我逐一申请各位回避。3 位审判员申请 3 次，3 位公诉人申请 3 次，一共 6 份申请。”审判长同样驳回。该案于 2009 年年末与 2010 年年初进行了一审和二审，李庄二审被判处有期徒刑 1 年 6 个月。2011 年 3 月 29 日，就在李庄即将刑满释放之时，又被追究“遗漏罪行”，但该案最终以检方撤诉告终。

本案知识点

回避的种类、回避适用的对象、回避的理由、回避的程序。

第一节　回避的概念、理由及适用范围

一、回避的概念及意义

刑事诉讼中的回避是指侦查人员、检察人员和审判人员等同案件当事人有利害关系或者其他关系，可能影响案件的公正处理，不得参加办理该案。

回避制度具有以下重要意义：

（一）保障刑事诉讼公正进行

公正是法律追求的基本价值，回避制度是保障公正的一项重要制度。美国哲学家罗尔斯强调：“正义是社会制度的首要价值，任何一种理论、法律或制度，不管怎样有用和巧妙，但只要它是不正义的，就一定要被抛弃和消灭。”公正是社会主义核心的价值观，也是社会主义法治的基本理念。回避制度具有实体公正、程序公正和司法形象公正等多重公正价值，刑事诉讼中的回避制度的目的在于保障刑事诉讼的公正。西方诉讼理论中有句著名的箴言：“正义不仅要得到实现，而且要以人们看得见的方式得到实现。”刑事回避制度正是以其独有的价值使人们看到了正义的实现。

（二）有利于当事人积极行使诉讼权利和接受案件处理结果

案件处理的公正性是当事人接受和遵从执行的前提，当事人是不会愿意接受一个不公正的处理结果的。在刑事案件的处理过程中，如果影响案件公正的办案人员不回避，即使是一个公正的处理，当事人也很难相信案件处理的公正性，这不仅影响到案件处理结果的可接受性，同时也会直接影响到当事人参与诉讼行使权利的积极性。

（三）有利于维护司法权威

刑事诉讼办案机关必须有权威，案件的处理结果才能得到人们的接受和执行，法律的价值才能实现，而办案机关的权威来源于案件的处理是公正的。司法公正是能否树立司法权威的“晴雨表”，是决定能否树立司法权威的关键所在。

二、回避的理由

回避的理由，是指法律明确规定的应该回避的条件。回避是因为存在影响案件公正处理的情况，主要包括两种情况：一是与案件的处理结果有利害关系，或者与一方当事人有其他利益关系；二是在案件处理时存在预断或偏见。法律对回避的理由作了具体的规定：

（一）是本案的当事人或者是当事人的近亲属的

西方诉讼理论中有一项著名的“自然公正”原则，即要求任何人不得担任自己为当事人的案件的裁判者，否则由他主持进行的诉讼活动不具备法律效力。回避制度源于这一原则的基本要求。侦查、检察、审判等人员本身就是案件的当事人或者当事人的近亲属，又由他们来负责对案件的具体处理，那么在案件的处理过程中，他们极有可能会考虑自身的利益，从而导致案件处理的不公正。需要注意的是，当事人是指被害人、自诉人、犯罪嫌疑人、被告人、附带民事诉讼的原告人和被告人；近亲属是指夫、妻、父、母、子、女、同胞兄弟姊妹。

（二）本人或者他的近亲属和本案有利害关系的

“利害关系”是指案件的事实和案件的处理，可能涉及侦查、检察、审判等人员本人或者其近亲属的利益，这种利益既有可能是人身方面的，也有可能是财产方面的，不管是哪方面的利益，只要办案人员本人或者其近亲属和本案有利害关系，就难以避免偏私的倾向，如果由他们主持或允许他们参加诉讼活动，在案件的处理上就有可能从个人私利出发而不能做到客观、公正，因而必须回避。

（三）担任过本案证人、鉴定人、辩护人或者诉讼代理人的

侦查、检察、审判等人员如果担任过本案证人、鉴定人、辩护人或者诉讼代理人，他们就会形成对案件的事实或法律固有的看法，而这种看法一般难以改变。因此，为了防止先入为主妨碍案件的公正处理，担任过本案证人、鉴定人、辩护人或者诉讼代理人的办案人员应当回避。

（四）与本案当事人有其他关系，可能影响案件公正处理的

这里的“其他关系”是指除法律具体规定的应该回避的关系之外的，可能影响案件公正处理的关系，既包括友好关系，也包括不睦关系。例如，是当事人的朋友、同学、同乡，与当事人具有近亲属以外的其他亲戚关系，与当事人的诉讼代理人或者辩护人有其他的亲戚关系或者利益关系，与当事人有过恩怨等。同时，“其他关系”只有在“可能影响公正处理案件”的条件下，才适用回避。比如，审判人员是当事人的近亲属，应当无条件回避，但如果审判人员与当事人是一种远亲关系，则要看其是否可能影响公正处理案件才能决定其回避与否。该项规定是根据回避制度的立法宗旨，针对可能影响公正处理案件的情况不宜逐一列

举所作的一项原则性规定。

(五)接受当事人及其委托的人的请客送礼，或者违反规定会见当事人及其委托的人的

接受当事人及其委托的人的请客送礼，或者违反规定会见当事人及其委托的人后，办案人员往往会受到影响而偏向一方，妨碍其对案件的公正处理。

(六)参加过本案侦查、起诉的侦查、检察人员以及在一个审判程序中参与过本案审判工作的合议庭组成人员

参加过本案侦查、起诉的侦查、检察人员如果调至人民法院工作，不得担任本案的审判人员，这也同样适用于法庭书记员、翻译人员和鉴定人员。参加过本案侦查的侦查人员，如果调至人民检察院工作，不得担任本案的检察人员，这也同样适用于人民检察院书记员、司法警察和人民检察院聘请或者指派的翻译人员和鉴定人员。

根据最高人民法院《解释》的规定，在一个审判程序中参与过本案审判工作的合议庭组成人员或者独任审判员，不得再参与本案其他程序的审判。但是，发回重新审判的案件，在第一审人民法院作出裁判后又进入第二审程序、在法定刑以下判处刑罚的复核程序或者死刑复核程序的，原第二审程序、在法定刑以下判处刑罚的复核程序或者死刑复核程序中的合议庭组成人员不受本款规定的限制。

三、回避的适用范围

(一)回避的适用对象

回避制度设立的根本目的在于保证案件能够得到客观、公正的处理。因此，只要是对案件的客观、公正处理有影响的公安司法人员都应当在回避的范围之内。根据《刑事诉讼法》第29条、第32条的规定，回避适用于下列人员：

1. 审判人员

审判人员既包括直接负责本案的审判员(包括助理审判员)和人民陪审员，也包括参与本案讨论和作出处理决定的法院院长、副院长、庭长、副庭长和审判委员会所有成员。

2. 检察人员

检察人员既包括直接负责本案的审查批准逮捕和审查决定起诉的检察人员，也包括参与本案讨论和作出处理决定的检察长、副检察长、部门负责人和检察委员会所有成员。

3. 侦查人员

侦查人员既包括直接负责本案侦查工作的公安机关和检察机关的侦查人员，也包括参与本案讨论和作出处理决定的检察长、副检察长、检察委员会所有成员和公安机关负责人。

4. 书记员

凡在侦查、起诉或者审判阶段担任记录工作的书记员，都应包括在内。

5. 翻译人员

翻译人员既包括在法庭审判时担任翻译工作的人员，也包括在侦查、起诉阶段讯问被告人和询问证人、被害人时担任翻译工作的人员。

6. 鉴定人

凡担任本案某个专门问题的鉴定工作并提供鉴定意见的人，都应包括在内。

（二）回避的期间

回避的期间是指回避适用的诉讼阶段范围。根据《刑事诉讼法》的规定，回避适用于审判人员、检察人员和侦查人员等，因而也应适用于侦查、起诉和审判等各个诉讼阶段。

第二节 回避的种类和程序

一、回避的种类

根据《刑事诉讼法》的规定，回避分为三种，分别是自行回避、申请回避和指令回避。

（一）自行回避

自行回避是指侦查人员、检察人员、审判人员以及其他办案人员，在诉讼过程中遇到法律规定的应当回避的情形时，主动要求退出刑事诉讼活动的制度。

（二）申请回避

申请回避是指案件的当事人及其法定代理人、辩护人、诉讼代理人认为侦查人员、检察人员、审判人员以及其他办案人员具有法定的应当回避的情形时，向他们所在机关提出申请，要求他们回避的制度。

（三）指令回避

指令回避是指侦查人员、检察人员、审判人员以及其他办案人员遇有法律规定的应当回避的情形，本人没有自行回避，也没有被申请回避，公、检、法机关等有关组织或负责人依职权命令其退出案件诉讼活动的制度。

二、回避的程序

（一）回避的启动

当事人及其法定代理人、辩护人、诉讼代理人认为办案人员有法定的回避情形而要求其回避，应当用书面或口头的形式向公安司法机关提出，并说明理由，对依法需要提交证据材料的，还要提供相关证据材料。另外，自行回避情形中，办案人员也可以用书面或口头的形式提出回避要求，并说明理由。

回避的要求提出后，在不同的诉讼阶段，其效力不同。在起诉和审判阶段，回避一经提出，无论是否得到批准，被要求回避的检察、审判等人员都要暂停自己的工作，待享有回避决定权的有关人员或组织对回避的理由审查后，分别不同情况，作出相应的决定。需要注意的是，对侦查人员的回避在作出决定前，侦查人员不能停止对案件的侦查工作，以免影响及时收集犯罪证据和查明案件事实。在作出回避决定后，申请或者被申请回避的公安机关负责人、侦查人员不得再参与本案的侦查工作。

（二）回避的决定

回避的要求提出后，是否能被批准，要由法定的人员或组织对回避的理由审查后，分别不同情况，作出相应决定。依据法律规定，回避的审查决定可分为以下两种情形：

1. 办案单位负责人的回避

根据《刑事诉讼法》第 31 条的规定，人民法院院长的回避，由本院审判委员会决定；检察长和公安机关负责人的回避，由同级人民检察院检察委员会决定。

2. 一般办案人员的回避

审判人员、检察人员、侦查人员的回避，应当分别由法院院长、检察长、公安机关负责人决定；书记员、翻译人员和鉴定人，一般应当按照刑事诉讼进行的阶段，分别由公安机关负责人、检察长或法院院长决定。

（三）回避的效力

根据公安部《规定》第 39 条的规定，被决定回避的公安机关负责人、侦查人员在回避决定作出前所进行的诉讼活动是否有效，由作出决定的机关根据案件情况决定。根据最高人民检察院《规则》第 36 条的规定，被决定回避的检察人员，在回避决定作出以前所取得的证据和进行的诉讼行为是否有效，由检察委员会或者检察长根据案件具体情况决定。

（四）回避的复议

回避的决定一经作出，一般即发生法律效力。当事人及其法定代理人、辩护人、诉讼代理人对驳回申请的决定不服，可以在收到驳回申请回避决定书 5 日内向原决定机关申请复议一次。在复议主体作出复议决定前，不影响被申请回避的人员参与案件的处理活动。

被决定回避人员对决定有异议的，可以在恢复庭审前申请复议一次。被驳回申请的当事人及其法定代理人对决定有异议的，可以当庭申请复议一次。对于不属于《刑事诉讼法》第29条、第30条规定情形的回避申请，法庭有权当庭驳回，并不得申请复议。

实训案例

案例一

某市人民检察院依法对张某故意杀人一案向某市人民法院提起公诉。在某市人民法院开庭以后，审判长告知被告人有权申请回避等诉讼权利。被告人口头申请本案公诉人回避，理由是公诉人王某与被害人是大学同学。审判长以申请回避不能用口头形式和理由不符合法律规定为由当庭驳回了回避申请。

问题：审判长当庭驳回了回避申请是否符合法律规定？

分析：审判长当庭驳回了回避申请不符合法律规定。理由是：(1) 关于申请回避的方式。申请回避既可以用书面方式，也可以用口头方式。被告人当庭用口头方式提出回避申请，并且说明了理由，人民法院应当记录在案。(2) 关于适用回避的情形。根据《刑事诉讼法》的规定，办案人员与本案当事人有其他关系，可能影响案件公正处理的应该回避。(3) 关于当庭驳回回避申请。当庭驳回回避申请，必须是申请不符合法定情形。本案的申请符合法定情形，不能当庭驳回，而应当通知指派该检察人员出庭的人民检察院，由该院检察长或者检察委员会决定。

案例二

某甲故意伤害某乙一案，某县人民检察院依法向该县人民法院提起公诉。该县人民法院对案件进行审查以后，决定开庭审判。在确定合议庭的组成人员时，法官杨某被该院刑一庭庭长指定为审判长。杨某刚从该县检察院调到法院不久。某甲的辩护人李律师在开庭时申请法官杨某回避，审判长杨某认为辩护人无权申请回避，而且提出的回避理由不属于法定的回避理由。审判长当庭驳回了李律师的申请。

问题：本案法官杨某的做法是否正确？辩护人李律师有没有权利在开庭时申请法官杨某回避？

思考与练习题

1. 什么是回避？它有哪几种方式？
2. 法律规定的回避理由有哪些？
3. 有权审查决定回避的主体有哪些？

第五章

辩护与代理制度

本章导读

通过本章的学习，掌握辩护和刑事代理的定义、种类，明确辩护人的范围、诉讼地位以及辩护人的权利与义务，能够运用辩护与刑事代理制度的相关知识解决实际问题。

导入案例

念 斌 案

2006 年 7 月 27 日，福建省平潭县奥前镇居民丁某虾一家与房东陈某娇一家一同吃晚饭，之后，几个孩子都出现了中毒症状。7 月 28 日凌晨 5 时，丁某虾的大儿子和女儿因中毒严重抢救无效死亡。公安机关接到报案后于 7 月 28 日 6 时许进入现场开始现场勘查，并于当日作出刑事立案决定。之后公安机关对有关人员和物品进行了调查和勘查检验，从死者的呕吐物、血液、尿液中发现了致命的氟乙酸盐成分。2006 年 8 月 1 日，公安机关出具了对念斌的食杂店通往天井的“门把”进行检验的分析意见书，得出门把上“倾向于”存在氟乙酸盐鼠药的结论，念斌遂被怀疑并被逮捕。在侦查过程中对念斌进行了测谎仪测试，念斌没有通过。念斌随后作出了有罪供述。

2007 年 2 月，福州市中级人民法院一审审理了福州市人民检察院指控被告人念斌犯投放危险物质罪，附带民事诉讼原告人丁某虾、俞甲提起附带民事诉讼一案。开庭审理中，念斌称遭到了刑讯逼供，全面翻供。福州市中级人民法院一审判决认定以下事实：被告人念斌与丁某虾分别租用平潭县陈某娇家相邻的两间店面经营食杂店，存在生意竞争关系。2006 年 7 月 26 日晚，念斌认为丁某虾抢走其顾客而心怀不满。次日凌晨 1 时许，念斌产生投放鼠药让丁某虾吃了肚子痛、拉稀的念头，遂将案发前在平潭县医院附近向摆地摊的杨某炎购买的鼠药取出半包，倒在矿泉水瓶中加水溶解后，潜入其食杂店后丁家厨房将鼠药水从壶嘴倒入烧水铝壶的水里。当晚，丁某虾的孩子俞乙（被害人，男，殁年 10 岁）、俞丙（被害人，女，殁年 8 岁）、俞甲（被害人，男，时年 6 岁）食用了使用壶水烹制的稀饭和青椒炒鱿鱼，丁某虾食用了其中的稀饭和青椒，房东陈某娇及其女儿念某珠食用了其中的青椒炒鱿鱼。后俞乙、俞丙、俞甲等人相继出现中毒症状。次日凌晨，俞乙、俞丙经抢救无效死亡，经鉴定系氟乙酸盐鼠药中毒。俞甲接受住院治疗。附带民事诉讼原告人丁某虾因本案遭受经济损失医疗费、抢救费、护理费、交通费、伙食补助费、误工费、丧葬费、死亡赔偿金共计人民币 216 651.09 元；附带民事诉讼原告人俞甲因本案遭受经济损失医疗费、伙食补助费、护理费共计人民币 3410.67 元。福州市中级人民法院一审判决：被告人念斌犯投放危险物质罪，判处死刑，剥夺政治权利终身；念斌应赔偿附带民事诉讼原告人丁某虾经济损失人民币 216 651.09 元，赔偿附带民事诉讼原告人俞甲经济损失人民币 3410.67 元；驳回附带民事诉讼原告人丁某虾、俞甲的其他诉讼请求。

一审宣判后，念斌不服，提出上诉。北京律师张燕生 2008 年年初接受念斌二审委托，之后，张燕生律师从头到尾参与了这起案件的法庭辩护、证据收集、邀请专家分析等工作。该案后来加入了众多的律师，组成了一个由 30 多名国内非常知名的律师组成的律师团支持辩护。2008 年 12 月 18 日，福建省高级人民法院二审以认定事实不清，证据不足，撤销原判，发回福州市中级人民法院重新审判。

2009 年 6 月 8 日，福州市中级人民法院经重新审判，再次判处念斌死刑。念斌提出上诉。2009 年 11 月 5 日，福建省高级人民法院二审开庭。辩护律师申请中国最顶尖的毒物专家出庭作证获同意。但在随后的开庭中，两位专家因故没能出庭作证，只是以专家身份旁听了庭审。法庭上，律师提交了一份专家论证意见书，这份意见书表明：氟乙酸盐的特性是易溶于水，不易溶于脂类，因此在毒物毒性和危害方面，在水中的毒物含量应该高于其他食物中的含量，食用含有该毒物的水质及包括该水质制成的食品，中毒症状应更严重。对此，辩护律师质疑说：经过比对，吃鱿鱼多少成了中毒轻重的标准，两名死者吃鱿鱼最多因而毒情最为严重，陈某娇等 4 人吃鱿鱼较少而中毒稍轻，丁某虾因为吃得晚，没有吃鱿鱼而只吃了稀饭，没有中毒症状。由此，律师认为，鱿鱼才是真正的毒源，中毒和吃稀饭没有关系。而公安机关的调查结果表明，毒源不是来自鱿鱼，而是水壶中的水。辩护律师还发现关键证人陈某娇曾说事发后3天，公安机关就找她做了“一千多页”的笔录，但在案卷中，这3天（2006年7月28日至30日）的笔录消失了。在律师的强烈要求下，由福建省高级人民法院法官出面，侦查人员才拿出那三天的笔录。在笔录中，陈某娇说，她当天使用的是红色塑料桶中的水煮的鱿鱼和饭，不是水壶里的水。但后来，她的笔录变了，说是用水壶中的水煮的鱿鱼。辩护律师指出，陈某娇的这一证言直接颠覆了毒源来自水壶的立论，这一证词不仅与辩护人“喝稀饭不中毒”的论证结果相辅相成，表明念斌并非投毒者。但律师的辩护意见并未被福建省高级人民法院采纳。在福建省高级人民法院的二审开庭中，辩方对门把上“倾向认定含氟乙酸盐”的检验结论提出疑问。这一质疑得到毒物专家的支持，同时也得到法院的认同。2010年4月7日，福建省高级人民法院裁定驳回上诉，维持原判，报请最高人民法院核准。2010年7月，最高人民法院死刑复核法官曾就此案专门约见了辩护律师，律师递交了厚厚的一本辩护词。2010年10月，最高人民法院作出刑事裁定，认为一审、二审认定的被告人念斌投毒犯罪的事实不清，证据不足，不核准其死刑，发回福建省高级人民法院重审。2011年4月7日，福建省高级人民法院将此案发回福州中院重审。2011年11月7日，福州市中级人民法院重审之后依旧判决念斌死刑。念斌不服，提起上诉。

2013年7月和2014年6月，福建省高级人民法院两次开庭审理。在律师坚韧不拔的意志的影响下，包括媒体报道的影响下，福建省高级人民法院通知了2名证人、7名鉴定人、13名侦查员、9名专家辅助人出庭。专家中有控辩双方的专家。此外，辩方还请了香港的专家，他们虽然没有出庭，但是提交了综合的报告，他们的意见从根本上动摇了控方的鉴定意见。在此次二审审理中，上诉人念斌及其辩护人、出庭检察员作了充分的质证，并对证人、鉴定人、侦查人员和专业人员作了交叉询问。法庭辩论中，念斌作了自行辩护，检辩双方就本案事实、证据和适用法律等问题充分发表了意见。上诉人念斌的附带民事诉讼代理人，被害人的诉讼代理人、被上诉人的附带民事诉讼代理人，亦在法庭调查和辩论中分别发表了与检辩双方基本相同的质证、代理意见。

辩护人张燕生的主要辩护观点是：本案现场勘验检查笔录制作不合法、不真实，不能作为定案依据；物证铝壶、高压锅和铁锅提取送检过程不清；理化检验报告均存在检验程序违法、检验结论不真实等问题，不能作为定案依据；现有证据不能证实被害人的中毒原因；没有证据证实念斌购买了氟乙酸盐鼠药，在食杂店内调配好鼠药水，然后潜入被害人家厨房将鼠药水投入铝壶水中；原判认定鼠药投放在铝壶水中，与本案的中毒情况也不相符；念斌曾供述的作案工具均不存在。没有证据证实念斌实施投毒行为，请求宣告念斌无罪。

辩护人斯伟江的主要辩护观点是：本案补充勘查提取铝壶未制作相应笔录，物证铝壶应予排除，不能作为定案依据；有关被害人死因的理化检验报告的质谱图出现明显问题，原判据此认定死因错误；毒物检验方法和操作过程不规范，检验结果均不能认定检出氟乙酸盐鼠药成分，理化检验报告不能作为定案依据；上诉人念斌的有罪供述与其他证据不能相互印证。请求宣告念斌无罪。

福建省人民检察院出庭检察员的主要出庭意见是：上诉人念斌在侦查阶段多次稳定供述犯罪事实，在检察机关审查批捕提讯时仍然作了有罪供述；供述的作案动机得到了证人证言印证；供述将鼠药投放在被害人家的铝壶水中，得到了从铝壶水和厨具中检出与被害人中毒相同成分鼠药的理化检验报告、法医学鉴定意见的印证；供述的鼠药来源，得到证人证言及从配制鼠药工具中检出与被害人中毒相同成分鼠药的理化检验报告印证；被害人中毒当天的食物来源、烹制过程、进食情况及食物中毒排查得到了证人证言证实；证据取证程序瑕疵问题经侦查人员、鉴定人出庭作了解释说明。念斌及辩护人提出的上诉理由和辩护意见，均不符合案件的事实和证据。一审定性准确，审判程序合法，请二审法院根据事实、证据与法律规定作出公正判决。

2014 年 8 月 22 日，福建省高级人民法院依法公开宣判，对被控犯投放危险物质罪的上诉人念斌宣告无罪，上诉人念斌不承担民事赔偿责任。福建省高级人民法院认为，本案除了上诉人念斌的有罪供述外，原判认定被害人中毒原因依据不足，投毒方式依据不确实，毒物来源依据不充分，与上诉人的有罪供述不能相互印证，相关证据矛盾和疑点无法合理解释、排除，全案证据达不到确实、充分的证明标准，不能得出系上诉人念斌作案的唯一结论。第一，关于被害人中毒原因方面，由于据以认定二被害人中毒原因的理化检验报告不确实，其他共进晚餐人员认定中毒原因或有无中毒缺乏充分依据，因此，原判认定二被害人死于氟乙酸盐鼠药中毒的事实不清，相关证据不确实、不充分。第二，关于投毒方式方面，由于铝壶水、高压锅和铁锅提取送检过程不清，检材来源相关证据间的矛盾和疑点得不到合理解释；检验过程不规范，检验结论不确实，理化检验报告不足以采信，因此，认定铝壶水有毒缺乏确实依据，原判认定念斌将鼠药水投放于铝壶水中的事实不清，关键证据链条中断。第三，关于毒物来源方面，由于念斌与卖鼠药人杨某炎相互不能辨认，供证存在不吻合之处，配制鼠药工具的理化检验报告不足以采信，因此，原判认定念斌投放的鼠药系向杨某炎购买这一情节依据不充分。此外，念斌供述前后及与其他证据之间也存在矛盾，无法得到合理解释或排除。因此，原判认定上诉人念斌犯投放危险物质罪的事实不清，证据不足，原公诉机关指控上诉人念斌所犯罪名不能成立。

念斌案的辩护，辩护律师几乎穷尽了一切辩护策略，做了非常认真、细致的工作。本案的辩护有效地影响了最终的裁判结果，辩护意见被法官接受。念斌被宣判无罪后，其辩护律师张燕生、斯伟江等发表声明：感谢法院、专家、记者、网友，称“众多良知和坚持汇成正义的判决”，希望念斌案成为平反冤案的“标本”，推动国家法治进步。

本案知识点

辩护的种类、辩护人的权利与义务、辩护人的责任。

第一节 刑事辩护

一、刑事辩护的概念和意义

刑事辩护，是指犯罪嫌疑人、被告人及其辩护人，依据事实和法律，提出有利于犯罪嫌疑人、被告人的证据材料和意见，主张和论证犯罪嫌疑人、被告人无罪、罪轻或者应当减轻、免除处罚，维护犯罪嫌疑人、被告人的诉讼权利和其他合法权益的刑事诉讼活动。

刑事辩护制度是由有关刑事辩护的法律规范构成的法律制度，对于刑事诉讼具有重要的意义。

（一）有助于查清案件事实，正确适用法律

查清案件事实，正确适用法律是刑事诉讼的基本任务，是实现刑事诉讼价值的前提。在刑事诉讼中，控辩双方是对立的，控方倾向于指控犯罪，辩方的辩护有助于修正控方的指控，有助于中立的审判方能够接触到案件正反两方面的材料和意见，从而有助于对案件事实和适用法律作出正确的判断。

（二）有助于保护犯罪嫌疑人、被告人的合法权益

在刑事诉讼中，犯罪嫌疑人、被告人是被追究刑事责任的对象，他们承受着巨大的精神压力，其自由往往都受到剥夺或限制，是诉讼中的弱者。这种状况使其难以有效保护自己的合法权益。辩护制度有助于构建一个中立的第三方，即审判方居中裁判、控辩平等的诉讼结构，改变对犯罪嫌疑人、被告人不利的状况，真正有效地保护其合法权益。

（三）有助于建立公正的刑事诉讼体制

刑事诉讼体制的基本目标是公正，而公正的实现需要一个民主的诉讼体制来

保障。辩护制度的基本内容是让控辩双方能够充分表达自己的意见，这体现了民主的精神和原则。

二、刑事辩护的种类和值班律师制度

（一）刑事辩护的种类

刑事辩护有三种：自行辩护、委托辩护和指定辩护。

1. 自行辩护

自行辩护是指犯罪嫌疑人、被告人自己所进行的辩护。自行辩护不仅是刑事诉讼法规定的权利，也是宪法规定的权利。

2. 委托辩护

委托辩护是指由犯罪嫌疑人、被告人或其法定代理人、监护人、近亲属委托依法可以担任辩护人的人为其进行的辩护。委托辩护弥补了自行辩护的不足，是辩护的主要方式。委托辩护应注意以下问题：

（1）委托辩护的开始时间。《刑事诉讼法》第 34 条规定，在侦查阶段，犯罪嫌疑人自被侦查机关第一次讯问或者采取强制措施之日起可以委托辩护人，被告人有权随时委托辩护人。为了不妨碍侦查活动的依法顺利进行，在侦查阶段只可以委托律师进行辩护。委托辩护人的时间最早是侦查阶段，这是世界各国的刑事立法趋势，律师在侦查阶段以辩护人的身份参与诉讼，有助于对侦查活动形成有效的外部监督和制约，有助于犯罪嫌疑人得到有效的法律帮助。但这一阶段的辩护律师的权利受到一定的限制。审查起诉、审判阶段均可委托辩护人为其辩护。

（2）委托辩护人为其辩护的，可以委托 1～2 人。

（3）在司法实践中，绝大多数犯罪嫌疑人或者被告人处于被羁押状态，人身自由受到严格限制，不可能直接委托辩护人。因此，《刑事诉讼法》第 34 条规定，“犯罪嫌疑人、被告人在押的，可以由其监护人、近亲属代为委托辩护人”。

（4）公安司法机关有告知的义务。根据《刑事诉讼法》第 34 条的规定，侦查机关在第一次讯问犯罪嫌疑人或者对犯罪嫌疑人采取强制措施的时候，应当告知犯罪嫌疑人有权委托辩护人。人民检察院自收到移送审查起诉的案件材料之日起 3 日以内，应当告知犯罪嫌疑人有权委托辩护人。人民法院自受理案件之日起 3 日以内，应当告知被告人有权委托辩护人。犯罪嫌疑人、被告人在押期间要求委托辩护人的，人民法院、人民检察院和公安机关应当及时转达其要求。

（5）在押的犯罪嫌疑人向看守所提出委托辩护律师要求的，看守所应当及时将其请求转达给办案部门，办案部门应当及时向犯罪嫌疑人委托的辩护律师或者律师事务所转达该项请求。在押的犯罪嫌疑人仅提出委托辩护律师的要求，但提不出具体对象的，办案部门应当及时通知犯罪嫌疑人的监护人、近亲属代为委托辩护律师。犯罪嫌疑人无监护人或者近亲属的，办案部门应当及时通知当地律师协会或者司法行政机关为其推荐辩护律师。

3. 指定辩护

指定辩护是指在侦查、审查起诉、审判活动中，在遇有法定情形时，司法机关为没有委托辩护人的被告人指定承担法律援助义务的律师担任其辩护人，协助其进行辩护。

（1）强制辩护的情形：①盲、聋、哑人；②尚未完全丧失辨认或者控制自己行为能力的精神病人；③可能被判处无期徒刑、死刑的人；④开庭审理时不满18周岁的人。另外，高级人民法院复核死刑案件，被告人没有委托辩护人的，应当通知法律援助机构指派律师为其提供辩护。

（2）可以指定辩护的情形：①共同犯罪案件中，其他被告人已经委托辩护人；②有重大社会影响的案件；③人民检察院抗诉的案件；④被告人的行为可能不构成犯罪；⑤有必要指派律师提供辩护的其他情形。

（3）申请辩护的情形：犯罪嫌疑人、被告人因经济困难等原因没有委托辩护人，本人及其近亲属可以向法律援助机构提出申请，符合法律援助条件的应当为其提供法律援助辩护。

指定辩护对于犯罪嫌疑人、被告人来说是一种权利，因此他们有权拒绝指定辩护。但司法机关应首先问明情况，根据不同情况作相应的处理：如果是对指定辩护有误解，应解释清楚；如果是想委托辩护人，应该允许；如果在说明情况后仍拒绝的，应该允许，司法机关应记录在案。但符合强制辩护情形又拒绝辩护的被告人需另行委托辩护人或重新指定辩护人。

（二）值班律师制度

《刑事诉讼法》第36条规定："法律援助机构可以在人民法院、看守所等场所派驻值班律师。犯罪嫌疑人、被告人没有委托辩护人，法律援助机构没有指派律师为其提供辩护的，由值班律师为犯罪嫌疑人、被告人提供法律咨询、程序选择建议、申请变更强制措施、对案件处理提出意见等法律帮助。人民法院、人民检察院、看守所应当告知犯罪嫌疑人、被告人有权约见值班律师，并为犯罪嫌疑人、被告人约见值班律师提供便利。"这是我国法律首次对值班律师制度作出规范。

值班律师制度起源于英国、加拿大、澳大利亚、新西兰等国家，其目的在于为刑事诉讼程序中的犯罪嫌疑人、被告人及时提供初步的法律服务，用以彰显司法人权。早在2006年，我国即与联合国开发署在河南试点"法律援助值班律师制度"，之后逐步扩展试点，公检法直接派驻值班律师，提供法律咨询等服务。

开展法律援助值班律师工作，是中央深化司法体制改革的一项重要任务，是推进法律援助参与以审判为中心的刑事诉讼制度改革的重要内容。

值班律师的工作性质是为犯罪嫌疑人、被告人提供法律帮助，刑事诉讼法没有赋予其辩护人资格。法律帮助的对象是没有或来不及委托辩护人，同时也不符合法律援助条件的犯罪嫌疑人、被告人。法律帮助的方式有提供法律咨询，程序选择建议、申请变更强制措施和对案件处理提出意见等。其中，法律咨询是最常见的方式；程序选择建议是帮助犯罪嫌疑人、被告人分析案件适用何种诉讼程序；修改前的《刑事诉讼法》规定，申请变更强制措施的主体是犯罪嫌疑人、被告人及法定代理人、近亲属和辩护人，修改后的《刑事诉讼法》又赋予了值班律师的主体资格；对案件处理提出意见一般集中于审查起诉阶段，对检察机关定罪量刑建议提出意见。

三、辩护人的范围

（一）辩护人的概念

辩护人是指在刑事诉讼中接受犯罪嫌疑人、被告人的委托或人民法院的指定，帮助犯罪嫌疑人、被告人行使辩护权，以维护其合法权益的人。

（二）能担任辩护人的人

刑事诉讼法对于辩护人的范围有明确的规定，能够担任辩护人的有：

1. 律师。
2. 人民团体或者犯罪嫌疑人、被告人所在单位推荐的人。
3. 犯罪嫌疑人、被告人的监护人、亲友。

根据司法部发布的数据，截至2014年年底，我国律师有27.1万人，人均占比很少。因此，我国法律对辩护人的范围规定得很广，并不局限于律师。

（三）不能担任辩护人的人

根据《刑事诉讼法》第33条和最高人民法院《解释》的规定，不能担任辩护人的人包括：

1. 正在被执行刑罚的人。正在被执行刑罚的人是指正在被执行生效裁判确定的刑罚的人。包括正在执行剥夺政治权利的人，也包括处于缓刑、假释考验期间的人。这些人因为犯了罪，受到了刑罚惩罚，没有在庄严的法庭上进行辩护的资格。

2. 依法被剥夺、限制人身自由的人。包括正在执行刑罚中的自由刑，同时还包括被采取强制措施的人和被行政拘留、司法拘留的人。由于自由受到限制，他们没有相应的条件进行有效的辩护。

3. 无行为能力或者限制行为能力的人。

4. 人民法院、人民检察院、公安机关、国家安全机关、监狱的现职人员。

5. 人民陪审员。

6. 与本案审理结果有利害关系的人。

7. 外国人或者无国籍人。

8. 被开除公职和被吊销律师、公证员执业证书的人。

上述第4项至第8项规定的人员，如果是犯罪嫌疑人、被告人的监护人、近亲属，由犯罪嫌疑人、被告人委托担任辩护人的，可以准许。

（四）限制性规定

最高人民法院《解释》第41条对于审判人员离任后担任辩护人问题作了限制。

1. 审判人员和人民法院其他工作人员从人民法院离任后二年内，不得以律师身份担任辩护人。

2. 审判人员和人民法院其他工作人员从人民法院离任后，不得担任原任职法院所审理案件的辩护人，但系被告人的监护人、近亲属的除外。

3. 审判人员和人民法院其他工作人员的配偶、子女或者父母不得担任其任职法院所审理案件的辩护人，但系被告人的监护人、近亲属的除外。

四、辩护人的诉讼地位

辩护人是刑事诉讼中具有独立诉讼地位的诉讼参与人，其独立性可从以下几个方面的关系来理解：

（一）辩护人与委托人的关系

辩护人并不是完全听命于委托人，根据委托人的所有要求进行辩护的，因为辩护人必须根据事实和法律进行辩护，维护的也只能是委托人的合法权益。

（二）辩护人与审判人员的关系

辩护人和审判人员之间是配合与制约关系，而不是依附关系。辩护人和审判人员在目的上是一致的，都希望案件能够得到正确的处理，这体现了两者之间的配合关系。但辩护人应该根据事实和法律提出自己的意见，辩护人的意见会对审判人员有一定的影响，从而与审判机关形成一种制约关系。

（三）辩护人与公诉人的关系

辩护人与公诉人两者之间是对抗与制约的关系。辩护人和公诉人是针锋相对的控辩的对立方，辩护人不能与控诉方混同，其各有自己的责任。

五、辩护人的权利和义务

（一）辩护人的权利

1. 独立辩护权

辩护人在接受委托以后，在法律上享有独立的诉讼地位，以自己的名义，根据对事实的掌握和对法律的理解，独立进行辩护，不受犯罪嫌疑人、被告人意思表示的约束。

2. 通信、会见权

通信、会见权，即辩护人有权与在押的犯罪嫌疑人、被告人通信和会见的权利。通过会见和通信，辩护人可以向犯罪嫌疑人、被告人了解案情，听取犯罪嫌疑人、被告人的意见，为其提供及时的法律帮助，更好地行使辩护权。

辩护律师可以同在押的犯罪嫌疑人、被告人会见和通信。辩护律师一般情况下无须办案机关批准即可以同在押的犯罪嫌疑人、被告人会见和通信。非律师辩护人经人民法院、人民检察院许可，也可以同在押的犯罪嫌疑人、被告人会见和通信。危害国家安全犯罪、恐怖活动犯罪案件，在侦查期间辩护律师会见在押的犯罪嫌疑人，应当经侦查机关许可。

辩护律师持律师执业证书、律师事务所证明和委托书或者法律援助公函即可要求会见在押的犯罪嫌疑人、被告人，看守所应当及时安排会见。能当时安排的，应当当时安排；不能当时安排的，看守所应当向辩护律师说明情况，并保证辩护律师在48小时以内会见到在押的犯罪嫌疑人、被告人。辩护律师会见在押的犯罪嫌疑人、被告人时，看守所应当采取必要措施，保障会见顺利和安全进行。律师会见在押的犯罪嫌疑人、被告人的，看守所应当保障律师履行辩护职责需要的时间和次数，并与看守所工作安排和办案机关侦查工作相协调。辩护律师会见犯罪嫌疑人、被告人时不被监听，办案机关不得派员在场。在律师会见室不足的情况下，看守所经辩护律师书面同意，可以安排在讯问室会见，但应当关闭录音、监听设备。

3. 阅卷权

阅卷权是辩护人的一项重要权利，只有充分地行使阅卷权，才能对案情进行全面了解，并以此为基础进行有效辩护。辩护人的阅卷权，有以下几方面的规定：

（1）辩护律师行使阅卷权，无须人民法院或人民检察院批准，而非律师辩护人行使阅卷权则需经批准。根据最高人民检察院《规则》第48条的规定，律师以外的辩护人向人民检察院申请查阅、摘抄、复制本案的案卷材料，人民检察院负责公诉的部门应当对申请人是否具备辩护人资格进行审查并提出是否许可的意见，在3日以内书面通知申请人。对于律师以外的辩护人申请查阅、摘抄、复制案卷材料，具有下列情形之一的，人民检察院可以不予许可：同案犯罪嫌疑人在逃的；案件事实不清，证据不足，或者遗漏罪行、遗漏同案犯罪嫌疑人需要补充侦查的；涉及国家秘密或者商业秘密的；有事实表明存在串供、毁灭、伪造证据或者危害证人人身安全可能的。

(2)阅卷的时间。人民检察院对案件审查起诉之日起，辩护人可以阅卷。审查起诉阶段，辩护人应当到人民检察院阅卷；案件起诉到人民法院后，辩护人应当到人民法院阅卷。在侦查阶段，辩护律师没有阅卷权，但可以向侦查机关了解犯罪嫌疑人涉嫌的罪名和案件有关情况。

4. 调查收集证据的权利

根据《刑事诉讼法》第43条的规定，辩护律师经证人或者其他有关单位和个人同意，可以向他们收集与本案有关的材料。辩护律师经人民检察院或者人民法院许可，并且经被害人或者其近亲属、被害人提供的证人同意，也可以向他们收集与本案有关的材料。辩护律师申请向被害人或者其近亲属、被害人提供的证人收集与本案有关的材料的，人民检察院、人民法院应当在7日以内作出是否许可的决定，并通知辩护律师。辩护律师书面提出有关申请时，办案机关不许可的，应当书面说明理由；辩护律师口头提出申请的，办案机关可以口头答复。

根据《刑事诉讼法》的规定，辩护律师可以申请人民检察院、人民法院收集、调取证据，或者申请人民法院通知证人出庭作证。辩护律师申请人民检察院、人民法院收集、调取证据的，人民检察院、人民法院认为需要调查取证的，应当由人民检察院、人民法院收集、调取证据，不得向律师签发准许调查决定书，让律师收集、调取证据。

5. 申请解除或变更期限届满的强制措施的权利

《刑事诉讼法》第99条规定，犯罪嫌疑人、被告人及其法定代理人、近亲属或者辩护人对于人民法院、人民检察院或者公安机关采取强制措施期限届满的，有权要求解除或变更强制措施。根据最高人民检察院《关于依法保障律师执业权利的规定》第22条的规定，辩护律师书面申请变更或者解除强制措施的，办案机关应当在3日以内作出处理决定。辩护律师的申请符合法律规定的，办案机关应当及时变更或者解除强制措施；经审查认为不应当变更或者解除强制措施的，应当告知辩护律师，并书面说明理由。

6. 提出辩护意见的权利

在侦查、审查逮捕、审查起诉、审判阶段、最高人民法院复核死刑案件阶段，辩护律师都可以提出辩护意见。公安机关案件侦查终结前，辩护律师提出辩护意见，应当听取，并根据情况进行核实，记录在案；辩护律师提出书面意见的，应当附卷。在人民检察院侦查、审查逮捕、审查起诉过程中，辩护人提出要求听取其意见的，案件管理部门应当及时联系侦查部门、侦查监督部门或者公诉部门对听取意见作出安排；辩护人提出书面意见的，人民检察院案件管理部门应当及时移送侦查部门、侦查监督部门或者公诉部门。人民法院在审判阶段、最高人民法院在复核死刑案件期间，辩护律师提出要求的，办案机关应当听取辩护律师的意见。辩护律师要求当面反映意见或者提交证据材料的，办案机关应当依法办理，并制作笔录附卷。辩护律师提出的书面意见和证据材料，应当附卷。

7. 庭审言论豁免权

庭审言论豁免权是指辩护人对于在法庭上发表的除危害国家安全、恶意诽谤他人、严重扰乱法庭秩序的言论外的辩护意见不受法律追究的权利。庭审言论豁免权，有助于保障辩护人在庭审中充分履行自己的职责，不必担心因此被追究法律责任。

8. 保密的权利

基于辩护人的辩护目的和职能，以及为了建立委托人和受托人的信任关系，《刑事诉讼法》第48条规定，辩护律师有权对在执业活动中知悉的委托人的有关情况和信息，予以保密。但是，为了保护国家和社会利益，辩护律师在执业活动中知悉委托人或者其他人，准备或者正在实施危害国家安全、公共安全以及严重危害他人人身安全的犯罪的，应当及时告知司法机关。

9. 知情权

根据《刑事诉讼法》和相关法律规定，办案机关作出移送审查起诉、退回补充侦查、提起公诉、延期审理、二审不开庭审理、宣告判决等重大程序性决定的，以及人民检察院将直接受理立案侦查案件报请上一级人民检察院审查决定逮捕的，应当依法及时告知辩护律师。对于诉讼中的重大程序信息和送达当事人的诉讼文书，办案机关应当通知辩护律师。

10. 申诉、控告权

申诉、控告权是指辩护人认为公安机关、人民检察院、人民法院及其工作人员阻碍其依法行使诉讼权利的，有权向同级或者上一级人民检察院申诉或者控告。这是辩护人权利得以实现的重要保障。

最高人民检察院《关于依法保障律师执业权利的规定》第42～44条对这一权利的保障作了具体的规定。根据其规定，律师提出申诉、控告的，人民检察院应当在受理后10日以内进行审查，并将处理情况书面答复律师。情况属实的，通知有关机关予以纠正。情况不属实的，做好说明解释工作。人民检察院应当依法严格履行保障律师依法执业的法律监督职责，处理律师的申诉、控告。在办案过程中发现有阻碍律师依法行使诉讼权利行为的，应当依法、及时提出纠正意见。

11. 人身保障权

人身保障权是指辩护人在履行辩护职责时，有权获得人身保障的权利。首先，律师在依法执业时人身权利不受侵犯。律师因依法执业受到侮辱、诽谤、威胁、报复、人身伤害的，有关机关应当及时制止并依法处理，必要时对律师采取保护措施。其次，辩护人涉嫌犯罪时有权要求保障其人身权利。辩护人涉嫌犯罪的，应当由办理辩护人所承办案件的侦查机关以外的侦查机关办理。公安机关、人民检察院发现辩护人涉嫌犯罪，或者接受报案、控告、举报、有关机关的移送，依照侦查管辖分工进行审查后认为符合立案条件的，应当按照规定报请办理辩护人所承办案件的侦查机关的上一级侦查机关指定其他侦查机关立案侦查，或者由上一级侦查机关立案侦查。不得指定办理辩护人所承办案件的侦查机关的下级侦查机关立案侦查。律师在参与诉讼活动中涉嫌犯罪的，侦查机关应当及时通知其所在的律师事务所或者所属的律师协会；侦查机关依法对在诉讼活动中涉嫌犯罪的律师采取强制措施后，应当在48小时以内通知其所在的律师事务所或者所属的律师协会。

12. 拒绝辩护的权利

辩护律师一般不能拒绝辩护，但在继续辩护违背辩护的准则、目的或辩护无法进行的情形下可以拒绝辩护。根据《律师法》第32条第2款的规定，辩护律师在以下情形，可拒绝辩护：（1）委托事项违法；（2）委托人利用律师提供的服务从事违法活动；（3）委托人隐瞒与案件有关的重要事实的。

（二）辩护人的义务

根据《刑事诉讼法》及其相关法律解释规定，辩护人应履行下列义务：

1. 辩护人收集特定证据及时告知办案机关的义务

根据《刑事诉讼法》第42条的规定，辩护人收集的有关犯罪嫌疑人不在现场、未达到刑事责任年龄、属于依法不负刑事责任的精神病人的证据，应当及时告知公安机关、人民检察院。这些证据经调查核实，一旦得到确认，就可以早日终结诉讼，使涉案当事人脱离诉讼；即使得不到确认，由于事先已掌握并做了相关准备，也可以避免法庭不必要的休庭造成诉讼的拖延和司法资源的浪费。

2. 不得干扰司法机关诉讼活动的义务

《刑事诉讼法》第44条第1款规定，辩护人或者其他任何人，不得帮助犯罪嫌疑人、被告人隐匿、毁灭、伪造证据或者串供，不得威胁、引诱证人作伪证以及进行其他干扰司法机关诉讼活动的行为。

3. 辩护人接受委托或指派后应依法办理相关手续的义务

辩护律师接受犯罪嫌疑人委托或者法律援助机构的指派后，应当及时告知公安机关并出示律师执业证书、律师事务所证明和委托书或者法律援助公函。审判期间，辩护人接受被告人委托的，应当在接受委托之日起3日内，将委托手续提交人民法院。诉讼代理人接受当事人委托或者法律援助机构指派后，应当在三日以内将委托手续或者法律援助手续提交人民法院。

六、辩护人的责任

辩护人的责任，是指辩护人进行辩护应当完成的任务或职责。《刑事诉讼法》第 37 条对辩护人的责任作了明确规定：辩护人的责任是根据事实和法律，提出犯罪嫌疑人、被告人无罪、罪轻或者减轻、免除其刑事责任的材料和意见，维护犯罪嫌疑人、被告人的诉讼权利和其他合法权益。根据该规定，辩护不限于实体辩护，还包括以“维护犯罪嫌疑人、被告人的诉讼权利和其他合法权益”为内容的程序辩护。而且“提出犯罪嫌疑人、被告人无罪、罪轻或者减轻、免除其刑事责任的材料和意见”，不再是履行证明无罪或罪轻的举证责任，而是依法行使辩护的权利。辩护人的责任可从以下三个方面来理解：

（一）辩护目的

辩护的目的是维护犯罪嫌疑人、被告人的诉讼权利和其他合法权益。辩护人进行辩护要完成的任务应当是围绕这个目的而进行的所有工作。因此，辩护人的辩护包括实体辩护和程序辩护。

（二）辩护准则

辩护的准则是依据事实和法律进行辩护。辩护以维护犯罪嫌疑人、被告人的合法利益为目的，但是必须依据事实和法律，不能背离事实和歪曲法律。

（三）辩护方式

辩护通过一定的方式来进行，即主要是通过提出犯罪嫌疑人、被告人无罪、罪轻或者减轻、免除其刑事责任的材料和意见的实体辩护来进行辩护，同时还包括维护犯罪嫌疑人、被告人诉讼权利和其他合法权益的程序辩护。

第二节　刑 事 代 理

一、刑事代理概述

（一）刑事代理的概念

刑事代理是指代理人接受公诉案件的被害人及其法定代理人或者近亲属、自诉案件的自诉人及其法定代理人、附带民事诉讼的当事人及其法定代理人的委托，以被代理人的名义参加诉讼，由被代理人承担代理行为的法律后果的诉讼活动。尊重被害人的尊严和主体性地位以及保护被害人的合法权益是刑事代理制度的基础。

（二）刑事代理的种类

刑事代理有以下三种：

1. 自诉案件中的代理。自诉案件中，自诉人及其法定代理人可以委托诉讼代理人。

2. 公诉案件中的代理。公诉案件中的被害人及其法定代理人、近亲属可以委托诉讼代理人。

3. 附带民事诉讼中的代理。附带民事诉讼原告和被告及其法定代理人可以委托诉讼代理人。

（三）刑事代理的特点

1. 被代理人只能是公诉案件的被害人、自诉案件的自诉人、附带民事诉讼的当事人。

2. 代理人必须以被代理人的名义进行诉讼，且必须根据被代理人的意志，为维护他们的合法权益而进行诉讼。

3. 代理人只能在被代理人的授权范围内进行活动，超过授权范围进行诉讼活动所产生的结果，除非得到被代理人的追认，否则被代理人不予承担。

4. 代理人进行代理活动产生的法律后果由被代理人承担。

二、诉讼代理人的委托程序

（一）公诉案件

人民检察院自收到移送审查起诉的案件材料之日起 3 日以内，应当告知被害人及其法定代理人或者其近亲属、附带民事诉讼的当事人及其法定代理人有权委托诉讼代理人。被害人有法定代理人的，应当告知其法定代理人；没有法定代理人的，应当告知其近亲属。告知可以采取口头或者书面方式。

有权委托诉讼代理的人可以在下列人中委托 1～2 人作为诉讼代理人：律师、人民团体或者被代理人所在单位推荐的人以及被代理人的监护人和亲友。律师担任诉讼代理人的，不得同时接受同一案件 2 名以上被害人的委托参与刑事诉讼活动。诉讼代理人接受当事人委托或者法律援助机构指派后，应当在 3 日内将委托手续或者法律援助手续提交人民法院。

（二）自诉案件

自诉案件中，自诉人及其法定代理人，附带民事诉讼中的当事人及其法定代理人可以随时委托诉讼代理人。

三、诉讼代理人的权利和义务

（一）法定的权利和义务

1. 法定的权利

（1）申诉、控告权。诉讼代理人有对阻碍其依法行使诉讼权利的行为进行申诉或控告的权利。诉讼代理人与辩护人的申诉、控告权的规定是一致的。

（2）阅卷权。律师担任诉讼代理人的，有权查阅、摘抄、复制与本案有关的材料，了解案情。其他诉讼代理人经人民法院准许，也有权查阅、摘抄、复制与本案有关的材料，了解案情。

（3）调查取证权。代理律师需要收集、调取与本案有关的材料的，可以向证人或者其他有关单位、个人收集或调取。因证人、有关单位和个人不同意，申请人民法院收集、调取，人民法院认为有必要的，应当同意。代理律师直接申请人民法院收集、调取证据，人民法院认为代理律师不宜或者不能向证人或者其他有关单位、个人收集、调取，并确有必要收集、调取证据的，应当同意。人民法院根据代理律师的申请收集、调取证据时，申请人可以在场。

（4）拒绝代理权。拒绝代理权与辩护律师的拒绝辩护权规定相同，即律师接受委托后，出现下列情形，有权拒绝代理：委托事项违法；委托人利用律师提供的服务从事违法活动；委托人隐瞒事实真相。

2. 法定的义务

（1）诉讼代理人不得帮助隐匿、毁灭、伪造证据，不得威胁、引诱证人作伪证以及进行其他干扰司法机关诉讼活动的行为的义务。

（2）无正当理由不得拒绝代理。

（3）应遵守法庭秩序。

（4）《律师法》以及有关律师行政规章规定的诉讼义务。

（二）约定的权利和义务

这是指在委托人与诉讼代理人达成委托代理协议时，双方协商一致确定的权利与义务。一般载于委托协议中或委托人出具的授权委托书中。

四、刑事辩护与刑事代理的关系

刑事诉讼中的辩护与代理有相当密切的联系。辩护人和代理人都与案件的最终处理结果无法律的利害关系，都不是基于自己的利益参与诉讼；辩护人和代理人参与诉讼的目的都在于弥补当事人法律知识的不足，以维护当事人的合法权益。另外，辩护人与代理人在范围上一致，其程序权利也大体相当。

刑事辩护与刑事代理也有明显区别，主要有以下几点：（1）诉讼地位不同。

辩护人具有独立的诉讼地位，以自己的名义进行辩护，而不以委托人的意志为转移。诉讼代理人则不具有独立的诉讼地位，依被代理人的意志从事代理行为，必须在委托授权的范围内活动。（2）诉讼任务不同。辩护人承担的是辩护职能，需要提出有利于犯罪嫌疑人、被告人的证据材料，用以证明犯罪嫌疑人、被告人无罪、罪轻或减轻、免除处罚，维护犯罪嫌疑人、被告人的合法权益。诉讼代理人的代理职责在于维护被代理人的合法权益。（3）适用对象不同。刑事辩护适用于犯罪嫌疑人、被告人，而刑事代理适用于公诉案件的被害人、自诉人、附带民事诉讼当事人。（4）活动名义不同。辩护人调查取证、提交辩护词等活动中使用的是自己的名义，而诉讼代理人进行诉讼活动使用的是被代理人的名义。

实训案例

案例一

2012年12月6日，北京市检察院指定第二分院对原铁道部部长刘志军进行审查起诉。次日，检察官便告知被告人有权委托辩护人，但刘志军主动放弃了这一法定权利。因为公诉方指控其收受贿赂逾6400万元，刘志军可能被判处死刑，北京市法律援助中心为其指派北京律师钱列阳担任辩护律师。一开始刘志军坚决放弃辩护，并不接受指派律师为其辩护，后经过指派律师做工作才接受了律师的辩护，并且一直到庭审，都配合辩护律师的工作。

问题：本案辩护方式属于哪一种？犯罪嫌疑人如果拒绝指定辩护，办案机关应该如何处理？

分析：本案辩护方式属于指定辩护。根据《刑事诉讼法》的规定，对于可能判处死刑而又没有委托辩护人的人应当为其指定辩护人。公诉方指控刘志军收受贿赂逾6400万元，可能被判处死刑，刘志军又没有委托辩护人，因此应该为其指定辩护人。

犯罪嫌疑人有权拒绝指派辩护。犯罪嫌疑人如果拒绝指定辩护，办案机关应该首先问明情况，根据不同情况作相应的处理。如果是对指定辩护有误解，应解释清楚；如果是想委托辩护人，应该允许；如果是说明情况后，仍拒绝的，应该允许，办案机关应记录在案。但在以下三种情况下需另行委托辩护人或重新指派辩护人：一是盲、聋、哑人，或者是尚未完全丧失辨认或者控制自己行为能力的精神病人；二是可能被判处无期徒刑、死刑的人；三是未成年人。

案例二

2015年6月30日，张某某涉嫌贩卖毒品被安徽省甲县公安局刑事拘留。此后，张某某的家属委托安徽省某律师事务所律师王某作为张某某的辩护律师。

2015年7月2日，王律师前往甲县看守所，要求会见张某某，但甲县看守所以看守所刚刚搬迁、人手不够为由，不予批准会见要求，并告知王律师隔一周再来。2015年7月9日，王律师再次前往甲县看守所，要求会见张某某，但甲县看守所以同一理由再次拒绝会见要求。两次要求会见张某某被拒后，王律师到安徽省甲县检察院控告甲县看守所不予批准其会见当事人的行为，请求检察院进行监督予以纠正。

问题：

1. 甲县看守所以刚刚搬迁、人手不够为由，不予批准王律师的会见要求，以及后来再次拒绝会见的做法是否违法？

2. 王律师到甲县检察院控告，请求检察院进行监督予以纠正的做法是否正确？

思考与练习题

1. 什么是辩护？它有哪几种方式？
2. 辩护人的权利义务有哪些？
3. 辩护人的诉讼地位是什么？
4. 什么是刑事代理？

第六章

刑事证据制度

本章导读

通过本章的学习，了解证据的概念、基本特征、证据的分类及其作用，掌握证据的种类、证据的收集、审查、判断和运用的基本方法，理解举证责任的分配，能够运用刑事证据的理论分析问题、解决问题。

导入案例

佘祥林杀妻案

佘祥林，男，1966 年 3 月 7 日生，湖北省京山县一农民，被捕前系京山县公安局原马店派出所治安巡逻员。1994 年 1 月 20 日，佘祥林的妻子张在玉失踪后，张在玉的亲属怀疑张在玉被佘祥林杀害。同年 4 月 11 日，雁门口镇吕冲村一水塘发现一具女尸，经张在玉亲属辨认死者与张在玉特征相符，公安机关立案侦查。佘祥林因涉嫌杀死妻子曾两次被判处“死刑”，因证据不足逃过鬼门关。后被京山县人民法院以故意杀人罪判处有期徒刑 15 年，剥夺政治权利 5 年。但在 2005 年 3 月 28 日，被佘祥林“杀害”达 11 年之久的妻子张在玉突然“复活”。2005 年，佘祥林案被湖北省高级人民法院认定为错案，2005 年 4 月 13 日，湖北省京山县人民法院对佘祥林杀妻案开庭重审，他被改判无罪并立即释放回家，终于结束了长达 11 年的被冤枉的牢狱生涯。

根据当年的案卷材料记录可以看到本案证据收集、审查、判断和运用中的几个明显疑点：

1. 辨认尸体。辨认尸体有两种方法。一种方法是根据其外貌特征辨认。张在玉的哥哥回忆，当日他被警方叫去认尸，看到死者面貌已浮肿难辨，并看到死者身高、胖瘦、头发扎法和妹妹很像，认为死者是张在玉。根据当时专案组成员的介绍，张在玉的母亲当时一口认定死者为张在玉，在未见到死者的身体前，即说出了身体上的一些特征，如身上有生小孩做手术时留下的刀疤等，这与此后尸检情况一致。另一种方法则是比较权威性的，就是进行DNA检测。张在玉的哥哥曾提及，当时他们提出进一步确认尸体，当地警方以没有办案经费为由让张家出两万元做亲子鉴定，因为没有钱，他们也就相信了。

2. 作案方式。从佘祥林案的卷宗中可以看到，1994年4月11日至22日，11天的审讯之中，佘祥林供出了四种作案方式。第一种作案方式简述为：1993年腊月初九（1994年1月20日）晚上，佘祥林将张在玉带出门，顺手在大门边拿出一根板车撬棒，将张在玉带至雁门口镇红旗碎石厂山坡，将张在玉打死埋入水沟。第二种作案方式简述为：1993年腊月初九，佘祥林看到魏太平（佘祥林的好友，当时在雁门口镇交通管理站上班）在雁门口镇兽医站门口对面打桌球，佘祥林便将张在玉交给魏太平让其带走，魏太平将张在玉带至长岗村二组抽水机房，腊月十二，佘祥林和魏太平用石头将张在玉打死，沉入水中。第三种作案方式简述为：1993年腊月初九，佘祥林在雁门口镇兽医站碰到魏太平，让魏太平晚上11时到家里说点事情，当晚，佘祥林和魏太平将张在玉带到长岗村二组抽水机房外，给张在玉换好衣服，再带至吕冲九组窑凹坝山用石头将张在玉打死，然后用装有四块石头的蛇皮袋将张在玉沉入水中。

警方认为第一种是假口供，因为张在玉的尸体不在水沟，是佘祥林试探性地看警方能否找到尸体。第二、三种作案方式随后也被否定。证据是，长岗村二组胡明德（男，65岁）讲述，这几天晚上他都在抽水机房睡觉，没有间隔一天，且机房白天上锁，另外，张在玉也不可能和魏太平单独出走。此后，当地医院也出具证明，张在玉失踪那几天，魏太平正在医院打针吃药，不具备作案时间。

这样，佘祥林供述的第四种情况，被警方认定“符合案件客观事实”：1994年1月20日晚10时许，佘祥林将精神失常的妻子从床上拉起来，带到一处瓜棚里关起来。第二天凌晨2点半，佘祥林将6岁的女儿抱到父母房内，谎称妻子出走了，然后以外出寻找妻子为由，拿着手电筒、麻绳和张在玉的毛裤，推着自行车出门，来到瓜棚内，给妻子换了一身衣服。然后他把妻子带到吕冲村九组那处池塘边，趁张在玉不备，用石头猛击头、面部至张在玉不能动弹，将张在玉拖到堰塘的东北角，用麻绳将装有四块石头的蛇皮袋绑附其身沉入水中。次日下午将从张在玉身上换下的衣服全部放在自家灶里烧毁。

根据佘祥林的供述，他的作案方式多达四种，内容各不相同，当初交代犯罪经过应该是他不堪忍受残酷折磨而自愿交代的，若是这样的话，那他怎么又会前后说出多种不同的作案方式，这一疑点就很大。而京山县公安局给出的解释则是，佘祥林在派出所当过治安员，从审查他的整个过程来看，他具有反侦查和反审讯能力，不可能一次性彻底交代清楚，佘祥林是试探性的供述，“挤牙膏”式的交代，故有多种供述。

3. 路线图。佘祥林回忆说，当时，刑警队指导员见他实在说不出死者的方位，就将他拉到写字台旁，边讲解如何走边给他画了一张“行走路线图”。案卷显示，1994 年 4 月 21 日晚，佘祥林曾被警方带去指认作案现场。这被认为是佘祥林案件的关键环节之一。但据佘祥林叙述，虽然他们给他画了行走路线图，但他还是无法带他们去，在他走错两次方向之后，最终还是由一名民警架着他去的。

4. 证明。原天门市石河镇姚岭村党支部副书记倪乐平在 2005 年 4 月 7 日回忆说，佘祥林的母亲杨五香听说村子里曾有一个 30 来岁的女子，跟张在玉非常相像，便和儿子佘锁林跑来询问。她拿着儿媳的照片给村民看，确实跟村里出现的神经病女子很像。在此情况下，倪乐平出具了这份证明，并盖上了“中共天门市石河镇姚岭村支部委员会”的印章。具体内容为：“我村八组倪新海、倪柏青、李青枝、聂孝仁等人于（1994 年）10 月中旬在本组发现一精神病妇女，年龄 30 岁左右，京山口音，身高 1.5 米左右，油黑脸，她本人说她姓张，家里有一 6 岁女孩，因走亲戚而迷失方向，其神情状况与（杨）五香反映的基本一致，关在该组倪新海家中 2 天 1 夜，而后去向不明，特此证明，请查证。”1995 年年初，一封落款日期为 1994 年 12 月 29 日的申诉状和上述的“良心证明”被寄送到湖北省高院、湖北省检察院等诸多部门。一开始倪乐平以为公安机关会来村里调查核实这件事，但是他们没有来。相反，与这份证明相关的 4 人后来均以涉嫌“包庇”等罪名被羁押和监视居住。佘锁林也被羁押，他回忆自己拿着这份证明和申诉材料去找办案民警时，得到的答复是“你们这种事情我们见得多了”。

1994 年 10 月 13 日，佘祥林被判了死刑，这个判决被湖北省高院发回重审。湖北省高院就对佘祥林杀妻案提出诸多疑点，其中包括佘祥林交代了四种不同的作案经过，并明确指出：不能排除佘妻自行出走或随他人出走的可能。此案遂被发回重审。

1998 年 6 月 15 日，佘祥林被京山县人民法院判处有期徒刑 15 年，同年 9 月 22 日，荆门市中级人民法院驳回了佘祥林的上诉，维持原判，此为终审裁定。

2005 年 4 月 13 日，湖北省京山县人民法院对佘祥林杀妻案开庭重审现场，央视《法治在线》记者采访佘祥林：“你为什么明明没有做过这个事情，却要承认自己杀妻了呢？”佘祥林：“审讯是 10 天 11 夜，崩溃了，因为已经处于休眠状态了，什么事情都答应了，什么都是了，最后你签字就行了，你只管签字就可以了，签了多少字都不清楚，只是不停地签字。”

在佘祥林的一份长达30页的申诉材料中，可见这样的记述，“我遭到残酷的毒打、体罚，刑讯逼供、诱供长达10天11夜”“鼻子被多次打破之后，他们竟将我的头残忍地按到浴缸里，几次因气力不足喝浴缸里的水呛得差点昏死”“他们让我蹲马步，还用穿着皮鞋的脚猛踢我的脚骨”“公安分成几组审讯我，不让睡觉，当时我看什么都是重影的”。

本案知识点

刑事诉讼证据的收集、审查、判断和运用的要求。

第一节 刑事证据的种类与分类

一、证据的概念和特征

刑事诉讼中的证据，是指以法律规定的形式表现出来的能够证明案件真实情况的一切材料。

根据刑事诉讼证据的概念，刑事诉讼证据具有以下三个紧密联系的基本特征：

（一）证据的客观性

证据的客观性，是指证据是客观存在的事实，而不是主观臆想或捏造的产物。任何刑事案件，都是在一定的时间、地点进行的，只要有犯罪行为发生就必然会留下各种痕迹、物品或者印象。这些痕迹、物品或者印象都是已经发生的案件事实的客观遗留和客观反映，是不以人的意志为转移的客观存在的事实。这种客观事实不因为司法人员认为有就有，也不因为司法人员认为无就无，同样也不因为司法人员的错误认识其内容就随之发生扭曲。相反，一切未经证实的猜想、判断，就不是客观存在，不能作为证据。

客观性是证据的本质属性。证据的客观性包括以下内容：（1）证据所反映或包含的内容是客观的。作为证据的事实本身应该是真实可靠和确凿无疑的，是不以当事人和司法人员主观意志为转移的。（2）证据的存在及其表现形式是客观的，并且这种表现形式能够为人类认识所感知，即能够被人们看得见、摸得着。司法人员应当去发现证据而非创造证据，也不能无视已有的证据所反映的案件事实，必须忠实于事实真相。(3) 刑事诉讼证据是不依赖于司法人员的主观意志而独立存在的客观实在。司法人员不能用自己的想象和推测来代替刑事诉讼证据，更不允许办案人员改变或替换收集到的证据材料。

(二) 证据的关联性

证据的关联性，又称相关性，是指作为证据的事实与案件待证事实之间存在某种客观的联系，从而对案件事实具有证明作用。司法人员能够证明过去的案件事实，关键就在于证据对案件事实有所反映，这种反映就是通过证据与案件事实的客观联系而实现的。

证据的关联性包含以下内容：(1) 关联性是证据的一种客观属性，即证据事实同案件事实之间的联系，是客观联系，而不是办案人员的主观想象或强加的联系，它是案件事实作用于客观外界以及有关人员的主观知觉所产生的。(2) 证据的关联性是指证据的内容与当事人是否犯罪、犯罪性质及罪责轻重的事实相关。(3) 掌握证据的关联性要注意把两种情况排除在刑事诉讼证据体系之外：一是类似行为，即犯罪嫌疑人、被告人在其他场合所犯的类似行为，不得作为证明其犯有本案所控罪行的证据；二是品格事实，即证明犯罪嫌疑人、被告人或被害人的品格是否善良的事实。根据我国刑事诉讼法的规定，品格的好坏，不是犯罪构成的必备要件，对认定案件事实没有影响。但是我国司法实践中“一贯表现”作为酌定量刑情节，可能成为影响量刑的证据事实。

(三) 证据的合法性

证据的合法性，又称证据的法律性，是指用于证明案件事实的证据必须依据法定的程序收集和运用，并且具备法定的表现形式。

证据的合法性包括以下几层含义：(1) 证据必须具有合法的形式。刑事诉讼法对证据的种类作了专门的规定，证据有物证，书证，证人证言，被害人陈述，犯罪嫌疑人、被告人供述和辩解，鉴定意见，勘验、检查、辨认、侦查实验等笔录，视听资料、电子数据八种形式。非法定形式的，不得采纳。(2) 证据必须是由法定人员收集或提供的。刑事诉讼中的某些证据，要求必须由法定人员收集或提供，如勘验、检查、辨认、侦查实验等笔录必须由法定的侦查人员和其他法定人员制作，否则就不具有法律效力。(3) 刑事诉讼证据必须依照法定程序和方法加以收集和认定。刑事诉讼法规定，办案人员必须依照法定程序收集能够证实犯罪嫌疑人、被告人有罪或无罪、犯罪情节轻重的各种证据，严禁刑讯逼供和以引诱、欺骗、威胁以及其他非法方法收集证据。最高人民法院《解释》第 102 条规定，经审理，确认或者不能排除存在《刑事诉讼法》第 56 条规定的以非法方法收集证据情形的，对有关证据应当排除。(4) 证据还必须经过合法程序查证属实。例如，证人证言必须在法庭上经过公诉人、被害人和被告人、辩护人双方询问、质证，并查证属实，才能作为刑事诉讼的证据。因特殊原因不能出庭作证的证人，其证言笔录也应当当庭宣读，听取当事人和辩护人的意见。未经法庭查证属实的证据，不能作为定案的根据。

二、证据的种类

证据的种类，也称证据的法定形式，是指法律规定的证据的不同表现形式。我国《刑事诉讼法》第50条第2款规定，“证据包括：（一）物证；（二）书证；（三）证人证言；（四）被害人陈述；（五）犯罪嫌疑人、被告人供述和辩解；（六）鉴定意见；（七）勘验、检查、辨认、侦查实验等笔录；（八）视听资料、电子数据”。

（一）物证

1. 物证的概念及分类

物证是以其外部特征、存在状况、物质属性等证明案件真实情况的一切物品或者痕迹。物证在各类案件中广泛存在，具有其他证据不可替代的作用，在刑事诉讼中发挥着重要作用，是查明案情的重要依据。

物品类的物证有：（1）犯罪使用的工具。例如，盗窃案中的撬锁工具，杀人案件中的凶器等。（2）犯罪行为侵害的具体物体。例如，杀人或者伤害案中被害人的尸体或者身体，侵害财产犯罪中的赃款、赃物等。（3）犯罪现场留下的物品。例如，烟头、食品、饮料等，以及其他可以用来发现犯罪行为和查获犯罪分子的存在物。痕迹类的物证是犯罪遗留下来的物质痕迹，如指纹、脚印、体液、气味，以及作案工具形成的各种痕迹等。

根据不同的标准可以将物证进行划分。例如，有形物证和无形物证，有生命的物证和无生命的物证，固态物证、液态物证、气态物证，嗅觉物证、视觉物证、听觉物证、触觉物证，常态物证、微量物证、巨型物证等。

2. 物证的主要特征

第一，物证是以其外部特征、存在状况、物质属性等证明案件真实情况的。“外部特征”是指物品的外观、颜色、数量、重量、体积等。“存在状况”是指固态、液态、气态等形态，以及物证存放在哪里。“物质属性”是指软硬、有毒、有害等物理或者化学属性。

第二，物证的客观性强，证明内容比较稳定，比较容易查实。这一特点与言词证据有显著不同。言词证据是由人提供的，容易受到主客观因素的影响，可能提供虚假或者错误的信息，有时虚假与真实的信息混杂，不易区分。物证虽不能自明其义，并因此被称为“哑巴证据”，但是一旦形成，具有较强的客观性，不易发生改变。物证在形成后可以独立存在，即使被损毁也会形成新的物品或者痕迹，形成新的物证。

第三，随着科学技术的进步，人们能够利用的物证种类越来越多。相应地，许多物证具有对科学技术的依赖性。不仅其收集和固定要依赖一定的科技设备，而且对物证内容的揭示，也要进行检验或者鉴定，才能发挥其证明作用。如DNA检测、微量物证鉴定。

第四，证明范围狭窄。这是物证的一个缺陷，通常一个物证只能证明案件的某个环节。物证与案件事实的关联性需要由人加以揭示。每个物证所能证明的，往往是有关案件事实的局部事实，一般不能证明案件的主要事实或者全部事实。

3. 物证的收集、保管与运用

关于物证的收集，司法工作人员通常通过勘验、检查、搜查、扣押、辨认、鉴定等途径与方法收集和认识物证。依据法律规定，有关人员和单位应当积极配合提供物证；收集和固定物证应当及时、细致并采取先进、科学的技术和方法，防止伪造、丢失或者发生意外变化而致使物证失去证明作用。收集、调取以及据以定案的物证应当是原物。原物不便搬运，不易保存，依法由有关部门保管、处理，或者依法应当返还的，可以拍摄、制作足以反映原物外形和特征的照片、录像、复制品。拍摄、制作物证的照片、录像、复制品，制作人不得少于2人，并应当附有关于制作过程的文字说明及原物存放何处的说明，并由制作人签名。

对物证必须妥善保管，不得擅自使用，防止损毁。对可能产生环境污染或者精神污染的物证要按有关规定严格保管和处置；对不易搬动的物证，要以相应的方法固定，以保留其证明价值；移送案件时，应当将物证随同案卷一并移送。

运用物证时，应当查明来源，注意有无伪造、变化等情况；认真仔细地审查物证的外部特征，以确定其同案件事实的关联性；在许多情况下，要经过辨认、检验和鉴定才能揭示物证本身的证明力；应与其他证据相印证才能认定某一物证的证明作用。物证的照片、录像、复制品，不能反映原物的外形和特征的，不能作为定案的根据。物证的照片、录像、复制品，经与原物核对无误、经鉴定为真实或者以其他方式确认为真实的，可以作为定案的根据。用作定案的根据的物证，必须经过法庭出示和辨认程序。

（二）书证

1. 书证的概念及特征

书证是指以文字、符号、图画、图表等表达的思想内容来证明有关案件事实的书面文字或者其他物品。书证的范围十分广泛，包括文字、符号、数字、图画、印章或其他具有表情达意功能的许多实物材料，如各种证件、执照、户口簿、账册、票据、合同、车船机票等。书证具有以下特征：

第一，表现形式和形成方式具有多样性。书证可以表现为中外文字、数字、图画、图形、符号等。文字、符号等的载体，可以是纸张、木、石、金属或其他物质材料；制作书证的工具，可以是笔、刀、印刷机等多种工具；制作书证的方法，可以是书写、雕刻或者印刷等。

第二，书证以文字、符号或者图画等来表述和反映人的思想内心世界或者传递信息，即具有思想性。这是书证区别于其他证据的显著特点。其所记载的内容或者表达的思想，必须与待证案件事实有关联，能够证明案件事实。此外，这种思想内容能够为一般大众所认识和了解。鉴于书证是以其记载或者表达的思想内容来证明案件事实，所以，当有些证据不是以其所包含的思想内容起证明作用，而是以其存在场所、外部特征等起证明作用时，就不应当是书证，而是物证。

第三，书证具有较强的稳定性。不仅内容明确，而且形式相对固定，稳定性较强，一般不受时间的影响，易于长期保存。只要作为书证载体的物质材料未遭毁损，即使是经历了很长时间，其思想内容仍然能够借助有形的文字、符号或者图画等起到应有的证明作用。

第四，书证能够直接证明案件主要或者部分事实的真实情况。由于书证有具体、明确的思想内容，所以在很多情况下，能够依据其内容直接判明其与案件事实的联系。书证一般不需要通过任何媒介或者中间环节来对其加以分析和判断，能够以其独特的客观化、具体化、形象化和固定化的文字、符号和图画本身所体现的思想内容起到证明案件事实的作用。

2. 书证的分类

对于书证可以从不同角度进行分类。

（1）公文性书证与非公文性书证。凡国家机关、企事业单位、社会团体在法定的权限范围内依职权所制作的文书，称为公文性书证。非公文性书证，是指公文性书证以外的其他书证，不仅包括一般自然人制作的文书，还包括国家机关、企事业单位、社会团体等在其职权范围以外制作的与其行使职权无关的文书。通常，公文性书证较之非公文性书证更为真实可靠，对非公文性书证的审查判断要更为慎重、严格。

（2）一般书证与特别书证。一般书证是依法不要求必须具备特定的形式、格式或者必须履行特定的程序，而只要求具有明确的意思表示并由当事人签名、填写日期而形成的书证。如某人领取有关物品的收据。此类书证只要有明确的意思表示、当事人的签名、制作该书证的具体日期，即为有效，对这类书证在形式上并无特殊的要求，只注重其内容，而不注重形式。特别书证是依法必须具备特定形式、格式或者必须履行特定程序的文书。如法院依法制作的判决书。特别书证的形成，必须具备法定条件，具备特定的法律形式，并严格履行法定的制作手续。特别书证除了应当具备明确的意思表示之外，还强调其外在的形式、格式或者形成的程序，这是其与一般书证的不同之处。

(3) 依照书证制作的方法不同，可以将书证分为原本、副本、复制本等。此种划分旨在说明只有原本才是最初制作的文本，能在客观上最大限度地反映书证所记载的内容，因此其更为可靠。

3. 书证与物证的关系

在法定的各种证据种类中，书证与物证既有密切关系又有显著区别。书证与物证之间的联系，主要在于书证的外形是一种客观物质材料，并以此作为其内容的必要载体。从这种意义上讲，书证也属于广义上物证的范畴。从广义上讲，书证也具有物证的特征。尽管如此，由于书证是人的主观意识和思想内容的表达，与以其外部特征、物质属性或者存在状况证明案件事实的物证又有着显著的差异。书证与物证的差异，主要表现在以下几个方面：

第一，对案件事实起证明作用的根据不同。书证以文字、符号、图表、图画等表达的思想内容来证明案件事实，而物证则以其外部特征、物质属性或者存在状况来证明案件事实。书证的存在和表现形式是书面文件和其他物品，但并非凡是存在和表现形式是书面文件和其他物品的证据就一定是书证。有些书面文件和其他物品，如果所记载或者表达的思想内容与案件事实无关，只是其存在方式、外部特征等有证据意义，那它们就不是书证而是物证。例如，遗留在犯罪现场的一封信，其内容与案件事实无关，但是根据笔迹鉴定找到了犯罪嫌疑人，则这封信就是根据其存在方式、外部特征等对案件事实起证明作用，属于物证。

第二，是否反映人的思想不同。书证是以其内容反映和表达人的主观思想及其行为的物质材料，而物证则并不反映人的主观思想。书证在内容上具有主观属性，而物证只具有客观属性。

第三，内容和形式是否能为人所理解不同。书证表达、记载的内容和形式，一般能为常人所理解，比较清楚明了；而物证在表现形式上则会受到客观存在的特殊状态所决定，有些必须借助专门的技术手段进行鉴定，才能揭示其与案件事实的联系。

第四，对案件事实所起的证明作用不同。书证在许多情况下可以直接证明案件主要事实或者案件中的某一部分事实，其证明的案件事实情节一般较为完整，而物证往往只能证明案件事实的某个环节或者局部。

第五，保存和固定的方法不同。书证最为常见的是以纸张等物质材料作为载体，所以，对书证通常可以采用复印等方式予以保存、固定，而物证的保存与固定则不尽相同。

根据以上分析可以得知，并非所有的文字材料都是书证，有些文字材料不是以其记载的内容对案件起证明作用，而是以其存放地点对案件起证明作用，那么它是物证而不是书证；同样地，并不是所有的书证都写在纸张上，有些思想内容并不是写在纸上的，而是表现在其他物质材料，如石头、金属等上面的，只要它是以其记载的内容和表达的思想对案件起证明作用，那么就是书证而不是物证。

如果一个物体既能以其记载内容证明事实，又能以其外部特征、物质属性或者存在状况证明案件事实，同时以两种方式发挥证明作用，那么它就既是书证又是物证。例如，案发现场提取到一封书信，内容与被害人死亡原因有关，属于书证，又需要鉴定是否为被害人本人所写，则为物证。这种现象称为物证书证同体。

4. 书证的收集与运用

对书证的收集应当注意以下问题：原则上，公安司法机关等国家专门机关收集、调取以及据以定案的书证应当是原件。取得原件确有困难的，可以使用副本、复制本。书证的副本、复制本，经与原件核对无误、经鉴定或者以其他方式确认真实的，可以作为定案的根据。制作书证的副本、复制本时，制作人不得少于2人，并应当附有关于制作过程的文字说明及原件存放何处的说明，由制作人签名。书证有更改或者更改迹象，不能作出合理解释，或者书证的副本、复制本不能反映原件及其内容的，不得作为定案的根据。扣押邮件、电报等书证和提取机密文件时，必须严格遵守有关特殊规定。扣押邮件、电报等要经过公安机关或者人民检察院批准。对被扣押的书证要妥善保管或者封存，不得使用或者毁损。在复制、摘抄书证时，要注意内容的完整性，不得任意取舍、断章取义，对于收集的书证，应当妥善保管。

对书证的运用应当注意以下几点：第一，审查书证的制作。通过对书证的制作主体、制作过程等情况的审查，查明书证内容有无伪造、变造，查明制作过程有无受到暴力、威胁、欺骗等行为的影响，内容是否为制作人的真实意思表示。第二，审查书证的内容和形式。注意审查书证的内容是否具体明确、前后是否一致，特别是书证的形式是否符合法定要求。第三，审查书证记载的内容和案件事实是否有关联。第四，审查书证的类别。通常，书证的原件比副本、影印本等更可靠，公文性书证比非公文性书证更为真实。

（三）证人证言

1. 证人证言的概念

证人证言是指当事人以外的了解有关案件情况的人，就其所了解的案件情况向公安司法机关所作的陈述。

证人证言属于言词证据的一种，与物证相比，具有生动、形象、具体、丰富的优点，但是由于受到主观因素的影响较大，容易含有虚假成分。虚假的陈述包括证人无意形成的错证与故意提供的伪证，故意提供伪证要承担法律责任，而无意形成的错证则无须承担法律责任。

在刑事诉讼中，证人证言有以下作用：能够直接或者间接证明案件的有关事实，或者为侦查提供线索，为进一步取得其他证据提供帮助；证人证言丰富、生动、具体，更易于了解案件事实的过程和全貌；与被害人陈述和犯罪嫌疑人、被告人供述、辩解相比，证人证言客观性较强，证明力较强；因为证人证言是诉讼中常见的证据，可以被用于同案件中的其他证据相对照，从中发现证据间存在的矛盾，促使调查、侦查或者审判人员进一步对证据进行审查、核实，甄别证据的真伪。

2. 证人资格

有资格作为证人的条件是：感知案件事实，具有辨别是非的能力，具有正确表达的能力。以上三个条件必须同时具备，才有资格作为证人。“辨别是非”是指对事实存在与否、状态如何以及性质怎样，能够正确认识和辨别；“正确表达”是指能够对自己所认识和辨认的事实存在与否、状态如何以及性质怎样，进行正确的描述。生理上、精神上有缺陷或者年幼，不能辨别是非、不能正确表达的人，不得做证人。“生理上有缺陷”是指存在盲、聋或者其他生理方面的缺陷，影响其对相关案件事实的感知；“精神上有缺陷”是指在智力上或者精神上存在障碍，影响其对相关案件事实的辨别或者表达；“年幼”是指未成年人，其心理、智力不足以对相关案件事实正确辨别或者表达。如果生理上、精神上有缺陷，或者年幼，但是能够辨别是非，能够正确表达，仍然可以称为证人，应当作证。法律规定，处于明显醉酒、中毒或者麻醉的状态，不能正常感知或者正确表达的证人所提供的证言，不能作为证据使用。

3. 证人证言的审查

对证人证言应当着重审查以下内容：（1）证言的内容是否为证人直接感知；（2）证人作证时的年龄，认知、记忆和表达能力，生理和精神状态是否影响作证；（3）证人与案件当事人、案件处理结果有无利害关系；（4）询问证人是否个别进行；（5）询问笔录的制作、修改是否符合法律、有关规定，是否注明询问的起止时间和地点，首次询问时是否告知证人有关权利义务和法律责任，证人对询问笔录是否核对确认；（6）询问未成年证人时，是否通知其法定代理人或者刑事诉讼法第二百八十一条第一款规定的合适成年人到场，有关人员是否到场；（7）有无以暴力、威胁等非法方法收集证人证言的情形；（8）证言之间以及与其他证据之间能否相互印证，有无矛盾；存在矛盾的，能否得到合理解释。

4. 证人的安全保障和经济补助

鉴于证人证言对查明案件事实的重要性以及司法实践中证人作证难的情况，《刑事诉讼法》对于证人的安全保障和经济补助作了规定。

《刑事诉讼法》第63条规定："人民法院、人民检察院和公安机关应当保障证人及其近亲属的安全。对证人及其近亲属进行威胁、侮辱、殴打或者打击报复，构成犯罪的，依法追究刑事责任；尚不够刑事处罚的，依法给予治安管理处罚。"第64条规定："对于危害国家安全犯罪、恐怖活动犯罪、黑社会性质的组织犯罪、毒品犯罪等案件，证人、鉴定人、被害人因在诉讼中作证，本人或者其近亲属的人身安全面临危险的，人民法院、人民检察院和公安机关应当采取以下一项或者多项保护措施：（一）不公开真实姓名、住址和工作单位等个人信息；（二）采取不暴露外貌、真实声音等出庭作证措施；（三）禁止特定的人员接触证人、鉴定人、被害人及其近亲属；（四）对人身和住宅采取专门性保护措施；（五）其他必要的保护措施。证人、鉴定人、被害人认为因在诉讼中作证，本人或者其近亲属的人身安全面临危险的，可以向人民法院、人民检察院、公安机关请求予以保护。人民法院、人民检察院、公安机关，依法采取保护措施，有关单位和个人应当配合。"

《刑事诉讼法》第65条规定："证人因履行作证义务而支出的交通、住宿、就餐等费用，应当给予补助。证人作证的补助列入司法机关业务经费，由同级政府财政予以保障。有工作单位的证人作证，所在单位不得克扣或者变相克扣其工资、奖金及其他福利待遇。"

（四）被害人陈述

被害人陈述是指刑事被害人就其遭受犯罪行为侵害的情况和其他与案件有关的情况向公安司法机关所作的陈述。自诉人和附带民事诉讼的原告人如果是被害人，则他们的陈述也是被害人陈述。

被害人陈述有以下特点：由于案件的诉讼过程和诉讼结果与被害人有着直接的利害关系，被害人对被害经过一般能够进行充分阐述，从而揭露有关犯罪事实和犯罪人。但正因为被害人与案件有直接利害关系，被害人虚假陈述的可能性也很大。被害人虚假陈述的原因有以下几种：在受到犯罪侵害时精神高度紧张，心理状态异常，观察有偏差或者遗漏，记忆模糊，造成陈述存在差错；出于仇恨犯罪人的心理而夸大犯罪事实；由于自身存在一定过错，对案件中某些事实加以掩盖；出于个人私利或者卑劣目的虚构事实，企图以虚假陈述诬告陷害他人；受到犯罪行为侵害后，失去了感知能力或者记忆出现障碍，甚至出现幻觉；顾虑个人利益，如名誉、前途、家庭关系、子女利益等；受到亲情、人情影响，或者威胁、恐吓、干扰。

被害人陈述中往往包括三部分内容：一是对案件事实的陈述；二是对案件事实的分析判断；三是诉讼请求。一般认为其中具有证据价值的只有第一部分内容。但是最高人民法院《解释》第88条第2款规定："证人的猜测性、评论性、推断性的证言，不得作为证据使用，但根据一般生活经验判断符合事实的除外。”此规定也应当适用于被害人陈述。

(五) 犯罪嫌疑人、被告人供述和辩解

1. 犯罪嫌疑人、被告人供述和辩解的概念及特征

犯罪嫌疑人、被告人的供述和辩解，又称为“口供”“自白”，是指犯罪嫌疑人、被告人就其被指控的犯罪事实和其他有关情况，向公安司法机关所作的陈述。通常包括以下三种情形：(1) 供述，即犯罪嫌疑人、被告人对被指控的犯罪事实表示承认，并如实陈述他实施犯罪的全部事实和情节。(2) 辩解，即犯罪嫌疑人、被告人否认自己实施了犯罪行为或者虽然承认犯罪，但辩称依法不应追究刑事责任，或者应当从轻、减轻或者免除处罚等。(3) 攀供，即犯罪嫌疑人、被告人揭发检举他人的犯罪行为的陈述。攀供可能出于各种动机，有的因悔过，有的为了推卸自己的罪责，有的为了获得宽大处理。

犯罪嫌疑人、被告人的供述和辩解有以下特征：

第一，如果犯罪嫌疑人、被告人进行如实陈述，有可能全面直接地揭示有关案件事实情况。

第二，犯罪嫌疑人、被告人的供述和辩解虚假的可能性较大。作为可能被定罪量刑的对象，案件的诉讼过程、结果与其有着直接的利害关系。基于趋利避害的普遍心理，真正的犯罪人在诉讼过程中往往设法掩盖事实真相，或者编造谎言，企图蒙混过关。有的犯罪嫌疑人、被告人为他人开脱，将全部犯罪事实，承担在自己身上或者代人受过，供认自己没有实施的犯罪。因此，对犯罪嫌疑人、被告人供述和辩解应当进行细致的审查判断，只有经过查证属实以后，才能将其作为定案的依据。

2. 对犯罪嫌疑人、被告人供述和辩解的审查

审查要从以下几个方面进行：

第一，犯罪嫌疑人、被告人的自然情况。通常，一时激愤情况下的犯罪、初犯、偶犯以及过失犯罪的犯罪嫌疑人、被告人，在犯罪后容易悔过，其作出真实供述和辩解的可能性较大，而累犯、有预谋犯罪的犯罪嫌疑人、被告人供述或者辩解虚假的可能性较大。

第二，犯罪嫌疑人、被告人供述和辩解的动机。犯罪嫌疑人、被告人供述辩解的真伪与动机密切相关。有些犯罪嫌疑人、被告人主动真诚悔过，或者经过规劝而承认自己的罪行；有的是面对确凿的证据，无法抵赖而不得不陈述，基于以上动机的陈述，真实的可能性较大。而有的犯罪嫌疑人、被告人供认有罪，是将罪责全部揽到自己头上，以掩盖共同作案的其他人；有些冒名顶替，为亲友开脱罪责或者受到诱惑、胁迫而代人受过。此种情形的供述，虚假的可能性较大。犯

罪嫌疑人、被告人的辩解，也因动机不同而有差异。有的是没有实施犯罪，理直气壮进行澄清；有的是确实实施了犯罪，想逃避处罚而虚构事实或者隐瞒真相加以狡辩。

第三，取得犯罪嫌疑人、被告人供述的手段。首先，应当审查口供是否为合法取得，由此判断其真实或者虚假的可能性大小。通常，在暴力、胁迫、引诱、欺骗等情况下形成的供述，虚假的可能性较大；犯罪嫌疑人、被告人自愿进行的有罪陈述，较为可信。其次，应当确认有无暴力、胁迫、引诱、欺骗等非法取证行为，以确定是否应当排除这些非法证据。

第四，犯罪嫌疑人、被告人供述和辩解是否符合情理。社会生活通常有其内在的逻辑性，符合实际情况的供述和辩解，一般是符合情理的；虚假的供述和辩解往往是自相矛盾、不能自圆其说，不符合情理的。

第五，犯罪嫌疑人、被告人供述和辩解与其他证据是否相互印证。

根据最高人民法院《解释》的规定，被告人供述具有下列情形之一的，不得作为定案的根据：（1）讯问笔录没有经过被告人核对确认的；（2）讯问聋、哑人，应当提供通晓聋、哑手势的人员，而未提供的；（3）讯问不通晓当地通用的语言、文字的被告人，应当提供翻译人员而未提供的；（4）讯问未成年人，其法定代理人或者合适成年人不在场的。讯问笔录有下列瑕疵，经补正或者作出合理解释的可以采用；不能补正或者作出合理解释的，不得作为定案的根据：（1）讯问笔录填写的讯问时间、讯问地点、讯问人、记录人、法定代理人等有误或者存在矛盾的；（2）讯问人没有签名的；（3）首次讯问记录没有告知被讯问人相关权利和法律规定的。

3. 对待口供的原则

《刑事诉讼法》第55条第1款规定：对一切案件的判处都要重证据，重调查研究，不轻信口供。只有被告人供述，没有其他证据的，不能认定被告人有罪和处以刑罚；没有被告人供述，证据确实、充分的，可以认定被告人有罪和处以刑罚。

（六）鉴定意见

1. 鉴定意见的概念

鉴定意见是指国家专门机关就案件中的专门性问题，指派或者聘请有专门知识的人进行鉴定后所作出的判断性意见。鉴定意见只能对案件中的专门性问题作出判断，而不能对案件中的法律问题和普通事实作出结论。它主要分为：（1）法医类鉴定意见，包括法医病理鉴定、法医临床鉴定、法医精神病鉴定、法医物证鉴定和法医毒物鉴定；（2）物证类鉴定，包括文书鉴定、痕迹鉴定和微量鉴定；（3）声像资料鉴定，包括对录音带、录像带、磁盘、光盘、图片等载体上记录的声音、图像信息的真实性、完整性及对其反映的情况过程进行的鉴定和对记录的声音、图像中的语言、人体、物体作出的种类或者同一认定。

2. 鉴定意见的运用

鉴定意见的形式必须是书面《鉴定书》，由鉴定人本人签名并加盖单位公章。单位公章用于证明鉴定人身份和鉴定机构的资质，但是不能代替鉴定人本人的签名。

《刑事诉讼法》第148条规定，侦查机关应当将用作证据的鉴定意见告知犯罪嫌疑人、被害人。如果犯罪嫌疑人、被害人提出申请，可以补充鉴定和重新鉴定。在庭审中，鉴定意见应当当庭宣读，鉴定人一般应当出庭，对鉴定过程和内容、结论作出说明，接受质证。

最高人民法院《解释》第98条规定："鉴定意见具有下列情形之一的，不得作为定案的根据：（一）鉴定机构不具备法定资质，或者鉴定事项超出该鉴定机构业务范围、技术条件的；（二）鉴定人不具备法定资质，不具有相关专业技术或者职称，或者违反回避规定的；（三）送检材料、样本来源不明，或者因污染不具备鉴定条件的；（四）鉴定对象与送检材料、样本不一致的；（五）鉴定程序违反规定的；（六）鉴定过程和方法不符合相关专业的规范要求的；（七）鉴定文书缺少签名、盖章的；（八）鉴定意见与案件事实没有关联的；（九）违反有关规定的其他情形。"

（七）勘验、检查、辨认、侦查实验等笔录

勘验、检查笔录是公安司法人员对与犯罪有关的场所、物品、人身、尸体进行勘验、检查时就所观察、测量的情况所做的实况记载。其中，对于与犯罪有关的场所、物品和尸体所做的勘验、检验形成的记载是勘验检查笔录，目的是发现和收集证据材料，包括现场勘验笔录、尸体检验笔录、物证检验笔录和侦查实验笔录。而对于活体的人身进行的叫检查，形成的记载是检查笔录，目的是确定犯罪嫌疑人、被害人的某些特征、生理状态或者伤害情况。勘验、检查记录的记载方式主要有文字记录、现场绘图、现场照相、摄像、制作模型等。

辨认是在侦查人员主持下，由被害人、证人、犯罪嫌疑人对犯罪嫌疑人与案件有关的物品、尸体、场所进行识别认定的一种侦查措施。辨认笔录是以笔录的方式全面、客观地记录辨认的全过程和辨认结果，并由在场相关人员签名的笔录。辨认以及辨认笔录的制作都必须依照法定程序进行。最高人民法院《解释》中规定："对辨认笔录应当着重审查辨认的过程、方法，以及辨认笔录的制作是否符合有关规定。辨认笔录具有下列情形之一的，不得作为定案的根据：（一）辨认不是在调查人员、侦查人员主持下进行的；（二）辨认前使辨认人见到辨认对象的；（三）辨认活动没有个别进行的；（四）辨认对象没有混杂在具有类似特征的其他对象中，或者供辨认的对象数量不符合规定的；（五）辨认中给辨认人明显暗示或者明显有指认嫌疑的；（六）违反有关规定，不能确定辨认笔录真实性的其他情形。”

侦查实验是为了确定与案件有关的某一事件或者事实在某种条件下能否发生或者怎样发生，而按照原来的条件，将该事件或者事实加以重演或者进行实验的一种证据调查活动。侦查实验笔录是侦查机关对进行侦查实验的时间、地点、实验条件以及实验经过和结果等所做的客观记录，并由进行实验的侦查人员、其他参加人员和见证人签名或者盖章。

需要指出的是，我国《刑事诉讼法》中规定的是“勘验、检查、辨认、侦查实验等笔录”，是因为在司法实践中，除了“勘验、检查、辨认、侦查实验、辨认笔录”以外，事实上还有“搜查、扣押笔录”等笔录也可以作为证据使用。

勘验、检查、辨认、侦查实验等笔录不同于其他证据。首先，与鉴定意见有区别：勘验、检查、辨认、侦查实验等笔录由办案人员制作，鉴定意见则由办案机关指派或者聘请的鉴定人制作；勘验、检查、辨认、侦查实验等笔录是对所见情况的客观记载，鉴定意见的主要内容是科学的分析判断意见，是主观性的；勘验、检查、辨认、侦查实验等笔录大多数解决一般性问题，鉴定意见则是解决案件中的专门性问题。其次，与物证、书证有区别：勘验、检查、辨认、侦查实验等笔录所反映的是物品等的特征、空间位置、相互关系等，并非物证、书证本身；不仅如此，勘验、检查、辨认、侦查实验等笔录是在案发后由公安司法人员制作的，而物证、书证形成于案发之前或者发案之中。

（八）视听资料、电子数据

视听资料是指载有能够证明有关案件事实的内容的录音带、录像带、电影胶片、电子计算机的磁盘等，以其所记载的音像、活动影像和图形，以及电子计算机所存储的资料来证明案件事实的证据。

与其他证据相比，视听资料的特点是：（1）载体具有高科技特征，需要通过高科技的终端设备才能感知或者读取其中的内容；（2）具有高度的直观性和动态连续性，其所记录的音响、影像往往是一个动态的过程，一目了然，这是其他任何一种证据都不可比拟的；（3）在现代科技条件下，伪造、变造视听资料并非难事，而视听资料一旦被伪造，不易分辨和甄别，这是视听资料这种证据在运用中需要特别予以注意的；（4）视听资料的形成、运用和审查判断往往都需要依赖科学技术，科学技术的发展对其在司法领域的应用具有至关重要的作用。

电子数据，是指以电子形式存在的、用作证据使用的一切材料及其派生物。它既包括反映法律关系产生、变更或者消灭的电子信息正文本身，又包括反映电子信息生成、存储、传递、修改、增删等过程的电子记录，还包括电子信息所处的硬件和软件环境。具体来讲，在当今网络社会经常使用的电子邮件、电子数据交换、网上聊天记录、网络博客、手机短信、电子签名、域名、电子公告牌记录、电子资金划拨记录、网页等文件均属于电子数据。电子数据具有以下特点：一是电子数据的存在，需要借助一定的电子介质；二是电子数据可以通过互联网快速地在全球传播；三是人们对电子数据的感知，必须借助电子设备，且不能脱离特定的系统环境。

最高人民法院《解释》第109条规定："视听资料具有下列情形之一的，不得作为定案的根据：（一）系篡改、伪造或者无法确定真伪的；（二）制作、取得的时间、地点、方式等有疑问，不能作出合理解释的。"

三、证据的分类

证据的分类是理论上按照证据的特点将刑事证据划分为不同的类别，目的是凸显不同种类的证据的特点，以便人们把握不同类别证据的规律并加以运用。证据分类不同于证据种类，证据的种类是由法律所明确规定的，具有法律约束力。诉讼中使用的证据，必须符合《刑事诉讼法》第50条规定的八种证据种类形式。

（一）原始证据和传来证据

原始证据与传来证据是根据证据的来源对证据进行的分类。直接来源于案件事实，未经复制、转述的证据是原始证据，如作案的凶器、遗留在现场的指纹。传来证据是间接地来源于案件事实，经过复制或者转述原始证据而派生出来的证据，如提取遗留在现场的指纹而形成的指纹模型。

原始证据比传来证据可靠，在刑事诉讼中应当尽力取得原始证据。但是不能因此就认为传来证据不重要，它们往往是发现原始证据的线索，而且能够审查和鉴别原始证据的可靠程度。

运用传来证据时，除遵守一般的证明规则外，还应注意：（1）来源不明的材料不能作为证据使用，如道听途说、街谈巷议等无法追根溯源的材料；（2）在运用传来证据时，应采用传闻、转抄或者复制次数最少的材料，其可靠性相对较强；（3）只有传来证据时，不应轻易认定犯罪嫌疑人、被告人有罪。

（二）有罪证据和无罪证据

根据证据的内容和证明作用是肯定还是否定犯罪嫌疑人、被告人实施了犯罪行为，可以将证据分为有罪证据和无罪证据。凡是肯定犯罪事实存在或者犯罪行为是犯罪嫌疑人、被告人所实施的证据，是有罪证据。凡是否定犯罪事实存在或者证明犯罪嫌疑人、被告人未实施犯罪行为的证据，是无罪证据。

有罪证据和无罪证据的划分，在于使办案人员全面、客观、细致地收集和运用证据，对所有与案件有关的证据都加以注意，而不应只注重收集有罪证据而忽视无罪证据。

（三）言词证据和实物证据

根据证据的表现形式可以将证据划分为言词证据和实物证据。

以言词为表现形式的证据，属于言词证据。言词证据包括刑事诉讼法规定的证人证言、被害人陈述、犯罪嫌疑人、被告人供述和辩解以及鉴定意见。值得注意的是，鉴定意见虽然具有书面形式，但是其实质是鉴定人就所鉴定的专门问题所发表的个人意见，并且法庭审理时可能要求鉴定人以言词形式就鉴定意见接受控辩双方的质证，所以属于言词证据。言词证据的共同特征是：生动、形象、内容丰富、涵盖面大、往往能直接证明有关案件事实。但其真实性受到提供证据的人自身道德素质、外界影响以及感知能力、判断能力、记忆能力和表达能力的影响，对其审查判断比较复杂。

以物品的性质或者外部形态、存在状况以及其内容表现证据价值的证据（包括书面文件），都属于实物证据。实物证据包括刑事诉讼法规定的物证，书证，勘验、检查笔录。其中，勘验、检查笔录是办案人员在勘验、检查中对所见情况的客观记载，所以是实物证据。实物证据客观性、直观性强，不像言词证据那样容易受到人的各种主观因素的影响。此外，对于视听资料、电子数据属于言词证据还是实物证据，则应当具体分析。

（四）直接证据和间接证据

根据证据对案件主要事实的证明程度不同，将证据划分为直接证据和间接证据。刑事案件的主要事实是指犯罪事实是否存在，以及该行为是否为犯罪嫌疑人、被告人所实施。直接证据，是指能够单独地直接证明案件主要事实的证据。间接证据，是指不能单独地直接证明案件主要事实，而需要与其他证据相结合才能证明案件主要事实的证据。

对于直接证据和间接证据的理解要注意：（1）分类范围只涉及证明案件主要事实的证据，其余与案件主要事实无关但对量刑有作用的证据并不涉及这种分类。（2）直接证据分为肯定性直接证据和否定性直接证据。肯定性直接证据必须同时证明发生了犯罪案件和是谁实施这两个要素，否则就不是肯定性直接证据。例如，犯罪嫌疑人、被告人的供述就是典型的肯定性直接证据。否定性直接证据则不然，只要有一项证据足以否定上述两个要素中的任何一个，就是否定性直接证据。因为这种情况下，可以判断案件的主要事实不存在，或者不是刑事案件，或者犯罪嫌疑人、被告人无罪。（3）直接证据或者间接证据都可以是原始证据或者传来证据，其划分标准与证据的来源或者出处无关。

最高人民法院《解释》第140条规定了全部根据间接证据定罪的规则：没

有直接证据，但间接证据同时符合下列条件的，可以认定被告人有罪：（1）证据已经查证属实；（2）证据之间相互印证，不存在无法排除的矛盾和无法解释的疑问；（3）全案证据形成完整的证据链；（4）根据证据认定案件事实足以排除合理怀疑，结论具有唯一性；（5）运用证据进行的推理符合逻辑和经验。

第二节　刑事诉讼证明

一、刑事诉讼证明的概念

刑事诉讼证明是指以公安司法机关及其办案人员为主要主体，当事人及其辩护人、诉讼代理人参与进行的收集、运用证据，以认定案件事实的诉讼活动。刑事诉讼中的证明，是一种具体的诉讼行为，受到诉讼法律规范和证据制度的严格约束，并承载着一系列的法律价值。它不仅要遵循一般认识规律，还要体现司法规律和特点，以保障准确认定案件事实，为实现公正、高效、权威的司法提供扎实的基础。

二、刑事诉讼证明的对象

（一）概念

刑事诉讼的证明对象，又称待证事实，主要是指公安司法机关及其办案人员，在刑事诉讼中需要运用证据予以证明的事实情况。研究证明对象问题并正确确定其范围，既可以防止把证明对象的范围确定的过窄，遗漏了应该证明的事实，以至于妨碍全面了解案情，甚至可能导致错判；也可避免把证明对象的范围确定得过宽，甚至把与案件无关的事实也列为证明对象，导致司法人员分散精力，既浪费人力、物力，影响办案效率，同时也影响办案的质量。

（二）刑事证明对象的范围

刑事诉讼的核心问题，就是严格依照法定程序，解决犯罪嫌疑人、被告人的刑事责任问题。因此，证明对象必须是与犯罪嫌疑人、被告人定罪量刑有关的，以及涉及程序公正的事实情况。此外，证明对象还应当是有必要用证据加以证明的事实；不需要证明的事实，属于免证事实。

刑事诉讼法没有对刑事证明对象的范围作出明确规定，但是公安部《规定》第65条对需要查明的案件事实范围作了规定，最高人民法院《解释》第72条对应当运用证据证明的案件事实范围也作了规定。具体而言，刑事证明对象的范围包括以下两大类：

1. 实体法事实

需要运用证据证明的案件实体事实包括：（1）犯罪事实是否存在；（2）犯罪嫌疑人、被告人的身份情况（包括其姓名、性别、出生年月日、民族、出生地、文化程度、职业、是否有前科、住址等）；（3）犯罪嫌疑人、被告人是否实施了犯罪行为；（4）犯罪嫌疑人、被告人有无刑事责任能力，包括是否已满 14 周岁，是否属于精神病人在不能辨认或者不能控制自己行为的时候涉嫌犯罪的行为；（5）犯罪嫌疑人、被告人有无罪过，行为的动机、目的；（6）犯罪嫌疑人、被告人实施犯罪行为的具体情况，包括犯罪的时间、地点、手段、后果和其他情节；（7）是否为共同犯罪，以及其在共同犯罪中的地位；（8）作为从重、从轻、减轻或者免除刑事处罚理由的事实；（9）有无《刑事诉讼法》第 16 条规定的不追究刑事责任的情形；（10）其他与定罪量刑有关的事实。

2. 程序法事实

需要运用证据证明的案件程序事实包括：（1）关于管辖的事实；（2）关于回避的事实；（3）耽误诉讼期限是否有不能抗拒的原因或者其他正当理由的事实；（4）影响采取强制措施的事实，例如，犯罪嫌疑人、被告人是否患有严重疾病，是不是正在怀孕、哺乳自己婴儿的妇女；（5）违反法定程序的事实，例如，《刑事诉讼法》第 238 条规定，第二审人民法院发现第一审人民法院的审理有五种违反法律规定的诉讼程序的情形之一的，应当裁定撤销原判，发回原审人民法院重新审理；（6）影响执行的事实，例如，《刑事诉讼法》第 265 条对暂予监外执行情形的条件规定，以及第 271 条对减、免罚金的条件规定；（7）其他需要证明的程序事实。

（三）免证事实

免证事实就是不需要证明的事实，即公安司法机关不需要依靠证据可以直接予以认定的事实，因此控辩双方在法庭上也不必加以举证。

刑事诉讼法对免证事实没有明确规定，但最高人民检察院《规则》第 401 条规定，下列事实不必提出证据进行证明：（1）为一般人共同知晓的常识性事实；（2）人民法院生效裁判所确认并且未依审判监督程序重新审理的事实；（3）法律、法规的内容以及适用等属于审判人员履行职务所应当知晓的事实；（4）在法庭审理中不存在异议的程序事实；（5）法律规定的推定事实；（6）自然规律或者定律。

三、证明责任

我国刑事诉讼中的证明责任包括举证责任和证明职责。

（一）举证责任

举证责任是指在法院审理过程中，由控辩双方承担的提出证据证明自己主张的责任，如果不能提出证据或者虽提出证据但达不到法律规定的要求，将承担其主张不能成立的后果。

1. 公诉案件中公诉人负有举证责任

《刑事诉讼法》第51条规定：“公诉案件中被告人有罪的举证责任由人民检察院承担……”这是因为：第一，刑事诉讼的过程是国家主动追究犯罪，实现国家刑罚权的活动。除了一部分侵犯公民个人权利的轻罪案件交由被害人提起自诉外，绝大多数案件是由检察机关代表国家进行追诉，行使公诉权，因而它理所当然地负有举证责任。第二，这是无罪推定原则的要求。无罪推定原则主张任何人在未经法院生效判决确定为有罪之前均应推定无罪，而推翻这项推定的责任在控诉方，如果控诉方不能举出证据，并达到法定的证明要求，被告人将被判无罪。该原则在当今世界各国的刑事诉讼中普遍实行，我国参加或者缔结的许多国际公约、条约也有此要求。因此，在确定举证责任的分担原则时必须遵循这一原则的要求。第三，是基于被告人在诉讼中所处的特殊地位考虑。被告人作为被追诉的对象，可能被采取强制措施以限制其人身自由。他既没有强制收集证据的权力，也没有收集证据的现实能力。因此，除法律有特别规定外，不能要求被告人承担举证责任。

公诉案件中收集证据的责任主要由侦查机关承担。他们在收集证据时，可以按照刑事诉讼法关于侦查的规定，通过讯问犯罪嫌疑人，询问证人，勘验、检查、搜查、查封、扣押物证、书证，鉴定，技术侦查等侦查措施，收集能够证明犯罪嫌疑人有罪的证据，为以后的提起公诉做准备。在公诉案件的法庭审判阶段，公诉人负有举证责任，应当向法庭提出证据，证明起诉书对被告人所控诉的犯罪事实。根据《刑事诉讼法》的规定，公诉人在法庭上举证的方式表现为，对证人、鉴定人发问，向法庭出示物证、宣读未到庭证人的证言笔录、鉴定人的鉴定意见以及勘验、检查笔录和其他作为证据的文书。如果公诉人不举证，或者举证达不到法律规定的证明要求，法庭就会对被告人作出无罪判决。

2. 自诉案件中自诉人负有举证责任

自诉案件中要求由自诉人承担证明被告人有罪的举证责任，主要是由“谁主张，谁举证”之法理决定的。《刑事诉讼法》第51条规定：“……自诉案件中，被告人有罪的举证责任由自诉人承担。”这就意味着自诉人在起诉的时候，必须向法庭提供一定的证据，否则其起诉可能不会被法院受理；在法庭审判的时候，还必须提供“确实、充分”的证据证明被告人有罪，否则其诉讼请求会被法院驳回。需要注意的是，自诉人的举证责任，在有法定代理人的时候由法定代理人承担；自诉人还可以委托律师或其他代理人代理自诉，协助自诉人履行举证责任。

3. 被告人除法律另有规定之外不承担举证责任

在现代诉讼中，被告人无论在公诉案件中还是在自诉案件中一般都不负举证责任，即不承担在法庭上提出证据证明自己无罪的责任。我国刑事诉讼中的被告人也不承担举证责任，人民法院不能因为被告一方不愿意或者没有提出证据证明自己无罪，而不顾控方的证据是否充足就对被告人作出有罪的判决。被告方提出证据一般都是为了支持某一辩护理由，即为了被告人自己的利益，这是被告人的辩护权利，而不是举证责任。我国刑事法律中也存在控方负举证责任的例外情形，如《刑法》第395条规定的“巨额财产来源不明”案件中，在公诉方提出证据证明被告人拥有与其合法收入不符的巨额财产，并无法查明其来源合法的情况下，被告人需提出证据证明财产差额部分的来源是合法的，否则差额部分以非法所得论。这是为了有效地惩治国家工作人员的贪污贿赂行为而设立的一项特殊规则，在这类案件中，被告人要承担部分举证责任。而在一般案件中，被告人有举证权利，但无举证责任。

（二）证明职责

证明职责是指公安司法机关及其工作人员基于国家对其职责的要求，在刑事诉讼中应承担的证明义务。公安机关、人民检察院、人民法院对案件所作出的追诉犯罪或者有罪处理的决定或者裁判，在证据上应当达到法律所规定的证明要求，否则必将产生法律后果。国家专门机关负有职务上的证明责任，有利于正确实现刑事诉讼任务，避免刑事诉讼证明行为的怠慢，保证严把事实关和证据关。

《刑事诉讼法》第52条规定：“审判人员、检察人员、侦查人员必须依照法定程序，收集能够证实犯罪嫌疑人、被告人有罪或者无罪、犯罪情节轻重的各种证据……”这明确了司法工作人员收集证据的证明职责。而且根据刑事诉讼法的规定，公安机关报请批准逮捕，必须提供法律所要求的证据，否则检察机关不批准逮捕；侦查终结，将案件移送人民检察院审查起诉时，必须提供支持其所认定的犯罪事实的证据。人民检察院审查以后，认为事实不清、证据不足的，可以退回公安机关补充侦查，或者自行侦查，最后仍达不到证据要求的，应当作出不起诉决定。人民检察院决定提起公诉的案件，必须认为证明犯罪嫌疑人犯罪事实的证据已达到确实、充分，足以作出有罪判决，并在法院开庭审理时向法庭提出支持起诉的证据，即实行举证。人民法院对被告人定罪判刑，在证明标准上必须达到犯罪事实清楚，证据确实充分的程度，人民法院在一定情况下有权力也有责任对证据进行庭内乃至庭外的调查核实。第一审法院的未生效判决如果证据不足，将由第二审法院予以撤销或者改判。即使是生效判决，如果证据不足，认定事实错误，也将按照审判监督程序对案件进行再审，纠正错判。在对犯罪嫌疑人、被告人作出不逮捕、不起诉决定和宣告无罪的情况下，还应承担国家赔偿责任。可见，我国侦查机关、检察机关和人民法院在侦查、起诉、审判阶段都承担法定的证明职责；如果没有成功履行证明职责，则应承担不利于该专门机关的法律后果。

在自诉案件中，人民法院同样应当承担证明职责。在法庭审理过程中，审判人员对证据有疑问时，与公诉案件一样，可以休庭对证据进行调查核实，可以进行勘验、检查和鉴定。法院经过调查核实证据，认为证据已经确实、充分才能作出有罪判决。

四、证明标准

证明标准，又称证明要求、法定的证明程度等，是指按照法律规定认定案件事实所要求达到的程度或者标准。刑事证明标准则是指刑事诉讼中认定犯罪嫌疑人、被告人犯罪所要达到的程度。我国的刑事证明标准在立法上表述为“犯罪事实清楚，证据确实充分”。

我国刑事诉讼法所规定的“犯罪事实清楚，证据确实充分”是一个主客观相结合的证明标准。案件事实清楚，是指认定事实的司法人员对定罪量刑有关的事实和情节已经查清楚或者认识清楚，这是从主观状态上说的；证据确实、充分，是对证据质和量的综合要求，是实现司法人员对案件事实认识清楚的客观根据。证据确实，即每个证据必须是客观真实的，不是虚假的，并且具有客观的关联性；证据充分，是指一切定罪量刑的事实都有证据加以证明，而且证据的数量足以认定案件事实，但不能将其具体量化，要视具体案情而定。为了在司法实践中更准确地使用刑事证明标准，《刑事诉讼法》第 55 条第 2 款规定，“证据确实、充分，应当符合以下条件：（一）定罪量刑的事实都有证据证明；（二）据以定案的证据均经法定程序查证属实；（三）综合全案证据，对所认定事实已排除合理怀疑”。“排除合理怀疑”是指排除符合常理的、有根据的怀疑，不仅包括“最大限度的盖然性”，而且应当包括结论的“确定性”“唯一性”。最高人民法院《解释》第 140 条第 4 项规定，运用间接证据认定被告人有罪，必须做到根据证据认定案件事实足以排除合理怀疑，结论具有唯一性。

五、证明过程

刑事证明过程大致可以分为收集、保全证据，审查判断证据和综合运用证据认定案件事实三个阶段。

（一）收集、保全证据

证据的收集与保全，直接关系着案件事实能否得到查明和有效认定，在证明过程中处于前提性与基础性地位。在刑事诉讼中，证据收集通常由国家专门机关及其办案人员、当事人、辩护律师、代理人通过法定程序，并采用一定的方法来进行。证据的保全，是指为了避免证据以后可能灭失或者难以取得，国家专门机关依当事人的申请或者主动依职权，采取一定的措施对证据加以固定和保护的行为。《刑事诉讼法》第 133 条规定："勘验、检查的情况应当写成笔录，由参加勘验、检查的人和见证人签名或者盖章。"第 140 条规定："搜查的情况应当写成笔录，由侦查人员和被搜查人或者他的家属，邻居或者其他见证人签名或者盖章……"第 141 条第 2 款还规定："对查封、扣押的财物、文件，要妥善保管或者封存，不得使用、调换或者损毁。"

根据相关法律和司法解释的规定，在收集、保全证据时，应注意以下几方面的要求：（1）收集、保全证据应依法进行。我国刑事诉讼法对收集证据的主体、方法和程序都作出了明确具体的规定，严禁刑讯逼供，不得强迫任何人证实自己有罪。（2）收集、保全证据应客观、全面。即要遵循忠于事实真相的要求，尽可能地全面收集能够反映案件真实情况的一切证据，包括能够证明犯罪嫌疑人、被告人有罪或者无罪、犯罪情节轻重的各种证据；而且要尽量收集原始证据，包括物证的原物，书证、视听资料的原件，勘验、检查笔录等。（3）收集、保全证据应当及时，以免丧失时机，影响证据的证明力，甚至造成证据被转移、隐匿或者毁灭的后果。（4）收集、保全证据要注意依靠群众和运用科技手段相结合。

（二）审查判断证据

审查判断证据就是侦查人员、检察人员和审判人员对收集、保全后的证据进行分析、研究，辨别其真伪，确定其证据能力和证明力的诉讼活动。主要内容包括：

1. 对单个证据的审查

对单个证据，首先应当从真实性、关联性和合法性等方面进行审查。真实性，是指证据必须客观真实，任何虚假的证据都不得作为认定案件事实的根据。这就要求司法工作人员应当着重审查证据形成的时间、地点、条件等因素，善于鉴别和排除虚假的材料。例如，对于证人证言，要审查证人与犯罪嫌疑人、被告人是否有亲属、恩怨等关系，证言的内容是否是其亲自耳闻目睹的事实，案发当时的自然条件以及证人的感知、记忆、表达能力等方面，以判断证人证言的真实可信度。

应当认真审查证据是否具有关联性，这是一个十分复杂的问题。要细心辨明证据是真关联还是假关联。例如，犯罪现场留有某人的指纹，经查证也确认此人到过犯罪现场，但又查明其没有作案时间，因此此人留在犯罪现场的指纹，便不能作为定案依据。

同时还要从证据的来源、表现形式、收集程序等方面审查其合法性问题。如果证据不合法，要视其违法的严重程度并结合案件本身情况，考虑是否予以排除。例如，对于犯罪嫌疑人、被告人的供述和辩解要审查是在什么情况下取得的。如果查明是在办案人员的刑讯逼供下，用非法手段取得的口供，应当依法定程序予以排除。

2. 从不同证据种类与分类的特点来审查判断

证据有不同的种类和相应的分类，应当根据其不同的特点来进行审查判断。例如，审查实物证据，要注意其有无被伪造、变造或者由于受客观环境影响而发生变形、损坏或者灭失等情况；对于言词证据则应注意审查有无影响其真实性的主观动机、是否受外界压力等因素。再如，一般而言，原始证据的证明力大于传来证据，但原始证据的证明力也是相对的、不是固定不变的。因此，要注意审查判断原始的物品、痕迹是否因时间久远而变形或者毁损，被害人、证人是否故意作虚假陈述，或者因记忆衰退而表述不真实。对于传来证据，应当查明其来源出处。

3. 全案证据相互印证，加以审查判断

对全案证据互相印证，进行综合审查判断时，应当特别注意以下几个方面：

首先，审查单个证据前后内容是否一致。例如，证人在几次询问中就相同的问题提供的证言前后是否有变化，犯罪嫌疑人、被告人的供述是否有先供后翻的现象。如果发现证人提供的证言前后不一致，犯罪嫌疑人、被告人时供时翻，就应当深究其原因，不能轻易采信。

其次，要审查证据与证据之间是否一致，在互相印证中辨明真伪。例如，要注意分析同案犯口供，不同证人的证言，被害人的陈述，物证、书证与勘验、检查笔录之间有无矛盾，以便发现问题，进一步查证核实。

（三）综合运用证据，认定案件事实

在收集、保全证据以及审查判断证据的基础上，司法人员必须综合运用证据，加以分析判断来认定案件事实，对案件的基本事实作出最后认定的结论。根据相关法律规定和司法解释，运用证据认定案件事实时应注意以下几个问题：

1. 只有单个证据不能认定有罪，即“孤证不能定罪”。《刑事诉讼法》第55条作出了仅凭口供不能定案的规定，即“只有被告人供述，没有其他证据的，不能认定被告人有罪和处以刑罚”。其实“孤证不能定罪”的原则，不仅应当贯彻于犯罪嫌疑人、被告人供述辩解这种证据，其他证据运用上也应当坚持这一原则，即在刑事诉讼中，只要没有其他证据加以印证，任何单个证据都不能单独作为认定案件事实的根据。

2. 在运用间接证据定案时要更加谨慎。任何一个间接证据都不能单独、直接证明案件的主要事实。只有将间接证据和直接证据联系起来，或者将一定数量的、确实充分的间接证据联系起来，构成一个完整的证据体系，对主要事实的证明达到唯一性、排除合理怀疑，才能作出有罪认定。

3. 在某些“一对一”的案件中，收集到的基本上是言词证据。尤其在受贿案件中，行贿人与受贿人的陈述常出现不一致的情况，受贿人又常常是时供时翻，甚至不供认。因此对此类案件要特别注意审查证据的稳定性，更不能轻易认定有罪。

4. 把案内所有证据与案件事实联系起来，予以认定案件事实的证据应当在整体上形成一个严密的证明体系，在主要犯罪事实上形成包括“唯一性”结论在内的排除合理怀疑，总体上达到犯罪事实清楚，证据确实、充分的要求。这是最重要的一条定罪规则。

5. 贯彻疑案从无原则。对全案证据进行综合审查判断后，可能出现定罪证据不足，无罪又难下定论的情况，这就是办案中不时出现的“疑案”。对于这种疑案，确实存在判有罪可能冤枉无辜、判无罪可能放纵罪犯的两难选择。但是，根据无罪推定原则以及《刑事诉讼法》第175条第4款关于证据不足应当不起诉的规定和第200条第1款第3项关于证据不足应当作无罪判决的规定，对达不到“证据确实充分”的案件，应当本着宁纵勿枉的精神，坚决作出无罪的处理。

综上可见，收集、保全证据，审查判断证据和综合运用证据、认定案件事实是证明过程中三个相互依存与渗透的环节，其划分不是绝对的，而是既相对独立，又不绝对分开。其中，证据的收集与保全主要存在但又不限于侦查阶段，在审查起诉和法庭审理阶段有补充侦查的法律规定，而且法庭有一定的庭外调查权。对证据的审查判断以及综合运用证据、认定案件事实存在于侦查、起诉、审判各个阶段。但是审查起诉和审判阶段的主要任务不是收集证据，而是审查判断证据，特别是在审判阶段，法官必须根据对证据的审查、分析和评判对被告人是否犯罪在事实上作出最后的裁判。

实训案例

案例一

2006年11月8日，江西省抚州市中级人民法院对抚州市人民检察院指控被告人艾友生故意杀人一案，以公诉机关指控的证据不足，作出无罪判决。

抚州市人民检察院指控，2006年2月8日晚6时许，艾友生来到县城姐夫王节国家，准备乘坐当晚的火车去福建打工。而后，艾友生出去找黄红梅，刚出门，见黄红梅站在巷子口等他。于是两人走到环城路一店门口说话。半小时后，艾友生与黄红梅发生争吵。在拉拽的过程中，艾友生将黄红梅的衣服扯破。艾友生用脚将黄红梅绊倒在地，连续朝黄红梅头部打了两拳，黄红梅被打后拼命挣扎，艾友生就抓住黄红梅头发连续往地下撞，直至黄红梅不会动才停止。艾友生发现黄红梅已经死亡，便将其尸体翻到铁路路基坡上。当晚8时许，艾友生离开现场返回其姐夫家，于当晚乘火车去了福建。

抚州中院经审理后查明，证人证言、艾友生短信息记录清单及现场被害人手机短消息，仅能证明被告人艾友生和被害人黄红梅于2月8日晚6时和8时在一起，且两人曾经在案发现场附近出现。现场勘查笔录、现场方位图、刑事现场照片等证明被害人黄红梅的死亡状况、尸体被发现地点。法医尸体检验报告刑事技术证据证明被害人损伤状况及死亡原因。但由于现场没有任何的痕迹及其他物证和直接证据，上述证据不具备证明被告人艾友生系杀死被害人黄红梅的直接凶手的证明力。

公诉机关指控被告人艾友生犯故意杀人罪成立是建立在被告人艾友生的供述基础上，而被告人艾友生有罪供述的取得由于公安机关在侦查过程中违反法定程序，非法取证，该证据不具合法性；且被告人供述内容上存在多处疑点，与现场勘查的情形不能完全吻合。在案发现场的勘查中，案发现场没有被告人艾友生作案的任何痕迹、物证，没有找到被告人供述中称实施撞击被害人头部致其死亡的地点。案发现场也没有被告人艾友生供述两人撕扯、扭打在路基上造成的痕迹，没有被害人死亡后被告人供述抓住被害人双肩将被害人尸体由铁路路基翻至护坡的翻滚痕迹，在被害人的衣物表面没有相关反映，被告人艾友生的衣物也没有双方曾撕扯、扭打的痕迹反映。法医学鉴定意见就被害人死亡时间和被告人、被害人会面、接触的时间不能吻合，被害人的死亡时间、地点无法确定。

问题：本案中法院为什么认定公诉机关指控的证据不足，作出无罪判决？

分析：公诉机关指控被告人艾友生犯故意杀人罪，本案被告人有罪供述的最初取得程序违法，由于直接证据欠缺，且现有的间接证据之间不能形成完整的证据链条，本案的证据不具备排他性和唯一性，所以法院认定公诉机关指控的证据不足，罪名不能成立。

案例二

怀疑老婆与一男子有外遇，遂雇人加害该男子，佛山亿万富翁区润华被控涉嫌故意杀人。佛山市禅城区法院经审理认为，因没有足够的证据证明被害人被杀是受被告指使，判决区润华故意杀人罪不成立。

区润华，1968年出生，是佛山市南海区华图实业有限公司法人。被害人叶文杰曾为佛山市城区公安分局民警，辞职后经商，被害前在佛山市区经营一家叫“夜色风华”的娱乐场所，2006年11月12日被一伙人在佛山市禅城区一粥店门口狂砍13刀死亡。

据佛山市禅城区检察院指控，2006年2月底，被告人区润华得知妻子李某有外遇后，与弟弟区润文找到朱志勤，指使他报复李某的情人叶文杰。2006年5月10日凌晨3时许，在朱志勤的指使下，李勇和另一男子在禅城区福宁路持刀追砍叶文杰，后叶文杰逃脱。同年11月12日凌晨3时许，李勇伙同郑向阳跟踪叶文杰等人到佛山市禅城区汾江南路如轩砂锅粥店后打电话通知朱志勤，朱志勤即纠合林涛赶来会合。凌晨4时许，郑向阳上前用准备好的胡椒喷雾剂喷射叶文杰的脸部，李勇、林涛则各持一把砍刀对着叶文杰的手、脚等部位猛砍。当晚，叶文杰被送至医院，经抢救无效死亡。

本案经广东省高级人民法院批准，延长审理期限1个月，共经两次公开开庭审理，法庭焦点集中在叶文杰被追杀致死是否受区润华指使上。区润华在庭上承认，曾因怀疑老婆有外遇，找人去“教训”老婆的情人叶文杰。他承认，2006年5月，叶文杰被追杀，大腿被砍伤那次是他和弟弟区润文找人报复。事后，其老婆问是不是他干的，他觉得事情有泄露，就多次告诉区润文和朱志勤不要再去搞叶文杰。所以，第二次，也即2006年11月砍死叶文杰的事情，区润华认为与自己无关。区润文的供述与区润华一致。另案被告朱志勤则供述，区润文和区润华常催促他快点殴打叶文杰。

问题：本案中法院为什么认定被告人成立故意杀人罪证据不足？

思考与练习题

1. 证据的种类有哪些？证据的分类有什么作用？
2. 刑事证明的范围是什么？
3. 简述我国刑事诉讼中对举证责任和证明职责的规定。
4. 收集证据、审查判断证据和运用证据应遵循哪些要求？

第七章

刑事强制措施制度

本章导读

通过本章的学习，了解强制措施的性质和作用，掌握各种强制措施的概念、适用条件、变更、解除及法定程序，能够运用刑事诉讼强制措施的相关规定分析问题、解决问题。

导入案例

陈伟国、刘钱德申请国家赔偿案

2010年10月1日晚，原浙江省桐庐县金大笔业有限公司董事长杨永平因行车问题，在其公司大门口与桐庐县分水镇胡群力等人发生纠纷。双方因口角不合，从言语争执发展到肢体冲突。杨永平叫来员工叶林华、陈伟国、刘钱德等人，对胡群力等人进行滋事殴打。经鉴定，胡群力等人被殴打致轻伤、轻微伤不等。2010年10月2日，陈伟国、刘钱德因涉嫌殴打他人被传唤至桐庐县公安局分水派出所。10月3日，桐庐县公安局将杨永平等人寻衅滋事行为刑事立案，并于同日决定对陈伟国、刘钱德刑事拘留。2010年10月6日，桐庐县公安局在进一步侦查后，以证据不足为由解除对陈伟国、刘钱德的刑事强制措施，并撤销对二人的刑事立案。

陈伟国、刘钱德随即向桐庐县公安局提出刑事赔偿请求，并在桐庐县公安局作出不予刑事赔偿决定后，向杭州市公安局提起刑事赔偿复议，杭州市公安局维持了不予刑事赔偿的决定。

杭州市中级人民法院赔偿委员会经审理认为，根据《刑法》第293条和《刑事诉讼法》第82条的规定，公安机关对于现行犯或者重大嫌疑分子，如果有被害人或者在场亲眼看见的人指认他犯罪的，可以先行刑事拘留，即先行拘留须以被拘留人系现行犯或重大嫌疑分子为前提。本案中，陈伟国、刘钱德不属于上述情形，因而桐庐县公安局将陈伟国、刘钱德刑事拘留主要证据不足，该刑事拘留决定违反了刑事诉讼法的规定，应当承担赔偿责任。决定：(1) 分别撤销赔偿义务机关桐庐县公安局的刑事赔偿决定和杭州市公安局的刑事赔偿复议决定；(2) 赔偿义务机关桐庐县公安局赔偿侵犯陈伟国、刘钱德人身自由权4天的赔偿金。

本案是关于违法刑事拘留审查判断标准的国家赔偿案件。人民法院赔偿委员会在审查判断刑事拘留决定是否违法时，既要对办案机关采取强制措施的程序是否合法进行审查，也要对采取该强制措施的条件是否合法进行实质审查。根据刑事诉讼法的规定，公安机关对于现行犯或者重大嫌疑分子，如果有被害人或者在场亲眼看见的人指认他犯罪的，可以先行拘留。本案中，人民法院赔偿委员会经实质审查，认为陈伟国、刘钱德不属于现行犯或重大嫌疑分子，桐庐县公安局将陈伟国、刘钱德刑事拘留主要证据不足，该刑事拘留决定违反了刑事诉讼法规定的条件。据此，受害人有取得国家赔偿的权利。

本案知识点

刑事拘留的适用对象、刑事拘留的证据条件。

第一节　非羁押性强制措施

刑事诉讼中的强制措施，是指公安机关、人民检察院和人民法院为了保证刑事诉讼的顺利进行，依法对犯罪嫌疑人、被告人的人身自由进行限制或者剥夺的各种强制性方法。

我国刑事诉讼中的强制措施具有以下几个特点：第一，有权使用强制措施的主体是公安机关（包括其他侦查机关）、人民检察院和人民法院，其他任何国家机关、团体或者个人都无权采取强制措施，否则即构成对公民人身权利的侵犯，严重的可构成犯罪。第二，强制措施适用对象是犯罪嫌疑人、被告人，对于诉讼参与人和案外人不得采用强制措施。第三，强制措施的内容是限制或者剥夺犯罪嫌疑人、被告人的人身自由，而不包括对物的强制处分和对隐私权的干预。第四，强制措施的性质是预防性措施，而不是惩戒性措施，即适用强制措施的目的是保证刑事诉讼的顺利进行，防止犯罪嫌疑人、被告人逃避侦查、起诉和审判，进行毁灭、伪造证据、继续犯罪等妨害刑事诉讼的行为，而不是因为认定犯罪嫌疑人、被告人实施了犯罪行为而对其进行惩罚。第五，强制措施是一种法定措施，刑事诉讼法对各种强制措施的适用机关、适用条件和程序都进行了严格的规定，其目的是严格控制强制措施的使用，防止出现因为滥用强制措施而产生的侵犯人权的问题。第六，强制措施是一种临时性措施，随着刑事诉讼的进行，强制措施应当根据案件的进展情况而予以变更或者解除。

一、拘传

（一）拘传的概念、特点和意义

拘传，是指公安机关、人民检察院和人民法院对未被羁押的犯罪嫌疑人、被告人，依法强制其到案接受讯问的一种强制方法。拘传是我国刑事诉讼强制措施体系中强度最轻的一种。

拘传的特点是：（1）拘传的目的是强制到案接受讯问，不以羁押为目的，讯问后应将被拘传人立即放回。（2）拘传的对象是未被羁押的犯罪嫌疑人、被告人。对已被羁押的犯罪嫌疑人、被告人，应直接进行讯问，而不需要经过拘传程序。对其他诉讼参与人也不能适用拘传。例如，自诉人起诉后，经过两次合法传唤，无正当理由拒不到庭的，或者未经法庭许可中途退庭的，按撤诉处理。

拘传与传唤不同。传唤是指人民法院、人民检察院和公安机关使用传票（或者传唤证）通知当事人在指定的时间自行到指定的地点接受讯问或者询问。拘传和传唤的目的一致，都是要求犯罪嫌疑人、被告人按指定的时间、到指定的地点接受讯问。但两者区别也很明显：首先，强制力不同。传唤是自动到案，是非强制性的。拘传则是强制到案，是一种强制措施，其与传唤相比强度大得多。其次，适用对象不同。传唤适用于所有当事人，包括犯罪嫌疑人、被告人、自诉人、被害人、附带民事诉讼的原告人和被告人。拘传则只适用于犯罪嫌疑人、被告人。

实践中，拘传一般是在传唤以后，犯罪嫌疑人、被告人无正当理由而不到案时使用。正当理由是指被传唤人患有重病、出门在外或者因不可抗力的理由被阻断交通等。但是，根据《刑事诉讼法》第66条的规定，人民法院、人民检察院和公安机关根据案件情况，对犯罪嫌疑人、被告人可以拘传、取保候审或者监视居住。这也是刑事诉讼中的拘传与民事诉讼中的拘传的重大差别。

刑事诉讼中采用拘传的意义是：（1）以强制方法保证犯罪嫌疑人、被告人及时到案，接受讯问，参加诉讼活动。（2）根据案件情况，为了侦查、起诉和审判的需要，为了及时收集证据等，在不具备采取其他强制措施的条件下，适用拘传可以保证刑事诉讼活动顺利进行。

（二）拘传的程序

根据《刑事诉讼法》第66条、第119条的规定，以及司法实践中的一般做法，拘传应按照如下程序进行：

1. 由案件的经办人提出申请，填写《呈请拘传报告书》，经本部门负责人审核后，由公安局局长或人民检察院检察长或者人民法院院长批准，签发《拘传证》（法院称为《拘传票》，下同）。《拘传证》上载明被拘传人的姓名、性别、年龄、籍贯、住址、工作单位、案由、接受讯问的时间和地点，以及拘传的理由。

2. 拘传应当在被拘传人所在的市、县内进行。公安机关、人民检察院或者人民法院在本辖区以外拘传犯罪嫌疑人、被告人的，应当通知当地的公安机关、人民检察院、人民法院，当地的公安机关、人民检察院、人民法院应当予以协助。

3. 拘传时，应当向被拘传人出示《拘传证》，并责令其在拘传证上签名、捺指印。执行拘传的侦查人员或者司法工作人员不得少于2人。对于抗拒拘传的，可以使用诸如警棍、警绳、手铐等戒具，强制其到案。

4. 犯罪嫌疑人、被告人到案后，应当责令其在《拘传证》上填写到案时间。然后应当立即进行讯问，讯问结束后，应当由其在《拘传证》上填写讯问结束时间。犯罪嫌疑人拒绝填写的，办案人员应当在《拘传证》上注明。

5. 讯问结束后，如果被拘传人符合其他强制措施如拘留、逮捕条件的，应当依法采取其他强制措施。如果不需要采取其他强制措施的，应当将其放回，恢复其人身自由。

6. 一次拘传的时间不得超过12小时，案情特别重大、复杂，需要采取拘留、逮捕措施的，拘传的持续时间不得超过24小时，不得以连续拘传的形式变相羁押。

7. 在拘传期间，应当保证犯罪嫌疑人的饮食和必要的休息时间。

根据办理案件的需要，可以对犯罪嫌疑人进行多次拘传。法律没有明确规定两次拘传的时间间隔。但是为了防止以连续拘传的方式变相羁押被拘传人，并让被拘传人有一定的正常的生活和休息时间，两次拘传之间的时间应以不低于24小时为宜。

二、取保候审

（一）取保候审的概念和种类

取保候审，是指在刑事诉讼过程中，公安机关、人民检察院、人民法院责令犯罪嫌疑人、被告人提出保证人或者缴纳保证金，保证犯罪嫌疑人、被告人不逃避或者妨碍侦查、起诉和审判，并随传随到的一种强制方法。

我国刑事诉讼法规定了两种取保候审方式：一种是保证人保证方式；另一种是保证金保证方式。保证人保证的特点是以保证人不履行保证义务将面临的法律责任来保证，通过保证人和犯罪嫌疑人、被告人之间的关系，对犯罪嫌疑人、被告人实行精神上和心理上的强制，使其不逃避或者妨碍侦查、起诉和审判；另外，可以利用保证人监督犯罪嫌疑人、被告人的活动，监督、教育其遵纪守法，履行应当履行的诉讼义务。保证金保证的特点是，利用经济利益来督促犯罪嫌疑人、被告人遵守取保候审的规定；出资人不是犯罪嫌疑人、被告人本人的，可以促使出资人对被取保人监督，从而促使被取保人履行诉讼义务。

根据《刑事诉讼法》第 68 条之规定，保证人保证和保证金保证是选择关系，这两种方式只能根据案件的具体情况，如涉嫌犯罪或者被指控犯罪的性质，保证人的条件，犯罪嫌疑人、被告人的经济状况等因素来决定择其一适用，而不能同时使用。此外，在司法实践中，对于未成年人和无力缴纳保证金者，一般应采取保证人保证的方式。

（二）取保候审的适用对象

根据《刑事诉讼法》第 67 条的规定，取保候审适用于以下情形：

1. 可能判处管制、拘役或者独立适用附加刑的。这类犯罪嫌疑人、被告人由于可能判处的刑罚较轻，因此，其逃避侦查和审判的可能性一般较小，另外，如果对其采用逮捕，可能出现其实际判处的刑罚强度低于其判决前所适用的强制措施的强度。

2. 可能判处有期徒刑以上刑罚，采取取保候审不致发生社会危险性的。这是指根据案件情况可能判处缓刑，以及初犯、过失犯、未成年人犯罪等案件的犯罪嫌疑人、被告人。但对于累犯、犯罪集团的主犯，以自伤、自残方法逃避诉讼的，危害国家安全的犯罪，暴力犯罪，以及其他严重犯罪的犯罪嫌疑人、被告人，一般不考虑适用取保候审。

3. 患有严重疾病、生活不能自理，怀孕或者正在哺乳自己婴儿的妇女，采取取保候审不致发生社会危险性的。这种情况既是基于人道主义的考虑，也是由于这几种情况的犯罪嫌疑人、被告人逃避侦查和审判的可能性一般比较小。

4. 羁押期限届满，案件尚未办结，需要采取取保候审的。

（三）取保候审的适用程序

取保候审的适用程序有两种：一是公检法机关根据案件具体情况，主动决定取保候审；二是根据犯罪嫌疑人、被告人及其法定代理人、近亲属或者其所委托的律师的申请，决定取保候审。由于第二种情形的程序包含了第一种情形的程序，以下仅介绍第二种情形的适用程序：

1. 取保候审的申请

根据《刑事诉讼法》第 36 条、第 38 条、第 97 条的规定，有权提出取保候审申请的人员是：犯罪嫌疑人、被告人及其法定代理人、近亲属和辩护人、值班律师。取保候审的申请，一般应以书面形式提出，只是在特殊情况下，才允许采用口头形式。

2. 保证人和保证金

犯罪嫌疑人、被告人或者其法定代理人、近亲属、被聘请的律师提出取保候审的申请后，对符合取保候审条件的，公安司法机关应当责令犯罪嫌疑人、被告人提出保证人或者交纳保证金。

保证人和保证金这两种保证方式是一种选择关系，可以根据案件情况择一适用。同时，根据最高人民检察院《规则》第 89 条第 3 款的规定，对符合取保候审条件，具有下列情形之一的犯罪嫌疑人，人民检察院决定取保候审时，可以责令其提供 1～2 名保证人：（1）无力交纳保证金的；（2）系未成年人或者已年满 75 五周岁的人；（3）其他人不宜收取保证金的。

《刑事诉讼法》第 69 条规定，保证人必须符合的条件是：（1）与本案无牵连；（2）有能力履行保证义务；（3）享有政治权利，人身自由未受到限制；（4）有固定的住处和收入。经公安司法机关审查符合上述条件的，才有资格作保证人。

保证人应当保证承担如下义务：监督被保证人遵守《刑事诉讼法》第 71 条规定的在取保候审期间应当遵守的规定；发现被保证人可能发生或者已经发生违反该规定的行为的，及时向执行机关报告。保证人确认能够履行上述义务后，要由保证人填写《保证书》，并在《保证书》上签名或者盖章。根据最高人民法院《解释》第 155 条和最高人民检察院《规则》第 96 条的规定，在取保候审期间，保证人不愿继续履行保证义务或者丧失履行保证义务能力的，人民法院或者人民检察院应当在收到保证人不愿继续担保的申请或者发现其丧失保证能力后的 3 日内，责令犯罪嫌疑人重新提出保证人或者交纳保证金，并将变更情况通知公安机关。

对于使用保证金形式保证的，在责令犯罪嫌疑人、被告人交纳保证金前，公安机关、人民检察院、人民法院需要确定保证金的数额。根据《刑事诉讼法》第 72 条的规定，取保候审的决定机关应当综合考虑保证诉讼活动正常进行的需要，被取保候审人的社会危险性，案件的性质、情节，可能判处刑罚的轻重，被取保候审人的经济状况等情况，确定保证金的数额。最高人民检察院《规则》第 92 条规定，犯罪嫌疑人的保证金数额为 1000 元以上，未成年犯罪嫌疑人的保证金数额为 500 元以上。虽然法律中对保证金数额的上限没有规定，但是实践中不宜将保证金的数额确定得过高，一般认为除了经济犯罪案件以外，在其他案件中保证金不宜过高。

3. 取保候审的决定

根据《刑事诉讼法》第66条、第68条的规定，人民法院、人民检察院、公安机关在办理案件过程中均有权决定对犯罪嫌疑人、被告人采取取保候审。具体做法是由办案人员制作《呈请取保候审报告书》，经办案部门负责人审核后，由县级以上公安局局长、人民检察院检察长或者人民法院院长审批。

批准取保候审的程序是，办案人员填写《取保候审决定书》和《执行取保候审通知书》，经办案部门负责人审核后，由县级以上公安局局长或人民检察院检察长或人民法院院长签发。

4. 取保候审的执行

根据《刑事诉讼法》第67条中的规定，取保候审由公安机关执行。如果是人民检察院或者人民法院决定的取保候审，决定机关向被取保候审人宣布决定后，应将取保候审决定书等相关材料移交当地同级公安机关执行；被取保候审人不在本地居住的，送交其居住地公安机关执行。以保证人方式保证的，还应将保证人的《保证书》同时送交公安机关。需要注意的是，根据《关于取保候审若干问题的规定》第2条第2款的规定，国家安全机关决定取保候审的，以及人民检察院、人民法院在办理国家安全机关移送的案件时决定取保候审的，由国家安全机关执行。根据《刑事诉讼法》第72条第2款的规定，提供保证金的人应当将保证金存入执行机关指定银行的专门账户。关于缴纳保证金的货币形式，一般要求是人民币。

公安机关在执行取保候审时，应当向被取保候审的犯罪嫌疑人、被告人宣读《取保候审决定书》，由犯罪嫌疑人、被告人签名或者盖章，同时告知其应当遵守的法律规定以及违反规定应负的法律责任。

5. 被取保候审人在取保候审期间应当遵守的规定以及违反规定的处理

《刑事诉讼法》第71条分两种情况规定了被取保候审人在取保候审期间应遵守的规定：

一种是所有的被取保候审人都应遵守的规定：（1）未经执行机关批准不得离开所居住的市、县；（2）住址、工作单位和联系方式发生变动的，在24小时以内向执行机关报告；（3）在传讯的时候及时到案；（4）不得以任何形式干扰证人作证；（5）不得毁灭、伪造证据或者串供。

另一种是人民法院、人民检察院和公安机关可以根据案件情况，责令被取保候审的犯罪嫌疑人、被告人遵守以下一项或者多项规定：（1）不得进入特定的场所；（2）不得与特定的人员会见或者通信；（3）不得从事特定的活动；

（4）将护照等出入境证件、驾驶证件交执行机关保存。

对于采取保证人保证的，被取保候审的犯罪嫌疑人、被告人违反取保候审决定中规定的义务，而保证人未履行保证义务的，对保证人处以罚款，构成犯罪的，依法追究刑事责任。根据最高人民法院《解释》第157条的规定，这里的构成犯罪的情形主要是指，根据案件的事实，确已构成犯罪的犯罪嫌疑人、被告人在取保候审期间逃匿，系保证人协助其逃匿，或者明知其藏匿地点但拒绝向司法机关提供。

对于采取保证金保证的，被取保候审的犯罪嫌疑人、被告人违反取保候审决定中规定的义务的，没收已经交纳的保证金的部分或者全部，并且根据情况，责令犯罪嫌疑人、被告人具结悔过、重新交纳保证金，或者变更为监视居住、予以逮捕。需要予以逮捕的，可以对犯罪嫌疑人、被告人先行拘留。

6. 取保候审的期间及解除

我国《刑事诉讼法》第79条第1款规定，人民法院、人民检察院和公安机关对犯罪嫌疑人、被告人取保候审最长不得超过12个月。在取保候审期间不得中断对案件的侦查、起诉和审理。刑事诉讼法没有规定这一期限是三个机关可以分别使用12个月，还是三个机关加起来一共使用12个月。但根据最高人民法院《解释》和最高人民检察院《规则》的规定，按三个机关分别使用12个月来理解执行。

《刑事诉讼法》第79条第2款规定，取保候审在两种情况下应当解除：一是在取保候审期间，发现被取保候审的人属于不应当追究刑事责任的人；二是取保候审的期限已经届满。出现这两种情况，都应及时解除取保候审，并及时通知被取保候审人和有关单位。此时，应由办案人员填写《撤销取保候审通知书》，经办案部门负责人审核后，由公安局局长、人民法院院长、人民检察院检察长批准签发。如果是通过保证人保证的，应当通知保证人解除保证义务。如果是由人民检察院或者人民法院决定以及撤销取保候审的，人民检察院或者人民法院还应通知公安机关。

三、监视居住

（一）监视居住的概念

监视居住，是指人民法院、人民检察院、公安机关在刑事诉讼过程中对犯罪嫌疑人、被告人采用的，命令其不得擅自离开住处，无固定住处的不得擅自离开指定的居所，并对其活动予以监视和控制的一种强制方法。

（二）监视居住的适用对象

《刑事诉讼法》第74条第1款规定，人民法院、人民检察院和公安机关对符合逮捕条件，有下列情形之一的犯罪嫌疑人、被告人，可以监视居住：

（1）患有严重疾病、生活不能自理的；

（2）怀孕或者正在哺乳自己婴儿的妇女；

（3）系生活不能自理的人的唯一扶养人；

（4）因为案件的特殊情况或者办理案件的需要，采取监视居住措施更为适宜的；

（5）羁押期限届满，案件尚未办结，需要采取监视居住措施的。

对符合取保候审条件，但犯罪嫌疑人、被告人不能提出保证人，也不交纳保证金的，可以监视居住。

（三）监视居住的场所

根据《刑事诉讼法》第75条第1款的规定，监视居住应当在犯罪嫌疑人、被告人的住处执行；无固定住处的，可以在指定的居所执行。对于涉嫌危害国家安全犯罪、恐怖活动犯罪，在住处执行可能有碍侦查的，经上一级公安机关批准，也可以在指定的居所执行。但是，不得在羁押场所、专门的办案场所执行。

刑事诉讼法对监视居住的场所规定得非常明确、严格。一般情况下，监视居住的场所只能在其住处，不在其住处执行的唯一理由是无固定住处，而不得以有碍侦查作为改变住处监视的理由。这里的固定住处，根据最高人民检察院《规则》第116条的规定，是指犯罪嫌疑人在办案机关所在地的市、县内工作、生活的合法居所。

为防止滥用指定居所的监视居住，防止其演变为变相羁押，《刑事诉讼法》第75条专门规定了制约机制，主要内容是：（1）不得在羁押场所、专门的办案场所执行；（2）在指定居所监视居住的犯罪嫌疑人、被告人有权委托辩护人，并且经侦查机关批准有权同辩护人会见和通信，接受辩护人提供的法律帮助；（3）指定居所监视居住的，除无法通知的以外（不得以有碍侦查为理由），应当在执行监视居住后24小时以内，通知被监视居住人的家属；（4）人民检察院对指定居所监视居住的决定和执行是否合法实行监督。此外，《六机关规定》第15条规定，指定居所监视居住的，不得要求被监视居住人支付费用。

考虑到指定居所的监视居住，对被监视居住人的人身自由进行了较大限制，《刑事诉讼法》第76条规定，指定居所监视居住的期限应当折抵刑期。被判处管制的，监视居住1日折抵刑期1日；被判处拘役、有期徒刑的，监视居住2日折抵刑期1日。

（四）监视居住的适用程序

1. 监视居住的决定

人民法院、人民检察院和公安机关对犯罪嫌疑人、被告人采取监视居住，应当由办案人员提出《监视居住意见书》，经办案部门负责人审核后，由人民法院院长、人民检察院检察长、公安局局长批准，制作《监视居住决定书》和《执行监视居住通知书》。

2. 监视居住的执行

监视居住由公安机关执行。公安机关开始执行监视居住，应当告知被监视居住人应当遵守的法律规定以及违反法律规定应负的法律责任。对于人民法院或者人民检察院决定的监视居住，作出决定的人民法院或者人民检察院向犯罪嫌疑人、被告人宣布决定后，应当将《监视居住决定书》等相关材料送交其住处或者指定居所所在地的同级公安机关执行。

3. 被监视居住人应当遵守的规定及违反规定的处理

《刑事诉讼法》第77条第1款规定，被监视居住的犯罪嫌疑人、被告人应当遵守以下规定：（1）未经执行机关批准不得离开执行监视居住的处所；（2）未经执行机关批准不得会见他人或者通信（此处不包括同被监视居住人共同生活的家庭成员和一般案件中的律师）；（3）在传讯的时候及时到案；（4）不得以任何形式干扰证人作证；（5）不得毁灭、伪造证据或者串供；（6）将护照等出入境证件、身份证件、驾驶证件交执行机关保存。

为了严格监督被监视居住人遵守上述规定，除了常规监控手段外，《刑事诉讼法》第78条规定："执行机关对被监视居住的犯罪嫌疑人、被告人，可以采取电子监控、不定期检查等监视方法对其遵守监视居住规定的情况进行监督；在侦查期间，可以对被监视居住的犯罪嫌疑人的通信进行监控。"

《刑事诉讼法》第77条第2款规定，被监视居住的犯罪嫌疑人、被告人违反上述规定，情节严重的，可以予以逮捕；需要予以逮捕的，可以对犯罪嫌疑人、被告人先行拘留。

4. 监视居住的期限及解除

《刑事诉讼法》第79条第1款规定，人民法院、人民检察院和公安机关对犯罪嫌疑人、被告人监视居住最长不得超过6个月。在监视居住期间，不得中断对案件的侦查、起诉和审理。《刑事诉讼法》没有规定这一期限是三个机关可以分别使用6个月，还是三个机关加起来一共使用6个月。但根据最高人民法院《解释》和最高人民检察院《规则》的规定，按三个机关分别使用6个月来理解执行。

《刑事诉讼法》第79条第2款规定，两种情况下应当解除监视居住：一是发现不应当追究刑事责任；二是监视居住期限届满的。出现这两种情况之一的，应当及时解除监视居住，并及时通知被监视居住人和有关单位。根据最高人民检察院《规则》第115条和公安部《规定》第123条的规定，撤销监视居住的决定，应当由办案人员填写《解除监视居住通知书》，经办案部门负责人审核后，由公安局局长、人民法院院长、人民检察院检察长批准签发。解除监视居住的决定，应当通知被监视居住的犯罪嫌疑人、被告人。人民检察院、人民法院解除监视居住的，应当将《解除监视居住通知书》送达执行的公安机关。

第二节 羁押性强制措施

一、拘留

（一）拘留的概念和特点

拘留，是指公安机关、人民检察院在侦查过程中，在紧急情况下，依法临时剥夺某些现行犯或者重大嫌疑分子的人身自由的一种强制措施。

在我国法律体系中，还有行政拘留和司法拘留。行政拘留是根据《治安管理处罚法》对特定违法人员给予的行政处罚；司法拘留，是针对诉讼（包括民事诉讼、行政诉讼和刑事诉讼）过程中严重违反法庭秩序的诉讼参与人而给予的惩戒性措施。这三种拘留在法律性质、使用的机关、适用对象和条件、使用的期限上都不同，不能混用。

作为刑事强制措施的拘留，具有以下几个特点：（1）有权决定采用拘留的机关一般是公安机关。人民检察院在自侦案件中，对于犯罪后企图自杀、逃跑或者在逃的以及有毁灭、伪造证据或者串供可能的犯罪嫌疑人也有权决定拘留，人民法院则无权决定拘留。拘留一律由公安机关执行。（2）拘留是在紧急情况下才用的一种处置办法。只有在紧急情况下，来不及办理逮捕手续而又需要马上剥夺现行犯、重大嫌疑分子的人身自由的，才能采取拘留措施。如果没有紧急情况，公安机关、人民检察院有时间办理逮捕手续，就不必先行拘留。（3）拘留是一种临时性措施。拘留的期限较短，随着诉讼程序的进行，拘留可能要变更为逮捕、取保候审或者监视居住，或者释放。

（二）拘留的条件

刑事拘留必须同时具备两个条件：第一，拘留的对象是现行犯或者是重大嫌疑分子。现行犯是指正在进行犯罪的人，重大嫌疑分子是指有证据证明具有重大犯罪嫌疑的人。第二，具有法定的紧急情况之一。

《刑事诉讼法》第 82 条规定，公安机关对于现行犯或重大嫌疑分子，如果有下列情形之一的，可以先行拘留：（1）正在预备犯罪、实行犯罪或者在犯罪后即时被发觉的。预备犯罪是指为了犯罪准备工具、制造条件。实行犯罪是指正在进行犯罪活动。应当有一定证据证明现行犯、重大嫌疑分子正在预备犯罪、实施犯罪，或者犯罪后立即被发现。（2）被害人或者在场亲眼看见的人指认他犯罪的。即遭受犯罪行为直接侵害的人或者在犯罪现场亲眼看到犯罪活动的人指认其犯罪的。（3）在身边或者住处发现有犯罪证据的。身边是指其身体、衣服、随身携带的物品等；住处包括永久住处和临时居所、办公地点等。（4）犯罪后企图自杀、逃跑或者在逃的。（5）有毁灭、伪造证据或者串供可能的。（6）不讲真实姓名、住址，身份不明的。（7）有流窜作案、多次作案、结伙作案重大嫌疑的。

《刑事诉讼法》第165条规定，人民检察院在直接受理的案件的侦查过程中，对于具备上述第4种或者第5种情形的，有权决定拘留，由公安机关执行。

（三）拘留的程序

1. 拘留的决定

公安机关如果要拘留现行犯或者重大嫌疑分子，须由承办单位填写《呈请拘留报告书》，由县级以上公安机关负责人批准，签发《拘留证》，并由提请批准拘留的单位负责执行。

人民检察院决定拘留的案件，应当由办案人员提出意见，经办案部门负责人审核后，由检察长决定。决定拘留的案件，人民检察院应当将拘留决定书送交公安机关，由公安机关负责执行。

根据我国《全国人民代表大会组织法》《地方各级人民代表大会和地方各级人民政府组织法》以及有关司法解释的规定，公安机关、人民检察院在决定拘留下列有特殊身份的人员时，需要报请有关部门批准或者备案：（1）被决定拘留的人如果是县级以上各级人民代表大会的代表，决定拘留的机关应当立即向其所在的人民代表大会主席团或者常委会报告，经过该人民代表大会主席团或者常委会批准后，方可执行；（2）决定对不享有外交特权和豁免权的外国人、无国籍人采用刑事拘留时，要报有关部门审批，西藏、云南及其他边远地区来不及报告的，可以边执行边报告，同时要征求自治区、直辖市、省外事办公室和外国人主管部门的意见；（3）对外国留学生采用刑事拘留时，在征求地方外事办公室和高教厅、局的意见后，报公安部或者国家安全部审批。

2. 拘留的执行

拘留由公安机关负责执行。执行拘留应遵守以下程序：（1）执行拘留的时候，执行人员不得少于2人。执行时必须向被拘留人出示《拘留证》，宣布拘留，并责令被拘留人在《拘留证》上签名或者按指印。执行拘留时如遇反抗，可以适度使用戒具和武器等强制方法，但应以实现有效控制为度。（2）公安机关在异地执行拘留的时候，应当通知当地公安机关，当地公安机关应当予以配合。(3) 拘留后，应立即将被拘留人送看守所羁押，至迟不得超过24小时。异地执行拘留的，应当在到达管辖地后24小时内将犯罪嫌疑人送看守所羁押。(4) 除无法通知或者涉嫌危害国家安全犯罪、恐怖活动犯罪通知可能有碍侦查的情形以外，应当在拘留后24小时以内，通知被拘留人的家属。有碍侦查的情形消失后，应当立即通知被拘留人的家属。如果是律师在参与诉讼中因涉嫌犯罪被依法拘留，执行拘留的机关应当在拘留后的24小时内通知该律师的家属、所在的律师事务所以及所属的律师协会。(5) 公安机关对于被拘留的人，以及人民检察院对直接受理的案件中被拘留的人，均应当在24小时内进行讯问。发现不应当拘留的时候，必须立即发给释放证明予以释放。(6) 公安机关决定拘留的案件，在执行拘留后，认为需要逮捕的，应当在拘留后3日内，提请人民检察院审查批准。在特殊情况下，提请审查批准的时间可以延长1日至4日。对于流窜作案、多次作案、结伙作案的重大嫌疑分子，提请审查批准的时间可以延长至30日。(7) 人民检察院对直接受理侦查的案件中被拘留的人，认为需要逮捕的，应当在14日以内作出决定。特殊情况下，可以延长1日至3日。对不需要逮捕的，应当立即释放。对需要继续侦查，并且符合取保候审、监视居住条件的，依法取保候审或者监视居住。

二、逮捕

(一) 逮捕的概念和意义

逮捕，是指公安机关、人民检察院和人民法院，为防止犯罪嫌疑人、被告人逃避侦查、起诉和审判，进行妨碍刑事诉讼的行为，或者发生社会危险性，而依法剥夺其人身自由，予以羁押的一种强制措施。

逮捕是刑事诉讼强制措施中最严厉的一种，它不仅剥夺了犯罪嫌疑人、被告人的人身自由，而且逮捕后除发现不应当追究刑事责任和符合变更强制措施的条件以外，对被逮捕人的羁押期间一般要到人民法院判决生效为止。正确、及时地使用逮捕措施，可以发挥其打击犯罪、维护社会秩序的重要作用，有效防止犯罪嫌疑人或者被告人串供、毁灭或者伪造证据、自杀、逃跑或者继续犯罪，有助于全面收集证据、查明案情、证实犯罪，保证侦查、起诉、审判活动的顺利进行。但是如果使用错误，错捕滥捕，就会伤害无辜，侵犯公民的人身权利和民主权利，破坏社会主义法制的尊严和权威，损害公安司法机关的威信。因此，必须坚持“少捕”和“慎捕”的刑事政策，切实做到不枉不纵，既不能该捕不捕，也不能以捕代侦，任意逮捕。对于无罪而错捕的，要依照《国家赔偿法》的规定对受害人予以赔偿。

（二）逮捕的权限

根据我国《宪法》第37条和《刑事诉讼法》第80条的规定，逮捕犯罪嫌疑人、被告人，必须经过人民检察院批准或者人民法院决定，由公安机关执行。我国刑事诉讼中，逮捕的批准或者决定权与执行权是分离的，这主要是为了发挥公安司法机关之间的相互制约和监督，保证逮捕的质量，防止出现错捕、滥捕等侵犯公民人身权利的现象。

人民检察院批准逮捕，是指公安机关侦查的案件需要逮捕犯罪嫌疑人的，提请人民检察院审查批准或者人民检察院的自侦案件需要逮捕犯罪嫌疑人的，提请人民检察院的批捕部门审查批准。人民法院决定逮捕，是指人民法院在审理刑事案件的过程中，根据案件的需要而自行作出决定的逮捕。这种情况一般是指人民法院受理的公诉案件，被告人未被羁押，在审理过程中发现有逮捕必要的，以及人民法院在审理自诉案件的过程中，对于可能判处有期徒刑以上的被告人，发现其确有企图自杀、逃跑或者可能毁灭、伪造证据或者继续犯罪等。

（三）逮捕的条件

《刑事诉讼法》第81条规定，逮捕需要具备三个条件：一是证据条件；二是罪责条件；三是社会危险性条件。逮捕犯罪嫌疑人、被告人的这三个条件相互联系、缺一不可。犯罪嫌疑人、被告人只有同时具备这三个条件，才能对其逮捕。

1. 证据条件

逮捕的证据条件，是有证据证明有犯罪事实。根据最高人民检察院《规则》第139条第2款和公安部《规定》第130条第1款的规定，要求同时具备下列情形：（1）有证据证明发生了犯罪事实；（2）有证据证明该犯罪事实是犯罪嫌疑人实施的；（3）证明犯罪嫌疑人实施犯罪行为的证据已经查证属实的。此外，如果犯罪嫌疑人涉嫌犯数罪，只要有一个犯罪事实有证据证明，就可以逮捕。

2. 罪责条件

逮捕的罪责条件，是可能判处有期徒刑以上刑罚。即根据已有证据证明的案件事实，比照刑法的有关规定，衡量其所犯罪行，最低也要判处有期徒刑以上的刑罚。如果只可能判处管制、拘役、独立适用附加刑，不可能判处徒刑以上刑罚的，就不能逮捕。司法实践中，对于可能判处有期徒刑缓刑的犯罪嫌疑人或者被告人，一般也不采取逮捕。这一条件表明，逮捕作为一种最为严厉的强制措施只能对一些罪行比较严重的犯罪嫌疑人、被告人采用，对一些罪行较轻的就不宜采用。这主要是考虑到，逮捕具有完全剥夺犯罪嫌疑人、被告人的人身自由的效果，其强度已经达到了徒刑的程度，强调这一条件，可以使逮捕的羁押期限折抵在判处的刑期之内，将逮捕的负面效应减小到最低限度。

3. 社会危险性条件

逮捕的社会危险性条件，是指采取取保候审不足以防止发生社会危险性，而有逮捕必要。《刑事诉讼法》第 81 条规定，对有证据证明有犯罪事实，可能判处徒刑以上刑罚的犯罪嫌疑人、被告人，采取取保候审不足以防止发生下列危险的，应当予以逮捕：第一，可能实施新的犯罪的；第二，有危害国家安全、公共安全或者社会秩序的现实危险的；第三，可能毁灭、伪造证据，干扰证人作证或者串供的；第四，可能对被害人、举报人、控告人实施打击报复的；第五，企图自杀或者逃跑的。

《刑事诉讼法》第 81 条基于对犯罪嫌疑人、被告人社会危险性的判定，分别规定了应当予以逮捕的两种情形：（1）对于有证据证明有犯罪事实，可能判处 10 年有期徒刑以上刑罚的，应当予以逮捕；（2）对有证据证明有犯罪事实，可能判处徒刑以上刑罚，曾经故意犯罪或者身份不明的，应当予以逮捕。同时本条还规定：批准或者决定逮捕，应当将犯罪嫌疑人、被告人涉嫌犯罪的性质、情节，认罪认罚等情况，作为是否可能发生社会危险性的考虑因素。

此外，本条还规定，被取保候审、监视居住的犯罪嫌疑人违反取保候审、监视居住的规定，情节严重的，可以予以逮捕。

最高人民检察院《规则》第 140 条基于对犯罪嫌疑人社会危险性的判断，还规定了可以作出不批准逮捕的决定或者不予逮捕的情形。该条规定，犯罪嫌疑人涉嫌的犯罪较轻，且没有其他重大犯罪嫌疑，具有以下情形之一的，可以作出不批准逮捕的决定或者不予逮捕的决定：（1）属于预备犯、中止犯，或者防卫过当、避险过当的；（2）主观恶性较小的初犯，共同犯罪中的从犯、胁从犯，犯罪后自首、有立功表现或者积极退赃、赔偿损失，确有悔罪表现的；（3）过失犯罪的犯罪嫌疑人，犯罪后有悔罪表现，有效控制损失或者积极赔偿损失的；（4）犯罪嫌疑人与被害人双方根据刑事诉讼法的有关规定达成和解协议，经审查，认为和解系自愿、合法且已经履行或者提供担保的；（5）犯罪嫌疑人认罪认罚的；（6）犯罪嫌疑人系已满 14 周岁未满 18 周岁的未成年人或者在校学生，本人有悔罪表现，其家庭、学校或者所在社区、居民委员会、村民委员会具备监护、帮教条件的；（7）犯罪嫌疑人系已满 75 周岁的人。

（四）逮捕的批准、决定程序

1. 人民检察院对公安机关提请逮捕犯罪嫌疑人的批准程序

公安机关认为需要逮捕犯罪嫌疑人时，由立案侦查的单位制作《提请批准逮捕书》，经县级以上公安机关负责人签署后，连同案卷材料和证据，一并移送同级人民检察院提请批准。

人民检察院接到公安机关的报捕材料后，一般先由办案人员阅卷，然后由审查批捕部门负责人审核，最后由检察长决定，重大案件应当提交检察委员会讨论决定。

《刑事诉讼法》第88条规定，人民检察院审查批准逮捕，除了审查公安机关移送的报捕材料以外，还可以采用以下方法：（1）可以讯问犯罪嫌疑人，有下列情形之一的，则应当讯问犯罪嫌疑人：①对是否符合逮捕条件有疑问的；②犯罪嫌疑人要求向检察人员当面陈述的；③侦查活动可能有重大违法行为的。（2）可以询问证人等诉讼参与人。（3）可以听取辩护律师的意见，辩护律师提出要求的，应当听取辩护律师的意见。

检察机关应当自接到公安机关提请批准逮捕书后的7日以内，分别作出以下决定：（1）对于符合逮捕条件的，作出批准逮捕的决定，制作《批准逮捕决定书》；（2）对于不符合逮捕条件的，作出不批准逮捕的决定，制作《不批准逮捕决定书》，说明不批准逮捕的理由。

对于不批准逮捕的，公安机关在接到人民检察院不批准逮捕的通知后，应当立即释放已经拘留的犯罪嫌疑人。对于需要继续侦查，并且符合取保候审、监视居住条件的，依法取保候审或者监视居住。如果公安机关不同意人民检察院不批准逮捕的决定，可以要求人民检察院复议。如果公安机关的意见不被接受，可以向上一级人民检察院提请复核。上级人民检察院应当立即复核，作出是否变更的决定，通知下级人民检察院和公安机关执行。

2. 人民检察院决定逮捕的程序

人民检察院决定逮捕犯罪嫌疑人有以下几种情况：

（1）省级以下（不含省级）人民检察院直接受理立案侦查的案件，需要逮捕犯罪嫌疑人的，应当报请上一级人民检察院审查决定。侦查部门报请审查逮捕时，应当同时将报请情况告知犯罪嫌疑人及其辩护律师。

（2）最高人民检察院、省级人民检察院办理直接受理立案侦查的案件，需要逮捕犯罪嫌疑人的，由侦查部门移送本院侦查监督部门审查。犯罪嫌疑人已被拘留的，侦查部门应当在拘留后7日以内将案件移送本院侦查监督部门审查。

（3）人民检察院对于公安机关移送起诉尚未逮捕犯罪嫌疑人，认为需要逮捕的，由审查起诉部门移送侦查监督部门审查后，报检察长或者检察委员会决定。最高人民检察院和省（自治区、直辖市）人民检察院自行侦查的案件，尚未逮捕犯罪嫌疑人，审查起诉部门认为需要逮捕犯罪嫌疑人的，依此程序办理。基层人民检察院，分、州、市人民检察院对直接受理立案侦查的案件进行审查起诉时，发现需要逮捕犯罪嫌疑人的，应当报请上一级人民检察院审查决定逮捕。报请工作由公诉部门负责。

3. 人民法院决定逮捕的程序

人民法院决定逮捕被告人也有两种情况：

（1）对于直接受理的自诉案件，认为需要逮捕被告人时，由办案人员提交法院院长决定，对于重大、疑难、复杂案件的被告人的逮捕，提交审判委员会讨论决定。

（2）对于检察机关提起公诉时未予逮捕的被告人，人民法院认为符合逮捕条件应予逮捕的，也可以决定逮捕。

最高人民法院《解释》第167条和第168条规定，人民法院作出逮捕决定后，应当将逮捕决定书等有关材料送交同级公安机关执行，并将逮捕决定书抄送人民检察院。逮捕被告人后，人民法院应当将逮捕的原因和羁押的处所，在24小时内通知其家属；确实无法通知的，应当记录在案。人民法院对决定逮捕的被告人，应当在逮捕后的24小时内讯问。发现不应当逮捕的，应当变更强制措施或者立即释放。

4. 对几种特殊犯罪嫌疑人进行逮捕的审批程序

《全国人民代表大会组织法》和《地方各级人民代表大会和地方各级人民政府组织法》以及最高人民检察院《规则》规定，对几种特殊犯罪嫌疑人进行逮捕时，要经过有关部门批准或者报请有关部门备案，主要内容如下：

（1）人民检察院对担任本级人民代表大会代表的犯罪嫌疑人批准或者决定逮捕，应当报请本级人民代表大会主席团或者常务委员会许可。报请许可手续的办理由侦查机关负责。对担任上级人民代表大会代表的犯罪嫌疑人批准或者决定逮捕，应当层报该代表所属的人民代表大会同级的人民检察院报请许可。对担任下级人民代表大会代表的犯罪嫌疑人批准或者决定逮捕，可以直接报请该代表所属的人民代表大会主席团或者常务委员会许可，也可以委托该代表所属的人民代表大会同级的人民检察院报请许可；对担任乡、民族乡、镇的人民代表大会代表的犯罪嫌疑人批准或者决定逮捕，由县级人民检察院报告乡、民族乡、镇的人民代表大会。对担任两级以上的人民代表大会代表的犯罪嫌疑人批准或者决定逮捕，分别依照前述程序规定报请许可。对担任办案单位所在省、市、区（县）以外的其他地区人民代表大会代表的犯罪嫌疑人批准或者决定逮捕，应当委托该代表所属的人民代表大会同级的人民检察院报请许可；担任两级以上人民代表大会代表的，应当分别委托该代表所属的人民代表大会同级的人民检察院报请许可。

（2）外国人、无国籍人涉嫌危害国家安全犯罪的案件或者涉及国与国之间政治、外交关系的案件以及在适用法律上确有疑难的案件，基层人民检察院或者分、州、市人民检察院经审查认为不需要逮捕的，可以直接依法作出不批准逮捕的决定。认为需要逮捕犯罪嫌疑人的，分别由基层人民检察院或者分、州、市人民检察院审查并提出意见，层报最高人民检察院审查。最高人民检察院经审查认为需要逮捕的，经征求外交部的意见后，作出批准逮捕的批复；经审查，认为不需要逮捕的，作出不批准逮捕的批复。基层人民检察院或者分、州、市人民检察院根据最高人民检察院的批复，依法作出批准或者不批准逮捕的决定。层报过程中，上级人民检察院经审查，认为不需要逮捕的，应当作出不批准逮捕的批复，报送的人民检察院根据批复依法作出不批准逮捕的决定。

外国人、无国籍人涉嫌危害国家安全罪以外的其他犯罪案件，决定批准逮捕的人民检察院应当在作出批准逮捕决定后48小时以内报上一级人民检察院备案，同时向同级人民政府外事部门通报。上一级人民检察院对备案材料经审查发现错误的，应当依法及时纠正。

（3）人民检察院办理审查逮捕的危害国家安全的案件，应当报上一级人民检察院备案。上一级人民检察院对报送的备案材料经审查发现错误的，应当依法及时纠正。

（五）逮捕的执行程序

逮捕犯罪嫌疑人、被告人，一律由公安机关执行。公安机关执行逮捕应当遵守下列程序：

1. 对于人民检察院批准逮捕的决定，公安机关应当立即执行，并将执行回执及时送达批准逮捕的人民检察院。如果未能执行，也应当将回执送达人民检察院，并写明未能执行的原因。对于人民检察院决定不批准逮捕的，公安机关在收到《不批准逮捕决定书》后，应当立即释放在押的犯罪嫌疑人或者变更强制措施，并将执行回执在收到《不批准逮捕决定书》后的3日内送达作出不批准逮捕决定的人民检察院。

2. 执行逮捕的人员不得少于2人。执行逮捕时，必须向被逮捕人出示《逮捕证》，宣布逮捕，并责令被逮捕人在《逮捕证》上签字或者捺手印，并注明时间。被逮捕人拒绝在《逮捕证》上签字或者捺手印的，应当在《逮捕证》上注明。

3. 逮捕犯罪嫌疑人、被告人，可以采用适当的强制方法，包括使用武器和戒具。

4. 执行逮捕后，应当立即将被逮捕人送看守所羁押。

5. 人民法院、人民检察院对各自决定逮捕的人，公安机关对于经人民检察院批准逮捕的人，都必须在逮捕后的24小时以内进行讯问。在发现不应当逮捕的时候，必须立即释放，发给释放证明。除有碍侦查或者无法通知的情形外，应当在逮捕后24小时以内，通知被逮捕人的家属或所在单位。

6. 到异地逮捕的，公安机关应当通知被逮捕人所在地的公安机关。公安机关到异地执行逮捕时，应携带《批准逮捕决定书》及其副本、《逮捕证》、介绍信以及被逮捕人犯罪的主要材料等，由当地公安机关协助执行。

（六）人民检察院对逮捕的监督

《刑事诉讼法》第95条、第96条、第100条赋予了人民检察院对逮捕工作的监督权，内容如下：

1. 犯罪嫌疑人、被告人被逮捕后，人民检察院仍应当对羁押的必要性进行审查。对不需要继续羁押的，应当建议予以释放或者变更强制措施。有关机关应当在10日以内将处理情况通知人民检察院。

2. 人民法院、人民检察院和公安机关如果发现对犯罪嫌疑人、被告人采取强制措施不当的，应当及时撤销或者变更。公安机关释放被逮捕的人或者变更逮捕措施的，应当通知原批准的人民检察院。

3. 人民检察院在审查批准逮捕工作中，如果发现公安机关的侦查活动有违法情况，应当通知公安机关予以纠正，公安机关应当将纠正情况通知人民检察院。

（七）强制措施的变更、撤销、解除和救济

《刑事诉讼法》第96～99条对逮捕等强制措施规定了变更、撤销、解除和救济程序，主要内容如下：

1. 人民法院、人民检察院和公安机关如果发现对犯罪嫌疑人、被告人采取强制措施不当的，应当及时撤销或者变更。强制措施的撤销，应当由作出相应强制措施决定的公安司法机关进行。公安司法机关不应撤销不是本机关作出的强制措施决定。

2. 犯罪嫌疑人、被告人及其法定代理人、近亲属或者辩护人有权申请变更强制措施。人民法院、人民检察院和公安机关收到申请后，应当在3日以内作出决定；不同意变更强制措施的，应当告知申请人，并说明不同意的理由。

3. 犯罪嫌疑人、被告人被羁押的案件，不能在法定的侦查羁押、审查起诉、一审、二审期限内办结的，对犯罪嫌疑人应当予以释放；需要继续查证、审理的，对犯罪嫌疑人、被告人可以取保候审或者监视居住。

4. 人民法院、人民检察院或者公安机关对被采取强制措施法定期限届满的犯罪嫌疑人、被告人应当予以释放、解除取保候审、监视居住或者依法变更强制措施。犯罪嫌疑人及其法定代理人、近亲属或者辩护人对于人民法院、人民检察院或者公安机关采取强制措施法定期限届满的，有权要求解除强制措施。

实训案例

案例一

犯罪嫌疑人江某，男，68 岁，农民，因涉嫌诈骗被公安机关依法拘留。拘留后公安机关发现其患有严重肺结核，经医院检查属实，需要隔离。公安机关遂作出取保候审决定，要求江某提供保证人。江某向公安机关提出由其弟做保证人。公安机关调查发现，江某之弟有一定资财，但常年在外地做生意，住处较多，行踪极不稳定，没有同意江某之弟做保证人。

问题：

1. 本案中可否对江某采取取保候审措施？

2. 公安机关不同意江某之弟做保证人的做法是否正确？

3. 若江某无法提供别的保证人，公安机关还可以采取什么处理方式？

分析：

1. 公安机关可以对江某采取取保候审强制措施。《刑事诉讼法》第 67 条第 1 款第 3 项规定，“人民法院、人民检察院和公安机关对有下列情形之一的犯罪嫌疑人、被告人，可以取保候审：……（三）患有严重疾病、生活不能自理，怀孕或者正在哺乳自己婴儿的妇女，采取取保候审不致发生社会危险性的”。本案中，江某患有严重的肺结核，理应对其采取取保候审的强制措施。

2. 公安机关不同意江某之弟做保证人是正确的。《刑事诉讼法》第 69 条规定：“保证人必须符合下列条件：（一）与本案无牵连；（二）有能力履行保证义务；（三）享有政治权利，人身自由未受到限制；（四）有固定的住处和收入。”本案中，江某之弟无固定的住处，不符合第 2 项、第 4 项规定，公安机关不同意其做保证人的做法是正确的。

3. 江某若无法提供别的保证人，可通过交纳保证金，而被取保候审。《刑事诉讼法》第 68 条规定：“人民法院、人民检察院和公安机关决定对犯罪嫌疑人、被告人取保候审，应当责令犯罪嫌疑人、被告人提出保证人或者交纳保证金。”据此，我国的取保候审分人保和财产保两种。若江某无法提供保证人，可选择财产保，交纳保证金。但如江某既无法提供保证人，又无法提供保证金。根据公安部 2012 年《规定》第 105 条第 3 款的规定：“对于符合取保候审条件，但犯罪嫌疑人不能提出保证人，也不交纳保证金的，可以监视居住。”据此，公安机关可以对江某监视居住。

案例二

2008 年 4 月 4 日，赵有福因涉嫌诬告陷害罪被河南省沁阳市公安局刑事拘留，同年 5 月 9 日，因涉嫌诽谤犯罪，经沁阳市人民检察院批准逮捕，同年 5 月

10日被沁阳市公安局执行逮捕。2008年8月11日，沁阳市人民检察院以赵有福犯诽谤罪向沁阳市人民法院提起公诉，沁阳市人民法院于2008年10月22日作出（2008）沁刑初字第230号刑事判决书，以诽谤罪判处赵有福有期徒刑1年。赵有福不服沁阳市人民法院判决向河南省焦作市中级人民法院提出上诉，河南省焦作市中级人民法院于2009年1月14日作出（2009）焦刑一终字第00023号刑事裁定书，撤销（2008）沁刑初字第230号刑事判决书，发回重审。沁阳市人民法院于2009年6月24日作出（2009）沁刑初字第70号刑事判决书，以诽谤罪判处赵有福有期徒刑1年零5个月。赵有福不服判决，提起上诉，2009年8月5日河南省焦作市中级人民法院作出（2009）焦刑一终字第77号刑事裁定书，撤销（2009）沁刑初字第70号刑事判决书，发回重审。在重新审理期间，2009年9月3日，沁阳市人民法院对赵有福决定取保候审，当日赵有福被释放。同年9月21日，公诉机关以事实、证据发生变化为由向沁阳市人民法院申请撤诉，同日沁阳市人民法院作出（2009）沁刑初字第164号刑事裁定书，准许沁阳市人民检察院撤诉。同年9月29日沁阳市公安局对该案撤销案件。

问题：本案例中，在2009年9月3日重新审理期间，沁阳市人民法院对赵有福变更强制措施是否恰当？

思考与练习题

1. 刑事强制措施的目的是什么？
2. 简述刑事强制措施的种类及其适用条件。
3. 刑事诉讼法对于刑事强制措施变更与解除的条件及程序是如何规定的？

第八章

附带民事诉讼制度

本章导读

通过本章的学习，了解附带民事诉讼的意义，理解附带民事诉讼的概念和条件，掌握附带民事诉讼当事人的范围，掌握附带民事诉讼的提起和审判程序。

导入案例

周永民抢劫案

周永民是一个无业青年，喜好赌博，欠债很多。为了筹到钱，周永民打起了自幼疼爱自己的姨妈的主意，但是他知道姨妈是不会借钱给他赌博的。某日傍晚，他把姨妈反绑起来，拿走了姨妈家里的5000元人民币。后来其姨妈被人发现并解救出来。姨妈报案后，公安机关很快就抓获了周永民，抢劫姨妈的5000元已被周永民挥霍一空，周永民以抢劫罪被公诉。周永民的姨妈因为周永民的行为伤心至极，于是在人民法院审理期间提起了附带民事诉讼，请求人民法院判决周永民赔偿自己精神损失1万元及被抢的5000元。

问题：人民法院是否应该受理周永民姨妈的附带民事诉讼请求？

分析：根据《刑事诉讼法》第101条的规定，被害人由于被告人的犯罪行为而遭受物质损失的，在刑事诉讼过程中，有权提起附带民事诉讼。这里的赔偿限制为物质损失，排除了精神损害赔偿。最高人民法院2012年《解释》第138条第2款也明确规定了因受到犯罪侵犯，提起附带民事诉讼或者单独提起民事诉讼要求赔偿精神损失的，人民法院不予受理。本案被害人以精神损失为由提起附带民事诉讼，不符合附带民事诉讼的成立条件。

附带民事诉讼的受理范围是指因人身权利受到犯罪侵犯或者财物被犯罪分子毁坏而遭受的物质损失，但不包括涉财产犯罪的赃款、赃物。根据最高人民法院2012年《解释》第139条的规定，被告人非法占有、处置被害人财产，给被害人造成的经济损失，被害人不能提起附带民事诉讼，只能通过追缴或退赔的方式来弥补损失。本案被害人请求人民法院判决周永民赔偿自己被抢的5000元没有法律依据。

因此，人民法院不应受理周永民姨妈的附带民事诉讼请求。

本案知识点

附带民事诉讼的条件。

第一节　附带民事诉讼的成立

一、附带民事诉讼的概念和意义

（一）附带民事诉讼的概念

附带民事诉讼，是指公安司法机关在刑事诉讼过程中，在解决被告人刑事责任的同时，附带解决被告人的犯罪行为所造成的物质损失的赔偿问题而进行的诉讼活动。

附带民事诉讼制度是具有中国特色的重要诉讼制度，就其解决的问题而言，是物质损失赔偿问题，与民事诉讼中的损害赔偿一样，属于民事纠纷，但它和一般的民事诉讼又有区别，有着自己的特殊之处。这表现为两个方面：从实体上说，这种赔偿是由犯罪行为所引起的；从程序上说，它是在刑事诉讼的过程中提起的，通常由审判刑事案件的审判组织一并审判，其成立和解决都与刑事诉讼密不可分，因而是一种特殊的诉讼程序。当被告人的行为触犯了刑法，并且使被害人遭受了物质损失的时候，就导致了源于同一违法行为的两种不同性质的诉讼的出现。这种同源却不同性质的诉讼在同一诉讼程序中解决，即在刑事诉讼中解决与被告人刑事责任有关的民事责任问题的诉讼就构成了附带民事诉讼。

（二）附带民事诉讼的意义

附带民事诉讼制度对有效化解社会矛盾纠纷，维护被害人的合法权益以及树立司法权威和保障司法的统一，具有重要的意义。

1. 附带民事诉讼有利于节约诉讼资源，便于诉讼参与人参加诉讼

附带民事诉讼是由同一犯罪行为引起的不同的两种诉讼在同一程序中予以解决，对公安司法机关而言，附带民事诉讼有利于避免刑事和民事部分分别处理必然产生的调查和审理上的重复，从而大大节省人力、物力和时间。对于附带民事诉讼原告人来说，附带民事诉讼有利于其在刑事审判过程中就刑事、民事部分一并陈述和辩论，一并提出申诉或者提起上诉，从而避免分别处理时当事人参与刑事诉讼后又要参与民事诉讼的麻烦。对于刑事被告人来说，有利于通过一个法庭、一次审判同时解决应当承担的两种责任，避免因一个犯罪行为受到两个法庭、两次审判的麻烦。对于法定代理人、证人、鉴定人等其他诉讼参与人来说，也有利于避免参与两个法庭、两次审判带来的讼累，提高诉讼的效率和效益。

2. 附带民事诉讼有利于保护被害人的合法权利

其一，实行附带民事诉讼，司法机关在追究被告人刑事责任的过程中必须同时收集证明被告人应当承担民事责任的证据，这有利于减轻被害人在民事赔偿部分本应承担的举证责任，从而降低被害人获得赔偿的难度。其二，司法机关在解决被告人刑事责任的过程中一并解决其应承担的民事赔偿责任，有利于及时弥补被害人因犯罪行为而遭受的物质损失。如果不实行附带民事诉讼制度，被害人遭受的物质损失必须要等到刑事案件结束后再向人民法院提起民事诉讼，这样往往会因为时过境迁，导致有关损害事实难以查清，或因被告人将财产转移、隐匿，导致损害赔偿难以实现。

3. 附带民事诉讼有利于维护人民法院审判工作的统一性和权威性

在处理刑事案件过程中一并解决民事赔偿问题，有利于避免由刑事审判庭和民事审判庭分别处理刑事和民事问题时，可能出现的对同一案件作出相互矛盾的裁判的问题，从而维护法院裁判的权威。

二、附带民事诉讼的成立条件

（一）以刑事诉讼的成立为前提条件

附带民事诉讼是由刑事诉讼所追究的犯罪行为引起的，是在追究被告人刑事责任的同时，附带追究其应承担的民事赔偿责任。因此，附带民事诉讼必须以刑事诉讼的成立为前提，如果刑事诉讼不成立，附带民事诉讼就失去了存在的基础，被害人就应当提起独立的民事诉讼，而不能提起附带民事诉讼。“以刑事诉讼的成立为前提”并不完全等同于“以犯罪的成立为前提”，因为在司法实践中，绝大多数的刑事案件往往以有罪为终局判决，在此情形下，二者之间并无差异；然而，也有一些刑事案件可能出现因无罪而终止于侦查、起诉、审判等任何

阶段，但这并不意味着当事人的行为不存在民事赔偿问题。

最高人民法院《解释》第197条第1款规定："人民法院认定公诉案件被告人的行为不构成犯罪，对已经提起的附带民事诉讼，经调解不能达成协议的，可以一并作出刑事附带民事判决，也可以告知附带民事原告人另行提起民事诉讼。"这里的犯罪行为是指被告人在刑事诉讼过程中被指控的犯罪行为，而不要求是人民法院以生效裁判确定构成犯罪的行为。只要行为人被公安司法机关进行刑事追诉，因其行为遭受损失的人就可以提起附带民事诉讼。

（二）被害人遭受的必须是物质损失

《刑事诉讼法》第101条规定，被害人由于被告人的犯罪行为而遭受物质损失的，在刑事诉讼过程中，有权提起附带民事诉讼。这里的赔偿限制为物质损失，排除了精神损害赔偿。最高人民法院《解释》第175条第2款也明确规定了因受到犯罪侵犯，提起附带民事诉讼或者单独提起民事诉讼要求赔偿精神损失的，人民法院不予受理。所谓物质损失，是相对于精神损失而言的，它是指可以用金钱计算的损失。

最高人民法院《解释》第192条第2款规定："犯罪行为造成被害人人身损害的，应当赔偿医疗费、护理费、交通费等为治疗和康复支付的合理费用，以及因误工减少的收入。造成被害人残疾的，还应当赔偿残疾生活辅助具费等费用；造成被害人死亡的，还应当赔偿丧葬费等费用。"这里明确了赔偿范围包括：医疗费、护理费、交通费、误工费，造成残疾的还有残疾生活辅助具费，造成死亡的，还有丧葬费。最高人民法院《解释》之所以没有列举伤残赔偿金、死亡赔偿金这些大额赔偿项目，是因为伤残赔偿金、死亡赔偿金都是精神损害的范畴，不属于物质损失，因而不能提起附带民事诉讼，也不能单独提起民事诉讼。

根据最高人民法院《解释》的相关规定，附带民事诉讼的受理范围是指因人身权利受到犯罪侵犯或者财物被犯罪分子毁坏而遭受的物质损失，但不包括涉财产犯罪的赃款、赃物。如入户抢劫案中，因行为人破门而入造成维修门的费用及因抢劫过程中的人身伤害产生的医疗费用，属于附带民事诉讼所指的物质损失，可向人民法院提出附带民事诉讼。而行为人在屋内抢劫所得的财物则不属于附带民事诉讼所指的物质损失，亦不属于附带民事诉讼的范围。对被告人非法占有、处置被害人财产，给被害人造成的经济损失，被害人不能提起附带民事诉讼，只能通过追缴或退赔的方式来弥补损失。此外，国家机关工作人员在行使职权时，侵犯他人人身、财产权利构成犯罪，被害人或者其法定代理人、近亲属提起附带民事诉讼的，人民法院不予受理，但应当告知其可以依法申请国家赔偿。

（三）被害人遭受的物质损失是由被告人的犯罪行为直接造成的

被告人的犯罪行为与被害人所遭受的物质损失之间必须存在因果关系，存在内在的联系。犯罪行为造成的物质损失，既包括犯罪行为已经给被害人造成的物质损失，例如，犯罪分子作案时破坏的门窗、车辆、物品，被害人的医疗费、营养费等，这种损失又称积极损失；又包括被害人将来必然遭受的物质利益的损失，例如，因伤残减少的劳动收入、今后继续医疗的费用等，这种损失又称消极损失。但是，被害人应当获得赔偿的损失不包括今后可能得到的或通过努力才能挣得的物质利益，如超产奖、发明奖、加班费等。至于在犯罪过程中因被害人自己的过错造成的损失，则不应由被告人承担。此外，因民事上的债权债务关系纠纷而引起的刑事犯罪，不能在刑事诉讼过程中解决，也不能就刑事犯罪之前的债权债务问题提起附带民事诉讼。

第二节 附带民事诉讼的提起和审判

一、附带民事诉讼的提起

（一）提起附带民事诉讼的期间

根据《刑事诉讼法》第 101 条及最高人民法院《解释》第 175 条的规定，被害人因人身权利受到犯罪侵害或者财物被犯罪分子毁坏而遭受物质损失的，有权在刑事诉讼过程中提起附带民事诉讼。最高人民法院《解释》第 184 条规定，附带民事诉讼应当在刑事案件立案后及时提起。因此，在侦查、审查起诉、审判等刑事诉讼各环节均可提起附带民事诉讼。

在侦查、审查起诉期间提起的附带民事诉讼。根据最高人民法院《解释》第 185 条的规定，案件在侦查、审查起诉期间，有权提起附带民事诉讼的人提出赔偿要求后，公安机关、人民检察院可以调解。经调解达成协议并全部履行完毕后，附带民事诉讼部分即告结束；若调解违反自愿、合法原则或未履行，当事人则可在下一个诉讼程序中继续主张其权利。因此，对在该阶段提起的附带民事诉讼请求，公安、检察机关只能以调解方式来处理。

在一审期间提起的附带民事诉讼。司法实践中，附带民事诉讼案件大部分是在刑事案件起诉到法院后提起的，最高人民法院《解释》第 186 条规定：“被害人或者其法定代理人、近亲属提起附带民事诉讼的，人民法院应当在七日以内决定是否受理。符合刑事诉讼法第一百零一条以及本解释有关规定的，应当受理；不符合的，裁定不予受理。”最高人民法院《解释》中没有明确规定提起附带民事诉讼的截止时间，根据立法精神，提起附带民事诉讼的终结时间应当是一审判决的宣告前，即只有在一审判决宣告前才能提起附带民事诉讼，一旦一审刑事判决已经宣告，便不能再提起附带民事诉讼，原告人只有在刑事判决生效以后另行提起民事诉讼，按照民事诉讼法的规定进行，不属于附带民事诉讼的范畴。如果刑事案件的第一审判决已经宣告，再允许提起附带民事诉讼，既会造成刑事审判的过分迟延，带来审判秩序的混乱，又因已经失去合并审理的机会，而使附带民事诉讼变得没有意义。

在二审期间提起的附带民事诉讼。最高人民法院《解释》第198条规定："第一审期间未提起附带民事诉讼，在第二审期间提起的，第二审人民法院可以依法进行调解；调解不成的，告知当事人可以在刑事判决、裁定生效后另行提起民事诉讼。"据此，对于在二审期间提起的附带民事诉讼，二审人民法院只能调解，不能判决。

（二）附带民事诉讼原告人

附带民事诉讼原告人，是指在刑事诉讼过程中，以自己的名义向公安司法机关提起附带民事诉讼，要求被告人赔偿因其犯罪行为而遭受物质损失的单位或个人。《刑事诉讼法》第101条规定："被害人由于被告人的犯罪行为而遭受物质损失的，在刑事诉讼过程中，有权提起附带民事诉讼。被害人死亡或者丧失行为能力的，被害人的法定代理人、近亲属有权提起附带民事诉讼。如果是国家财产、集体财产遭受损失的，人民检察院在提起公诉的时候，可以提起附带民事诉讼。"最高人民法院《解释》第179条规定："国家财产、集体财产遭受损失，受损失的单位未提起附带民事诉讼，人民检察院在提起公诉时提起附带民事诉讼的，人民法院应当受理。人民检察院提起附带民事诉讼的，应当列为附带民事诉讼原告人。被告人非法占有、处置国家财产、集体财产的，依照本解释第一百七十六条的规定处理。"综上，附带民事诉讼原告人应包括以下四种：

1. 被害人

公民、法人、其他组织都可能是被害人，国家财产、集体财产遭受损失的单位也是被害人，都可以附带民事诉讼原告人的身份参加诉讼。

2. 被害人的近亲属

被害人死亡的情况下，其近亲属有权提起附带民事诉讼。"近亲属"的范围在不同的法律中不尽一致，根据《刑事诉讼法》第108条的规定，"近亲属"是指夫、妻、父、母、子、女、同胞兄弟姊妹，他们可以附带民事诉讼原告人身份参加诉讼。

3. 被害人的法定代理人

在被害人丧失行为能力的情况下，其法定代理人有权提起附带民事诉讼。根据《刑事诉讼法》第108条的规定，"法定代理人"是指被代理人的父母、养父母、监护人和负有保护责任的机关、团体的代表。法定代理人是以法定代理人身份参加诉讼，附带民事诉讼原告人仍然是被害人本人。

4. 人民检察院

《刑事诉讼法》第 101 条第 2 款规定："如果是国家财产、集体财产遭受损失的，人民检察院在提起公诉的时候，可以提起附带民事诉讼。"这里的"可以"应理解为"应当"，即当国家财产、集体财产遭受损失，而被害单位没有提起附带民事诉讼时，人民检察院作为国家利益的维护者，有责任提起附带民事诉讼。国家财产、集体财产遭受损失，如果受损失的单位已提起附带民事诉讼，人民检察院就不必再重复提起。检察机关一般不参与公民个人对附带民事诉讼的提起，意在尊重公民的民事处分权。而国家和集体财产是公有财产，一旦被侵害，不能视为单位自己的"私事"。检察机关在被害单位没有提起附带民事诉讼时，为了保护公共财产和社会利益，有权提起附带民事诉讼，这样规定有利于保护国家和集体财产。当检察机关一并提起附带民事诉讼时，它既是公诉机关，又是附带民事诉讼原告人，享有附带民事诉讼原告人的诉讼权利。但是，检察机关作为附带民事诉讼原告人无权同被告人就经济赔偿通过调解达成协议或自行和解。

（三）附带民事诉讼被告人

附带民事诉讼被告人，是指在刑事诉讼中，对犯罪行为造成的物质损失负有法律责任，而被附带民事诉讼原告人起诉，要求赔偿损失的刑事被告人以及其他对刑事被告人的犯罪行为应当承担民事赔偿责任的单位或个人。附带民事诉讼被告人通常是刑事诉讼的被告人，但在有些特殊情况下，应当赔偿物质损失的附带民事诉讼被告人，可能不是承担刑事责任的被告人。根据最高人民法院《解释》第 180 条的规定，附带民事诉讼中依法负有赔偿责任的人包括以下几方面。

1. 刑事被告人以及未被追究刑事责任的其他共同侵害人

附带民事诉讼的被告人通常也是刑事诉讼的被告人，具体包括公民、法人和其他组织，但刑事被告人的自然人作为附带民事诉讼被告人须具有完全的民事行为能力，能够独立承担民事赔偿责任。同时，附带民事诉讼的被告人也包括没有被追究刑事责任的其他共同致害人，即由于危害行为轻微或者其他法定的事由，虽未被追究刑事责任，但共同实施了致害行为并造成了物质损失，依法负有赔偿责任的人。附带民事诉讼的成年被告人，应当承担赔偿责任的，如果其亲属自愿代为承担，应当准许。在逃的同案犯不应列为附带民事诉讼被告人，司法实践中处理这类情况，一般是判决由刑事被告人赔偿附带民事诉讼原告人的全部经济损失，待在逃的同案犯归案后再判决由其与已判决的被告人共同承担连带赔偿责任，但附带民事诉讼原告人已经从其他共同犯罪人处获得足额赔偿的除外。

2. 刑事被告人的监护人

《民法典》第1188条规定："无民事行为能力人、限制民事行为能力人造成他人损害的，由监护人承担侵权责任。监护人尽到监护职责的，可以减轻其侵权责任。有财产的无民事行为能力人、限制民事行为能力人造成他人损害的，从本人财产中支付赔偿费用；不足部分，由监护人赔偿。"据此，未成年人或者精神病人实施危害社会的行为并给被害人造成物质损失时，附带民事诉讼的被告人为其监护人。监护人承担民事责任主要是由于他们未尽到法定监护职责。被告人有个人财产的，应首先由本人承担民事赔偿责任，不足部分由监护人予以赔偿。

3. 死刑罪犯的遗产继承人

在刑事被告人已被执行死刑的情况下，附带民事诉讼被告人应当为已被执行死刑的罪犯的遗产继承人。遗产继承人虽然没有直接实施犯罪行为，本不应该承担民事赔偿责任，但按照继承法的规定，继承人有义务对被继承人的债务承担清偿责任，当然这种清偿仅以继承人所继承遗产的实际价值为限。因此，已被执行死刑的罪犯的遗产继承人可以成为附带民事诉讼被告人。

4. 共同犯罪案件中，案件审结前死亡的被告人的遗产继承人

根据《刑事诉讼法》第16条的规定，犯罪嫌疑人、被告人死亡的，不追究刑事责任。但其犯罪行为给被害人造成的物质损失，仍需赔偿。刑事诉讼的被告人虽然因死亡而无法承担赔偿责任，但其遗产继承人继承了刑事被告人的遗产，根据法律规定自应承担被告人应当承担的赔偿责任。当然，继承人也是仅以所继承遗产的实际价值为限对附带民事诉讼原告人承担有限清偿责任。

5. 对被害人的物质损失依法应当承担赔偿责任的其他单位和个人

除上述情形外，在司法实践中，还存在一些其他形式的附带民事诉讼被告人。如交通肇事罪案件中因租赁、借用等情形，机动车所有人与使用人不是同一人时，发生交通事故后属于该机动车一方责任的，由保险公司在机动车强制保险责任限额范围内予以赔偿，不足部分，由机动车使用人承担赔偿责任；机动车所有人对损害的发生有过错的，承担相应的赔偿责任。这里，机动车所有人和保险公司虽然不承担刑事责任，但是属于依法应当承担赔偿责任的单位和个人，都应当列为附带民事诉讼被告人。

二、附带民事诉讼的审判

（一）附带民事诉讼的受理

1. 受理

根据最高人民法院《解释》第182条的规定，附带民事诉讼的起诉条件是：（1）起诉人符合法定条件；（2）有明确的被告人；（3）有请求赔偿的具体要求

和事实、理由；（4）属于人民法院受理附带民事诉讼的范围。

凡是符合上述起诉条件的，人民法院都应当受理并在7日内立案。根据最高人民法院《解释》第185条的规定，侦查、审查起诉期间，有权提起附带民事诉讼的人提出赔偿要求，经公安机关、人民检察院调解，当事人双方已经达成协议并全部履行，被害人或者其法定代理人、近亲属又提起附带民事诉讼的，人民法院不予受理，但有证据证明调解违反自愿、合法原则的除外。

2. 不予受理

（1）不符合最高人民法院《解释》第182条规定的附带民事诉讼起诉条件的，人民法院裁定不予受理。（2）根据最高人民法院《解释》第185条的规定，侦查、审查起诉期间，有权提起附带民事诉讼的人提出赔偿要求，经公安机关、人民检察院调解，当事人双方已经达成协议并全部履行，被害人或者其法定代理人、近亲属又提起附带民事诉讼的，人民法院不予受理。（3）根据最高人民法院《解释》第175条的规定，因受到犯罪侵犯，提起附带民事诉讼或者单独提起民事诉讼要求赔偿精神损失的，人民法院不予受理。如伤残赔偿金、死亡赔偿金等属于精神损失的范畴，都不予受理。（4）根据最高人民法院《解释》第176条的规定，被告人非法占有、处置被害人财产的，应当依法予以追缴或者责令退赔。被害人提起附带民事诉讼的，人民法院不予受理。追缴、退赔的情况，可以作为量刑情节考虑。这里的被告人非法占有、处置的被害人财产，显然是在被告人犯罪后控制下的，此种情况与作案现场毁坏的不同，如盗窃、抢劫、敲诈勒索、诈骗等犯罪后被告人所得财物，不能提起附带民事诉讼，只能依法予以追缴或者责令退赔。

附带民事诉讼的受理是个极其重要的环节，它直接决定着诉讼程序的开启，并关系到人民法院对其审判权的正确行使，更涉及对当事人合法权益的保护。因此，如果应当受理的起诉没有受理，当事人行使诉权的权利就会因此而受阻，保护其合法权益就会成为一句空话；反之，如果不应受理的起诉得到了受理，则会使人民法院从根本上失去正确行使审判权的基础，导致错案的发生，因此必须高度重视附带民事诉讼案件的受理问题。

（二）附带民事诉讼的审判

根据《刑事诉讼法》及最高人民法院《解释》的有关规定，在审理附带民事诉讼案件过程中应当遵守以下规定：

1. 一并审判是原则，分开审判是例外。《刑事诉讼法》第104条规定："附带民事诉讼应当同刑事案件一并审判，只有为了防止刑事案件审判的过分迟延，才可以在刑事案件审判后，由同一审判组织继续审理附带民事诉讼。"该规定从原则上明确了附带民事诉讼案件的审理程序。刑事案件附带的民事诉讼部分与刑事部分是紧密相连的，因而，民事部分的审判与刑事部分的审判一般应同时进行。人民法院只有在全面查清案件事实，确定被告人的行为是否构成犯罪、是否应当承担刑事责任以及刑事责任大小的基础上，才有可能对被告人是否应当承担被害人的物质损失以及赔偿损失的范围作出认定，进而确定赔偿的范围以及赔偿的形式。因而，附带民事诉讼理应同刑事案件一并审判，这样也便于全面查清案件事实，节省人力、物力和时间。但由于附带民事诉讼本质上是一种民事诉讼，不可避免地具有许多与刑事诉讼不同的特点，例如，需要认定物质损失的程度、大小和范围、被告人的赔偿能力、承担赔偿责任人员的范围等，而对这些事实的认定有时可能存在一定的困难，有些甚至在诉讼过程中尚处于变化中，需要进行周密的调查、甄别和科学的鉴定。而刑事案件审判由于较多地牵涉到被告人的人身权利问题，不允许久拖不决，不能超越各诉讼阶段法定的诉讼期限，如果附带民事部分同刑事部分一并审判确有一定的困难，可能影响刑事部分在法定时间内审结时，也可以对刑事部分和民事部分分开审判。但是在分开审判时要注意：第一，只能先审刑事部分，后审附带民事部分，而不能先审附带民事部分，再审刑事部分；第二，应当由审理刑事案件的同一审判组织继续审理附带民事部分，如果同一审判组织的成员确实不能继续参与审判的，可以更换；第三，附带民事部分的判决对案件事实的认定不得同刑事判决相抵触；第四，附带民事部分的延期审理，一般不影响刑事判决的生效。

2. 对于附带民事诉讼案件，人民法院在必要的时候，可以采取查封、扣押、冻结被告人财产的保全措施。即必要时人民法院可以依职权采取保全措施，也可以依申请采取保全措施，人民法院采取保全措施，适用民事诉讼法的有关规定。因为民事诉讼法对民事诉讼中的保全措施已有明确规定，而附带民事诉讼在性质上属于民事诉讼，依照民事诉讼法是可以的，没有必要在刑事诉讼法中作重复性规定。最高人民法院《解释》第 189 条第 3 款规定："人民法院采取保全措施，适用民事诉讼法第一百条至第一百零五条的有关规定，但民事诉讼法第一百零一条第三款的规定除外。"因为民事诉讼法规定在采取诉前财产保全措施后，必须在法定期限内向人民法院提起诉讼，是为了督促诉前财产保全申请人及时行使诉权，避免在没有诉讼关系存在的情况下，长时间限制被申请人民事权利。但是附带民事诉讼与一般的民事诉讼案件不同，需要与刑事诉讼一并审理，而刑事案件何时进入人民法院审理阶段，并不是附带民事诉讼原告方所能决定的。

3. 附带民事诉讼原告人经人民法院传票传唤，无正当理由拒不到庭，或者未经法庭许可中途退庭的，应当按自行撤诉处理。刑事被告人以外的附带民事诉讼被告人经传唤，无正当理由拒不到庭，或者未经法庭许可中途退庭的，附带民事部分可以缺席判决。

4. 附带民事诉讼案件的当事人对自己提出的主张，有责任提供证据。

5. 人民法院审理附带民事诉讼案件，除人民检察院提起的以外，可以进行调解。这里的调解，既包括在一审期间进行调解，也包括在二审期间进行调解；既包括对公诉案件附带的民事诉讼进行调解，也包括对刑事自诉案件附带的民事诉讼的调解。附带民事诉讼中的调解，是一种诉讼中的调解活动，不是民间调解活动，因此，人民法院应当按照民事诉讼法关于调解的原则规定，依法开展调解活动。不能够调解结案的，应当根据物质损失的情况，作出判决或者裁定。

6. 人民法院认定公诉案件被告人的行为不构成犯罪的，对已经提起的附带民事诉讼，经调解不能达成协议的，应当一并作出刑事附带民事判决。

7. 被告人已经赔偿被害人物质损失的，人民法院可以作为量刑情节予以考虑。

8. 人民法院审理附带民事诉讼案件，不收取诉讼费。

实训案例

案例一

犯罪嫌疑人李小刚与被害人谢振民系同一车间工人，两人多年来素有矛盾，积怨已久。某日上午，被害人谢振民在上班时不小心碰到李小刚，发生口角，继而抓扯，互相扭打。经同车间的工人劝阻，被害人谢振民主动停止扭打，准备到厂部找领导解决。李小刚不依，在谢振民去厂部的路上，李小刚追上，用木棍突然猛击谢振民腰部，致谢振民疼痛难忍，昏倒在地。送医院检查，谢振民肋骨被打成骨折，住院治疗1个月之后痊愈，花去医药费15 000多元。

经过侦查，犯罪嫌疑人李小刚的行为已构成故意伤害罪，移送人民检察院审查起诉。在审查中，被害人提出赔偿要求，要求犯罪嫌疑人李小刚赔偿医药费15 000元，误工工资2400元，支付营养费2000元。人民检察院接到被害人提出的赔偿要求后，考虑到当事人双方都是同一车间工人，为搞好关系，以后继续相处，决定对赔偿问题进行调解。于是将犯罪嫌疑人和被害人召集在一起，由承办此案的检察员出面主持调解，经过说服教育，犯罪嫌疑人李小刚同意赔偿被害人谢振民提出的全部物质损失，达成协议。在提起公诉之前，犯罪嫌疑人李小刚将协议中承诺的19 400元全部付给被害人谢振民，人民检察院仅对故意伤害行为提起公诉。

问题：人民检察院在此案中的做法是否合法？

分析：本案中，人民检察院对附带民事诉讼问题进行调解和处理的做法是符合法律规定的。

《刑事诉讼法》第101条规定："被害人由于被告人的犯罪行为而遭受物质损失的，在刑事诉讼过程中，有权提起附带民事诉讼……"被害人提起附带民事诉讼，既可以在立案、侦查阶段提出，也可以在审查起诉或审判阶段提出，不受限制。如果在审查起诉阶段提出，根据最高人民法院《解释》第185条的规定，人民检察院可以进行调解，只要调解不违反自愿、合法原则，当事人双方已经达成协议并全部履行，被害人或者其法定代理人、近亲属又提起附带民事诉讼的，人民法院不予受理。因此，人民检察院在此案中的做法是合法的。

案例二

被害人陈克敏骑自行车回家，与被告人某厂司机刘小兵驾驶的面包车相撞，造成右手臂骨折，腰部扭伤。在刑事诉讼过程中，被害人陈克敏提起附带民事诉讼，要求被告人刘小兵赔偿医药费和误工费共1万元。该案经人民法院开庭审理，认为被告人的交通肇事行为未造成被害人重伤，不构成交通肇事罪，于是判决被告人刘小兵无罪。同时认为因被告人无罪使附带民事诉讼失去了存在的条件，于是驳回被害人陈克敏的附带民事诉讼请求，告知被害人可以单独提起民事诉讼。

问题：人民法院的处理是否正确？为什么？

思考与练习题

1. 简述附带民事诉讼的概念及成立条件。
2. 附带民事诉讼的原告人和被告人分别包括哪些人？
3. 简述附带民事诉讼的起诉条件。

第九章

期间与送达制度

本章导读

通过本章的学习，了解刑事诉讼期间、送达的概念和种类，理解刑事诉讼期间的重要意义，掌握刑事诉讼期间的计算方法、送达的程序和具体要求。

导入案例

杨波涛杀人案

因涉嫌强奸杀人，郑州大学毕业生杨波涛已在看守所度过了10个春节。10年来，他先后两次被判处死缓、一次被判无期，但均因“事实不清”被河南省高院发回重审。

2001年8月16日8时许，河南省商丘市梁园区商丘市建筑公司家属楼206室的刘某，发现家门口放着两个“有点臭味”的黑色塑料袋，以为是谁家没吃完的肉，就让丈夫扔到楼下的垃圾堆。随后一名捡垃圾的老汉打开塑料袋，发现里面是一条人腿和女性人头。8月18日，商丘市平台开发区农民孙某在一处玉米地中看到另一黑色塑料袋，里面包着人的躯干。8月19日，警方在同一地点发现左下肢和双上肢。据商丘市公安局梁园分局（以下简称梁园分局）的尸检报告、河南省公安厅的刑事技术鉴定书，六尸块拼接成一具长约162厘米的尸体，符合掐、扼颈部、捂口鼻致机械性窒息死亡后又加以分尸的情况。

2003年12月26日，梁园分局委托北京市公安局法医检验鉴定中心进行DNA鉴定结果，认定碎尸案中的死者为杨波涛妹妹的同学李月英。在李月英失踪前一晚，曾表示想找杨家兄妹借宿。杨波涛曾一度被列为重点嫌疑人，但很快便被警方排除。

2003年12月27日、29日，杨波涛再次被叫到梁园分局刑警大队接受询问。

2004年6月27日，杨波涛被刑事拘留，7月6日被逮捕。7月29日梁园分局向梁园区检察院递交起诉意见书，9月5日移送审查起诉，均因事实不清、证据不足，两次退回补充侦查。

2005年7月25日，商丘市人民检察院以“故意杀人罪”提起公诉。

2005年9月1日，商丘市中院以故意杀人罪，判处杨波涛死刑，缓期二年执行。杨波涛不服，提出上诉。

2006年6月7日，河南省高院以原判认定“事实不清”为由撤销原判、发回重审。

2006年10月16日，商丘市中院作出刑事附带民事判决书，被告人杨波涛犯故意杀人罪，判处死刑，缓期二年执行。杨波涛不服，再次提出上诉。

2007年10月29日，河南省高院再以原判认定“事实不清”为由撤销原判、发回重审。

2009年6月12日，商丘市中院判处杨波涛无期徒刑。杨波涛又提出上诉。

2009年9月26日，河南省高院又撤销原判、发回重审。

2012年4月6日，商丘市中院开庭审理杨波涛案，一直未下判决。

2013年8月23日，商丘市检察院以本案“事实不清、证据不足”为由，决定撤回起诉。8月26日，商丘市中院下达刑事裁定：准许商丘市检察院撤回对被告人杨波涛的起诉。

铁窗10年，杨波涛已从一个26岁的小伙步入了中年。杨波涛被列为犯罪嫌疑人至此，已历时10年，尚无定论。

本案知识点

刑事诉讼法规定期间的意义。

第一节　期　　间

一、期间的概念和意义

（一）期间的概念

在刑事诉讼中，公安机关、人民检察院、人民法院和诉讼参与人进行刑事诉讼活动是有期限规定的，这就是法律规定的诉讼期间问题。刑事诉讼的期间，是指公安机关、人民检察院、人民法院以及当事人和其他诉讼参与人，完成某项刑事诉讼活动所必须遵守的时间期限。刑事诉讼期间一般由法律明确规定，故又称作法定期间。

确定刑事诉讼期间的长短不是随意的，它需要考虑以下因素：保证查明犯罪事实，正确处理案件；能够及时处罚犯罪，尽快实现刑罚效应；保障公民依法行使诉讼权利；督促司法机关提高办案效率，保障公民的合法权益。

在刑事诉讼中除了期间外，还有相近的另一个概念是期日。期间是指一段时间，有起止点，具有继续性，一般都由法律明确规定。期日是指司法机关、诉讼参与人共同进行刑事诉讼活动的特定时间。广义的期间包括期日，狭义的期间仅指司法机关或诉讼当事人及其他诉讼参与人各自单独进行某项活动的时间期限。期间和期日的区别主要是：第一，期间是一个时间段，而期日是一个时间点、一个特定的单位时间。第二，期间是各诉讼法律关系主体单独从事某项诉讼活动的时间，而期日则是其共同进行某项刑事诉讼活动的时间。第三，期日一般由司法机关指定，而期间一般由法律明确规定，不得任意更改。实践中，期日应用的具体表现如通知被告人到指定地点接受讯问之日、通知证人到何处作证之日、开庭审判之日等。

（二）期间的意义

期间是刑事诉讼法从时间上严格诉讼程序、规范诉讼行为的重要措施。这些规定对于保障刑事诉讼任务的完成，提高公安、司法机关的办案质量和效率，有重要意义：

1. 有利于防止诉讼拖延，保证刑事诉讼活动的顺利进行

期间要求公、检、法机关以及诉讼参与人必须在法定期限内完成相关刑事诉讼活动，诉讼程序才会有序进行；如发生延误，则会发生相应法律后果。通过这种方式促使诉讼活动参与主体及时参加诉讼，顺利完成诉讼程序。

2. 有利于促使司法机关尽快办结案件，及时惩罚犯罪

期间的规定给予司法机关完成诉讼活动的最长期限，使刑事诉讼尽快产生相应法律后果，对犯罪行为及时作出法律判断，使其承受法律的惩罚，彰显法律的尊严。

3. 有利于保护当事人的合法权益

它对于防止和纠正实践中可能存在的以拘代侦、以捕代罚、超期羁押、诉讼久拖不决等违法现象，具有特别重要的作用。

4. 有利于维护法律的严肃性，保障法律的统一正确实施

刑事诉讼的每一期间规定都会产生相应法律后果，承担一定法律责任，规范诉讼活动的过程，体现法律的严肃性。

根据法律的规定，我国刑事诉讼期间制度的内容主要有法定期间、期间的计算和期间的恢复。

二、期间的计算与种类

（一）期间的计算单位和方法

《刑事诉讼法》第105条规定，期间以时、日、月计算。据此，期间的计算单位有时、日、月三个。至于年、分钟等其他时间计算单位不是刑事诉讼期间的计算单位。

期间的计算方法涉及两方面技术问题：一是起算，即期间从何时起算；二是届满，即期间到什么时候终止。期间开始的时和日不计算在期间以内。例如，不服判决的上诉和抗诉的期限为10日，4月1日收到判决书，期间起算日为4月2日，期间届满日为4月11日。计算法定期间时，应当将在路途上的时间扣除；节假日应当计算在期间内，但期间届满之日如果是法定节假日的，应当顺延至法定节假日后的第一个工作日。而对于被告人或者罪犯的在押期间，应当至期间届满之日为止，不得因节假日而延长在押的期限。

（二）期间的种类

1. 强制措施的期间

我国《刑事诉讼法》规定，人民法院、人民检察院和公安机关根据案件情况，对犯罪嫌疑人、被告人可以采取拘传、取保候审或者监视居住等强制措施。

（1）拘传持续的期间最长不得超过24小时，拘传持续的时间从犯罪嫌疑人到案时开始计算。取保候审最长不得超过12个月，监视居住最长不得超过6个月。

（2）公安机关对被拘留的人认为需要逮捕的，应当在拘留之日起的3日以

内，提请人民检察院审查批准；在特殊情况下，提请审查批准的时间可以延长1日至4日；对于流窜作案、多次作案、结伙作案的重大嫌疑分子，提请审查批准的时间可以延长至30日。人民检察院应当自接到公安机关提请批准逮捕书后的7日内，作出批准逮捕或者不批准逮捕的决定，即拘留的最长期间是37日。

2. 拘留、逮捕后的通知、讯问以及送看守所期间

犯罪嫌疑人被拘留后，应当立即将被拘留人送看守所羁押，至迟不得超过24小时。除无法通知或者涉嫌危害国家安全犯罪、恐怖活动犯罪通知可能有碍侦查的情形外，应当在拘留后24小时以内，通知被拘留人的家属。有碍侦查的情形消失后，应当立即通知被拘留人的家属。逮捕后，应当立即将被逮捕人送看守所羁押。除无法通知的以外，应当在逮捕后24小时以内，通知被逮捕人的家属。公安机关对被拘留、被逮捕的人，应当在拘留、逮捕后的24小时以内进行讯问。

3. 聘请律师、诉讼代理人的期间

犯罪嫌疑人在被侦查机关第一次讯问或者采取强制措施之日起，可以聘请律师作为其辩护人。犯罪嫌疑人在押的，也可由其监护人、近亲属委托辩护人。自诉案件被告人有权随时委托辩护人。自诉案件的自诉人及其法定代理人，附带民事诉讼的当事人及其法定代理人，有权随时委托诉讼代理人。

4. 侦查羁押的期间

犯罪嫌疑人逮捕后的侦查羁押的期限不得超过2个月。案情复杂、期限届满不能终结的案件，经上一级检察机关批准延长1个月。对于交通十分不便的边远地区的重大复杂案件，重大的犯罪集团案件，流窜作案的重大、复杂案件以及犯罪涉及面广、取证困难的重大复杂案件，在上述3个月侦查羁押期限内不能办结的，经省、自治区、直辖市人民检察院批准或者决定，可以延长2个月。对于犯罪嫌疑人可能判处10年有期徒刑以上刑罚，在上述5个月内仍不能侦查终结的，经省、自治区、直辖市人民检察院批准或者决定，可以再延长2个月。因为特殊原因，在较长时间内不宜交付审判的特别重大复杂案件，由最高人民检察院报请全国人民代表大会常务委员会批准延期审理。

5. 审查起诉的期间

《刑事诉讼法》第172条、第175条规定，人民检察院对于监察机关、公安机关移送起诉的案件，应当在1个月以内作出决定，重大、复杂的案件，可以延长15日；犯罪嫌疑人认罪认罚，符合速裁程序适用条件的，应当在10日以内作出决定，对可能判处的有期徒刑超过1年的，可以延长至15日。对于补充侦查的案件，应当在1个月以内补充侦查完毕。补充侦查以二次为限。补充侦查完毕

移送人民检察院后，人民检察院重新计算审查起诉期限。

6. 对不起诉决定不服的申诉期间

人民检察院作出不起诉的决定，被害人如果不服的，可以自收到决定书后7日内向上一级人民检察院申诉。被不起诉人对于人民检察院以“对于犯罪情节轻微，依照刑法规定不需要判处刑罚或者免除刑罚的”为依据作出不起诉决定不服的，可以自收到决定书后7日以内向人民检察院申诉。

7. 一审程序期间

（1）开庭的有关期间。人民法院审理公诉案件，应当在开庭10日以前将人民检察院的起诉书副本送达被告人及其辩护人；在开庭3日前应当将开庭的时间、地点通知人民检察院；传票和通知书至迟在开庭3日以前送达当事人、辩护人、诉讼代理人、证人、鉴定人和翻译人员。公开审判的案件，应当在开庭3日以前先期公布案由、被告人姓名、开庭时间和地点。

（2）补充侦查期间。在法庭审判过程中，检察人员发现提起公诉的案件需要补充侦查并提出建议，经法庭同意延期审理的，人民检察院应当在1个月以内补充侦查完毕。

（3）一审审理期间。人民法院审理公诉案件，应当在受理后2个月内宣判，至迟不得超过3个月。对于可能判处死刑的案件或者附带民事诉讼的案件，以及有《刑事诉讼法》第158条规定情形之一的，经上一级人民法院批准，可以延长3个月；因特殊情况还需要延长的，报请最高人民法院批准。适用简易程序审理案件，人民法院应当在受理后20日以内审结；对可能判处3年以上有期徒刑的，可以延长至一个半月。

（4）宣判期间。人民法院当庭宣告判决的，应当在5日以内将判决书送达当事人和提起公诉的人民检察院；定期宣告判决的，应当在宣告后立即将判决书送达当事人和提起公诉的人民检察院。

8. 二审程序期间

第二审人民法院受理上诉、抗诉案件后，应当在2个月内审理终结。对于可能判处死刑的案件或者附带民事诉讼的案件，以及有《刑事诉讼法》第158条规定情形之一的，经省、自治区、直辖市高级人民法院批准或决定，可以延长2个月；因特殊情况还需要延长的，报请最高人民法院批准。

9. 上诉、抗诉期间

不服一审判决的上诉、抗诉期限为10日，不服一审裁定的上诉、抗诉期限为5日。被害人及其法定代理人不服地方各级人民法院第一审判决的，有权自收到判决书后5日内请求人民检察院提出抗诉。人民检察院应当在收到被害人及其法定代理人的请求后5日内作出是否抗诉的决定，并答复请求人。

10. 死刑执行、变更执行期间

下级人民法院接到最高人民法院或者高级人民法院执行死刑的命令后，应当在 7 日以内交付执行。

人民检察院认为暂予监外执行不当的，应当自接到通知之日起 1 个月内将书面意见送交批准暂予监外执行的机关，批准暂予监外执行的机关接到人民检察院的书面意见后，应当立即对该决定进行重新审查。

11. 重新计算的期间

（1）在侦查期间，发现犯罪嫌疑人另有重要罪行的，自发现之日起依照《刑事诉讼法》第 156 条的规定重新计算侦查羁押期限。

（2）人民检察院审查起诉的案件，改变管辖的，从改变后的人民检察院收到案件之日起计算审查起诉期限。

（3）人民检察院审查起诉中，退回公安机关补充侦查的案件，补充侦查完毕移送人民检察院后，人民检察院重新计算审查起诉期限。

（4）人民法院改变管辖的案件，从改变后的人民法院收到案件之日起计算审理期限。

（5）人民检察院补充侦查的案件，补充侦查完毕移送人民法院后，人民法院重新计算审理期限。

（6）第二审人民法院发回原审人民法院重新审判的案件，原审人民法院从收到发回的案件之日起，重新计算审理期限。

（7）对犯罪嫌疑人作精神鉴定的期间不计入办案期限。

三、期间的恢复

期间的恢复是指当事人由于不能抗拒的原因或者其他正当理由而耽误期限，在障碍消除后，继续进行应当在期满以前完成的诉讼活动。刑事诉讼中，期间的耽误是实际存在的，既有公安机关的耽误，也有诉讼参与人的耽误；既有正当理由的耽误，也有无正当理由的耽误。为了充分保护当事人的合法权益，根据《刑事诉讼法》第 106 条的规定，期间的恢复需要具备以下条件：

1. 只有当事人才可以提出恢复诉讼期间的申请。这是对期间恢复主体条件的限制，只能是当事人，其他诉讼参与人无权提出。

2. 当事人未能在法定期间完成特定的诉讼行为，是由于不能抗拒的自然原因或者其他正当理由。如遭受水灾、火灾、地震、泥石流、滑坡、战争等，当事人患有严重疾病、发生车祸等情况，当事人无法进行诉讼行为。这些情况都是当事人本身无法抗拒的自然和社会原因。

3. 当事人的申请应当在障碍消除后 5 日内提出，申请继续进行应当在期满以前完成的诉讼活动，这是对当事人申请恢复期间的时间要求。

4. 期间恢复的申请是否准许，必须经人民法院裁定。对当事人的申请，人民法院认为不符合法定条件的，应当裁定不予准许。

第二节 送　达

一、送达的概念和意义

（一）送达的概念

送达是指刑事诉讼中的专门国家机关，按照法定程序和方式将诉讼文件送交诉讼参与人、有关机关和单位的诉讼活动。刑事诉讼中的送达具有以下特点：

1. 送达的主体只能是刑事诉讼中的专门机关

送达是国家专门机关的活动，是一种单向的法律行为。送达是发生在送达主体与送达对象之间的一种法律关系，在这一法律关系中，送达人只能是公安机关、人民法院、人民检察院，收件人指刑事诉讼参与人。诉讼参与人向公安司法机关递交诉讼文书的行为，则不属于刑事诉讼中的送达。

2. 送达的内容是各种诉讼文书

如传票、通知书、不起诉决定书、起诉书、判决书等，这些都是刑事诉讼中的专门机关制作的法律文书。此外，自诉状副本、附带民事诉状和答辩状副本、上诉状副本等由当事人制作的诉讼文书，也需通过人民法院送达。

3. 送达必须依照法定的程序和方式进行

只有按照刑事诉讼法规定的期间和程序，将有关的上诉文书送达收件人，才能使收件人及时了解其中的内容，按照规定参加诉讼活动，行使诉讼权利，履行诉讼义务。送达机关违反法定的程序和方式送达诉讼文书的，不能产生法律效力。

4. 送达诉讼文书，应当送交收件人本人，只有在本人不在的情况下才可采取其他送达方式

送达对象是国家机关、企业、事业单位和人民团体的，交由收发部门签收视为送达。

由此可见，送达是一项具有法律意义的诉讼活动，从形式上看是向收件人交付某种诉讼文书，实际上是司法机关的告知行为。

（二）送达的意义

在刑事诉讼中，送达诉讼文书是一项严肃的诉讼活动，它直接关系到整个诉

讼活动能否顺利进行，有着重要的意义：首先，送达能够保证刑事诉讼的顺利进行；其次，送达能够保障司法机关和诉讼参与人履行职责或者行使诉讼权利，可以使司法机关和诉讼参与人了解诉讼的进程，做好参加诉讼活动的准备，以便更好地履行职责或行使诉讼权利。

二、送达回证

送达回证是指公安司法机关制作的用以证明送达行为及其结果的文书。有关司法解释要求，送达诉讼文书必须有送达回证。

司法实践中，送达回证一般印有固定格式，主要内容有：送达诉讼文书的机关、收件人姓名、送达诉讼文书的名称；送达的时间、地点；收件人的签名或盖章；送达方式；送达和被送达人签名、盖章，签收日期等。送达回证使用方法是：司法机关送达诉讼文书时，向收件人出示送达回证，由收件人、代收人在送达回证上记明收到的日期，并签名或盖章；遇到拒收或拒绝签名、盖章时，可实施留置送达程序，送达人应当在送达回证上记明拒收的事由、送达日期，并且签名或盖章。采用委托送达、转交送达时，也必须是按照上述程序进行，并将送达回证退回承办案件的司法机关。邮寄送达的，应当将送达回证和诉讼文书一起挂号邮寄给送达人，送达回证由收件人退回。在这种情况下，收件人在送达回证上签收的日期可能与挂号回执上注明的日期不一致，司法机关应在送达回证上作出说明，并以挂号回执上注明的日期为送达日期。

送达回证是公安司法机关依法送达诉讼文书的证明文件，是计算期间的根据，是送达程序的必要形式。因此，在送达诉讼文书时必须使用送达回证，并且将送达回证入卷归档。

三、送达的程序和方式

根据收件人和送达文书的情形不同，《刑事诉讼法》第 107 条规定了多种送达方式，其程序要求也各不相同。

（一）直接送达

直接送达是指公安司法机关指派人员将诉讼文书直接送达收件人本人的方式。直接送达的程序是：送达人员将诉讼文书交给收件人本人，收件人本人在送达回证上记明收到日期，并且签名或者盖章。如果收件人本人不在，可以交给他的成年家属或者所在单位的负责人员代收，由他们转交收件人本人，代收人也应当在送达回证上记明收到日期，并且签名或者盖章。对未成年人的送达，根据司法解释的规定，应当同时送达未成年人及其法定代理人，并告知该未成年人及其法定代理人依法享有的权利义务。

（二）留置送达

留置送达是指收件人本人或者代收人拒绝接收诉讼文书或者拒绝签名、盖章时，送达人员将诉讼文书放置在收件人或代收人住处的一种送达方式。找不到收件人，同时也找不到代收人时，不能采取留置送达。留置送达的程序是：在收件人本人或者代收人拒绝接收或者拒绝签名、盖章的情况下，送达人员可以邀请他的邻居或者其他见证人到场，说明情况，把文件留在他的住处，并在送达回证上记明拒绝的事由、送达的日期，由送达人签名，即认为已经送达。诉讼文书的留置送达与直接送达收件人具有同样的法律效力。

（三）委托送达

委托送达是指办案机关送达诉讼文书有困难的，委托收件人所在地的公安司法机关代为交给收件人的送达方式。委托送达的程序：公安司法机关委托送达的，应当出具委托函，并附上需要送达的诉讼文书及送达回证，受委托的公安司法机关收到委托送达的诉讼文书，应当登记，并由专人及时送交收件人，然后将送达回证退回委托送达的公安司法机关。

（四）邮寄送达

邮寄送达是指公安司法机关在直接送达有困难的情况下，通过邮局将诉讼文书挂号邮寄给收件人的送达方式。邮寄送达的程序是：邮寄送达的，应当将送达诉讼文书、送达回证挂号邮寄给收件人，挂号回执上注明的日期为送达日期。

（五）转交送达

转交送达是指对特殊的收件人由有关部门转交诉讼文书的送达方式。因送达的对象不同，转交送达的单位也不同：收件人是军人的，应当通过其所在部队团级以上单位的政治部门转交；收件人正在服刑的，应当通过所在监狱或者其他执行机关转交。转交的程序是：代为转交的机关、单位收到诉讼文书后应当立即交收件人签收，并将送达回证及时送回公安司法机关。

（六）公告送达

公告送达是指人民法院在收件人下落不明或者采取上述送达方式无法送达时采取的一种特殊送达方式。司法实践中，公告送达一般在人民法院的公告栏、报纸上刊登公告，公告期满即视为送达。

实训案例

案例一

犯罪嫌疑人黄平，女，34 岁，某汽车公司司机；受害人张艳，女，36 岁，某汽车公司司机，二人系同一单位职工，早晚班同开一辆公交车。由于受害人经常接班不及时，导致犯罪嫌疑人黄平对其憎恨不已。张艳过生日时，其丈夫送其一部苹果手机，价值5000余元。某日，张艳接车时又晚来了半小时，黄平见其包内的新手机，趁张艳换驾驶室时，将其偷走。案发后，黄平认罪态度好，主动交代了自己的犯罪事实，积极退还赃物，被害人也认为自己平时工作不守时，而被告人一直包容自己，手机也不是什么贵重之物，原谅犯罪嫌疑人，要求人民检察院不予追究犯罪嫌疑人黄平的刑事责任。人民检察院认为黄平的行为已构成犯罪，但犯罪情节轻微，依照刑法规定可以免除刑罚，遂作出不起诉决定书。黄平于5月13日收到不起诉决定书后，认为自己的行为不构成犯罪，而不是人民检察院认为的犯罪情节轻微，于是准备第二天向人民检察院申诉。但5月13日的夜里，犯罪嫌疑人因洗澡时煤气泄漏中毒被送到医院抢救，直到5月22日才脱离危险。黄平于5月24日向人民检察院提出申请，要求准许其继续申诉，人民检察院批准了黄平的申请，同意她提交申诉状。

问题：本案中人民检察院的做法是否正确？

分析：本案中人民检察院的做法是正确的。本案涉及刑事诉讼期间计算方法、诉讼期间恢复的规定。《刑事诉讼法》第105条第1～2款规定：期间以时、日、月计算。期间开始的时和日不算在期间以内。《刑事诉讼法》第181条规定：被不起诉人如果不服，可以自收到决定书后7日以内向人民检察院申诉。本案中，黄平不服检察院的不起诉决定，应当在5月14日至20日的7日内提出申诉。由于黄平受煤气中毒影响，在规定期间内无法向检察机关提出申诉，根据《刑事诉讼法》第106条的规定，当事人由于不能抗拒的原因或者有其他正当理由而耽误期限的，在障碍消除后5日以内，可以申请继续进行应当在期满以前完成的诉讼活动。“不能抗拒的原因”是指不以人的意志为转移的不可阻挡的原因。“其他正当理由”是指除不可抗力的原因之外的合理原因，如本案中的煤气中毒。犯罪嫌疑人黄平因洗澡煤气泄漏造成煤气中毒，于5月14日至22日于医院抢救，无法递交申诉状，在其脱离危险后的第二日，即24日递交申诉状，符合“障碍消除后5日以内”继续进行诉讼活动的规定。因此，检察机关的做法是正确的。

案例二

2008年5月，被告人杨某因一些琐事与邻居发生口角，过路行人林某上前进行劝架。杨某认为林某是其邻居一伙的，不是来劝架而是来帮凶的，一气之下拿酒瓶将林某打成轻微脑震荡，涉嫌故意伤害罪被依法逮捕。后杨某的家人积极同受害人家属协商赔偿事宜，最终达成了协议，进行了赔偿。经杨某家人的申请和担保，杨某被取保候审。7月底，被告人杨某被人民检察院提起公诉。人民法院受理案件后，依照法律进行了一系列开庭前的准备工作。审判人员先是电话通知杨某到人民法院领取开庭传票，杨某拒绝领取。后来，人民法院派人到杨某家里送达传票，杨某闻讯后两次故意躲避。人民法院第三次送达时，终于见到了杨某本人。杨某以双方问题已经解决为由，拒绝接收开庭传票，也不在送达回证上签字。送达人员对其进行了耐心细致的说服工作，但杨某仍然拒绝签收。无奈之下，送达人员只好依照法律规定实施留置送达。他们找来杨某的两位邻居（其中有一位不满16岁的青少年）作为送达见证人，当场向他们简要说明上述情况，把传票留在了杨某的住处，并在送达回证上注明杨某拒绝签收、邻居见证、留置传票和送达日期等情况，有送达人员和两位见证人一同签了名。半个月后，人民法院对杨某故意伤害一案进行了公开审理，杨某按时出庭受审。随后人民法院作出了一审判决。

问题：

1. 本案中人民法院的做法存在哪些错误？
2. 结合本案理解刑事诉讼法关于期间、送达的意义。

思考与练习题

1. 简述期间的种类。
2. 简述重新计算期间的情形。
3. 简述送达的方式及相应的程序要求。

第三模块　侦查与起诉程序

第十章

立案程序

本章导读

通过本章的学习，了解立案的概念和特点，掌握立案的材料来源和条件，掌握立案的程序和立案监督的种类，培养学生运用理论知识分析问题、解决问题的能力。

导入案例

内蒙古扎兰屯非法占用草场案

2013年7月，内蒙古自治区扎兰屯市检察院侦监科接到举报称李某非法占用草场60余亩，同时，扎兰屯市草原监理站向扎兰屯市检察院反映公安机关对其移送案件不予立案，并提供了相关证据材料。该院侦监科认为可能存在犯罪事实，于是会同市草原监理站的工作人员立即赶赴现场，对被非法开垦的草场进行实地测量，发现已达到20亩以上。侦监科干警又前往扎兰屯市国土资源局、镇政府、草原站查找航拍图、土地台账等相关书证，经过一系列的调查，确认李某非法开垦的土地性质属于草场。于是，扎兰屯市检察院依法向扎兰屯市公安局发出要求说明不立案理由通知书，市公安局接到通知后主动立案。扎兰屯市公安局于2013年11月14日依法对涉案人李某、祁某提请批准逮捕，市检察院依法作出批准逮捕决定。现本案已被移送审查起诉。

该案是最高人民检察院公布的2013年检察机关危害民生刑事犯罪专项立案监督典型案例。扎兰屯市检察院依法行使立案监督权，使该案顺利进入刑事诉讼程序。刑事诉讼法规定，人民检察院发现公安机关应当立案而不立案，或者被害人认为公安机关应当立案而不立案向人民检察院提出申诉的，人民检察院应当根据事实和法律进行审查，并且进行必要的调查、核实。人民检察院认为需要公安机关说明不立案理由的，经检察长批准，可以要求公安机关在7日内书面说明不立案理由。该案中，人民检察院接到扎兰屯市草原监理站的申诉和群众举报后立即进行了缜密细致的调查取证，最后确认李某非法开垦草场20余亩，于是依法向扎兰屯市公安局发出要求说明不立案理由通知书。扎兰屯市公安局接到通知后主动立案，使案件进入刑事诉讼程序。

本案知识点

立案的材料来源、立案监督。

第一节　立案的材料来源和条件

一、立案的概念和特点

刑事诉讼中的立案是指公安司法机关依照法定职权和程序对涉嫌犯罪的事实材料进行审查，认为有犯罪事实发生且需要追究刑事责任时，决定作为刑事案件进行侦查或者审判的一种诉讼活动。立案具有以下几个特征：

（一）立案是公安司法机关的法定职权

《刑事诉讼法》第109条规定："公安机关或者人民检察院发现犯罪事实或者犯罪嫌疑人，应当按照管辖范围，立案侦查。"第114条规定："对于自诉案件，被害人有权向人民法院直接起诉。被害人死亡或者丧失行为能力的，被害人的法定代理人、近亲属有权向人民法院起诉。人民法院应当依法受理。"以上规定表明：立案是法律赋予公安机关、人民检察院和人民法院的职权，其他任何单位或者个人均无权立案；同时，公安机关、人民检察院和人民法院应当严格按照法律规定的管辖范围行使立案权，不得超越权限。另外，根据刑事诉讼法的规定，国家安全机关、军队保卫部门和监狱对于职权范围内的涉嫌犯罪线索进行审查后，认为符合立案条件的，应当立案。

（二）立案必须依照法定程序进行

立案是刑事诉讼的起始程序，意味着国家刑罚权的发动，因此，立案必须严格依照法定程序进行，以避免刑事责任的错误追究。立案程序包括对立案材料的接受、审查和处理三个步骤，刑事诉讼法对其作出了明确规定。具体而言：首先，公安机关、人民检察院和人民法院对于报案、控告、举报和自首都应当接受，不得以任何理由拒绝，对于不属于自己管辖的，应当移送主管机关处理；其次，按照管辖范围迅速进行审查；最后，认为有犯罪事实且需要追究刑事责任时应当作出立案决定，如果认为没有犯罪事实或者虽有犯罪事实但不需要追究刑事责任时作出不立案决定。

（三）立案是刑事诉讼的必经阶段

普通刑事诉讼程序依次经过立案、侦查、提起公诉、审判和执行五个阶段，某些刑事案件虽然不经过上述五阶段中的一个或者几个阶段，但必须经过立案阶段。例如，刑事自诉案件由受害人直接向人民法院提起自诉，人民法院对自诉材料进行审查，决定立案之后直接进入审判程序，不经过侦查和提起公诉阶段。总之，立案引起刑事诉讼程序的开始，是刑事诉讼的必经阶段。

正确、及时立案有利于公安司法机关迅速揭露犯罪、证实犯罪和惩罚犯罪，也有利于保护公民的人身权利、民主权利和其他合法权益不受非法侵犯，保障无罪的人不受刑事追究，顺利实现刑事诉讼法的任务。

二、立案的材料来源

立案材料是指公安机关、人民检察院发现的或者有关单位、个人向公安司法机关提供的有关犯罪事实和犯罪嫌疑人情况的材料。立案材料是公安司法机关决定是否立案的事实依据，根据我国《刑事诉讼法》的规定和司法实践，立案材料的来源主要包括以下几种：

（一）公安机关、人民检察院等机关自行获取的材料

《刑事诉讼法》第109条规定："公安机关或者人民检察院发现犯罪事实或者犯罪嫌疑人，应当按照管辖范围，立案侦查。"另外，国家安全机关、军队保卫部门和监狱发现犯罪事实或者犯罪嫌疑人，也应当按照管辖范围立案侦查。公安机关、人民检察院是享有侦查权的专门机关，肩负着打击犯罪、维护社会治安的职责，应当依职权积极、主动地发现犯罪事实或者犯罪嫌疑人，而不能仅仅被动地接受犯罪线索。司法实践表明，公安机关、人民检察院主动发现、获取的犯罪线索是立案材料的重要来源。

（二）单位和个人的报案或者举报

《刑事诉讼法》第110条第1款规定："任何单位和个人发现有犯罪事实或者犯罪嫌疑人，有权利也有义务向公安机关、人民检察院或者人民法院报案或者举报。"为鼓励广大人民群众积极同犯罪行为作斗争，本款规定发现犯罪事实或者犯罪嫌疑人后向公安司法机关报案或者举报，既是所有单位和个人依法享有的

权利，也是依法应当履行的义务。

报案和举报有所不同。报案是指有关单位或者个人（包括被害人）向公安司法机关报告发现有犯罪事实或者犯罪嫌疑人的行为。报案的内容侧重于犯罪事实，提供的犯罪事实和证据材料较为笼统，不能明确指出具体的犯罪嫌疑人。举报是指有关单位或者个人（不包括受害人）向公安司法机关检举、揭发犯罪嫌疑人的犯罪事实的行为。举报的内容既包括犯罪嫌疑人也包括犯罪事实，提供的犯罪事实和证据材料也比较具体，能够明确指出具体的犯罪嫌疑人。

（三）被害人的报案和控告

《刑事诉讼法》第110条第2款规定："被害人对侵犯其人身、财产权利的犯罪事实或者犯罪嫌疑人，有权向公安机关、人民检察院或者人民法院报案或者控告。"被害人（包括单位被害人）是受犯罪行为直接侵害的人，了解案件情况较多，他们愿意且能够提供较为具体详细的有关犯罪事实和犯罪嫌疑人的情况。因此，被害人的报案和控告是又一重要的立案材料来源。

报案和控告的区别与前述报案和举报的区别基本相同，需要注意的是，控告与举报的关系。控告是被害人向公安司法机关揭发犯罪嫌疑人侵害其人身权利、财产权利等犯罪事实的行为。控告与举报就其内容而言基本一致，都是向公安司法机关揭发犯罪嫌疑人和犯罪事实。两者的区别在于：就主体而言，控告是由遭受犯罪行为直接侵害的被害人提出，而举报则是由与案件无直接利害关系的单位或者个人提出；就目的而言，控告主要是为了维护自身合法权益，而举报则是往往是为维护国家、社会或者他人的合法权益。

（四）犯罪人的自首

《刑事诉讼法》第110条第4款规定："犯罪人向公安机关、人民检察院或者人民法院自首的，适用第三款规定。"自首是指犯罪分子在犯罪以后自动投案，如实供述自己的罪行，接受公安司法机关审查和裁判的行为。同时，《刑法》第67条第2款规定，被采取强制措施的犯罪嫌疑人、被告人和正在服刑的罪犯，如实供述司法机关还未掌握的本人其他罪行的，以自首论。司法实践表明，犯罪人的自首也是重要的立案材料来源之一。

（五）其他来源

在司法实践中，立案的材料来源还有以下几种：（1）上级机关交办的案件；（2）群众的扭送；（3）党的纪检部门查处后移送追究刑事责任的案件；（4）行政执法机关、行政监察机关移送的案件等。

三、立案的条件

立案的条件是指刑事诉讼法规定的立案的理由，是公安司法机关将某一案件决定作为刑事案件处理的依据。公安司法机关接受或者获取有关犯罪事实和犯罪嫌疑人的材料后，并不必然立案侦查或者审判，而是首先对立案材料依法进行审查，只有符合法定条件才能立案。《刑事诉讼法》第112条规定："人民法院、人民检察院或者公安机关对于报案、控告、举报和自首的材料，应当按照管辖范围，迅速进行审查，认为有犯罪事实需要追究刑事责任的时候，应当立案；认为没有犯罪事实，或者犯罪事实显著轻微，不需要追究刑事责任的时候，不予立案，并且将不立案的原因通知控告人。控告人如果不服，可以申请复议。"根据这一规定，立案必须具备两个条件：一是有犯罪事实，二是需要追究刑事责任。

（一）有犯罪事实

有犯罪事实是指客观上存在依照刑法的规定构成犯罪的事实，这是立案的首要条件。立案标志着国家刑罚权的正式发动，它会限制或者剥夺有关单位、个人的财产权利或者人身权利，因此，公安司法机关必须严格把握"有犯罪事实"这一立案条件。具体而言，"有犯罪事实"包含以下两方面内容：

1. 需要立案追究的必须是依照刑法的规定构成犯罪的事实

公安司法机关立案追究的必须是犯罪行为，即有严重社会危害性并且符合《刑法》分则规定的犯罪构成的行为。某些违法行为虽有社会危害性，但情节显著轻微，危害不大，不构成犯罪；某些违法行为虽有严重的社会危害性，但如果刑法没有将其规定为犯罪，也不能追究刑事责任。需要说明的是，立案要求的有犯罪事实是指存在某种严重危害社会且符合《刑法》分则规定的犯罪构成的行为即可，并不要求必须弄清楚犯罪嫌疑人的具体情况、犯罪过程、犯罪情节等，这些情况可由立案后的侦查或者审理活动来查明。

2. 犯罪事实必须有证据证明

犯罪事实是客观存在的，它必须有证据证明，不能靠主观臆测，如果没有相关证据证明犯罪事实的存在就不能立案。当然，立案所需的证据只要能够证明犯罪事实存在即可，并不要求证据必须能够证明犯罪嫌疑人是谁、犯罪目的、动机、手段和方法等情节。

（二）需要追究刑事责任

需要追究刑事责任是指依照刑法和刑事诉讼法的规定行为人应当被追究刑事责任，这是立案的另一必备条件。根据刑事诉讼法的规定，并不是所有被发现的犯罪事实都需要追究刑事责任，只有既有犯罪事实又需追究刑事责任的才能立案。《刑事诉讼法》第16条规定了虽有犯罪事实但不予追究刑事责任的六种情形：（1）情节显著轻微、危害不大，不认为是犯罪的；（2）犯罪已过追诉时效期限的；（3）经特赦令免除刑罚的；（4）依照刑法告诉才处理的犯罪，没有告诉或者撤回告诉的；（5）犯罪嫌疑人、被告人死亡的；（6）其他法律规定免予追究刑事责任的。因此，即使有犯罪事实，但如果存在以上不予追究刑事责任的六种情形之一，也不应当立案。

有犯罪事实和需要追究刑事责任是立案必须同时具备的两个条件，缺一不可。同时，为便于公安司法机关正确掌握和严格执行法定的立案条件，公安部、最高人民检察院、最高人民法院又分别或者联合制定了具体的立案标准，将刑事诉讼法规定的立案条件在某些刑事案件中具体化，便于司法工作人员操作和掌握。

第二节　立案程序和立案监督

一、立案程序

立案程序是指立案阶段刑事诉讼活动的步骤和形式，包括对立案材料的接受、审查和处理。

（一）对立案材料的接受

报案、控告、举报、自首等材料是刑事案件立案材料的主要来源，公安机关、人民检察院和人民法院对于这些材料的接受是立案程序的开始。根据《刑事诉讼法》的相关规定，对于立案材料的接受应当注意以下几点：

1. 公安机关、人民检察院和人民法院对于报案、控告、举报、自首、扭送等都应当接受且依法作出处理，不得以任何理由推诿或者拒绝。为便于广大人民群众同违法犯罪作斗争，公安司法机关及时有效地打击犯罪，刑事诉讼法对于立案材料的接受问题予以明确规定。《刑事诉讼法》第 110 条第 3 款规定："公安机关、人民检察院或者人民法院对于报案、控告、举报，都应当接受。对于不属于自己管辖的，应当移送主管机关处理，并且通知报案人、控告人、举报人；对于不属于自己管辖而又必须采取紧急措施的，应当先采取紧急措施，然后移送主管机关。"

2. 报案、控告、举报和自首既可以用书面形式提出，也可以用口头形式提出，两者在法律上具有同等效力，公安司法机关都应当接受。接受口头报案、控告、举报和自首的工作人员应当写成笔录，经宣读无误后，由报案人、控告人、举报人、自首人签名或者盖章。必要时应当录音或者录像，以固定证据材料。

3. 接受控告、举报的工作人员应当向控告人、举报人说明诬告应负的法律责任，要求其实事求是、客观准确地提供材料，以保证控告、举报材料的真实性，防止诬告陷害。但是，为鼓励广大人民群众积极同犯罪行为作斗争，对于控告人、举报人因受主客观因素影响而出现的控告、举报内容与事实有出入甚至是错告的情形，必须与诬告严格加以区别，只要不是故意捏造事实、伪造证据诬陷他人，就不能作诬告处理。

4. 公安机关、人民检察院或者人民法院应当保障报案人、控告人、举报人及其近亲属的安全。为防止报案人、控告人、举报人及其近亲属遭受打击报复，报案人、控告人、举报人如果不愿公开自己的姓名和报案、控告、举报的行为，公安司法机关应当为他们保守秘密。同时，对于那些威胁、侮辱、殴打报案人、控告人、举报人及其近亲属的不法分子要严肃查处，依法追究其法律责任。

（二）对立案材料的审查和处理

《刑事诉讼法》第112条规定："人民法院、人民检察院或者公安机关对于报案、控告、举报和自首的材料，应当按照管辖范围，迅速进行审查，认为有犯罪事实需要追究刑事责任的时候，应当立案；认为没有犯罪事实，或者犯罪事实显著轻微，不需要追究刑事责任的时候，不予立案，并且将不立案的原因通知控告人。控告人如果不服，可以申请复议。"这是《刑事诉讼法》对立案材料的审查和处理作出的原则性规定。

人民法院、人民检察院或者公安机关在接受立案材料后应当进行审查，判断是否符合立案条件，然后依法作出相应处理：立案决定或者不立案决定。经审查，如果认为有犯罪事实且需要追究刑事责任，即符合立案条件，应当作出立案决定；如果认为没有犯罪事实，或者犯罪事实显著轻微不需要追究刑事责任，或者虽有犯罪事实但符合《刑事诉讼法》第16条第2～6项规定的不予追究刑事责任情形之一，即不符合立案条件，应当作出不立案决定，并且将不立案的原因通知控告人。

二、立案监督

根据《刑事诉讼法》的规定，立案监督包括控告人的监督和人民检察院的监督两种形式。

（一）控告人的监督

《刑事诉讼法》第112条规定，人民法院、人民检察院或者公安机关决定不予立案时应当将不立案的原因通知控告人，控告人如果不服，可以申请复议。刑事诉讼法赋予控告人申请复议权来实现对刑事立案的监督，既可以保护受害人的合法权益，也可以对公安司法机关应当立案而不立案进行有效的监督和制约。

为便于司法实践，公安部和最高人民检察院分别对控告人的申请复议权作出明确规定。公安部《规定》第179条规定，控告人对不予立案决定不服的，可以在收到不予立案通知书后7日以内向作出决定的公安机关申请复议；公安机关应当在收到复议申请后30日以内作出决定，并将决定书送达控告人。控告人对不予立案的复议决定不服的，可以在收到复议决定书后7日以内向上一级公安机关申请复核；上一级公安机关应当在收到复核申请后30日以内作出决定。对上级公安机关撤销不予立案决定的，下级公安机关应当执行。案情重大、复杂的，公安机关可以延长复议、复核时限，但是延长时限不得超过30日，并书面告知申请人。最高人民检察院《规则》第173条规定，控告人如果不服，可以在收到不立案通知书后10日以内向上一级人民检察院申请复议。对不立案的复议，由人民检察院控告检察部门受理。

（二）人民检察院的监督

人民检察院是国家的法律监督机关，在刑事诉讼中有权对整个刑事诉讼活动实行法律监督，立案是刑事诉讼程序中的一个相对独立的诉讼阶段，自然应当包括在人民检察院的法律监督之内。

《刑事诉讼法》第113条规定，人民检察院认为公安机关对应当立案侦查的案件而不立案侦查的，或者被害人认为公安机关对应当立案侦查的案件而不立案侦查，向人民检察院提出的，人民检察院应当要求公安机关说明不立案的理由。人民检察院认为公安机关不立案理由不能成立的，应当通知公安机关立案，公安机关接到通知后应当立案。该规定是人民检察院对于公安机关的立案监督，具体程序如下：

1. 人民检察院发现公安机关应当立案而不立案，或者被害人认为公安机关应当立案而不立案向人民检察院提出申诉的，人民检察院应当根据事实和法律进行审查，并且进行必要的调查、核实。人民检察院认为需要公安机关说明不立案理由的，经检察长批准，可以要求公安机关在7日内书面说明不立案理由。

2. 公安机关对于人民检察院要求说明不立案理由的案件，应当对不立案的情况、依据和理由作出书面说明，在7日内制作《不立案理由说明书》，经县级以上公安机关负责人批准后，通知人民检察院。公安机关作出立案决定的，应当将立案决定书复印件送达人民检察院。

3. 人民检察院通过审查，认为公安机关不立案理由不能成立，应当向公安机关发出《通知立案书》，同时将有关证明应当立案的材料移送公安机关。公安机关收到通知立案书后，应当在15日内决定立案，并将立案决定书送达人民检察院。人民检察院还应当依法对通知立案的执行情况进行监督。

公安部《规定》第183条规定，人民检察院认为公安机关不应当立案而立案，提出纠正意见的，公安机关应当进行调查核实，并将有关情况回复人民检察院。由于刑事诉讼法没有规定人民检察院对于公安机关不应当立案而立案的监督，因此，该规定是对人民检察院立案监督的有益补充。当然，该规定过于笼统，还需要立法加以明确、细化，以便于操作。

实训案例

案例一

王某系A市某工地一建筑工人。2014年5月19日晚，王某酒后回工地宿舍途中，看到女孩李某孤身一人行走，于是上前言语挑逗，李某对其大声呵斥。王某恼羞成怒，上前殴打李某，最后王某害怕恶行暴露，决定杀人灭口，拼命卡住李某颈部，致其窒息。王某以为李某死亡，遂往其住处附近的区法院投案自首，称自己杀了人。但区法院值班人员告诉王某，法院不受理杀人案，告知他去公安局自首。王某在去公安局的路上，意识到杀人要偿命，便乘出租车逃往B市。李某昏迷后被路过的居民赵某发现，经医院紧急救治后很快恢复健康。李某向公安机关报案，而公安机关答复说：只有抓到犯罪嫌疑人才能立案，现在犯罪嫌疑人在逃，不予立案。

问题：本案中法院、公安机关进行的诉讼程序有何不当？

分析：

1. 法院的错误

（1）法院值班人员不应当不接受王某的自首。刑事诉讼法规定，公安机关、人民检察院和人民法院对于报案、控告、举报、自首、扭送等都应当接受且依法作出处理，不得以任何理由推诿或者拒绝。因此，人民法院对于王某的自首应当接受，然后移送有管辖权的机关——公安机关。

（2）法院值班人员未对王某采取紧急措施，致其逃走的做法错误。刑事诉讼法规定，对于不属于自己管辖而又必须采取紧急措施的，应当先采取紧急措施，然后移送主管机关。该案中，杀人案虽不属法院管辖，但是情况紧急，法院应当先采取紧急措施，控制住王某，然后移送公安机关。

2. 公安机关的错误

公安机关不应以没有抓到犯罪嫌疑人为由决定不立案。根据《刑事诉讼法》的规定，有犯罪事实且需要追究刑事责任就应当立案。该案中，王某实施了故意杀人的犯罪行为，且不具备《刑事诉讼法》第16条规定的不追究刑事责任的情形之一，故属有犯罪事实且需要追究刑事责任，因此公安机关应当立案。

案例二

赵某与钱某系邻居，两人因宅基地纠纷经常闹矛盾。2015年9月11日下午，赵某纠集几个朋友冲入钱某家中对钱某进行殴打，致钱某骨折、脑震荡。钱某到公安机关控告赵某，但公安机关以没有人能证明钱某身上的伤是赵某所打为由，通知钱某不予立案。

问题：对于公安机关的不立案决定，钱某应该怎么办?

思考与练习题

1. 结合具体案例分析立案的条件。
2. 简述应如何完善我国刑事诉讼中的立案监督机制。

第十一章

侦查程序

本章导读

通过本章的学习，了解侦查的概念和特点，掌握具体侦查行为的法定程序和要求，理解侦查终结的条件和处理方式，掌握侦查羁押的期限，了解补充侦查的种类及相应的处理程序，在司法实践中顺利解决侦查过程中遇到的基本问题。

导入案例

浙江叔侄案

1. 案件始末

2003年5月18日晚上9时左右，张高平和侄子张辉驾驶皖J-11260解放牌货车去上海，17岁的王某经别人介绍搭他们的顺风车去杭州。叔侄二人将王某送至杭州市的一个立交桥，后驾驶货车进入了沪杭高速前往上海。几天后，二人突然被警方抓捕。原来，2003年5月19日杭州市公安局西湖区分局接到报案，在杭州市西湖区一水沟里发现一具女尸，而这具女尸正是5月18日搭乘他们便车的女子王某。公安机关初步认定是当晚开车搭载被害人的张高平和张辉所为。后在公安机关的侦查审讯中，张高平与张辉交代，当晚在货车驾驶座上对王某实施强奸致其死亡，并在路边抛尸。2004年4月21日，杭州市中级人民法院以强奸罪判处张辉死刑，张高平无期徒刑。2004年10月19日，浙江省高级人民法院终审改判张辉死缓、张高平有期徒刑15年。

此后，狱中的张高平、张辉均坚称自己无罪。张高平称，杭州另一起杀人强奸案中的凶手勾海峰系此案嫌疑人。张辉称，曾在狱中遭遇牢头狱霸袁连芳的暴力取证。在服刑期间，即便是有减刑的机会，张高平也坚持不认罪、不减刑，坚持自己是清白的。

2005 年 1 月 8 日，出租车司机勾海峰杀害一名女孩。在案发 3 个月后，杀人凶手勾海峰走完了一审、二审及死刑复核程序，被执行枪决。2011 年 11 月 22 日，杭州市公安局将死者王某 8 个指甲末端擦拭滤纸上分离出来的一名男性 DNA 分型与数据库进行比对时，发现与勾海峰 DNA 分型七个位点存在吻合的情况。这是浙江叔侄案于 2011 年 11 月 21 日经媒体曝光后的第二天。杭州市公安局对这一比对结果仍不确信，又立即将此结果送公安部物证鉴定中心再次进行鉴定。2011 年 12 月 6 日，该中心出具《物证鉴定查询比对报告》证明，经查询比对，从王某指甲中提取的 DNA 检出的混合 STR 分型中包含与勾海峰的 STR 分型，“上述鉴定意见具有科学依据，符合客观性要求”。至此，真相已无限接近，勾海峰极可能是杀害王某的凶手。2012 年 7 月，浙江高院再审法官调阅了勾海峰的案卷。然而，勾海峰当年很快就被枪决了，从法律上来说，勾海峰只能是王某命案中未经审判的疑凶。

在监狱中，经过张高平本人及家属的申诉，2012 年 2 月 27 日，浙江省高级人民法院对该案立案复查。2013 年 3 月 26 日，浙江省高级人民法院的公开宣判认为，有新的证据证明，本案不能排除系他人作案的可能。最终，认定原判定罪、适用法律错误，宣告张辉、张高平无罪。

2. 案件反思

侦查是刑事诉讼活动的重要一环，严格遵循刑事诉讼法关于侦查程序的规定，可以为人民检察院准确提起公诉、人民法院正确进行审判奠定基础。现仅就该案侦查程序中存在的问题作一简要分析。

（1）侦查只能由法定的侦查机关进行。刑事诉讼法规定，侦查只能由法定的侦查机关进行，包括公安机关、人民检察院、国家安全机关、军队保卫部门、监狱和走私犯罪侦查机关。除此以外，其他任何机关、团体与个人都无权行使侦查权。

该案在法庭审理阶段，公诉方出示了一个叫袁连芳的人的证言。他说，张辉在看守所关押期间向他讲述了奸杀王某的经过。张辉的代理律师认为，只有公安机关、人民检察院、国家安全机关才有行使侦查的权力，秘密力量只能提供情报，为办案机关提供一些有价值的线索，而不能参与侦查。浙江省高级人民法院对此也予以确认：该案侦查机关违法使用秘密力量袁连芳采用暴力、威胁等方法参与案件侦查，获取张辉有罪供述。这违反了刑事诉讼法关于侦查只能由法定的侦查机关进行的规定。

（2）严禁刑讯逼供。刑事诉讼法规定，严禁侦查人员刑讯逼供或使用威胁、引诱、欺骗以及其他非法的方法获取口供，构成犯罪的，依法追究其刑事责任。采用刑讯逼供等非法方法收集的犯罪嫌疑人的口供，应当予以排除。

张辉说，他在被羁押期间遭到了公安部门“特别方式”的讯问。张辉的代理律师说，在这个案件中，秘密力量袁连芳亲自实施了获取证据的行为，并且在获取证据的时候还采用非法的方式，比如殴打、威胁，还有一些指供，把犯罪现场图纸画好，让张辉去指认现场，这种严重的违法行为所取得的证据必须排除。浙江省高级人民法院也认为，该案侦查机关违法使用秘密力量袁连芳采用暴力、威胁等方法参与案件侦查，获取张辉有罪供述，同时又以袁连芳的证言作为证据，直接导致了这起冤案。这就严重违反了刑事诉讼法规定的讯问犯罪嫌疑人的程序和非法言词证据排除规则。

（3）严格把握侦查终结的条件。根据刑事诉讼法和有关规定，侦查终结后移送人民检察院审查起诉的案件应同时符合下列条件：案件事实清楚；证据确实、充分；犯罪性质和罪名认定正确；法律手续完备；依法应当追究刑事责任。根据《刑事诉讼法》第55条的规定，证据确实、充分，是指：第一，定罪量刑的事实都有证据证明；第二，据以定案的证据均经法定程序查证属实；第三，综合全案证据，对所认定的事实已排除合理怀疑。

我们简要分析据以对张氏叔侄作出判决的证据材料。人民法院在判决书中列出了26条证据，5条是关于死者位置、衣着、死因、遗物等的描述，9条是关于死者行程、通信等情况的证明，9条是关于张氏叔侄户籍背景、抓捕情况、指认现场、货车及侦查实验等相关阐述。剩余3条分别是：其一，情况说明，杭州市公安局西湖刑侦大队证实从未对张氏叔侄进行过刑讯逼供；其二，同监舍被关押的一个叫袁连芳的人，证明听到过张辉说他奸杀了17岁的女孩王某；其三，张氏叔侄的口供，他们承认将受害人奸杀。陈卫东教授认为，作为本案直接证据的张氏叔侄的口供，是在他们经历了连续审讯、突击审问甚至（可能）有刑讯逼供，伴有威胁、利诱和欺骗这一系列的法律所禁止的方法获得的证据，按照非法证据排除规则，本案的口供是不能作为定案的证据的。因此，虽然案件的证据数量很多，但没有能够直接起证明作用的证据。同时，办案机关又恰恰忽视了被害人8个手指留下的DNA，对于这样的可能否定张氏叔侄犯罪的证据，没有认真地审查、判断。因此，该案证据远未达到确实、充分这一要求，根本不符合侦查终结后移送审查起诉的条件。

本案知识点

侦查主体、讯问犯罪嫌疑人、侦查终结。

第一节 侦查概述

一、侦查的概念

侦查是指公安机关、人民检察院对于刑事案件，依照法律进行的收集证据、查明案情的工作和有关的强制性措施。对于侦查的概念可从以下几个方面来理解：

（一）侦查活动的主体是法定的侦查机关

为保护公民的人身、财产等合法权益，保障国家侦查权的统一行使，刑事诉讼法和相关法律对侦查权的行使作了明确规定。侦查的主体只能是法定的享有刑事侦查权的国家机关，包括公安机关、人民检察院、国家安全机关、军队保卫部门、监狱和中国海警局等机关。除此以外，其他任何机关、团体与个人都无权行使侦查权。需要注意，有关机关、团体和单位的保卫处（科）对本单位内部发生的刑事案件无侦查权，它们只是协助公安机关调查取证。

（二）侦查活动的内容包括收集证据、查明案情的工作和有关的强制性措施

侦查活动包括两方面内容：一是收集证据、查明案情的工作，二是有关的强制性措施。收集证据、查明案情的工作，具体包括讯问犯罪嫌疑人，询问证人、被害人，勘验、检查，搜查，查封、扣押物证、书证，鉴定，辨认，技术侦查措施，通缉等诉讼活动。有关的强制性措施是指刑事诉讼法所规定的为收集证据、查明犯罪和查获犯罪人而采用的限制、剥夺人身自由或对人身、财物进行强制的措施。具体包括两类：一类是侦查活动中采用的五种强制措施，包括拘传、取保候审、监视居住、拘留、逮捕五种；另一类是在进行专门调查工作中必要的强制性方法，如强制检查、强行搜查、强制扣押等。

（三）侦查活动必须严格依法进行

侦查活动具有相当大的强制性，容易对公民的人身权利和财产权利造成侵害，因此，侦查活动必须严格依法进行。刑事诉讼法对侦查的种类、条件、程序等都作了比较明确的规定，侦查人员在侦查过程中必须严格遵守法律规定，实施专门调查工作和有关的强制性措施，以切实保证公民的合法权益，更好地完成侦查任务。

二、侦查的任务

（一）全面、客观地收集证据，查明犯罪事实，查获犯罪嫌疑人

侦查机关对已经立案的刑事案件，应当进行侦查，全面客观地收集、调取犯罪嫌疑人有罪或者无罪、罪轻或者罪重的证据材料，并依法进行审查、核实；准确查明犯罪的动机、目的、时间、地点、犯罪过程及犯罪结果等与定罪量刑有关的案件情况；对现行犯或者重大嫌疑分子可以依法先行拘留，对符合逮捕条件的犯罪嫌疑人应当依法逮捕，对依法应当逮捕而在逃的犯罪嫌疑人，应采取有效措施将其抓捕归案。

（二）保障无罪的人不受刑事追究，保障犯罪嫌疑人和其他诉讼参与人的诉讼权利不受侵犯

在侦查活动中，既要收集犯罪嫌疑人有罪和罪重的证据，也要收集犯罪嫌疑人无罪和罪轻的证据，以确保无罪的人不受刑事追究，确保犯罪嫌疑人不受错误的刑事追究。同时，要切实采取措施充分保障犯罪嫌疑人的诉讼权利，特别是辩护权和申诉、控告权，不得用刑讯逼供和以威胁、引诱、欺骗以及其他非法的方法收集证据，不得强迫任何人证实自己有罪。最后，还要保障其他诉讼参与人的诉讼权利不受侵犯。

第二节 侦查行为

侦查行为，是指侦查机关在办理案件过程中，依照法律规定进行的各种专门调查活动。根据《刑事诉讼法》、公安部《规定》和最高人民检察院《规则》的规定，侦查行为主要有以下九种：

一、讯问犯罪嫌疑人

（一）概念

讯问犯罪嫌疑人是指侦查人员依法以言词方式向犯罪嫌疑人查问案件事实及其他与案件有关问题的侦查活动。通过讯问犯罪嫌疑人，可以查明犯罪的动机、目的、时间、地点、犯罪过程及犯罪结果等与定罪量刑有关的案件情况；可以迅速查获赃款、赃物及其他犯罪证据，及时侦破案件；可以为犯罪嫌疑人充分行使辩护权和获得从宽处理提供机会。

(二) 基本要求

1. 讯问主体

讯问犯罪嫌疑人，必须由公安机关或者人民检察院的侦查人员进行，除法律规定以外，其他任何机关、团体和个人均无权行使这项权力。讯问的时候，侦查人员不得少于2人。

2. 讯问时间

传唤、拘传持续的时间不得超过12小时，案情特别重大、复杂，需要采取拘留、逮捕措施的，传唤、拘传持续的时间不得超过24小时，不得以连续传唤、拘传的形式变相拘禁犯罪嫌疑人。传唤、拘传犯罪嫌疑人，应当保证犯罪嫌疑人的饮食和必要的休息时间。对于被拘留或者逮捕的犯罪嫌疑人，应当在拘留或者逮捕后24小时内进行讯问。

3. 讯问地点

讯问犯罪嫌疑人要在法定场所内进行。对于被羁押的犯罪嫌疑人，讯问应当在看守所内进行。对不需要逮捕、拘留的犯罪嫌疑人，可以在犯罪嫌疑人所在市、县内的指定地点或者他的住处进行讯问，但是应当出示人民检察院或者公安机关的证明文件。对在现场发现的犯罪嫌疑人，经出示工作证件，可以现场讯问，但是应当在讯问笔录中注明。

4. 讯问方法

(1) 侦查人员的告知义务。侦查人员在讯问犯罪嫌疑人的时候，应当告知犯罪嫌疑人享有的诉讼权利，如实供述自己罪行可以从宽处理和认罪认罚的法律规定，并将告知情况记入笔录。

(2) 侦查人员讯问时，应当讯问犯罪嫌疑人是否有犯罪行为，让他陈述有罪的事实或者无罪的辩解，应当允许其连贯陈述，然后向他提出问题。犯罪嫌疑人对侦查人员的提问，应当如实回答，但是对与本案无关的问题，有拒绝回答的权利。

(3) 对于同案犯罪嫌疑人的讯问，应当个别进行。未被讯问的犯罪嫌疑人不得在场，以防止同案犯串供或者互相影响。在侦查阶段一般也不宜在同案犯罪嫌疑人之间进行对质。

(4) 特殊对象的讯问。为了保障未成年、聋、哑和不通晓当地语言文字的犯罪嫌疑人的合法权益，对他们进行讯问的具体要求是：①讯问未成年犯罪嫌疑人时，应当通知其法定代理人到场；无法通知、法定代理人不能到场或者法定代理人是共犯的，也可以通知未成年犯罪嫌疑人的其他成年亲属，所在学校、单位、居住地基层组织或者未成年人保护组织的代表到场，并将有关情况记录在案。②讯问女性未成年犯罪嫌疑人时，应当有女工作人员在场。③讯问聋、哑的犯罪嫌疑人，应当有通晓聋、哑手势的人参加。④讯问不通晓当地通用语言文字的犯罪嫌疑人，应当为他们翻译。

5. 讯问笔录

讯问犯罪嫌疑人应当制作讯问笔录，如实记载提问、回答和其他在场人情况。讯问笔录应当交犯罪嫌疑人核对，对于没有阅读能力的，应当向他宣读。如果记载有遗漏或者差错，犯罪嫌疑人可以提出补充或者改正。犯罪嫌疑人承认笔录没有错误后，应当签名或者盖章。侦查人员也应当在笔录上签名。犯罪嫌疑人请求自行书写供述的，应当准许。必要的时候，侦查人员也可以要求犯罪嫌疑人亲笔书写供词。

6. 录音、录像制度

侦查人员在讯问犯罪嫌疑人的时候，可以对讯问过程进行录音或者录像；对于可能判处无期徒刑、死刑的案件或者其他重大犯罪案件，以及人民检察院立案侦查的职务犯罪案件，应当对讯问过程进行录音或者录像。对讯问过程录音或者录像的，应当对每一次讯问全程不间断进行，保持完整性，不得选择性录制，不得剪接、删改。

严禁侦查人员刑讯逼供或使用威胁、引诱、欺骗以及其他非法的方法获取口供，构成犯罪的，依法追究其刑事责任。采用刑讯逼供等非法方法收集的犯罪嫌疑人的口供，应当予以排除。

二、询问证人、被害人

（一）概念

询问证人、被害人是指侦查人员依法以言词方式向证人、被害人调查了解案件有关情况的侦查活动。询问证人、被害人既是直接获得证人证言、被害人陈述的必要方法，也是进一步发现、收集、核实案件其他证据，全面查明案情的重要手段。

（二）询问证人的基本要求

1. 询问主体

询问证人只能由侦查人员进行，且侦查人员不得少于2人。

2. 询问地点

侦查人员询问证人，可以在现场进行，也可以到证人所在单位、住处或者证人提出的地点进行。在必要的时候，可以通知证人到公安机关或者人民检察院提供证言。“必要的时候”是指为了保护证人安全、保守侦查秘密、防止证人受到干扰等，才可以通知证人到侦查机关提供证言。

3. 询问方法

（1）询问前，应当了解证人的基本情况，了解证人与犯罪嫌疑人、被害人之间的关系。

(2) 询问时，应当首先告知证人必须如实地提供证据、证言和有意作伪证或者隐匿罪证应负的法律责任，然后告知证人依法享有的各种诉讼权利。

(3) 询问证人，一般应先让证人就他所知道的情况作连续的详细叙述，并问明所叙述的事实的来源，然后根据其叙述结合案件中应当判明的事实和有关情节，向证人提出问题，让证人回答。此外，侦查人员不得向证人泄露案情或者表达对案件的看法。

(4) 询问证人应当个别进行。同一案件有多个证人需要询问的时候，侦查人员应当对每个证人单独进行询问；询问某一名证人的时候，其他证人不得在场。这样既可以消除证人的思想顾虑，使他们充分陈述自己的所见所闻，又可以避免证人之间相互串通或者相互影响。

(5) 特殊对象的询问。询问未成年证人时，应当通知其法定代理人到场；询问聋、哑证人，应当有通晓聋、哑手势的人做翻译，并记入笔录；询问不通晓当地语言文字的人、外国人，应当为他们翻译。

4. 询问笔录

询问证人应当制作笔录，如实记载提问、回答。询问笔录应当交证人核对或者当面宣读。如果记载有遗漏或者差错，证人可以提出补充或者改正。证人承认笔录没有错误后，应当签名或者盖章。侦查人员也应当在笔录上签名。证人请求自行书写证言的，应当准许。必要的时候，侦查人员也可以要求证人亲笔书写证言。

5. 保障证人客观提供证据

侦查人员应当为证人提供能够客观充分地提供证据的条件，严禁采用暴力、威胁、引诱、欺骗及其他非法的方法获取证言，构成犯罪的，依法追究其刑事责任。采用暴力、威胁等非法的方法获取的证言，应当予以排除。

6. 保障证人的诉讼权利

侦查机关应当保障证人依法享有的诉讼权利，保障证人及其近亲属的安全。对于证人及其近亲属进行威胁、侮辱、殴打或者打击报复构成犯罪的，应依法追究刑事责任，尚不够刑事处罚的，依法给予治安管理处罚。

(三) 询问被害人

询问被害人适用询问证人的程序。

三、勘验、检查

(一) 概念

勘验、检查是指侦查人员对与犯罪有关的场所、物品、尸体或者人身进行勘查、检验或检查，以发现和收集犯罪活动所遗留的各种痕迹和物品的侦查活动。

勘验、检查是发现、收集与犯罪活动有关的物证、书证、视听资料的重要途径，它对于侦查人员发现、收集和固定犯罪的痕迹和证物，全面分析、判断案件性质，确定侦查范围与方向均具有重要意义。

需要注意的是，为了保证勘验、检查的质量，防止出现差错，人民检察院审查案件的时候，对公安机关的勘验、检查，认为需要复验、复查时，可以要求公安机关复验、复查，并且可以派检察人员参加。另外，人民检察院在具备条件的情况下，也可以自行复验、复查。

（二）基本要求

根据《刑事诉讼法》的规定，勘验、检查可以分为现场勘验、物证检验、尸体检验、人身检查和侦查实验五种。

1. 现场勘验

现场勘验是指侦查人员对刑事案件的犯罪现场进行勘查和检验的侦查活动。现场勘验的基本要求是：

（1）保护犯罪现场。犯罪现场是犯罪人实施犯罪、遗留有与犯罪有关的痕迹和物证的场所。任何单位和个人都有义务保护犯罪现场，并且应当立即通知公安机关派员勘验。接案后，执行勘查的侦查人员应当立即赶赴现场。

（2）现场勘验由侦查人员进行，且侦查人员不得少于 2 人，同时必须持有公安机关或者人民检察院的证明文件。在必要的时候，可以指派或聘请具有专门知识的人在侦查人员的主持下进行。为了保证勘验的客观公正性，应当邀请 2 名与案件无关的见证人在场。

（3）在现场勘验时，侦查人员应当及时向被害人、目睹人、报案人和现场周围的群众进行调查访问，以便了解案发前和案发时现场的状况，发现和收集同案件有关的各种情况，并及时采取紧急措施固定和保全各种证据。

（4）现场勘验情况应当制作笔录，客观、全面地反映现场的实际情况和侦查人员的勘查活动。侦查人员、参加勘验的其他人员和见证人都应当在笔录上签名或盖章。对于重大案件的现场，应当录像。

2. 物证检验

物证检验是指侦查人员对侦查过程中收集到的物品及其痕迹进行检查、验证，以确定该物证与案件事实之间关系的侦查活动。

物证检验应当及时、细致，如果需要专门技术人员进行检验和鉴定的，应当指派或聘请鉴定人进行。物证检验应当制作检验笔录，参加检验的人员和见证人均应签名或者盖章。

3. 尸体检验

尸体检验是指由侦查机关指派或聘请的法医或医师对非正常死亡者的尸体进

行尸表检验或尸体解剖的侦查活动。其目的在于确定死亡的时间和原因，判明致死的工具、手段和方法，为查明案情和查获犯罪嫌疑人提供线索和证据。尸体检验的基本要求是：

（1）为了确定死因，公安机关或者人民检察院有权决定解剖尸体，并且通知死者家属到场，让其在解剖尸体通知书上签名。死者家属无正当理由拒不到场或者拒绝签名的，侦查人员应当在解剖尸体通知书上注明。对于身份不明的尸体，无法通知死者家属的，应当在笔录中注明。

（2）尸体检验应当在侦查人员的主持下由法医或者医师进行。尸体检验情况，应当详细写成笔录，并由侦查人员、进行检验的法医或医师、死者的家属或见证人签名，并注明时间。

4. 人身检查

人身检查是指为了确定被害人、犯罪嫌疑人的某些特征、伤害情况或者生理状态，依法对其身体进行检验、查看的侦查活动。人身检查是对活人人身进行的一种特殊检验，涉及公民的人身权利和自由，因此必须严格按照《刑事诉讼法》和其他有关规定进行。人身检查的基本要求是：

（1）人身检查应当由侦查人员进行，必要时可以指派、聘请法医或医师进行。采集血液等生物样本应当由医师进行。

（2）犯罪嫌疑人如果拒绝检查、提取、采集，侦查人员认为有必要时可对其进行强制检查、提取、采集，但对被害人的人身不得进行强制检查。检查妇女的身体，应当由女工作人员或医师进行。

（3）人身检查不得采用损害被检查人生命、健康或者贬低其名誉或人格的方法。

（4）人身检查应制作笔录，详细记载检查情况和结果，并由侦查人员、检查人员、被检查人员和见证人签名。

5. 侦查实验

侦查实验是指为了确定与案件有关的某一事实在某种情况下能否发生或者怎样发生，侦查人员按当时的情况或条件进行试验的侦查活动。侦查实验是审查证人证言、被害人陈述、犯罪嫌疑人供述与辩解是否真实，能否作为定案依据的有效方法。侦查实验的基本要求是：

（1）在必要的时候，经县级以上侦查机关负责人批准，可以进行侦查实验。侦查实验既可以在现场勘验过程中进行，也可以单独进行。

（2）进行侦查实验时，应当邀请 2 名见证人在场，在必要的时候可以聘请有关专业人员参加，也可以要求犯罪嫌疑人、被害人、证人参加。

（3）侦查实验的条件应当与原来的条件相同或者相似，并且尽可能对同一情况重复实验，以保证其科学性和准确性。

（4）侦查实验应禁止一切足以造成危险、侮辱人格或者有伤风化的行为。

（5）侦查实验应当制作笔录，写明实验的目的、时间和地点、实验的条件以及实验的经过和结果，由参加侦查实验的人员签名或者盖章。必要时可以对侦查实验录音、录像。

四、搜查

（一）概念

搜查是指侦查人员对犯罪嫌疑人以及可能隐藏罪犯或者犯罪证据的人的身体、物品、住处或其他有关的地方进行搜索、检查的侦查活动。搜查的目的是收集犯罪证据，及时查获犯罪嫌疑人，保证刑事诉讼活动顺利进行。

（二）基本要求

1. 搜查的主体和对象

搜查只能由侦查人员进行，且侦查人员不得少于2人。必要时，可以邀请有关单位协助进行。搜查的对象，既可以是犯罪嫌疑人，也可以是其他可能隐藏罪犯或者犯罪证据的人；既可以对人身进行，也可以对被搜查人的住处、物品和其他有关场所进行。搜查妇女的身体，应当由女工作人员进行。

任何单位和个人，都有义务按照公安机关和人民检察院的要求，交出可以证明犯罪嫌疑人有罪或者无罪的物证、书证、视听资料。

2. 搜查的程序

（1）搜查前，应当了解被搜查对象的基本情况、搜查现场及周围环境，确定搜查的范围和重点，明确搜查人员的分工和责任。

（2）搜查时，必须向被搜查人出示搜查证，否则，被搜查人有权拒绝搜查。在执行逮捕、拘留时，遇有下列紧急情况之一，不利用搜查证也可以搜查：犯罪嫌疑人随身携带凶器的；可能隐藏爆炸、剧毒等危险物品的；可能隐匿、毁弃、转移犯罪证据的；可能隐匿其他犯罪嫌疑人的；其他紧急情况。

（3）搜查时，应当有被搜查人或者他的家属、邻居或者其他见证人在场，以监督、证明搜查程序的合法性与正当性。

（4）在搜查过程中，如果遇到阻碍，可以强行进行搜查。对以暴力、威胁方法阻碍搜查的，应当予以制止或者将其带离现场；阻碍搜查构成犯罪的，应当依法追究刑事责任。

（5）搜查的情况应当依法制作笔录，并由侦查人员和被搜查人或者他的家属、邻居或者其他见证人签名或盖章。如果被搜查人拒绝签名，或者被搜查人在逃，他的家属拒绝签名或者不在场的，侦查人员应当在笔录中注明。

五、查封、扣押物证、书证

(一) 概念

查封、扣押物证、书证是指侦查人员依法对与案件有关的物品、文件、款项等强制扣留或者冻结的侦查活动。查封、扣押物证、书证是取得和保全证据的重要手段，它可以防止证明犯罪嫌疑人有罪或无罪、罪重或罪轻的物证、书证发生毁弃、丢失或被隐藏等现象的发生，保证侦查人员依法扣押的物证、书证在认定案件事实、揭露证实犯罪、保障无罪公民不受刑事追究方面发挥应有作用。

(二) 基本要求

1. 扣押物证、书证只能由公安机关或者检察机关的侦查人员进行，人数不得少于2人，并需持有侦查机关的证明文件。侦查人员如果是在勘验、检查和搜查中发现需要扣押的物品、文件时，凭勘查证和搜查证即可予以扣押。

2. 查封、扣押的范围只限于与查明案件事实有关的具有证据意义的各种物品、文件，与案件无关的物品、文件不得扣押。对违禁品无论是否与本案有关，都应先行扣押，然后交有关部门处理。

3. 对查封、扣押的物品和文件，应当会同在场见证人和被查封、扣押物品、文件的持有人查点清楚，当场开列查封、扣押清单一式三份，写明物品或者文件的名称、编号、数量、特征及其来源等，由侦查人员、持有人和见证人签名，一份交给持有人，一份交给公安机关保管人员，一份附卷备查。对于无法确定持有人的物品、文件或者持有人拒绝签名的，侦查人员应当在清单中注明。

4. 对于查封、扣押的物品、文件，侦查机关应当妥善保管或者封存，不得使用、毁损或丢弃。

5. 侦查人员根据侦查的实际需要，经公安机关或人民检察院批准，可依法扣押犯罪嫌疑人的邮件、电报，也可以依法查询、冻结犯罪嫌疑人的存款、汇款、债权、股票、基金份额等财产。但犯罪嫌疑人的存款、汇款、债权、股票、基金份额等财产已被冻结的，不得重复冻结，可以要求有关单位在解冻前通知公安机关或者人民检察院。

6. 对于查封、扣押的物品、文件、邮件、电报或者冻结的存款、汇款、债权、股票、基金份额等财产，经查明确实与案件无关的，应当在3日以内解除查封、扣押、冻结，退还原主或原邮电机关。

六、鉴定

(一) 概念

鉴定是指侦查机关指派或聘请具有专门知识的人对案件中某些专门性问题进

行鉴别判断并作出结论的侦查活动。根据鉴定所涉及的专门性问题不同，在侦查中的鉴定主要有刑事技术鉴定、精神病的医学鉴定、毒物鉴定、扣押物品的价格鉴定、文物鉴定、司法会计鉴定等。通过鉴定，可以对与案件有关的物品、文件、痕迹、人身和尸体等证据材料的真伪作出科学、公正的判断，从而有效地查明案件事实，正确认定案情，为惩罚犯罪、保护无辜提供有力的根据。

（二）基本要求

1. 鉴定人。鉴定人的选定有两种方式：一是由侦查机关指派其内部具有鉴定资格的专业人员，二是由侦查机关聘请具有鉴定资格的专业人员。指派或者聘请的鉴定人应当是具有某项专门知识且与本案没有利害关系，能够保证客观、公正进行鉴定的人。

2. 侦查机关应当为鉴定人进行鉴定提供必要的条件，及时向鉴定人送交有关检材和对比样本等原始材料，介绍与鉴定有关的情况，并且明确提出要求鉴定解决的问题。但禁止暗示或者强迫鉴定人作出某种鉴定意见。

3. 鉴定人应当按照鉴定规则，运用科学方法独立、如实进行鉴定。鉴定人故意作虚假鉴定的，应当承担法律责任。鉴定后，鉴定人应当出具鉴定意见，并在鉴定意见书上签名。多人参加鉴定，鉴定人有不同意见的，应当注明。

4. 侦查人员应当对鉴定意见进行审查。如果有疑问，可以要求鉴定人作补充鉴定，必要时也可以另行指派或者聘请鉴定人重新鉴定。

5. 侦查机关应当将用作证据的鉴定意见及时告知犯罪嫌疑人、被害人或者其法定代理人。如果犯罪嫌疑人、被害人或者其法定代理人提出申请，经批准后可以补充鉴定或者重新鉴定。

6. 公诉人、当事人或者辩护人、诉讼代理人对鉴定意见有异议，经人民法院依法通知的，公安机关鉴定人应当出庭作证。

根据《刑事诉讼法》的规定，对犯罪嫌疑人作精神病鉴定的时间不计入办案期限，其他鉴定时间都应当计入办案期限。

七、辨认

（一）概念

辨认是指侦查人员在必要时让被害人、证人或者犯罪嫌疑人对与犯罪有关的物品、文件、尸体、场所或者犯罪嫌疑人进行辨别和确认的侦查活动。通过辨认，可以对与犯罪有关的物品、文件、场所以及被害人和犯罪嫌疑人的具体情况予以辨别，为案件侦破工作提供重要线索。

（二）基本要求

1. 公安机关、人民检察院在各自案件的侦查中，需要辨认犯罪嫌疑人时，应当分别经办案部门负责人或者检察长的批准。

2. 辨认应当在侦查人员的主持下进行，主持辨认的侦查人员不得少于2人。

3. 辨认程序

（1）辨认前，应当向辨认人详细询问被辨认对象的具体特征，避免辨认人见到被辨认对象，以防止辨认人先入为主、无根据地进行辨认。同时，应当告知辨认人有意作虚假辨认应当承担的法律责任。

（2）辨认时，应当将辨认对象混杂在其他人员或物品中，不得给辨认人任何暗示。公安机关侦查的案件，辨认犯罪嫌疑人时，被辨认的人数不得少于7人；辨认犯罪嫌疑人的照片时，被辨认的照片不得少于10张。人民检察院自侦的案件，辨认犯罪嫌疑人时，被辨认的人数为5~10人；辨认犯罪嫌疑人的照片时，被辨认的照片为5~10张；辨认物品时，同类物品不得少于5件，照片不得少于5张。但是，对场所、尸体等特定辨认对象进行辨认，或者辨认人能够准确描述物品独有特征的，陪衬物不受数量的限制。

（3）几名辨认人对同一辨认对象进行辨认时，应当由每名辨认人单独进行。必要时，可以有见证人在场。

（4）对犯罪嫌疑人的辨认，辨认人不愿意公开进行时，可以在不暴露辨认人的情况下进行，并应当为其保守秘密。

（5）对辨认的经过和结果，应当制作笔录，由主持和参加辨认的侦查人员、辨认人、见证人签名或盖章。必要时，应当对辨认过程进行录音或者录像。

八、技术侦查措施

（一）概念

技术侦查措施是指为了侦破特定案件，侦查机关经过严格审批程序后采取的特定技术手段。它通常包括电子侦听、电话监听、电子监控、秘密拍照录像、进行邮件检查等措施。技术侦查措施具有科技含量高、秘密性强等特点，但同时也极易产生侵害人权的消极后果，因此，采取技术侦查措施必须经过严格的审批程序。

（二）基本要求

1. 适用范围

（1）公安机关对于危害国家安全犯罪、恐怖活动犯罪、黑社会性质的组织犯罪、重大毒品犯罪或者其他严重危害社会的犯罪案件，根据侦查犯罪的需要，经过严格的批准手续，可以采取技术侦查措施。

（2）人民检察院在立案后，对于利用职权实施的严重侵犯公民人身权利的重大犯罪案件，根据侦查犯罪的需要，经过严格的批准手续，可以采取技术侦查措施，按照规定交有关机关执行。

（3）追捕被通缉或者批准、决定逮捕的在逃的犯罪嫌疑人、被告人，经过批准，可以采取追捕所必需的技术侦查措施。

2. 批准程序

（1）侦查机关应当根据侦查犯罪的需要，确定采取技术侦查措施的种类和适用对象，按照有关规定报请批准。公安机关应报设区的市一级以上公安机关负责人批准，制作采取技术侦查措施决定书。

（2）批准决定自签发之日起3个月以内有效。对于不需要继续采取技术侦查措施的，应当及时解除；对于复杂、疑难案件，期限届满仍有必要继续采取技术侦查措施的，经过批准，有效期可以延长，每次不得超过3个月。

3. 实施主体

技术侦查措施由设区的市一级以上公安机关负责技术侦查的部门实施。人民检察院等部门决定采取技术侦查措施并交公安机关执行的，由设区的市一级以上公安机关负责技术侦查的部门执行。公安机关依法采取技术侦查措施，有关单位和个人应当配合，并对有关情况予以保密。

4. 适用对象

技术侦查措施的适用对象是犯罪嫌疑人、被告人以及与犯罪活动直接关联的人员。

5. 证据效果

采取技术侦查措施收集的材料在刑事诉讼中可以作为证据使用。使用技术侦查措施收集的材料作为证据时，可能危及有关人员的人身安全，或者可能产生其他严重后果的，应当采取不暴露有关人员身份和使用的技术设备、侦查方法等保护措施。

6. 侦查限制

（1）采取技术侦查措施，必须严格按照批准的措施种类、适用对象和期限执行。

（2）侦查人员对采取技术侦查措施过程中知悉的国家秘密、商业秘密和个人隐私，应当保密；对采取技术侦查措施获取的与案件无关的材料，必须及时销毁。

（3）采取技术侦查措施获取的材料，只能用于对犯罪的侦查、起诉和审判，不得用于其他用途。

（三）秘密侦查和控制下交付

秘密侦查是指为了查明案情，在必要的时候，经县级以上公安机关负责人决定，可以由侦查人员或者公安机关指定的其他人员隐匿身份实施侦查。隐匿身份实施侦查时，不得使用促使他人产生犯罪意图的方法诱使他人犯罪，不得采用可能危害公共安全或者发生重大人身危险的方法。

控制下交付是指对涉及给付毒品等违禁品或者财物的犯罪活动，为查明参与该项犯罪的人员和犯罪事实，根据侦查需要，经县级以上公安机关负责人决定，可以实施控制下交付。

公安机关通过秘密侦查或者控制下交付所收集的材料在刑事诉讼中可以作为证据使用。使用隐匿身份侦查和控制下交付收集的材料作为证据时，可能危及隐匿身份人员的人身安全，或者可能产生其他严重后果的，应当采取不暴露有关人员身份等保护措施。

九、通缉

（一）概念

通缉是指公安机关发布通缉令并采取有效措施，将应当逮捕而在逃的犯罪嫌疑人追捕归案的侦查活动。通缉是公安机关通力合作，动员广大人民群众协助追捕在逃犯罪嫌疑人的有效措施，它对于及时抓获犯罪嫌疑人，有效地打击犯罪具有重要意义。

（二）基本要求

1. 通缉的对象

通缉的对象只能是应当逮捕而在逃的犯罪嫌疑人，具体包括以下几种：（1）已批准或决定逮捕而在逃和在取保候审、监视居住期间逃跑的犯罪嫌疑人；（2）已决定拘留而在逃的重大嫌疑分子；（3）从被羁押场所逃跑的犯罪嫌疑人；（4）在讯问或者在羁押期间逃跑的犯罪嫌疑人；（5）越狱逃跑的被告人或者罪犯。

2. 通缉令的内容

通缉令中应当尽可能写明被通缉人的姓名、别名、曾用名、绰号、性别、年龄、民族、籍贯、出生地、户籍所在地、居住地、职业、身份证号码、衣着和体貌特征、口音、行为习惯，并附被通缉人近期照片，可以附指纹及其他物证的照片。除了必须保密的事项以外，应当写明发案的时间、地点和简要案情。

3. 通缉的程序

（1）发布通缉令。只有公安机关有权发布通缉令，其他任何机关、单位和个人都无权发布通缉令。人民检察院需要追捕在逃的犯罪嫌疑人，经检察长批准作出通缉决定后，人民检察院应当将通缉通知书和通缉对象的照片、身份、特征、案情简况送达公安机关，由公安机关发布通缉令，将犯罪嫌疑人追捕归案。为发现重大犯罪线索，追缴涉案财物、证据，查获犯罪嫌疑人，必要时经县级以上公安机关负责人批准，可以发布悬赏通告。悬赏通告应当写明悬赏对象的基本情况和赏金的具体数额。通缉令、悬赏通告应当广泛张贴，并可以通过广播、电视、报刊、计算机网络等方式发布。

县级以上公安机关在自己管辖的地区内，可以直接发布通缉令；超出自己管辖的地区，应当报请有权决定的上级公安机关发布。通缉令的发送范围，由签发通缉令的公安机关负责人决定。各级人民检察院需要在本辖区内通缉犯罪嫌疑人的，可以直接决定通缉；需要在本辖区外通缉犯罪嫌疑人的，由有决定权的上级人民检察院决定。

通缉令发出后，如果发现新的重要情况可以补发通报。通报必须注明原通缉令的编号和日期。

（2）布置查缉。公安机关接到通缉令后，应当及时布置查缉。抓获犯罪嫌疑人后，报经县级以上公安机关负责人批准，凭通缉令或者相关法律文书羁押，并通知通缉令发布机关进行核实，办理交接手续。需要对犯罪嫌疑人在口岸采取边控措施的，应当按照有关规定制作边控对象通知书，经县级以上公安机关负责人审核后，层报省级公安机关批准，办理全国范围内的边控措施。需要限制犯罪嫌疑人人身自由的，应当附有关法律文书。紧急情况下，需要采取边控措施的，县级以上公安机关可以出具公函，先向当地边防检查站交控，但应当在7日以内按照规定程序办理全国范围内的边控措施。

（3）撤销通缉令。经核实，犯罪嫌疑人已经自动投案、被击毙或者被抓获，以及发现有其他不需要采取通缉、边控、悬赏通告的情形的，发布机关应当在原通缉、通知、通告范围内，撤销通缉令、边控通知、悬赏通告。

第三节 侦 查 终 结

一、侦查终结的概念

侦查终结是指侦查机关经过一系列的侦查活动，认为案件事实已经查清，证据确实、充分，足以认定犯罪嫌疑人是否有罪和应否对其追究刑事责任而决定结束侦查，并依法对案件作出处理的诉讼活动。

侦查终结是对已经开展的各种侦查活动依法进行审核和总结的结束程序，它对于准确、及时地打击犯罪、保护无辜具有重要意义。

二、侦查终结的条件

根据《刑事诉讼法》和有关规定，侦查终结后移送人民检察院审查起诉的案件应同时符合下列条件：

（一）案件事实清楚

它要求对于犯罪嫌疑人、犯罪动机和目的、犯罪过程和结果等有关定罪量刑的事实和情节均已查清。

（二）证据确实、充分

根据《刑事诉讼法》第55条的规定，证据确实、充分，应当符合以下条件：（1）定罪量刑的事实都有证据证明；（2）据以定案的证据均经法定程序查证属实；（3）综合全案证据，对所认定事实已排除合理怀疑。

（三）犯罪性质和罪名认定正确

侦查机关根据已查明的案件事实和证据，对于犯罪嫌疑人所涉犯罪的性质和相应的罪名作出了正确的认定。

（四）法律手续完备

它要求侦查机关进行的侦查活动都依法履行了相应的法律手续，如果发现手续不完备或者不符合要求，应当采取适当措施予以补救。

（五）依法应当追究刑事责任

根据查明的犯罪事实和法律规定，只有对于应当追究刑事责任的，侦查机关才能作出移送人民检察院审查起诉的决定。

三、侦查终结的处理

按照《刑事诉讼法》的规定，侦查机关在侦查终结时应当根据案件的不同情况作出不同的处理。

（一）移送审查起诉

侦查机关在侦查终结时，对于犯罪事实清楚，证据确实、充分，犯罪性质和罪名认定正确，法律手续完备，依法应当追究犯罪嫌疑人刑事责任的案件，应当制作起诉意见书，经县级以上公安机关负责人批准后，连同全部案卷材料、证据，以及辩护律师提出的意见，一并移送同级人民检察院审查决定，同时将案件移送情况告知犯罪嫌疑人及其辩护律师。犯罪嫌疑人自愿认罪的，应当记录在案，随案移送，并在起诉意见书中写明有关情况。共同犯罪案件的起诉意见书，应当写明每个犯罪嫌疑人在共同犯罪中的地位、作用、具体罪责和认罪态度，并分别提出处理意见。

（二）撤销案件

侦查机关在侦查终结时（包括在侦查过程中），发现不应对犯罪嫌疑人追究刑事责任的，应当撤销案件；犯罪嫌疑人已被逮捕的，应当立即释放，发给释放证明，并且通知原批准逮捕的人民检察院。所谓“不应对犯罪嫌疑人追究刑事责任”，是指本案不存在犯罪事实、犯罪嫌疑人的行为不构成犯罪或者具有《刑事诉讼法》第16条规定的六种情形之一而不予追究刑事责任。

四、侦查羁押期限

侦查羁押期限是指在侦查活动中犯罪嫌疑人被逮捕以后到侦查终结的期限。侦查机关如果不能在法定侦查羁押期限内侦查终结，就应当依法释放犯罪嫌疑人或者变更强制措施。这样，既可以提高侦查工作效率，又可以防止对犯罪嫌疑人久押不决，侵犯公民的人身自由和其他合法权益。根据《刑事诉讼法》的规定，侦查羁押期限分为四种：

（一）一般羁押期限

《刑事诉讼法》第156条规定，对犯罪嫌疑人逮捕后的侦查羁押期限不得超过2个月。这是对侦查羁押期限的一般规定。需要注意的是，该期限是指犯罪嫌疑人被逮捕以后的羁押期限，而不包括被逮捕前的拘留期限。

（二）延长羁押期限

根据《刑事诉讼法》的规定，对于某些特殊刑事案件，只要履行法定的审批手续，便可以延长侦查羁押期限。

1. 《刑事诉讼法》第156条规定，案情复杂、期限届满时不能终结的案件，可以经上一级人民检察院批准延长1个月。

2. 《刑事诉讼法》第158条规定，下列案件在本法第156条规定的期限届满时不能侦查终结的，经省、自治区、直辖市人民检察院批准或者决定，可以延长2个月：（1）交通十分不便的边远地区的重大复杂案件；（2）重大的犯罪集团案件；（3）流窜作案的重大复杂案件；（4）犯罪涉及面广，取证困难的重大复杂案件。也就是说，上述四类案件的侦查羁押期限最长可以达到5个月。

3. 《刑事诉讼法》第159条规定，对犯罪嫌疑人可能判处10年有期徒刑以上刑罚，依照本法第158条规定延长期限届满，仍不能侦查终结的，经省、自治区、直辖市人民检察院批准或者决定，可以再延长2个月。即此类案件的侦查羁押期限最长可以达到7个月。

4. 《刑事诉讼法》第157条规定，因为特殊原因，在较长时间内不宜交付审判的特别重大复杂的案件，由最高人民检察院报请全国人民代表大会常务委员会批准延期审理。

(三) 重新计算羁押期限

根据《刑事诉讼法》第160条的规定，遇有下列情况不计入原有的侦查羁押期限，需重新计算侦查羁押期限。

1. 在侦查期间发现犯罪嫌疑人另有重要罪行的，自发现之日起依照本法第156条的规定重新计算侦查羁押期限。根据《六机关规定》，公安机关依照上述规定重新计算侦查羁押期限的，不需要经人民检察院批准，但应当报人民检察院备案，人民检察院可以进行监督。“另有重要罪行”是指与逮捕时的罪行不同种的重大犯罪和同种的影响罪名认定、量刑档次的重大犯罪。

2. 犯罪嫌疑人不讲真实姓名、住址，身份不明的，应当对其身份进行调查，侦查羁押期限自查清其身份之日起计算。即对于此类案件，在查清犯罪嫌疑人的身份之后开始计算侦查羁押期限，但是不得停止对其犯罪行为的侦查取证。当然，对于犯罪事实清楚，证据确实、充分，确实无法查明其身份的，也可以按其自报的姓名移送人民检察院审查起诉。

(四) 不计入侦查羁押期限

对被羁押的犯罪嫌疑人作精神病鉴定的时间，不计入侦查羁押期限，其他鉴定时间则应当计入羁押期限。

第四节　人民检察院对直接受理案件的侦查

《刑事诉讼法》第164条规定，人民检察院对直接受理的案件的侦查适用本章规定。因此，人民检察院实施专门调查活动和有关强制性措施时必须遵循刑事诉讼法关于公安机关侦查活动的规定。但是，考虑到人民检察院直接受理案件的特殊性，刑事诉讼法又对其侦查活动和侦查终结后的处理作了特殊规定。

一、关于拘留、逮捕的特殊规定

人民检察院直接受理的案件，如果犯罪嫌疑人犯罪后企图自杀、逃跑、在逃或者有毁灭、伪造证据或者串供的可能，需要拘留犯罪嫌疑人，由人民检察院作出决定，由公安机关执行。人民检察院应当在拘留后的24小时以内讯问犯罪嫌疑人，在发现不应当拘留的时候，必须立即释放，发给释放证明。

人民检察院直接受理的案件中符合《刑事诉讼法》第81条规定的情形，需要逮捕犯罪嫌疑人的，由人民检察院作出决定，由公安机关执行。人民检察院对直接受理的案件中被拘留的人，认为需要逮捕的，应当在14日以内作出决定。

在特殊情况下，决定逮捕的时间可以延长1～3日。对不需要逮捕的，应当立即释放；对需要继续侦查，并且符合取保候审、监视居住条件的，依法取保候审或者监视居住。

二、侦查终结后的处理

《刑事诉讼法》第168条规定，人民检察院侦查终结的案件，应当作出提起公诉、不起诉或者撤销案件的决定。结合最高人民检察院《规则》的规定，人民检察院侦查终结的案件有以下三种处理方式：

（一）提出起诉意见并移送公诉部门审查

人民检察院经过侦查，认为犯罪事实清楚，证据确实、充分，依法应当追究刑事责任的案件，应当写出侦查终结报告，并且制作起诉意见书。经检察长批准后，侦查部门将起诉意见书、涉案款物的处理意见和其他案卷材料，一并移送本院公诉部门审查。国家或者集体财产遭受损失的，在提出提起公诉意见的同时，可以提出提起附带民事诉讼的意见。

（二）提出不起诉意见并移送公诉部门审查

人民检察院经过侦查，认为犯罪情节轻微，依照刑法规定不需要判处刑罚或者免除刑罚的案件，应当写出侦查终结报告，并且制作不起诉意见书。经检察长批准后，侦查部门将不起诉意见书、涉案款物的处理意见和其他案卷材料，一并移送本院公诉部门审查。

（三）撤销案件

人民检察院在侦查过程中或者侦查终结后，发现具有下列情形之一的，侦查部门应当制作拟撤销案件意见书，报请检察长或者检察委员会决定撤销案件：（1）具有《刑事诉讼法》第16条规定情形之一的；（2）没有犯罪事实的，或者依照刑法规定不负刑事责任或者不是犯罪的；（3）虽有犯罪事实，但不是犯罪嫌疑人所为的。同时，对于共同犯罪的案件，如有符合本条规定情形的犯罪嫌疑人，应当撤销对该犯罪嫌疑人的立案。

第五节 补充侦查

一、补充侦查的概念

补充侦查是指公安机关或者人民检察院依照法定程序，在原有侦查工作的基础上，对案件尚未查清的事实、情节继续进行侦查的诉讼活动。补充侦查并不是每个案件的必经程序，它只适用于事实不清、证据不足或者遗漏罪行、遗漏同案犯罪嫌疑人等情形，如果原有侦查任务已经完成，则无须补充侦查。因此，补充侦查对于查清案件全部事实、情节，保证办案质量具有重要意义。

二、补充侦查的种类和程序

（一）审查逮捕阶段的补充侦查

人民检察院对于公安机关提请批准逮捕的案件进行审查后，应当根据情况分别作出批准逮捕或者不批准逮捕的决定。对于批准逮捕的决定，公安机关应当立即执行，并且将执行情况及时通知人民检察院。对于不批准逮捕的，人民检察院应当说明理由，需要补充侦查的，应当同时通知公安机关。也就是说，需要补充侦查的，人民检察院的《不批准逮捕决定书》和补充侦查通知应当同时送达公安机关，公安机关在补充侦查期间，应当释放在押的犯罪嫌疑人或者变更强制措施。

（二）审查起诉阶段的补充侦查

1. 补充侦查的形式

人民检察院审查案件，认为犯罪事实不清、证据不足或者遗漏罪行、遗漏同案犯罪嫌疑人等情形需要补充侦查的，应当提出补充侦查的书面意见，连同案卷材料一并退回公安机关或者自侦部门补充侦查，也可以自行补充侦查，必要时可以要求公安机关或者自侦部门予以协助。

2. 补充侦查的期限和次数

对于退回补充侦查的案件，公安机关或者自侦部门应当在 1 个月以内补充侦查完毕，补充侦查以 2 次为限。对于在审查起诉期间改变管辖的案件，改变后的人民检察院可以通过原受理案件的人民检察院退回原侦查的公安机关补充侦查，改变管辖前后退回补充侦查的次数总共不得超过 2 次。人民检察院在审查起诉中决定自行侦查的，应当在审查起诉期限内侦查完毕。关于补充侦查期限和次数的规定对于防止案件久拖不决，及时打击犯罪和切实保障犯罪嫌疑人的合法权益具有重要意义。

3. 补充侦查后的处理

补充侦查完毕移送人民检察院后，人民检察院重新计算审查起诉期限。人民检察院对于经过 1 次补充侦查的案件，如果认为证据不足，仍然不符合起诉条件，可以作出不起诉决定，也可以补充侦查；人民检察院对于经过 2 次补充侦查的案件，如果认为证据不足，仍然不符合起诉条件，应当作出不起诉决定。

需要注意的是，人民检察院对于已经退回侦查机关 2 次补充侦查的案件，在审查起诉中又发现新的犯罪事实的，应当移送侦查机关立案侦查；对已经查清的犯罪事实，应当依法提起公诉。

（三）法庭审理阶段的补充侦查

在法庭审理过程中，案件需要补充侦查的，应当由检察人员提出建议，人民法院不能主动将案件退回人民检察院补充侦查。对于检察人员的建议，除非有适当的理由，人民法院应当同意，并作出延期审理的决定。需要注意的是，最高人民法院《解释》第 277 条规定，审判期间被告人提出新的立功线索的，人民法院可以建议人民检察院补充侦查。

1. 补充侦查的形式

人民法院同意检察人员补充侦查的建议并决定延期审理后，人民检察院应当自行收集证据和进行侦查，必要时可以要求公安机关或者自侦部门提供协助。也就是说，在法庭审理阶段，人民检察院只能自行补充侦查，不能退回公安机关或者自侦部门补充侦查，但可以要求其提供协助。

2. 补充侦查的期限和次数

人民检察院补充侦查，应当在 1 个月内侦查完毕。补充侦查次数也是以 2 次为限。

3. 补充侦查后的处理

人民检察院补充侦查的案件，补充侦查完毕移送人民法院后，人民法院重新计算审理期限。补充侦查期限届满后，经法庭通知，人民检察院未将案件移送人民法院，且未说明理由的，人民法院可以决定按人民检察院撤诉处理。

第六节 侦查监督

一、侦查监督的概念

侦查监督是指人民检察院依法对侦查机关的侦查活动是否合法进行的监督。人民检察院是国家的法律监督机关，通过实施监督可以发现侦查机关及侦查人员在侦查活动中违反法定程序和滥用职权、徇私舞弊的行为，采取预防和纠正措施，保障侦查活动依法顺利进行，保护诉讼参与人特别是犯罪嫌疑人的合法权利。

二、侦查监督的内容

侦查监督的内容是指人民检察院通过侦查监督活动予以发现和纠正的侦查机

关及侦查人员在侦查活动中的违法行为。根据最高人民检察院《规则》第567条的规定，侦查监督的内容主要包括：(1) 采用刑讯逼供以及其他非法方法收集犯罪嫌疑人供述的；(2) 讯问犯罪嫌疑人依法应当录音或者录像而没有录音或者录像，或者未在法定羁押场所讯问犯罪嫌疑人的；(3) 采用暴力、威胁以及非法限制人身自由等非法方法收集证人证言、被害人陈述，或者以暴力、威胁等方法阻止证人作证或者指使他人作伪证的；(4) 伪造、隐匿、销毁、调换、私自涂改证据，或者帮助当事人毁灭、伪造证据的；(5) 违反刑事诉讼法关于决定、执行、变更、撤销强制措施的规定，或者强制措施法定期限届满，不予释放、解除或者变更的；(6) 应当退还取保候审保证金不退还的；(7) 违反刑事诉讼法关于讯问、询问、勘验、检查、搜查、鉴定、采取技术侦查措施等规定的；(8) 对与案件无关的财物采取查封、扣押、冻结措施，或者应当解除查封、扣押、冻结而不解除的；(9) 贪污、挪用、私分、调换、违反规定使用查封、扣押、冻结的财物及其孳息的；(10) 不应当撤案而撤案的；(11) 侦查人员应当回避而不回避的；(12) 依法应当告知犯罪嫌疑人诉讼权利而不告知，影响犯罪嫌疑人行使诉讼权利的；(13) 对犯罪嫌疑人拘留、逮捕、指定居所监视居住后依法应当通知家属而未通知的；(14) 阻碍当事人、辩护人、诉讼代理人、值班律师依法行使诉讼权利的；(15) 应当对证据收集的合法性出具说明或者提供证明材料而不出具、不提供的；(16) 侦查活动中的其他违反法律规定的行为。

三、侦查监督的程序

(一) 发现侦查违法行为

人民检察院发现侦查机关及其侦查人员的违法行为，主要有以下几种方式：(1) 人民检察院在审查逮捕、审查起诉时，应当审查侦查机关及其侦查人员的侦查活动是否合法；(2) 人民检察院根据需要可以派员参加公安机关对于重大案件的讨论和其他侦查活动，从中发现违法行为；(3) 通过受理诉讼参与人对于侦查机关及其侦查人员侵犯其诉讼权利和人身权利的行为向人民检察院提出的控告并及时审查，从中发现违法行为；(4) 通过审查公安机关执行人民检察院批准或者不批准逮捕决定的情况，以及释放被逮捕的犯罪嫌疑人或者变更强制措施的情况，从中发现违法行为。

(二) 对侦查违法行为的处理

人民检察院如果发现侦查机关的侦查活动有违法情形，可以分别作出如下处理：

1. 口头通知纠正

对于情节较轻的违法行为，检察人员可以口头方式向侦查人员或者侦查机关负责人提出纠正意见，并及时向本部门负责人汇报；必要的时候，由部门负责人提出纠正意见。

2. 书面通知纠正

对于情节较重的违法行为，检察人员应当报请检察长批准后，向侦查机关发出纠正违法通知书。人民检察院发出纠正违法通知书的，侦查机关应当将纠正情况书面通知人民检察院。人民检察院应当根据侦查机关的回复，监督纠正违法通知书的落实情况；没有回复的，应当督促侦查机关回复。

3. 移送有关部门依法追究刑事责任

人民检察院侦查监督部门、公诉部门发现侦查人员在侦查活动中的违法行为情节严重，构成犯罪的，应当移送本院侦查部门审查，并报告检察长。侦查部门审查后应当提出是否立案侦查的意见，报请检察长决定。对于不属于本院管辖的，应当移送有管辖权的人民检察院或者其他机关处理。

需要注意的是，人民检察院侦查监督部门或者公诉部门对本院侦查部门侦查活动中的违法行为，应当根据情节分别处理。情节较轻的，可以直接向侦查部门提出纠正意见；情节较重或者需要追究刑事责任的，应当报请检察长决定。

实训案例

案例一

犯罪嫌疑人王某涉嫌盗窃被某县公安机关立案侦查，以下是侦查人员李某对其单独讯问的笔录：

李某：王某，知道你为什么被拘留吗？

王某：不知道。

李某：根据我们掌握的证据你犯了盗窃罪，你如实交代一下你的问题。

王某：我没有偷东西，我是被冤枉的。

李某：你要老实交代，顽抗是没有出路的。

王某：我没有罪，我要请律师。

李某：现在你不能聘请律师，你可以自己为自己辩护，你要如实回答我的问题。你是怎么盗窃林某家的财物的？偷了多少东西？

王某：我现在不想回答问题。我以前听说过，在一些电影中也看到过，我享有沉默权，可以不回答你的问题。

李某：你可以不回答我的问题，但是，你要想清楚后果！据我们调查，你一贯品行不端，谈过好几个对象了，总是三心二意，始乱终弃，对不对？

王某：什么？你们无权过问我的私生活！

李某：政府的政策历来是“坦白从宽，抗拒从严”。你如果老老实实交代罪行，问你什么就回答什么，我们可以放你出去。否则，我们可以关你一辈子！

问题：上述讯问笔录违反了刑事诉讼法的哪些规定？

分析：

1. 侦查人员不应单独讯问犯罪嫌疑人。刑事诉讼法规定，讯问犯罪嫌疑人时，侦查人员不得少于2人。

2. 侦查人员在开始讯问时，不应先让犯罪嫌疑人陈述犯罪事实。侦查人员讯问时，应当讯问犯罪嫌疑人是否有犯罪行为，让他陈述有罪的事实或者无罪的辩解，应当允许其连贯陈述，然后向他提出问题。

3. 侦查人员不应拒绝犯罪嫌疑人聘请律师的要求。侦查人员讯问时，应当告知犯罪嫌疑人在侦查阶段的诉讼权利，有权自行辩护或者委托律师辩护，告知其如实供述自己罪行可以依法从宽处理的法律规定，并将告知情况记明笔录。

4. 犯罪嫌疑人在侦查阶段不享有沉默权。犯罪嫌疑人对侦查人员的提问，应当如实回答。

5. 侦查人员不应说“据我们调查，你一贯品行不端，谈过好几个对象了，总是三心二意，始乱终弃，对不对”，因为这个问题与本案无关。犯罪嫌疑人对与本案无关的问题，有拒绝回答的权利。

6. 侦查人员不应说“你如果老老实实交代罪行，问你什么就回答什么，我们可以放你出去。否则，我们可以关你一辈子”，刑事诉讼法规定，严禁侦查人员刑讯逼供或使用威胁、引诱、欺骗以及其他非法的方法获取口供，构成犯罪的，依法追究其刑事责任。采用刑讯逼供等非法方法收集的犯罪嫌疑人的口供，应当予以排除。

案例二

2015年11月19日凌晨，临朐县公安局接到报案，在民主路有两人持刀拦路抢劫行人。临朐县公安局立即组织侦查人员宋某等人赶赴案发现场。到达时，拦路抢劫的犯罪嫌疑人杨某（男，25岁，无业青年）和马某（女，24岁，某酒店服务员）已被下夜班路过此地的县造纸厂保安人员林某当场抓获。侦查人员在未携带搜查证的情况下，决定当场进行搜查。虽然在场的侦查人员均为男性，但情况紧急，于是仍然决定分别对杨某、马某二人进行人身搜查，共搜得人民币5000余元、手机3部以及金项链2条。侦查人员宋某对杨某、马某二人说：“这些证据被扣留了。”于是将人民币、手机和金项链一起放入1个文件袋内带走了。之后，侦查人员制作了搜查笔录，由侦查人员和在场的见证人签名。本案经临朐县公安局立案侦查，依法对杨某、马某二人执行拘留后，侦查人员分别对他们进行了讯问。杨某聘请的律师要求会见犯罪嫌疑人，公安局以有碍侦查为由拖了

14 天才安排会见。被害人张某（女，27 岁）被犯罪嫌疑人杨某刺了两刀，侦查人员因侦查需要欲对其进行人身检查，以确定其伤害状况，但张某拒绝检查。侦查人员组织女医师强制进行了人身检查，确定为轻伤。由于现场的目击证人刘某、王某等对 2 名犯罪嫌疑人实施抢劫的具体事实情节陈述有差别，侦查人员便对 2 名目击证人同时进行询问，刘某、王某互相提醒、互相补充，终于作出了一致的陈述。

问题： 本案侦查程序有无不当之处。并说明理由。

思考与练习题

1. 简述采取技术侦查措施的程序和注意事项。
2. 简述侦查羁押期限的种类及相关要求。
3. 简述人民检察院对直接受理案件侦查终结后的处理方式。
4. 简述审查起诉阶段的补充侦查的有关规定。

第十二章

起诉程序

本章导读

通过本章的学习，了解人民检察院审查起诉的方法，理解提起公诉的概念和意义，掌握人民检察院审查起诉的内容和提起公诉、不起诉的条件及程序。

导入案例

林国栋涉嫌拐卖儿童案

某县农民高美英，女，42岁，结婚20年没有生育，于是，高美英同丈夫商量之后，决定领养一个男孩。高美英找到在城里工作的表弟林国栋（男，39岁），请林国栋帮助联系寻找一名男孩。林国栋受托之后，听说本单位同事张兰的姐姐生活在乡下，家里孩子多，但生活困难无力抚养。于是，林国栋与高美英一同到张兰的姐姐家商量。因为高美英生活在乡下，家里条件与张兰的姐姐家差不多，林国栋怕对方不同意，便对张兰的姐夫谎称是自己要领养孩子。张兰的姐夫听说要把自己的孩子送给城里人做养子，欣然同意，当即让林国栋把自己两岁的小儿子领走。高美英看到孩子之后非常满意，马上支付给林国栋人民币2000元作为领养费，让他转交孩子的亲生父母。林国栋得钱之后，私自抽取其中700元归自己所有，分给张兰及其姐夫500元和800元。高美英领养孩子之后非常高兴，但时间不长孩子的生父从其他途径得知孩子实际并不是由林国栋抚养，而是交给了与自己同样生活在乡下的高美英。于是孩子的生父找到林国栋，要求退回领养费，自己把孩子领回。林国栋无奈，找到高美英商量，但高美英与其丈夫坚决不同意。于是，孩子的生父便以林国栋拐卖儿童为由向公安机关报案。

当地公安机关立案侦查之后，认为犯罪嫌疑人林国栋以欺骗的手段，将孩子卖给其表姐高美英，从中非法获利700元，已经构成拐卖儿童罪。于是，公安机关派人到高美英家里，将孩子领回，交还给其亲生父母，然后以拐卖儿童罪将林国栋逮捕，并移送人民检察院审查起诉。人民检察院经过审查之后认为，本案事实清楚，证据确实、充分，但是，犯罪嫌疑人林国栋的行为实际上并不构成犯罪。首先，林国栋的行为不具有拐卖儿童的故意，根据刑法的有关规定，拐卖儿童罪在主观方面必须具有直接故意，并且必须具有出卖的目的。在本案中，林国栋虽然在领养孩子的时候对孩子的父母存在一定程度的欺骗，但其目的确实是给其表姐物色养子，怕对方不同意才这样做的。而且林国栋是征得了孩子的亲生父母同意之后才将孩子带走的，并不存在拐卖儿童的故意。其次，在本案中林国栋的行为不具有出卖的目的。收养事宜结束之后，高美英支付一定的领养费，在情理上也是说得过去的。林国栋从高美英支付给对方的领养费中抽取700元据为己有的做法确实存在不妥之处，但这与以出卖为目的的拐卖儿童行为存在性质上的不同。因此，林国栋的行为不构成犯罪。于是，人民检察院作出决定，撤销案件，释放犯罪嫌疑人林国栋。

问题：在本案中人民检察院作出撤销案件的决定正确吗?

分析：要搞清人民检察院在本案中撤销案件的做法是否正确，就必须明确不起诉与撤销案件的区别。不起诉与撤销案件都有终结诉讼的效力，不起诉是人民检察院对公安机关等移送审查起诉的案件进行审查后，认为应当或可以不向人民法院提起公诉并终止诉讼的活动。决定不起诉的权力限于人民检察院，其他任何机关、团体和个人均无这种权力。根据《刑事诉讼法》第163条的规定，在侦查过程中，如果侦查机关发现犯罪嫌疑人不构成犯罪，或不应追究刑事责任的，应当以撤销案件的方式终结侦查程序。《刑事诉讼法》第168条规定："人民检察院侦查终结的案件，应当作出提起公诉、不起诉或者撤销案件的决定。"由此可见，只有在侦查阶段才可以作出撤销案件的决定，在审查起诉阶段是不能作出撤销案件决定的。

本案中，人民检察院是在对公安机关等移送审查起诉的案件进行审查后，发现犯罪嫌疑人林国栋的行为不构成犯罪，依照《刑事诉讼法》第175条的规定，应当作出不起诉的决定。因此，人民检察院在审查起诉阶段作出撤销案件的决定是错误的，应依法作出不起诉的决定。

本案知识点

不起诉与撤销案件的区别。

第一节　起诉程序概述

一、起诉的概念

刑事诉讼中的起诉，是指享有控诉权的国家机关或者公民个人，依法向有管辖权的人民法院提出控告，要求人民法院对指控的犯罪事实进行审判，以确定被告人的刑事责任并处以刑罚的诉讼活动。起诉是刑事诉讼的重要环节之一，我国刑事起诉分为公诉和自诉两种。公诉是指依法享有刑事起诉权的国家专门机关代表国家向人民法院提起诉讼，要求人民法院通过审判确定被告人犯有被指控的罪行并给予相应的刑事制裁的诉讼活动。自诉则是指刑事被害人及其法定代理人、近亲属等，以个人的名义向人民法院起诉，要求保护被害人的合法权益，追究被告人刑事责任的诉讼活动。公诉和自诉是追究刑事犯罪的两种控诉形式，二者互相补充，构成了我国刑事起诉制度的完整体系。

二、起诉的特点

（一）公诉为主、自诉为辅

由于刑事犯罪侵犯的合法利益具有广泛性的特点，尤其是较为严重的刑事犯罪，不仅侵犯了有关的个体权益，而且首先侵犯了国家和社会利益，加之犯罪的侦查和起诉日益复杂，公民个人通常难以担当，同时刑事起诉需要客观冷静，需要把犯罪社会危害性的大小、社会影响、被害人的利益、犯罪人自身利益等多方面情况综合起来加以考虑，并站在公正的立场按照统一标准来决定起诉或不起诉，因此，以代表国家和代表公益的检察官提起公诉，作为刑事起诉的主要形式，只允许对少数案件实行私人起诉。

在我国，人民检察院承担着追诉犯罪的职能，根据法律规定，检察机关对涉及国家和社会利益而且需要采用专门侦查手段的刑事犯罪，采取公诉程序追诉；对于那些不需要采用侦查手段的轻微刑事犯罪，法律规定由被害人采取自诉程序追诉。贯彻公诉为主、自诉为辅的原则，有利于国家集中人力、物力和时间追诉那些较为严重的犯罪，也有利于发挥公民个人追诉犯罪的积极性，使那些轻微的犯罪案件得到更及时、更适当的解决。目的是在保护国家利益、社会利益的同时，最大限度地保护被害人等的个人合法权益。

（二）公诉与自诉互为救济

人民检察院通常只对涉及国家利益和社会公众利益、比较复杂而需要采用侦查手段的刑事案件依照公诉程序进行追诉，但是，当某些可以采用自诉程序追诉的比较轻微的刑事案件缺少原告人，而又需要追究被告人刑事责任时（如重婚案件的被害人由于某种原因不敢控告或者不能控告时），为有效地保护被害人的合法权益、维护国家法律的尊严，在人民群众、社会团体或有关单位提出控告后，人民检察院也可以依公诉程序进行追诉，这就弥补了自诉的不足。根据《刑事诉讼法》第210条第3项的规定，被害人有证据证明对被告人侵犯自己人身、财产权利的行为应当依法追究刑事责任，而公安机关或者人民检察院不予追究被告人刑事责任的案件，被害人有权直接向人民法院提起诉讼。这一规定意在解决某些情况下公民告状无门的问题，弥补了公诉的不足，加强了对被害人权益的保护。

（三）公诉权由检察机关专门行使

根据我国法律，人民检察院是唯一有权行使公诉权的专门国家机关。也就是说，只有人民检察院才有权代表国家追诉犯罪，对各种刑事犯罪依法提起公诉，交付人民法院进行审判，其他任何机关、团体和个人都无权行使公诉权。

三、起诉的意义

起诉是连接侦查与审判的唯一桥梁，是刑事诉讼的关键性程序之一，具有非常重要的意义。

（一）起诉是审判程序之前的必经程序

在现代刑事诉讼结构中，不告不理是调整审判机关与控诉机关之间关系的基本原则，没有起诉，就没有审判。起诉作为审判的前提，能引起审判程序并解决诉讼的实体问题，它使受诉人民法院对起诉案件获得审判的权力，也使双方当事人对受诉案件有进行诉讼活动和接受人民法院审判的权利义务。

（二）划定人民法院审判范围

起诉和审判的分离以及不告不理原则的确立，要求审判受起诉的制约，即人民法院不得审判未经起诉的被告和未经起诉的犯罪，从而保持审判与起诉的同一性。

（三）准确惩罚犯罪，保障人权

在公诉案件中，人民检察院通过审查起诉和提起公诉活动，可以对侦查机关侦查终结后移送起诉的案件从认定事实到适用法律进行全面审查，监督侦查工作依法进行。将符合起诉条件的人起诉到人民法院，保障准确惩罚犯罪，而使无辜的人和依法不受追诉的人尽早从刑事诉讼程序中解脱出来。在自诉案件中，通过提起自诉和对自诉的审查，既能够解决人民群众告状难的问题，也可以保证案件处理的准确性，顺利实现诉讼公正与效率的双重价值。因此，起诉对于准确惩罚犯罪和保障人权，具有重要意义。

第二节　提起公诉程序

一、提起公诉的概念和意义

（一）提起公诉的概念

提起公诉是指人民检察院对公安机关移送起诉或者人民检察院自行侦查终结认为应当起诉的案件，经全面审查，对事实清楚，证据确实、充分，依法应当追究刑事责任的，提交人民法院进行审判的刑事诉讼活动。提起公诉是侦查终结后的一个独立的诉讼阶段，是人民检察院独立行使检察权的范畴。对于公诉案件，由人民检察院决定是否提交人民法院进行审判，这是法律赋予人民检察院的职权，是人民检察院的重要工作，也是实施法律监督的重要内容。只有人民检察院有审查决定提起公诉的权力，非经人民检察院审查决定，任何单位都无权将案件交付人民法院审判。

（二）提起公诉的意义

1. 可以切实维护国家、集体利益和公民个人的合法权益

通过提起公诉，将被告人提交人民法院进行审判，使犯罪分子受到应得的惩罚，使国家、集体遭受的财产损失得以挽回，使公民的人身、财产等合法权益得到切实保护。

2. 可以对侦查工作实行有效的监督

人民检察院在提起公诉阶段，通过审查起诉，即对案件事实、证据及相应的法律手续等进行认真、细致的审查或必要复验、复查，了解侦查活动是否合法，法律手续是否完备，从而可以对侦查工作实行有效的监督。

3. 可以为审判奠定基础

我国实行控诉与审判相分离的制度，起诉是审判的前提，没有起诉便没有审判。当社会主体的权益受到犯罪行为侵害时，需要借助国家审判力量予以保护，惩罚犯罪，恢复权益的正常状态。而提起公诉正是向审判提供对象的活动，提起公诉的质量直接关系到案件事实是否清楚，证据是否确实、充分，能否作出正确

的裁判。因此，做好提起公诉工作，可以为审判活动的顺利进行奠定基础。

4. 可以使不应当被提起公诉的人免受刑事审判

提起公诉是侦查与审判之间的一个诉讼阶段，因此它既可以沟通侦查与审判，使犯罪分子受到应得的惩罚，也可以通过对犯罪嫌疑人不起诉终止诉讼，使不应被追究刑事责任或无罪的人不再受到刑事追究，以保障他们的合法权益。

二、提起公诉的程序

（一）审查起诉

1. 审查起诉的概念

审查起诉，是人民检察院在提起公诉阶段，为了确定经侦查终结的刑事案件是否应当提起公诉，而对侦查机关确认的犯罪事实、证据、犯罪性质和罪名进行审查核实，并作出处理决定的一项诉讼活动。它是实现人民检察院公诉职能的一项最基本的准备工作，也是人民检察院对侦查活动实行法律监督的一项重要手段。《刑事诉讼法》第 169 条规定："凡需要提起公诉的案件，一律由人民检察院审查决定。"由此可见：第一，人民检察院不是审查全部侦查终结的案件，比如侦查终结决定撤销的案件，就不必经过审查起诉这一环节，只有侦查终结后需要提起公诉的案件，才由人民检察院进行审查，决定是否起诉。这类案件主要是由公安机关侦查终结移送审查的案件，当然也包括检察机关自行侦查终结的案件。第二，人民检察院是行使审查起诉权的唯一主体，其他任何机关、团体和个人都不能行使这项权力。无论是任何侦查机关侦查终结的案件，认为应当对犯罪嫌疑人追究刑事责任的案件，都必须移送人民检察院，由人民检察院依法审查决定是否提起公诉。

2. 审查起诉的内容

根据《刑事诉讼法》第 171 条的规定，人民检察院审查案件的时候，必须查明下列内容：

（1）犯罪事实、情节是否清楚，证据是否确实、充分，犯罪性质和罪名的认定是否正确。"犯罪事实、情节"是指犯罪嫌疑人实施犯罪行为的过程、情形和后果。查明犯罪事实、情节是否清楚，必须查明犯罪的时间、地点、手段、后果、因果关系及犯罪的动机、目的等。"证据是否确实、充分"是指用以证明案件事实的证据是否真实可靠，能否反映案件的真实情况，取得的证据是否足以证实侦查终结认定的犯罪事实和情节。"犯罪性质和罪名的认定"是指根据犯罪事实对犯罪性质的认定和依据刑法对罪名的认定，它直接反映适用法律的准确性。正确适用法律，准确认定犯罪性质，才能正确定罪量刑，对犯罪性质和罪名的认定是人民检察院审查起诉的重要内容。

（2）有无遗漏罪行和其他应当追究刑事责任的人。“有无遗漏罪行”是指有没有应当发现而没有发现，或者应当认定而没有认定的犯罪嫌疑人的罪行，即有无漏罪。“其他应当追究刑事责任的人”是指除已被移送审查起诉的犯罪嫌疑人以外，其他应当追究刑事责任的同案犯。审查起诉中，如果发现有遗漏罪行或者发现有其他应当追究刑事责任的人时，应当要求侦查机关补充侦查，必要时也可以自行侦查。

（3）是否属于不应追究刑事责任的。“不应追究刑事责任的”是指没有犯罪事实的，以及具有刑法规定的不负刑事责任情形的，如未达到刑事责任年龄，无刑事责任能力的，或者有《刑事诉讼法》第16条规定不应追究刑事责任的情形之一的，人民检察院审查案件中发现有不应追究刑事责任的，应当依法作出不起诉的决定。

（4）有无附带民事诉讼。“附带民事诉讼”是指在刑事诉讼中追究犯罪嫌疑人刑事责任的同时，为解决由犯罪嫌疑人犯罪行为造成被害人的物质损失而进行民事赔偿的诉讼活动。审查有无附带民事诉讼，主要是审查对由于犯罪行为使被害人遭受物质损失的，被害人是否提起附带民事诉讼。对应当提起附带民事诉讼而没有提起，可以告知被害人有权提起附带民事诉讼，被害人死亡或者丧失行为能力的可以告知其法定代理人或近亲属有权提起附带民事诉讼；对国家财产、集体财产遭受损失，应当提起附带民事诉讼而没有提起的，人民检察院在提起公诉的时候，可以提起附带民事诉讼。

（5）侦查活动是否合法。“侦查活动是否合法”是指人民检察院通过审查案卷材料、提审犯罪嫌疑人、询问证人、被害人等诉讼活动，了解侦查活动是否按法律规定的原则和程序进行，有无违法情况，包括：是否违反法定程序的情况；在侦查活动中是否侵犯了当事人及其他诉讼参与人的诉讼权利和其他合法权益；侦查人员有无违法乱纪的行为等。如果发现侦查活动过程中有某种违法情形，应当及时以口头或书面形式提出纠正意见；对于情节严重，触犯刑律的，应当依法追究刑事责任。

人民检察院审查案件除了要查清上述内容外，根据最高人民检察院《规则》第330条的规定，还应查清以下内容：

（1）犯罪嫌疑人身份状况是否清楚，包括姓名、性别、国籍、出生年月日、职业和单位等；单位犯罪的，单位的相关情况是否清楚。要求查明犯罪嫌疑人的身份状况，一方面是为了避免发生张冠李戴、冒名顶替的情况，确保犯罪嫌疑人身份准确无误；另一方面是因为犯罪嫌疑人的身份状况对于刑事责任的承担、案件性质的认定以及刑罚的确定等均有着直接的影响。例如，根据《刑法》的规定，不满14周岁的人一律不负刑事责任，已满14周岁不满16周岁的人只对部分犯罪承担刑事责任，对未成年人犯罪应当从轻或者减轻处罚以及犯罪的时候不满 18 周岁的不适用死刑。又如，对于利用职务上的便利将本单位财物非法占为己有的，如果行为人是国家工作人员，根据《刑法》第 382 条的规定构成贪污罪；如果行为人不是国家工作人员，而是公司、企业或者其他单位的人员，则应当依照《刑法》第 271 条的规定以职务侵占罪论处。有些案件中的犯罪嫌疑人处于临界年龄 14 岁、16 岁、18 岁左右，在这种情况下查清其年龄对于正确认定案件性质和确定刑罚具有举足轻重的作用，如果不清，容易造成对认定案件性质和确定刑罚的困难。因此，在审查起诉时，对于犯罪嫌疑人身份状况不清楚的，应当认真、积极地予以查明。司法实践中，查明犯罪嫌疑人的身份状况，主要是审查卷宗中是否附有犯罪嫌疑人的居民身份证、户籍资料复印件、出入境护照或者有关单位的证明材料；同时，还要注意审查有关身份资料是否被伪造或变造、身份资料与其他证据之间是否存在矛盾等，以确定身份证明的真实性。如果是单位犯罪的，则必须对单位的相关情况查清楚。

（2）犯罪嫌疑人是否认罪认罚。根据“两高三部”《关于适用认罪认罚从宽制度的指导意见》的规定，人民检察院应当重点审查以下内容：①犯罪嫌疑人是否自愿认罪认罚，有无因受到暴力、威胁、引诱而违背意愿认罪认罚；②犯罪嫌疑人认罪认罚时的认知能力和精神状态是否正常；③犯罪嫌疑人是否理解认罪认罚的性质和可能导致的法律后果；④侦查机关是否告知犯罪嫌疑人享有的诉讼权利，如实供述自己罪行可以从宽处理和认罪认罚的法律规定，并听取意见；⑤起诉意见书中是否写明犯罪嫌疑人认罪认罚情况；⑥犯罪嫌疑人是否真诚悔罪，是否向被害人赔礼道歉。经审查，犯罪嫌疑人违背意愿认罪认罚的，人民检察院可以重新开展认罪认罚工作。存在刑讯逼供等非法取证行为的，依照法律规定处理。

（3）证明犯罪事实的证据材料是否随案移送。《刑事诉讼法》第 245 条第 2 款规定：“对作为证据使用的实物应当随案移送，对不宜移送的，应当将其清单、照片或者其他证明文件随案移送。”因此，随案移送证据材料，是侦查机关或者侦查部门将案件移送审查起诉时必须履行的诉讼义务。如果移送起诉的案件中的证据材料没有随案移送，不宜移送的证据的清单、复制件、照片或者其他证明文件没有随案移送，人民检察院将无法提起公诉，因为人民检察院审查案件，决定是否起诉，需要确实、充分的证据。

（4）侦查的各种法律手续和诉讼文书是否完备。从司法实践来看，侦查过程中的各种法律手续和诉讼文书是否完备，直接关系到证据的采信与犯罪事实的认定，许多冤、假、错案的产生，往往与侦查的法律手续和诉讼文书不完备有直接的联系。因此，在审查起诉时，必须切实注意审查侦查活动是否合乎法定程序，法律手续和诉讼文书是否完备，是否存在超期羁押等侵犯犯罪嫌疑人和其他诉讼参与人合法权益的行为。

（5）采取的强制措施是否适当。强制措施的采用，将剥夺或者限制公民的人身自由，是有关人权的重大问题，《刑事诉讼法》对采用各种强制措施的条件和程序都作了明确的规定。在具体决定是否采取强制措施以及采取何种强制措施时，应当严格依照法定的条件，并遵循必要的程序。为此，需要综合考虑多种因素，如犯罪嫌疑人、被告人所实施行为的社会危险性大小；是否有逃避侦查等妨害刑事诉讼活动进行的可能性及可能性大小；司法机关对案件事实的调查情况和对证据掌握的情况；犯罪嫌疑人、被告人的身体状况等。司法实践中，侦查机关在移送审查起诉时，大多对犯罪嫌疑人采取了逮捕、取保候审或者监视居住的强制措施。人民检察院在审查起诉时，如果认为采取的强制措施种类不当，或者没有必要采取强制措施的，应当及时予以变更或者撤销；同时，对于应当采取强制措施而没有采取的，也应当依法采取相应的强制措施。不能因片面强调便于诉讼的目的而对发现的强制措施使用不当的问题视而不见，应当本着实事求是、有错必纠的原则，依法履行好法律监督的职能。

（6）涉案款物是否查封、扣押、冻结并妥善保管，清单是否齐备。除作为证据使用的财物外，对与犯罪有关的其他财物的处理情况，也是审查起诉的一项重要内容。它是衡量司法机关公正执法水平的重要标准，对当事人的合法权益有着直接的影响。为此，首先，要审查案件中与犯罪有关的财物的范围、性质及是否存在孳息，是否有毒品、淫秽物品等违禁品、易燃、易爆、剧毒等危险物品以及不宜长期保存的物品。其次，要审查包括赃款赃物在内的与犯罪有关的财物是否全部查封、扣押、冻结，保管方法是否妥当，并注意是否随案附有完备的清单、照片或者其他证明文件。如对易腐烂、霉变的物品，已变卖处理的，应当随案移送原物照片、清单和处理的凭证；冻结在金融机构的赃款，应当随案移送该金融机构出具的证明文件；交有关部门保管或处理的违禁品，应当有相应的证明文件。最后，如果对被害人的合法财产予以返还的，应当注明理由，并随附清单、照片和被害人书写或者签名的收条、单据。

3. 审查起诉的步骤与方法

人民检察院审查起诉，应当先由检察人员进行审查，然后由办案部门负责人审核，最后由检察长或检察委员会决定。即先由案件承办人在进行全面审查的基础上，制作审查起诉意见书，提出起诉或不起诉以及是否需要提起附带民事诉讼的意见，经起诉部门负责人审查核实后，提出同意与否的意见，最后报经检察长批准，如果是检察长亲自办理的案件，则要由检察委员会讨论决定。

人民检察院审查起诉应当实行全面审查的原则，为此应当采用以下方法：

（1）阅卷审查。案卷是案件事实和证据的载体，阅卷审查就成为审查起诉过程中的一项最基本的工作，也是全面掌握案情的主要途径。承办人接到案件后，首先应当仔细阅读《起诉意见书》，了解犯罪嫌疑人涉嫌的犯罪事实、情节和公安机关认定的罪名、要求起诉的理由等。然后详细查阅案卷中的其他材料，尤其是各种证据材料，逐项对比、审查核实。发现疑问的，可以采取必要的调查措施加以解决，如询问证人、复核有关证据、对物证书证进行技术鉴定、退回公安机关补充侦查等，阅卷审查应当制作阅卷笔录。

（2）讯问犯罪嫌疑人。这是审查起诉的必经程序，通过这项活动，可以进一步核实案情，鉴别和判断其他证据的真伪，了解犯罪嫌疑人思想状况和认罪态度，了解侦查中有无刑讯逼供等违法情况。讯问犯罪嫌疑人必须严格依法进行，讯问由 2 名以上检察人员进行，严禁刑讯逼供和以威胁、引诱、欺骗以及其他非法方法获取口供，并依法制作讯问笔录。

（3）听取辩护人或者值班律师、被害人及其诉讼代理人的意见，并记录在案。一是听取辩护人、值班律师、被害人及其诉讼代理人对案件处理情况的意见，如对案件事实的认定的意见，包括辩护人就犯罪嫌疑人是否有罪以及罪行轻重、是否有从轻、减轻处罚的情节的意见；被害人对自己受侵害情况的意见，附带民事诉讼的提起、赔偿的要求等实体性意见。二是听取对侦查活动是否合法等程序性的意见。包括侦查活动中有无违法情况、是否需要补充侦查调取新证据等发表的意见，对于听取辩护人、被害人及其诉讼代理人的意见，应当记录在案，对于书面意见应当附卷。这是为保护犯罪嫌疑人、被害人的合法权益提供切实的程序保障。

（4）人民检察院可以要求公安机关提供法庭审判所必需的证据材料以及对证据收集的合法性作出说明。这里所谓“提供法庭审判所必需的证据材料”并不是补充侦查，而是对案件事实已经查清，但尚有个别证据需要补充，而又不必要补充侦查的案件，人民检察院可以要求公安机关提供这些个别的证据材料。认为可能存在以非法方法收集证据情形的，可以要求其对证据收集的合法性作出说明。根据《刑事诉讼法》第 56 条的规定，采用刑讯逼供等非法方法收集的犯罪嫌疑人、被告人供述和采用暴力、威胁等非法方法收集的证人证言、被害人陈述，应当予以排除。收集物证、书证不符合法定程序，可能严重影响司法公正的，应当予以补正或者作出合理解释；不能补正或者作出合理解释的，对该证据应当予以排除。应当被排除的证据不得作为起诉意见、起诉决定和判决的依据。

（5）补充侦查。人民检察院对移送起诉的案件，认为主要事实不清、证据不足或者有遗漏罪行及应当追究刑事责任的人，应当作出决定退回公安机关补充侦查，也可以自行侦查。“退回公安机关补充侦查”是指对那些犯罪事实不清、证据不足，或者有遗漏罪行和其他需要追究刑事责任的人，可能影响对犯罪嫌疑人定罪量刑的案件，可以将案件退回公安机关，由公安机关进行补充侦查。退回补充侦查的案件，应当制作《退回补充侦查决定书》，写明退回补充侦查的理由和需要查明的具体事项。“可以自行侦查”是指案件只是有部分证据需要查证，而自己又有能力侦查的或者自行侦查更有利于案件正确处理的案件，由人民检察院自己补充侦查。补充侦查应当在1个月以内完成，补充侦查以2次为限。案件经2次补充侦查后，人民检察院仍然认为证据不足，不符合起诉条件的，应当作出不起诉的决定。

(6) 对监察机关移送案件的处置。人民检察院对于监察机关移送起诉的案件，依照本法和监察法的有关规定进行审查。人民检察院经审查，认为需要补充核实的，应当退回监察机关补充调查，必要时可以自行补充侦查。

对于监察机关移送起诉的已采取留置措施的案件，人民检察院应当对犯罪嫌疑人先行拘留，留置措施自动解除。人民检察院应当在拘留后的10日以内作出是否逮捕、取保候审或者监视居住的决定。在特殊情况下，决定的时间可以延长1日至4日。人民检察院决定采取强制措施的期间不计入审查起诉期限。

(7) 犯罪嫌疑人认罪认罚的处置。犯罪嫌疑人认罪认罚的，人民检察院应当告知其享有的诉讼权利和认罪认罚的法律规定，听取犯罪嫌疑人、辩护人或者值班律师、被害人及其诉讼代理人对下列事项的意见，并记录在案：

①涉嫌的犯罪事实、罪名及适用的法律规定；

②从轻、减轻或者免除处罚等从宽处罚的建议；

③认罪认罚后案件审理适用的程序；

④其他需要听取意见的事项。

人民检察院依照前两款规定听取值班律师意见的，应当提前为值班律师了解案件有关情况提供必要的便利。

犯罪嫌疑人自愿认罪，同意量刑建议和程序适用的，应当在辩护人或者值班律师在场的情况下签署《认罪认罚具结书》。

犯罪嫌疑人认罪认罚，有下列情形之一的，不需要签署《认罪认罚具结书》：

①犯罪嫌疑人是盲、聋、哑人，或者是尚未完全丧失辨认或者控制自己行为能力的精神病人的；

②未成年犯罪嫌疑人的法定代理人、辩护人对未成年人认罪认罚有异议的；

③其他不需要签署《认罪认罚具结书》的情形。

4. 审查起诉的期限

人民检察院审查起诉的期限是指人民检察院收到移送起诉的案卷材料至作出

处理决定的时间期限，具体包括以下内容：

人民检察院对于监察机关、公安机关移送起诉的案件，应当在1个月以内作出决定，重大、复杂的案件，可以延长15日；犯罪嫌疑人认罪认罚，符合速裁程序适用条件的，应当在10日以内作出决定，对可能判处的有期徒刑超过1年的，可以延长至15日。

人民检察院审查起诉的案件，改变管辖的，从改变后的人民检察院收到案件之日起计算审查起诉期限。

5. 审查后的处理

（1）作出提起公诉决定。《刑事诉讼法》第176条规定："人民检察院认为犯罪嫌疑人的犯罪事实已经查清，证据确实、充分，依法应当追究刑事责任的，应当作出起诉决定，按照审判管辖的规定，向人民法院提起公诉，并将案卷材料、证据移送人民法院。犯罪嫌疑人认罪认罚的，人民检察院应当就主刑、附加刑、是否适用缓刑等提出量刑建议，并随案移送认罪认罚具结书等材料。"据此，人民检察院经过审查，凡认为犯罪事实已经查清，证据确实充分，依法应当追究刑事责任的，按照审判管辖提起公诉。

（2）作出不起诉决定。根据《刑事诉讼法》第177条及最高人民检察院《规则》第367条的规定，人民检察院经过审查，凡是认为犯罪嫌疑人的行为不构成犯罪或者符合《刑事诉讼法》第16条规定的情形之一，或对于犯罪情节轻微，依照刑法规定不需要判处刑罚或者免除刑罚的，以及经过补充侦查，仍然认为证据不足，不符合起诉条件的，依法作出不起诉决定，并立即释放在押嫌疑人。

（二）提起公诉

1. 提起公诉的条件

根据《刑事诉讼法》第176条的规定，提起公诉必须同时具备下列条件：

（1）犯罪嫌疑人的犯罪事实已经查清。"犯罪事实"是指犯罪的主要事实，对犯罪主要事实已经查清，但一些个别细节无法查清或没有必要查清，不影响定罪量刑的，也应当视为犯罪事实已经查清。最高人民检察院《规则》第355条规定："具有下列情形之一的，可以认为犯罪事实已经查清：（一）属于单一罪行的案件，查清的事实足以定罪量刑或者与定罪量刑有关的事实已经查清，不影响定罪量刑的事实无法查清的；（二）属于数个罪行的案件，部分罪行已经查清并符合起诉条件，其他罪行无法查清的；（三）无法查清作案工具、赃物去向，但有其他证据足以对被告人定罪量刑的；（四）证人证言、犯罪嫌疑人供述和辩解、被害人陈述的内容中主要情节一致，只有个别情节不一致，但不影响定罪的。对于符合第二项情形的，应当以已经查清的罪行起诉。"

（2）证据确实、充分。证据确实、充分，是指用以证明案件事实的证据是否真实可靠，能否反映案件的真实情况，取得的证据能否足以证实侦查终结认定的犯罪事实和情节。《刑事诉讼法》第55条第2款规定："证据确实、充分，应当符合以下条件：（一）定罪量刑的事实都有证据证明；（二）据以定案的证据均经法定程序查证属实；（三）综合全案证据，对所认定事实已排除合理怀疑。"

（3）依法应当追究刑事责任。依法应当追究刑事责任是指根据《刑法》的规定，犯罪嫌疑人有刑事责任能力，应当对犯罪嫌疑人判处刑罚，且不存在《刑事诉讼法》第16条规定的免责情形。

对于同时符合上述三方面条件的，人民检察院应当按照审判管辖的规定，向有管辖权的人民法院提起公诉。

2. 提起公诉的程序

（1）依法确定审判管辖。人民检察院应当根据有关审判管辖的规定确定向哪一个人民法院提起公诉。对于不属于同级人民法院管辖的案件，人民检察院应当将案件移送有管辖权的人民法院的同级人民检察院提起公诉。

（2）制作起诉书。人民检察院决定提起公诉的案件，应当制作起诉书。起诉书是人民检察院代表国家指控犯罪并请求人民法院追究被告人刑事责任的法律文书，因此必须认真制作。根据最高人民检察院《规则》第358条的规定，起诉书的主要内容包括：

①被告人的基本情况，包括姓名、性别、出生年月日、出生地和户籍地、公民身份号码、民族、文化程度、职业、工作单位及职务、住址，是否受过刑事处分及处分的种类和时间，采取强制措施的情况等；如果是单位犯罪，应当写明犯罪单位的名称和组织机构代码、所在地址、联系方式，法定代表人和诉讼代表人的姓名、职务、联系方式；如果还有应当负刑事责任的直接负责的主管人员或其他直接责任人员，应当按上述被告人基本情况的内容叙写。

②案由和案件来源。

③案件事实，包括犯罪的时间、地点、经过、手段、动机、目的、危害后果等与定罪量刑有关的事实要素。起诉书叙述的指控犯罪事实的必备要素应当明晰、准确。被告人被控有多项犯罪事实的，应当逐一列举，对于犯罪手段相同的同一犯罪可以概括叙写。

④起诉的根据和理由，包括被告人触犯的刑法条款、犯罪的性质及认定的罪名、处罚条款、法定从轻、减轻或者从重处罚的情节，共同犯罪各被告人应负的罪责等。

⑤被告人认罪认罚情况，包括认罪认罚的内容，具结书签署情况等。

被告人真实姓名、住址无法查清的，可以按其绰号或者自报的姓名、住址制作起诉书，并在起诉书中注明。被告人自报的姓名可能造成损害他人名誉、败坏道德风俗等不良影响的，可以对被告人编号并按编号制作起诉书，附具被告人的照片，记明足以确定被告人面貌、体格、指纹以及其他反映被告人特征的事项。

起诉书应当附有被告人现在处所，证人、鉴定人、需要出庭的有专门知识的人的名单，需要保护的被害人、证人、鉴定人的化名名单，查封、扣押、冻结的财物及孳息的清单，附带民事诉讼，附带民事公益诉讼情况以及其他需要附注的情况。

证人、鉴定人、有专门知识的人的名单应当列明姓名、性别、年龄、职业、住址、联系方式，并注明证人、鉴定人是否出庭。

(3) 向人民法院移送起诉书、案卷材料和证据。起诉书应当一式八份，每增加一名被告人增加起诉书五份。这里的案卷材料、证据，应是全案的证据材料，既包括指控犯罪事实以及表明罪行严重等对犯罪嫌疑人不利的证据，也包括有从轻、减轻处罚情节等对犯罪嫌疑人有利的证据。对共同犯罪的犯罪嫌疑人，原则上应当同案一并提起公诉，对有特殊情况不能同案起诉的，必须在起诉书中有关部分加以说明或注明处理情况。

(4) 建议适用简易程序。人民检察院在提起公诉前，认为被告人符合《刑事诉讼法》第 214 条规定的条件，在提起公诉时，向人民法院建议适用简易程序进行审判。法律赋予人民检察院这一建议权，进一步发挥了检察机关追诉犯罪的功能，使诉讼程序更为合理，对提高审判效率具有积极意义。

根据最高人民检察院《规则》第 430 条的规定，人民检察院对于基层人民法院管辖的案件，符合下列条件的，可以建议人民法院适用简易程序审理：①案件事实清楚、证据充分的；②被告人承认自己所犯罪行，对指控的犯罪事实没有异议的；③被告人对适用简易程序没有异议的。办案人员认为可以建议适用简易程序的，应当在审查报告中提出适用简易程序的意见，按照提起公诉的审批程序报请决定。

(5) 提出量刑建议。根据最高人民检察院《规则》第 364 条的规定，人民检察院对提起公诉的案件，可以向人民法院提出量刑建议。除有减轻处罚或者免除处罚情节外，量刑建议应当在法定量刑幅度内提出。建议判处有期徒刑、管制、拘役的，可以具有一定的幅度，也可以提出具体确定的建议。

提出量刑建议的，可以制作量刑建议书，与起诉书一并移送人民法院。量刑建议书的主要内容应当包括被告人所犯罪行的法定刑、量刑情节、建议人民法院对被告人判处刑罚的种类、刑罚幅度、可以适用的刑罚执行方式以及提出量刑建议的依据和理由等。

三、不起诉

（一）不起诉的概念

不起诉是指人民检察院对公安机关、监察机关移送起诉的案件或者对自行侦查的案件进行审查后，认为应当或可以不向人民法院提起公诉并终止诉讼的活动。不起诉是人民检察院审查案件的结果之一，具有终止诉讼的法律效力。不起诉决定是人民检察院对刑事诉讼案件作出的处理决定，它对于保护公民的合法权益，保障无罪的人不受刑事追究，节省司法资源，提高诉讼效率，具有重要的意义。

（二）不起诉的种类

不起诉分为法定不起诉和酌定不起诉两种类型。

1. 法定不起诉

法定不起诉是指凡是具有《刑事诉讼法》第16条规定的情形之一的，或者是在审查起诉中发现根本没有犯罪事实，不构成犯罪的案件，或者是经过二次补充侦查，仍然认为证据不足，不符合起诉条件的，经检察长或者检察委员会决定，应当作出不起诉决定，终结刑事诉讼。法定不起诉是法律规定的应当不起诉，根据《刑事诉讼法》的规定，法定不起诉包括以下三种情形：

（1）犯罪嫌疑人没有犯罪事实。包括犯罪嫌疑人在该案中所涉及的行为依法不构成犯罪，以及该案的犯罪行为并非本犯罪嫌疑人所为。

（2）犯罪嫌疑人有《刑事诉讼法》第16条规定的情形之一，即情节显著轻微、危害不大，不认为是犯罪的；犯罪已过追诉时效期限的；经特赦令免除刑罚的；依照刑法告诉才处理的犯罪，没有告诉或者撤回告诉的；犯罪嫌疑人、被告人死亡的；其他法律规定免予追究刑事责任的情形。这些情形，法律规定免予追究刑事责任，人民检察院应当作出不起诉的决定。

（3）《刑事诉讼法》第175条第4款规定："对于二次补充侦查的案件，人民检察院仍然认为证据不足，不符合起诉条件的，应当作出不起诉的决定。"根据最高人民检察院《规则》第368条的规定，具有下列情形之一，不能确定犯罪嫌疑人构成犯罪和需要追究刑事责任的，属于证据不足，不符合起诉条件：①犯罪构成要件事实缺乏必要的证据予以证明的；②据以定罪的证据存在疑问，无法查证属实的；③据以定罪的证据之间、证据与案件事实之间的矛盾不能合理排除的；④根据证据得出的结论具有其他可能性，不能排除合理怀疑的；⑤根据证据认定案件事实不符合逻辑和经验法则，得出的结论明显不符合常理的。

2. 酌定不起诉

酌定不起诉指人民检察院认为犯罪嫌疑人的行为已经构成犯罪，但由于犯罪情节轻微，根据《刑法》规定不需要判处刑罚或者免除刑罚的，人民检察院可以决定不起诉。所谓“酌定”，是指依照法律酌情考虑。对于这类案件，人民检察院有权自由裁量，可以起诉也可以不起诉，不是应当或只能不起诉。酌定不起诉包括以下三种情形：

（1）《刑事诉讼法》第177条第2款规定：“对于犯罪情节轻微，依照刑法规定不需要判处刑罚或者免除刑罚的，人民检察院可以作出不起诉决定。”根据这一规定，酌定不起诉必须同时具备两个条件：①犯罪嫌疑人被控的行为触犯了刑法，符合犯罪构成要件，已经构成犯罪；②犯罪行为情节轻微，依照刑法规定不需要判处刑罚或者免除刑罚的。如自首、立功、未成年人犯罪、中止犯、正当防卫、紧急避险等规定中关于免除刑罚的规定。此处的“犯罪情节轻微”中关于犯罪的认定，只是检察机关在审查起诉工作中的认识，而不是确定犯罪嫌疑人有罪，一旦依照本款作出不起诉决定，从法律意义上讲，被决定不起诉的人是作为无罪处理的。

（2）最高人民检察院《规则》第367条第2款规定：“人民检察院对于经过一次退回补充调查或者补充侦查的案件，认为证据不足，不符合起诉条件，且没有再次退回补充调查或者补充侦查必要的，经检察长批准，可以作出不起诉决定。”司法实践中，根据案件具体情况，有的因存在证明案件构成要件事实的关键证据确已灭失，无法获得等情况存在，则在退回补充侦查一次以后，即可作出不起诉决定。

（3）犯罪嫌疑人自愿如实供述涉嫌犯罪的事实，有重大立功或者案件涉及国家重大利益的，经最高人民检察院核准，公安机关可以撤销案件，人民检察院可以作出不起诉决定，也可以对涉嫌数罪中的一项或者多项不起诉。

（三）不起诉的程序

同起诉决定一样，人民检察院对犯罪嫌疑人作出的不起诉决定，也是对案件处理的一种结果，因而是一项十分严肃的工作。不起诉决定一经作出，即具有法律效力，因此，为了保证人民检察院不起诉决定的质量，及时发现和纠正可能发生的差错，《刑事诉讼法》第178～182条规定了不起诉的具体程序，其具体内容如下：

1. 制作《不起诉决定书》。凡是不起诉的案件，人民检察院都应当制作《不起诉决定书》，这是人民检察院代表国家依法确认不追究犯罪嫌疑人刑事责任的决定性法律文书，具有法律效力。最高人民检察院《规则》第372条规定：“不起诉决定书的主要内容包括：（一）被不起诉人的基本情况，包括姓名、性别、出生年月日、出生地和户籍地、公民身份号码、民族、文化程度、职业、工作单位及职务、住址，是否受过刑事处分，采取强制措施的情况以及羁押处所等；如果是单位犯罪，应当写明犯罪单位的名称和组织机构代码、所在地址、联系方式，法定代表人和诉讼代表人的姓名、职务、联系方式；（二）案由和案件来源；（三）案件事实，包括否定或者指控被不起诉人构成犯罪的事实以及作为不起诉决定根据的事实；（四）不起诉的法律根据和理由，写明作出不起诉决定适用的法律条款；（五）查封、扣押、冻结的涉案款物的处理情况；（六）有关告知事项。”

2. 公开宣布不起诉决定，并将不起诉决定书送达被不起诉人和他的所在单位。“公开宣布”是指在一定的场合公开宣布对不起诉人的不起诉决定，这是一个必经程序，不能以送达代替向被不起诉人宣布不起诉的决定。公开宣布的地点、范围，可以根据实际情况的需要确定，但必须有被不起诉人在场，当面向其宣布；将《不起诉决定书》送达被不起诉人和他的所在单位，是为了保障被不起诉人的利益，有利于消除因诉讼活动对其本人所造成的不利影响，尽快恢复正常生活和工作。

对于人民检察院依照《刑事诉讼法》第177条第2款规定作出的不起诉决定，被不起诉人如果不服，认为自己根本就没有犯罪行为，不存在“犯罪情节轻微，依照刑法规定不需要判处刑罚或者免除刑罚的”情形，检察机关不起诉的决定属于法律适用错误的，其可以自收到《不起诉决定书》后7日以内向作出不起诉的人民检察院申诉。对于被不起诉人以上述理由申诉的，人民检察院应当进行复查，并作出复查决定，通知被不起诉人。如果是公安机关移送的案件，人民检察院应将复查决定同时抄送公安机关。

3. 对有被害人的案件，人民检察院应当将《不起诉决定书》送达被害人。被害人认为被不起诉人的行为应当被追究刑事责任，人民检察院不起诉决定有错误，可以在收到《不起诉决定书》后7日以内向作出不起诉决定的人民检察院的上一级人民检察院申诉，请求提起公诉。上一级人民检察院应当及时复查，并将复查结果告知被害人。对有证据证明对被不起诉人侵犯自己人身、财产权利的行为应当追究刑事责任，而人民检察院作出不起诉决定的，被害人也可以选择不向上一级人民检察院申诉，直接向人民法院起诉。人民法院受理案件后，人民检察院应当将有关案件材料移送人民法院。人民检察院接到人民法院受理被害人起诉的通知后，人民检察院应当终止复查，将讼诉文书和有关的证据材料移送人民法院。法律的这一规定既体现了对被害人合法权益的充分保护，同时也完善了对人民检察院不起诉决定的制约制度。不起诉决定同样是人民检察院对案件的处理结果，一旦作出，就具有法律约束力，因此保证它的正确性至关重要。如果人民检察院的不起诉决定缺乏一种有效的制约方式，就难以保证错误的不起诉决定得到纠正，从而不利于保护被害人的合法权益。

4. 对于公安机关移送起诉的案件，人民检察院决定不起诉的，应当将《不起诉决定书》送达公安机关。公安机关接到《不起诉决定书》后，认为自己移送的案件，证据确实、充分，事实清楚，不符合刑事诉讼法关于不起诉条件的规定，应当追究犯罪嫌疑人的刑事责任，而人民检察院作出了不起诉的决定，作为一种制约措施，公安机关可以要求作出不起诉决定的人民检察院复议。公安机关的复议意见如果不被作出不起诉决定的人民检察院接受，公安机关可以向上一级人民检察院提请复核。上一级人民检察院应当及时复核并作出复核决定，制作《复核决定书》，送交提请复核的公安机关和下级人民检察院。经上一级人民检察院复核，提出改变不起诉决定意见的，下级人民检察院应当执行。复议、复核时，不停止对不起诉决定的执行，不能以复议、复核为由继续羁押被不起诉人。

5. 被不起诉人在押的，不起诉决定一经宣布，应立即释放被不起诉人。因为不起诉决定一经宣布即生效，被不起诉人从法律意义上讲是无罪的，因此应当立即释放。

6. 对涉案财物和人员的处置。根据《刑事诉讼法》第 177 条第 3 款的规定，人民检察院决定不起诉的案件，应当同时对侦查中查封、扣押、冻结的财物解除查封、扣押、冻结。对被不起诉人需要给予行政处罚、处分或者需要没收其违法所得的，人民检察院应当提出检察意见，移送有关主管机关处理。有关主管机关应当将处理结果及时通知人民检察院。

第三节　提起自诉程序

一、自诉的概念

自诉是指被害人或者其法定代理人、近亲属以书面或者口头形式直接向人民法院提起刑事诉讼，由人民法院直接受理的刑事案件。在现代刑事诉讼中，自诉是立足于保护被害人利益的必要补充，是刑事诉讼实行国家追诉主义兼采私人追诉主义的产物。与公诉案件相比，自诉案件有以下特点：

1. 从犯罪客体来看，主要是侵犯公民个人权益方面的犯罪。比如，侵犯公民的人身权利、财产权利、名誉权、婚姻自主权等。

2. 从起诉对象来看，相对于公诉案件，自诉案件多数是性质不太严重，给社会造成的危害较小的案件。国家将追诉犯罪的权利交给被害人自己行使，不但不会危害国家利益、集体利益和社会利益，而且可以节省人力、物力、财力，可以使国家侦查机关和提起公诉的机关集中力量打击较为严重的刑事犯罪，将有限的司法资源进行更为合理的分配。

3. 从诉讼程序来看，被害人及其法定代理人等有能力依靠自己的力量承担诉讼。自诉案件一般有明确的被告，案情比较清楚，情节相对简单，无须专门的取证手段和侦查措施，被害人及其法定代理人有能力自行提起诉讼和支持诉讼。如果案情复杂需要专门的侦查手段，被害人及其法定代理人没有能力查清案情或者收集证据、提供证据的，不宜作为刑事自诉案件。

二、自诉案件的范围

根据《刑事诉讼法》第210条和最高人民法院《解释》第1条的规定，自诉案件范围有以下几类：

（一）告诉才处理的案件

所谓告诉才处理的案件，是指由被害人及其法定代理人、近亲属等提出告诉，人民法院才予以受理的案件。告诉才处理的刑事案件具体包括以下案件：（1）《刑法》第246条规定的侮辱、诽谤案，但是严重危害社会秩序和国家利益的除外；（2）《刑法》第257条第1款规定的暴力干涉婚姻自由案；（3）《刑法》第260条第1款规定的虐待案；（4）《刑法》第270条规定的侵占案。

（二）人民检察院没有提起公诉，被害人有证据证明的轻微刑事案件

“有证据证明”，主要是指被害人能够明确提供被告人的身份，有确实、充分的证据证明该被告人对自己实施了犯罪行为。“轻微刑事案件”，司法实践中具体包括以下几类：（1）《刑法》第234条第1款规定的故意伤害案，通常这类案件被称为轻伤案；（2）《刑法》第245条规定的非法侵入住宅案；（3）《刑法》第252条规定的侵犯通信自由案；（4）《刑法》第258条规定的重婚案；（5）《刑法》第261条规定的遗弃案；（6）《刑法》分则第三章第一节规定的生产、销售伪劣商品案，但是严重危害社会秩序和国家利益的除外；（7）《刑法》分则第三章第七节规定的侵犯知识产权案，但是严重危害社会秩序和国家利益的除外；（8）属于《刑法》分则第四章、第五章规定的，对被告人可能判处3年有期徒刑以下刑罚的案件。

以上案件，被害人直接向人民法院起诉的，人民法院应当依法受理。对其中证据不足、可以由公安机关受理的，或者认为对被告人可能判处3年有期徒刑以上刑罚的，应当告知被害人向公安机关报案，或者移送公安机关立案侦查。被害人向公安机关控告的，公安机关应当受理。

（三）公诉转自诉案件

公诉转自诉案件，是指被害人有证据证明对被告人侵犯自己人身、财产权利的行为应当依法追究刑事责任，且有证据证明曾经提出控告，而公安机关或者人

民检察院不予追究被告人刑事责任的案件。“公安机关或者人民检察院不予追究被告人刑事责任”，是指经向公安机关或人民检察院报案、控告，公安机关、人民检察院未立案侦查，或者撤销案件，或者不起诉的。此项规定旨在保障被害人的合法权利，解决人民群众告状无门的问题，属于对公安机关或者人民检察院不予追究被告人刑事责任情况的一种补救措施。

三、提起自诉的条件

由于自诉是由被害人或者其法定代理人提起，而自诉的目的是追究被告人的刑事责任，为了维护被告人的合法权益，避免滥用控诉权而达到私人目的，法律规定提起自诉需要满足一定的条件，这就是自诉的条件。具体而言，自诉的条件包括以下四个方面：

（一）属于自诉案件范围

提起自诉的案件必须符合《刑事诉讼法》第210条、最高人民法院《解释》第1条的规定。

（二）受诉的人民法院对该案有管辖权

自诉须向有管辖权的人民法院起诉，否则人民法院不予受理，告诉其向有管辖权的人民法院起诉。

（三）有适格的自诉人

一般而言，自诉由被害人提起。根据最高人民法院《解释》第317条的规定，被害人死亡或者丧失行为能力的，被害人的法定代理人、近亲属有权向人民法院起诉，即提起自诉的主体有：

1. 被害人

被害人应是犯罪行为的直接受害者，即被害人受法律保护的正当权益，遭受犯罪行为的直接侵害。若不是被害人的权益受到侵害，或受害结果不是由犯罪行为直接造成，则被害人不能成为自诉的主体。

2. 被害人的法定代理人或其近亲属

在法律允许的自诉案件中，如果被害人死亡、丧失行为能力或者因受强制、威吓等无法告诉，或者是限制行为能力人以及因年老、患病、盲、聋、哑等不能亲自告诉，其法定代理人、近亲属告诉或者代为告诉的，人民法院应当依法受理。这是为了保证在特殊情况下，被害人的合法权益仍能得到适当的保护。

（四）有明确的被告人、具体的诉讼请求和证明被告人犯罪事实的证据

自诉案件的刑事诉讼程序是由自诉人的起诉而引起，对于自诉案件，公安机关和人民检察院均不介入，因此，没有公安机关的侦查和人民检察院的审查起诉。自诉人起诉时应明确提出控诉的对象，如果不能提出明确的被告人或者被告

人下落不明的，自诉案件不能成立。诉讼请求是自诉人提起自诉的目的所在，因此，为了维护被害人的合法权益，自诉人起诉时还应提出具体的起诉请求，包括指明控诉的罪名和要求人民法院追究被告人何种刑事责任。如果提起刑事自诉附带民事诉讼，还应提出具体的赔偿请求。被害人提起刑事自诉必须有能够证明被告人犯有被指控的犯罪事实的证据，若没有足够的证据，就无法认定被告人的罪责，也就达不到惩罚犯罪的目的。

上述条件是提起自诉必须具备的条件，缺一不可。自诉人只有同时具备上述条件时，才可向人民法院提起诉讼，要求人民法院对犯罪事实进行审理，以追究被告人的刑事责任。若不具备以上条件，人民法院不予受理或驳回起诉。

四、提起自诉的程序

被害人或其法定代理人、近亲属以及他们的诉讼代理人在法定的起诉时效期限内，提起自诉应当提交刑事自诉状；同时提起附带民事诉讼的，应当提交刑事附带民事自诉状。自诉状应当包括以下内容：（1）自诉人（代为告诉人）、被告人的姓名、性别、年龄、民族、出生地、文化程度、职业、工作单位、住址、联系方式；（2）被告人实施犯罪的时间、地点、手段、情节和危害后果等；（3）具体的诉讼请求；（4）致送的人民法院和具状时间；（5）证据的名称、来源等；（6）证人的姓名、住址、联系方式等。对2名以上被告人提出告诉的，应当按照被告人的人数提供自诉状副本。

对自诉案件，人民法院应当在15日内审查完毕。经审查，符合受理条件的，应当决定立案，并书面通知自诉人或者代为告诉人。人民法院在法定期间内不能判定自诉是否符合法律规定的，应当先行立案。具有下列情形之一的，应当说服自诉人撤回起诉，自诉人不撤回起诉的，裁定不予受理：（1）不属于最高人民法院《解释》第1条规定的案件的；（2）缺乏罪证的；（3）犯罪已过追诉时效期限的；（4）被告人死亡的；（5）被告人下落不明的；（6）除因证据不足而撤诉的以外，自诉人撤诉后，就同一事实又告诉的；（7）经人民法院调解结案后，自诉人反悔，就同一事实再行告诉的。

除上述不予受理的情形以外，根据最高人民法院《登记立案规定》第9～10条的规定，人民法院对下列起诉、自诉不予登记立案：（1）违法起诉或者不符合法律规定的；（2）涉及危害国家主权和领土完整的；（3）危害国家安全的；（4）破坏国家统一和民族团结的；（5）破坏国家宗教政策的；（6）所诉事项不属于人民法院主管的。人民法院对自诉不予受理或者不予立案的，应当出具书面裁定或者决定，并载明理由。

实训案例

案例一

被告人：张富根，男，55岁，某公司经理。

被告人的女儿张珊，24岁，某工厂技术人员。她于某日向其父亲说："我找了个男朋友，叫丁小强，25岁，是中专时的同学，也是工厂技术人员，家住农村，父亲是小学教师，母亲务农。"被告人张富根早已给女儿物色好对象，是本公司的副经理，父亲是局级干部。听到女儿张珊的话后，便坚决反对，大发雷霆，对张珊说："不许你自己到外边找对象，丁家住在农村，哪里比得上我给你介绍的那个，我坚决不同意。"从此，便对女儿进行打骂，不让其回家吃饭，威逼丁小强，要丁小强与自己的女儿断绝来往等，将张珊逼得投河自杀，后被人发现，经抢救脱险，但被告人张富根仍对女儿的婚姻大加干涉。张珊无奈，将其父张富根起诉到某区人民法院。区人民法院开庭审理了此案，认为张富根的行为构成暴力干涉婚姻自由罪，定期宣判。

开庭审理后，被告人张富根回到家里态度改变，主动向女儿张珊承认错误，并说："今后你与丁小强的事我再也不反对了，由你们自己说了算。"张珊考虑到父女之情，决定不再控告父亲，于是，在法院宣判前一日到人民法院申请撤回自诉。

问题：本案中，人民法院是否可以受理张珊提起的自诉？张珊可否申请撤回自诉？

分析：根据《刑事诉讼法》第210条及《刑法》第257条第1款的规定，在本案中，张珊起诉父亲张富根暴力干涉婚姻自由，属于自诉案件的范围，符合自诉的条件，因此人民法院可以受理。

根据最高人民法院《解释》第329条中的规定，判决宣告前，自诉案件的当事人可以自行和解，自诉人可以撤回自诉。人民法院经审查，认为撤回自诉确属自愿的，应当裁定准许。因此，张珊可以申请撤回自诉。

案例二

某县人民检察院在审查高志洪强奸一案时，认为犯罪嫌疑人高志洪的行为构成强奸罪，但由于其自动中止犯罪，没有产生女青年被强奸的后果，遂根据《刑法》第24条和《刑事诉讼法》第177条第2款的规定，对高志洪作了不起诉决定。事隔1个多月后，被害女青年到县人民检察院打听案件进展情况，被告知此案早已处理完毕。

问题：

1. 县人民检察院未将《不起诉决定书》送达被害女青年是否正确？
2. 被害女青年如果对不起诉决定不服，该怎么办？

思考与练习题

1. 简述审查起诉的内容。
2. 简述提起公诉的概念及条件。
3. 简述不起诉的概念及种类。
4. 简述自诉案件的范围。

第四模块　审判程序

第十三章

刑事审判基本制度

本章导读

通过本章的学习，了解刑事审判的概念、特征和意义，掌握审级制度、审判组织的组织形式以及判决、裁定和决定的区别，明确刑事审判的基本原则，逐步形成运用刑事审判相关理论分析问题、解决问题的能力。

导入案例

吉某某杀妻案

1. 案件始末

2013 年 4 月 25 日，南京某小区发生命案，时年 24 岁的富家子弟吉某某与 90 后妻子祁某发生激烈争吵，吉某某挥刀砍向妻子，祁某被砍伤，最终经抢救无效死亡，留下了出生仅 100 多天的宝宝。这起命案迅速引发了社会关注。

2013 年 11 月 4 日，南京市中级人民法院组成合议庭，公开审理该案。庭审于 14 时 30 分开始。公诉人庭上宣读起诉书，自 2012 年 8 月以来，被告人吉某某因怀疑其妻祁某（女，殁年 21 岁）与他人有染而多次与其妻发生争执。2013 年 4 月 25 日 7 时许，吉某某酒后回到本市某小区家中，再次因上述原因与祁某发生争执。在此过程中，吉某某先后持菜刀和水果刀对祁某头部、胸背部、四肢等部位砍击和捅刺数十下，致其妻当场死亡。经法医鉴定，祁某系被锐器刺戳、砍切头胸腹部致颅脑损伤合并大出血死亡。吉某某实施犯罪行为期间，其父拨打“110”报警，吉某某随后在其住处被公安机关抓获。

2. 被告否认故意杀人，称妻子先拿刀

公诉人在讯问被告人吉某某时，吉某某称自己有10份口供。公诉人讯问被告人喝醉酒回家时其妻子在做什么，吉某某回答说妻子大概在玩手机，然后两人发生了争执。公诉人进一步询问，“是和以前一样吗”？吉某某说，“我这天就打了她两个嘴巴”，并称他想让祁某把说的一些话写下来，找纸和笔的时候祁某跑出了房间。祁某去厨房拿了菜刀，吉某某夺了菜刀并用菜刀砍伤了祁某的心脏等部位。公诉人讯问吉某某父母下楼时他在做什么，吉某某回答说：“应该在作案吧。”

公诉人称，吉某某在醉酒回家后，先后用菜刀和水果刀朝被害人头部和胸腹部砍击捅刺，造成被害人当场死亡的严重后果，已经构成故意杀人罪。

被告人吉某某陈述时表示：“我认为我不是被抓获的，我认为我是自首的。我认为我不构成故意杀人。”

被告人的辩护律师称，被告人在酒后失去了控制能力，实施的犯罪有偶然性，明显区别于有预谋的犯罪，请求法庭作出公正的处罚。

3. 被告愿意赔偿57万元

南京脑科医院司法鉴定所出具的司法鉴定意见书称，吉某某作案时无精神病，有完全刑事责任能力。

据法庭所附民诉状，原告要求被告赔偿各项损失570 566元。被告人吉某某表示愿意赔偿。

虽然在刑事附带民事部分提出了57万余元的赔偿要求，但在听到辩护人说吉某某家有赔偿意愿的时候，祁某的母亲还是突然站起来喝道：“我不要赔偿！”

4. 判决

2014年4月18日下午，南京市中级人民法院对被告人吉某某故意杀人案作出一审判决，认定吉某某犯故意杀人罪，判处死刑，缓期二年执行，剥夺政治权利终身；对吉某某限制减刑；吉某某赔偿附带民事诉讼原告人交通费人民币2000元。

南京市中级人民法院官方微博发布了长微博，解释为何判处吉某某死缓，而不是死刑。主审法官认为，被告人吉某某罪行极其严重，但鉴于本案系婚姻家庭纠纷引发犯罪，结合案情可对被告人不判处死刑立即执行。被告人故意杀人手段特别残忍且未得到被害人家属谅解，故对其限制减刑。被判处死缓限制减刑的，在判决生效后至少要服刑22年。

本案知识点

刑事审判的意义、刑事审判原则、审级制度。

第一节　刑事审判概述

一、刑事审判的概念和特征

刑事审判是指人民法院在控辩双方和其他诉讼参与人的参加下，依照法定的程序对于被提交审判的刑事案件进行审理并作出裁判的活动。人民检察院对侦查终结的案件进行审查后，认为犯罪嫌疑人的犯罪事实已经查清，证据确实、充分，依法应当追究刑事责任的，便应向有管辖权的人民法院提起公诉。公民依据《刑事诉讼法》第210条的规定也可以向人民法院提起自诉。一旦人民法院受理了公诉机关或公民的起诉，案件便进入了审判阶段，人民法院由此开始的诉讼活动就是刑事审判活动。

刑事审判活动由审理和裁判两部分活动所组成，审判可以看作审理和裁判的简称。所谓审理，是指人民法院在控辩双方和其他诉讼参与人的参加下，调查核实证据、查明案件事实并确定如何适用法律的活动。所谓裁判，是指人民法院依据认定的证据、查明的案件事实和有关法律，对案件的实体和程序问题作出处理结论的活动。审理是裁判的前提和基础，裁判是审理的目的和结果，二者构成辩证统一的整体。

刑事审判具有以下基本特征：

（一）刑事审判具有专门性

刑事审判是人民法院代表国家行使专门权利的活动，其他任何机关、团体和个人都无权行使审判权。

（二）刑事审判具有独立性

人民法院依照法律规定独立行使审判权，不受行政机关、社会团体和个人的干涉。不仅如此，法官也具有独立性，在评议时有权独立、平等地发表意见。

（三）刑事审判具有程序性

刑事审判活动应当严格遵循法定的程序，否则，可能导致审判活动无效并需要重新进行的法律后果。

（四）刑事审判具有终局性

审判是现代法治国家解决社会纠纷和争端的最后一道机制，人民法院的生效裁判对于案件的解决具有最终决定意义。裁判一旦生效，诉讼的任何一方原则上不能要求人民法院再次审判该案件，其他任何机关也不得对该案重新处理，有关各方都有履行裁判或不妨害裁判执行的义务。

二、刑事审判的意义

在现代法治社会，刑事审判具有维护追诉正当性、保护被告人不受错误追究、保障辩护权等多方面的意义。

（一）刑事审判具有维护追诉正当性的意义

在现代社会，侦查机关、检察机关承担追诉犯罪维护社会秩序的职责，这种追诉必须具有正当性，即依法律规定的正当程序进行。然而，追诉行为本身极具攻击性，易偏离法律程序而侵犯公民权利，从而破坏法律秩序。人民法院通过审判，排除非法证据，能够起到纠正与遏止侦查机关、检察机关违法行为，维护追诉行为合法性与正当性的作用。

（二）刑事审判具有保护被告人不受错误追究的意义

检察机关、自诉人对被告人的指控，只是提出罪与刑的请求。人民法院通过审理，对检察机关以及自诉人的指控进行全面审查，包括证据的充分性、法律适用的准确性，就可以实现定罪量刑的准确性，最大限度地保护被告人不受错误追究。

（三）刑事审判具有保障辩护权实现的意义

被告人享有辩护权，审判为辩护权的行使提供了平台。只有通过审判，才能保障被告人的辩护权，使其获得公正的对待，也才能体现刑事司法制度的公信力。

三、刑事审判的原则

刑事审判原则是指对刑事审判活动具有普遍指导意义，立法者、审判机关、审判人员和参与诉讼的其他主体必须遵循的准则。

（一）公开审判原则

1. 公开审判的概念

公开审判是指人民法院审理案件和宣告判决，都应当公开进行，允许公民到法庭旁听，允许新闻记者采访报道，把法庭审判的全部过程（除休庭评议案件外）都公之于众。公开审判不仅向当事人或其他诉讼参与人公开，而且向公民公开，向社会公开。《刑事诉讼法》第 11 条规定，“人民法院审判案件，除本法另有规定的以外，一律公开进行……”

审判实践中，公开审判的案件，应当在开庭 3 日以前先期公布案由、被告人姓名、开庭时间和地点。定期宣告判决的案件，应当在宣判前，先期公告宣判的时间和地点，传唤当事人并通知公诉人、法定代理人、辩护人和诉讼代理人。

2. 公开审判原则的意义

公开审判是诉讼民主的重要表现，是实现诉讼公正的重要保证。公开审判原则的意义主要体现在三个方面：

一是公开审判将审判活动置于当事人和社会的监督之下，有利于实现审判的公正性。当事人和社会的监督，可以促使法院严格遵守法定程序，贯彻各项审判制度，尊重和保障诉讼参与人的诉讼权利，准确适用法律，作出公正的裁判。

二是有利于增强刑事司法的公信力和权威性。公开审判增强了刑事司法的透明度，并且将刑事审判过程和审判结果置于当事人和社会公众的监督之下，不仅有助于防止司法腐败和司法权的滥用或专横行使，而且有利于当事人和公众对国家刑事司法活动的认同、信任和尊重，从而有利于提升刑事司法的公信力，增加刑事司法的权威性。

三是审判公开有利于加强法制宣传，增强民众的法律意识。公开审判，公民有权旁听审判，记者可以报道，这也是让公民参与司法活动的一种形式。这种形式可以培育公众的法律意识，增强民主参与的积极性。同时，公开审判使审判成为教育当事人和增强公众法制观念的重要形式。从审判中获得的信息，当事人和公众可以丰富法律知识，增强权利意识和义务观念，提高公民同犯罪行为作斗争的自觉性和积极性。

3. 公开审判原则的例外

为了保护更重要的利益，各国法律都规定了公开审判原则限制适用的特别情形。这种限制主要表现在两个方面：一是法庭评议不公开；二是对部分案件不公开审理。

我国刑事诉讼法对审判公开原则适用的限制性规定与国外基本上相同。根据《刑事诉讼法》第188条、第285条和最高人民法院《解释》第222条的规定，下列案件不公开审理：（1）有关国家秘密的案件。其目的是防止泄露国家秘密，危害国家利益。是否属于国家秘密根据《保守国家秘密法》确认。（2）有关个人隐私的案件。如强奸案件等。其目的是保护被害人或者其他人的名誉，防止对其在社会中产生不利影响。（3）未成年人犯罪的案件。具体说，14周岁以上不满16周岁未成年人犯罪的案件，一律不公开审理；16周岁以上不满18周岁未成年人犯罪的案件，一般也不公开审理。由于未成年人的心理和生理尚处于成长、发育状态，思想不稳定，容易受外界的影响，不公开审理，有利于对犯罪的未成年人的教育和挽救。（4）对于当事人提出申请的、确属涉及商业秘密的案件，法庭可以决定不公开审理。

对于不公开审理的案件，应当当庭宣布不公开审理的理由。不公开审理的案件，一律公开宣判。

（二）直接言词原则

1. 直接言词原则的概念

直接言词原则是指法官必须在法庭上亲自听取当事人、证人及其他诉讼参与人的口头陈述，案件事实和证据必须由控辩双方当庭口头提出并以口头辩论和质证的方式进行调查。直接言词原则可分为直接原则和言词原则。

直接原则是指法官必须与诉讼当事人和诉讼参与人直接接触，直接审查案件事实材料和证据。直接原则又可分为直接审理原则和直接采证原则。直接审理原则，又称在场原则，是指法官审理案件时，除法律另有特别规定外，公诉人、当事人及其他诉讼参与人应当在场，否则审判活动无效。直接采证原则是指法官必须亲自进行证据调查，不能由他人代为实施，而且必须当庭直接听证和直接查证，不得将未经当庭亲自听证和查证的证据加以采纳，不得以书面审查方式采信证据。

所谓言词原则，是指法庭审理须以口头方式进行。包括控辩双方要以口头进行陈述、举证和辩论，证人、鉴定人要口头作证或陈述，法官要以口头的形式进行询问调查。除非法律有特别规定，凡是未经口头调查的证据，不得作为定案的依据。

司法实践中，我国《刑事诉讼法》虽然没有明确规定直接言词原则，但还是有一些规定体现了这一原则。如《刑事诉讼法》第 187 条第 3 款规定：“人民法院确定开庭日期后，应当将开庭的时间、地点通知人民检察院，传唤当事人，通知辩护人、诉讼代理人、证人、鉴定人和翻译人员，传票和通知书至迟在开庭三日以前送达。公开审判的案件，应当在开庭三日以前先期公布案由，被告人姓名，开庭时间和地点。”第 192 条规定：“公诉人、当事人或者辩护人、诉讼代理人对证人证言有异议，且该证人证言对案件定罪量刑有重大影响，人民法院认为证人有必要出庭作证的，证人应当出庭作证。人民警察就其执行职务时目击的犯罪情况作为证人出庭作证，适用前款规定。公诉人、当事人或者辩护人、诉讼代理人对鉴定意见有异议，人民法院认为鉴定人有必要出庭的，鉴定人应当出庭作证。经人民法院通知，鉴定人拒不出庭作证的，鉴定意见不得作为定案的根据。”第 193 条规定：“经人民法院通知，证人没有正当理由不出庭作证的，人民法院可以强制其到庭，但是被告人的配偶、父母、子女除外。证人没有正当理由拒绝出庭或者出庭后拒绝作证的，予以训诫，情节严重的，经院长批准，处以十日以下的拘留……”第 194 条中规定，公诉人、当事人和辩护人、诉讼代理人经审判长许可，可以对证人、鉴定人发问……审判人员可以询问证人、鉴定人。这些都体现了直接言词原则在我国刑事审判中的运用。

2. 直接言词原则的意义

一是直接言词原则不仅有利于实现实体真实，还有利于实现程序公正。首先，实行直接言词原则，法官必须亲自出庭进行证据调查，听取控辩双方和其他诉讼参与人的陈述和辩论，这有助于法官对案件事实的认定最大限度地接近实体真实，从而做到定罪准确，量刑恰当。其次，实行直接言词原则，法官必须亲自出庭接触案件材料，当事人必须亲自出庭提出主张和证据，证人和鉴定人必须亲自出庭作证，这在保障当事人和其他诉讼参与人的审判参与权，体现刑事司法民主的同时，还有助于社会公众对审判活动的监督，增加了审判程序的公正性。

二是直接言词原则有利于提高诉讼效益。实行直接言词原则，证人和鉴定人亲自出庭，一旦对证据产生疑问，即可当庭对证人等进行质证，无须休庭再行证据调查。另外，实行直接言词原则，控辩双方更易于受到平等对待，双方的质证权能够充分行使，讼争的双方能够更好参与到诉讼活动中，通过有效的“攻击”和“防御”活动，影响到案件的裁判结果。在控辩双方认为程序公正合理的情况下，即便最后败诉，也有利于败诉方从心理上接受裁判结果，这样就可以避免不必要的上诉和抗诉，节约司法资源，从而提高诉讼效益。

3. 直接言词原则的例外

直接言词原则虽然是司法审判原则，适用于司法审判的众多方面，但并不是没有范围的限制，即在法律规定的情况下，允许采用简洁书面审理的方式。一些特殊的程序无须采用直接言词原则，如上诉程序、简易程序等。在上诉程序中，法律规定上诉程序可以开庭审理，也可以不开庭审理，所以对无须开庭审理的上诉案件没有适用直接言词原则的必要。至于简易程序，手续简便、成本低廉，是追求高效率的必然选择。

（三）辩论原则

1. 辩论原则的概念

辩论原则是指在法庭审理中，控辩双方应以口头的方式进行辩论，人民法院作出裁判应以充分的辩论为必经程序。

辩论原则包括以下几个方面的内容：（1）辩论的主体是控辩双方和其他当事人。处于对抗地位的控诉方和辩护方、附带民事诉讼的原告方和被告方是辩论的主体，都享有辩论的权利。（2）辩论的内容是证据问题、事实问题和法律适用问题。从法律性质划分，辩论的内容包括实体问题和程序问题。围绕案件实体事实和程序事实的辩论，主要针对证据能力和证据的证明力、证据的充分性以及程序的合法性展开。实体法和程序法的适用问题也是辩论的内容。

我国的刑事审判制度也有对辩论原则的基本规定。《刑事诉讼法》第198条第2款规定：“经审判长许可，公诉人、当事人和辩护人、诉讼代理人可以对证据和案件情况发表意见并且可以互相辩论。”在我国刑事审判中，法庭辩论是一个独立阶段，控辩双方可以就案件事实认定和法律适用展开充分辩论。同时，也允许控辩双方在法庭调查阶段进行质证、辩论。

2. 辩论原则的意义

（1）保障被告人的辩护权。辩论原则能保障被告人及其辩护人能够充分地表达辩护意见。在侦查和审查起诉阶段，被告人的辩护缺乏有效的形式和手段。法庭审判是刑事诉讼的中心，贯彻公开原则，最有利于辩论。

（2）有利于准确认定事实和证据、适用法律，作出公正的裁判。通过法庭充分的辩论，法官可以充分听取关于案件事实和法律适用的不同意见，作出公正的裁判。

第二节 审级制度

一、审级制度的概念和意义

审级制度是指法律规定的审判机关在组织体系上的层级划分及案件起诉后最多经过几级法院审判必须终结的诉讼制度。

审级制度是刑事诉讼法的重要内容，也是一国司法制度的重要组成部分。科学地进行审级设置对于维护裁判的准确性、公正性和对当事人提供有效的程序救济具有非常重要的意义。实行审级制度的意义主要体现在以下几个方面：

（一）有利于查明案件的事实真相，保证判决、裁定的准确性

审判是刑事案件处理的中心环节，它决定案件的最后结果。由不同级别的审判机关负责不同案件的审理，有利于充分发挥各级人民法院的积极性和能动性，保证各级人民法院所作的判决、裁定准确公正。

（二）有利于发挥上级人民法院对下级人民法院的监督、指导作用，纠正下级人民法院可能发生的错误，从而避免下级人民法院滥用审判权

审级制度的重要内容就是通过对上诉、抗诉案件的审判，体现上下级法院之间的审级关系，发挥上级人民法院对下级人民法院审判工作的监督、指导作用。如果没有审级制度，一审法院的判决、裁定作出后即交付执行，那么判决、裁定即使存在错误，也无法及时予以纠正。因此确立审级制度，可以通过发挥上级人民法院的监督、指导作用，纠正一审法院的错误裁判，弥补一审法院政策、法律水平的不足，实现审判结果的客观公正。

（三）有利于维持一审法院的正确裁判

有时即使一审裁判是正确的，也难以消除有些当事人的疑虑和抵触。如果上

级人民法院通过二审，作出维持原判的裁定，可以缓解当事人对一审裁判的不信任情绪，顺利实现刑事诉讼的任务。

（四）有利于保护当事人的合法权益，使正确的裁判得以顺利执行

刑事诉讼的结果不仅体现了国家利益，而且直接关系到诉讼当事人的切身利益。因此应当允许当事人对一审审判结果有不同意见，或者在其认为有错误时提出重新审理的要求。

二、我国的审级制度

（一）两审终审制

在刑事诉讼中，各国法院设置的级别不尽相同，有的设置四级，也有的设置三级。但就审级制度而言，基本上分为两类：一类是两审终审制，指不论法院组织设置几级，案件最多经过两级法院的审判即告终结；另一类是三审终审制，指不论法院组织设置几级，案件最多经过三级法院的审判即告终结。无论哪一类，最后一级法院对案件作出的判决、裁定均为终审判决、裁定，一经作出即发生法律效力。

我国《刑事诉讼法》第10条规定："人民法院审判案件，实行两审终审制。"由此可见，我国实行两审终审制的审级制度。两审终审制是指一个案件经过两级人民法院审判即告终结的制度，对于第二审人民法院作出的终审判决、裁定，当事人不得再提出上诉，人民检察院不得再按照上诉程序进行抗诉。

我国人民法院设置分为四级，即最高人民法院、高级人民法院、中级人民法院和基层人民法院。根据两审终审制的要求，地方各级人民法院按照审判管辖的规定对第一审案件作出判决、裁定后，依法享有上诉权的当事人如果不服裁判，可以在法定期限内提起上诉，或者同级人民检察院不服裁判的，也可以提起抗诉，则第一审人民法院的上一级人民法院应当启动对该案件的第二审程序，作为第二审法院对该案件进行第二次审理并作出的判决、裁定是终审的裁判，当事人不能再次提出上诉，检察机关也不能再次提起抗诉。所以，我国的审级制度又被称为四级两审终审制度。

两审终审制并不意味着所有案件都必须经过两级人民法院审理。最高人民法院是我国的最高审判机关，在其作为第一审法院审理案件时就实行一审终审而不是两审终审。凡经最高人民法院审判的一切案件，宣判后均立即生效。地方各级人民法院作出一审裁判后，在法定期间内没有上诉、抗诉的，一审裁判原则上就发生法律效力。

另外，有的案件经过两级法院审理判决、裁定仍不发生法律效力。如判处死刑的案件，必须依法经过死刑复核程序核准后，裁判才能生效并交付执行。地方

各级人民法院依法在法定刑以下判处刑罚的案件，必须经过最高人民法院核准后，判决、裁定才能生效并交付执行。

（二）我国实行两审终审制的原因

1. 两审终审制符合我国的国情

我国地域辽阔，许多地方交通不便，人们的物质生活水平还不高，如果审级过多，不仅不便于人民群众参与诉讼活动，而且还不能达到及时惩罚犯罪的目的，甚至降低打击犯罪的效力。此外，还会导致国家更高的司法成本和增加公民参与诉讼的负担。

2. 两审终审制能够最大限度地实现公正与效率的统一

《刑事诉讼法》在各级人民法院案件管辖上作了科学的分工，将较为重大、复杂的案件交由中级以上人民法院作为第一审法院进行审判；法律规定在由上诉或抗诉引起的第二审案件的审理中实行全面审理的原则，不受上诉或抗诉请求和理由的限制；即使裁判发生了法律效力，通过审判监督程序仍然可能纠正裁判错误。我国法律上的这些制度、原则和程序能够保证刑事审判的公正性，在此前提下两审终审无疑比三审终审具有更高的效率。

3. 两审终审制有利于加强上级人民法院对下级人民法院的监督、指导工作

在我国，上级人民法院对下级人民法院担负着业务上的监督、指导工作，过多的审级将加重其直接处理审判业务的负担，从而影响其对下级人民法院的监督、指导，不利于从整体上保证和提高刑事审判工作的质量。

第三节 审判组织

审判组织就是人民法院审判刑事案件的组织形式。根据《刑事诉讼法》和《人民法院组织法》的有关规定，人民法院审判刑事案件的组织形式有三种，即独任庭、合议庭和审判委员会。

一、独任庭

独任庭，是由审判员1人独任审判案件的组织形式。根据《刑事诉讼法》第183条的规定，基层人民法院适用简易程序、速裁程序的案件可以由审判员1人独任审判。适用简易程序审理案件，对可能判处3年有期徒刑以下刑罚的，可以组成合议庭进行审判，也可以由审判员1人独任审判；对可能判处的有期徒刑超过3年的，应当组成合议庭进行审判。

二、合议庭

合议庭，是由数名审判员或者数名审判员和人民陪审员集体审判案件的组织形式。合议庭是人民法院审判案件的基本审判组织，除适用简易程序、速裁程序审理的案件可以独任审判外，其他案件不论按哪种程序审判，都应当组成合议庭进行。

根据《刑事诉讼法》第183条和第249条的规定，合议庭的组成人数应当是单数。组成的主要情况有：基层人民法院、中级人民法院审判第一审案件，应当由审判员3人或者由审判员和人民陪审员共3人或者7人组成合议庭进行；高级人民法院审判第一审案件，应当由审判员3人至7人或者由审判员和人民陪审员共3人或者7人组成合议庭进行；最高人民法院审判第一审案件，应当由审判员3人至7人组成合议庭进行。人民法院审判上诉和抗诉案件，由审判员3人或者5人组成合议庭进行。最高人民法院复核死刑案件、高级人民法院复核死刑缓期执行的案件，应当由审判员3人组成合议庭进行。合议庭由院长或者庭长指定审判员1人担任审判长。院长或者庭长参加审判案件的时候，自己担任审判长。助理审判员由本院院长提出，经审判委员会通过，可以临时代行审判员职务，并可以担任审判长。人民法院开庭审理和评议案件应当由同一合议庭进行。

合议庭成员在评议案件时，应当独立表达意见并说明理由。意见分歧的，应当按多数意见作出决定，但少数意见应当记入笔录。评议笔录由合议庭的组成人员在审阅确认无误后签名。

三、审判委员会

审判委员会是人民法院内部设立的对审判工作实行集体领导的组织。根据《人民法院组织法》的规定，各级人民法院均设立审判委员会。审判委员会由院长、庭长和资深审判员组成，参加审判委员会的成员称审判委员会委员。各级人民法院的审判委员会，由院长提请本级人民代表大会常务委员会任免。

根据最高人民法院《解释》第216条的规定，拟判处死刑的案件、人民检察院抗诉的案件，合议庭应当提请院长决定提交审判委员会讨论决定。对合议庭成员意见有重大分歧的案件、新类型案件、社会影响重大的案件以及其他疑难、复杂、重大的案件，合议庭认为难以作出决定的，可以提请院长决定提交审判委员会讨论决定。人民陪审员可以要求合议庭将案件提请院长决定是否提交审判委员会讨论决定。对提请院长决定提交审判委员会讨论决定的案件，院长认为不必要的，可以建议合议庭复议一次。独任审判的案件，审判员认为有必要的，也可以提请院长决定提交审判委员会讨论决定。

审判委员会会议由院长主持。在审判实践中，院长不能主持时可以委托副院长主持。审判委员会讨论案件和其他问题，实行民主集中制，各委员权利平等。审判委员会表决案件，应当在合议庭审理的基础之上进行，并应充分听取合议庭成员关于审理和评议情况的说明，慎重地考虑合议庭的评议结论。审判委员会对案件的决定，合议庭应当执行。如果有不同意意见，可以建议院长提交审判委员会复议。复议后作出的决定，合议庭必须执行。

第四节　判决、裁定和决定

判决、裁定和决定是在刑事诉讼过程中产生的三种具有拘束力的处理方法，分别用以解决刑事案件处理中的实体问题或程序问题。

一、判决

（一）判决的概念和特点

判决是人民法院经过审理，对案件的实体问题即被告人是否犯罪、犯有何罪、是否应当处以刑罚以及处以何种刑罚等问题作出的处理决定。

判决是人民法院代表国家行使审判权在具体案件中适用法律的体现，是国家法律的具体化。因此判决具有以下三个特点：

1. 强制性

判决的强制性是指判决一经发生法律效力，就要按照它的内容强制执行。它具有普遍的约束力，不仅当事人应当遵守，而且任何其他机关、团体、企事业单位和公民个人都无权加以变更和撤销。

2. 稳定性

判决的稳定性，是指生效判决不能随意地更改和撤销。判决一旦作出，尤其是生效判决，非经法定程序，任何机关、团体和公民，均不得变更。

3. 排他性

判决的排他性是指生效判决确认的事实及法律关系，禁止再行起诉、审理。即当事人和人民检察院对判决所确认的事实不得再提起诉讼，一个案件也不得同时有两个结论，两个判决。任何人民法院不得对已经生效的判决再次受理，再次审判。

（二）判决书的制作要求和内容

判决必须制作判决书。判决书是判决的书面表现形式，是重要的法律文书。

其制作是一项严肃且慎重的活动，必须严格按照规定的格式和要求制作。总的要求是：格式规范；事实叙述清楚、具体，层次清楚，重点突出；说理透彻，论证充分；结论明确，法律条文的引用正确、无误；逻辑结构严谨，无前后矛盾之处；行文通俗易懂，繁简得当，标点符号正确。根据《刑事诉讼法》第53条的规定，审判人员制作判决书时，必须忠实于事实真相。故意隐瞒事实真相的，应当追究责任。具体而言，判决书的制作要求和内容有以下几方面：

1. 首部

首部包括人民法院名称、判决书类别、案号；公诉机关和公诉人、当事人、辩护人、诉讼代理人基本情况；案由和案件来源；开庭审理，审判组织的情况等。

2. 事实部分

事实是判决的基础，是判决理由和判决结果的根据。这部分包括几个方面的内容：人民检察院指控被告人犯罪的事实和证据；被告人的供述、辩护和辩护人的辩护意见；经法庭审理查明的事实和据以定案的证据。

3. 理由部分

理由是判决的灵魂，是将案件事实和判决结果有机联系在一起的纽带，是判决书具有说服力的基础。其核心内容是针对具体案件的特点，运用法律规定、犯罪构成和刑事诉讼理论，阐明控方的指控是否成立，被告人的行为是否构成犯罪，犯什么罪，情节轻重与否，依法应当如何处理。

4. 结果部分

判决结果是依照有关法律的具体规定，对被告人作出定性处理的结论。其中有罪判决应写明判处的罪名、刑种、刑期或者免除刑罚，数罪并罚的应分别写明各罪判处的刑罚和决定执行的刑罚；被告人已被羁押的，应写明刑期折抵情况和实际执行刑期的起止时间；缓刑的应写明缓刑考验期限；附带民事诉讼案件，应写明附带民事诉讼的处理情况；有赃款赃物的，应写明处理情况。无罪判决要写明认定被告人无罪以及所根据事实和法律依据；对证据不足，不能认定被告人有罪的应写明证据不足、指控的犯罪不能成立，并宣告无罪。

5. 尾部

尾部应写明被告人享有上诉权利、上诉期限、上诉法院、上诉方式和途径；合议庭组成人员或独任审判员和书记员姓名；判决书制作、宣判日期；最后要加盖人民法院印章。

二、裁定

（一）裁定的概念

裁定是人民法院在案件审理过程中和判决执行过程中，对程序性问题和部分实体问题所作的决定。根据《刑事诉讼法》的规定，裁定主要是解决程序性问题，包括是否恢复诉讼期限、中止审理、维持原判、撤销原判并发回重审和核准死刑等。同时，裁定也适用于解决部分实体性问题，主要包括减刑、假释、撤销缓刑和减免罚金等。

按照裁定的形式可以分为口头裁定和书面裁定。裁定的书面形式就是裁定书。裁定书是与判决书同等重要的法律文书，其制作要求、格式与判决书差不多，但在内容上比判决书简单一些。因为裁定往往解决的问题比较单一，要么是一个专门的程序性问题，要么是一个较为简单的实体性问题。若使用口头形式作出裁定的，必须记入审判记录，其效力与书面裁定相同。

（二）裁定与判决的区别

裁定和判决都是以国家强制力作为后盾，任何人不得抗拒执行已经发生法律效力的判决和裁定。因此裁定和判决的特点基本相同，都具有强制性、稳定性和排他性。但二者也有区别，具体表现如下：

1. 适用的对象不同

判决解决的是案件的实体性问题；裁定主要是解决诉讼中的程序性问题，另外还解决部分实体性问题。

2. 适用的范围和使用的次数不同

裁定比判决适用范围广。判决只适用于审判程序中，并只限于在审判终结时作出，在1个案件中发生法律效力的判决只有1个；裁定可以适用于整个审判程序和执行程序，1个案件中生效的裁定可以有多个。

3. 适用的方式不同

判决只能采用书面形式；裁定既可采用书面形式，也可采用口头形式。

4. 上诉、抗诉的期限不同

不服判决的上诉、抗诉期限为10日；不服裁定的上诉、抗诉期限为5日。

三、决定

（一）决定的概念

决定是公安机关、人民检察院和人民法院在诉讼过程中，依法就有关诉讼程序问题所作的一种处理。根据《刑事诉讼法》的规定，决定只适用于解决诉讼程序问题，主要包括：是否同意申请回避问题的决定；适用强制措施或变更强制措施的决定；是否同意当事人、辩护人申请新的证人到庭、调取新的证据、重新鉴定或者勘验的决定；是否同意延期审理的决定。

决定的形式，有口头和书面两种。在法庭审判中，一般用口头宣布记录在卷的形式，也有的用书面决定，即制作决定书的方式。决定书应写明对某一程序的处理决定及其理由。口头决定与书面决定具有同等效力。

（二）决定和判决、裁定的区别

1. 适用的对象不同

判决用于解决实体性问题，裁定既可用于解决实体性问题也可用于解决程序性问题，而决定只解决程序性问题。

2. 适用的主体不同

判决和裁定只有人民法院有权作出，而决定可以由人民法院、人民检察院、公安机关分别作出。

3. 效力不同

判决、裁定在法定期限内可以上诉或者抗诉。而决定一经作出，立即发生法律效力，不能上诉或者抗诉。某些决定，如不起诉的决定、回避的决定，为保护当事人的合法权益，纠正可能出现的错误，法律允许当事人或有关机关申请复议。即使允许复议的，复议也不影响决定的执行。

实训案例

案例一

2013年2月19日，北京市海淀区公安分局接到一女事主报警称，2月17日晚，其在海淀区一酒吧内与李某某等人喝酒后，被带至一宾馆内轮奸。3月7日，李某某等人因涉嫌轮奸被依法批捕。7月8日，北京市海淀区人民检察院依法对李某某等人涉嫌强奸一案向海淀区人民法院提起公诉。7月30日，被告人李某某的辩护人向海淀区人民法院提交了署名梦某的《关于申请公开审理的申请》，该申请被海淀区人民法院依法当场驳回。8月28日上午9时30分，李某某等人涉嫌强奸一案在海淀区人民法院第17法庭正式开庭审理。9月26日上午在北京市海淀区人民法院一审宣判，法院以强奸罪判处被告人李某某有期徒刑10年。

问题： 被告人的辩护人向海淀区人民法院提交申请，要求对案件公开审理是否符合法律的规定？

分析： 公开审判是宪法赋予人民法院的一项职责，也是人民法院审判案件的基本原则之一。公开审判不仅有利于人民群众监督法院的审判工作，而且有利于提高公民的法律意识，增强其遵纪守法的观念，起到普法和宣传法律的作用。但是，为了维护国家、集体利益，保障人民的基本权利，法律规定了一些特殊情况下的案件应当不公开审理。根据《刑事诉讼法》第188条、第285条和最高人民法院《解释》第222条的规定，下列案件不公开审理：（1）有关国家秘密的案件；(2) 有关个人隐私的案件；(3) 未成年人犯罪的案件；(4) 对于当事人提出申请的确属涉及商业秘密的案件，法庭可以决定不公开审理。所以，海淀区人民法院认为，该申请违反了相关法律的规定，依法当场驳回了该申请并记录在案。

案例二

山东省菏泽市鄄城县民政局原副局长陈安柱利用职务上的便利，伙同他人侵吞公款，并在共同犯罪中起主要作用，鄄城县人民法院一审以贪污罪判处被告人陈安柱有期徒刑10年。宣判后，被告人陈安柱不服，提出上诉，并要求证人出庭作证。2014年10月，菏泽市中级人民法院公开开庭审理了上诉人陈安柱贪污一案。合议庭依法通知3名证人出庭作证，证人均拒不到庭。合议庭评议认为：根据《刑事诉讼法》的规定，当事人、辩护人对证人证言有异议，且该证人证言对案件定罪量刑有重大影响，证人有必要出庭作证。经人民法院通知，证人没有正当理由不出庭作证，可以强制其到庭。最后，合议庭报请院长批准、签发强制出庭令，3名证人被依法强制到庭。

问题：结合本案，阐释我国刑事审判直接言词原则。

思考与练习题

1. 刑事审判的基本特征是什么？
2. 审判公开原则有何重要意义？
3. 确立科学合理的审级制度应当考虑哪些因素？
4. 试述我国审判委员会制度。
5. 简述判决、裁定和决定的区别。

第十四章

第一审程序

本章导读

通过本章的学习，了解第一审程序的概念和分类，掌握公诉案件第一审程序、自诉案件第一审程序和简易程序的内容，熟悉并能够运用《刑事诉讼法》以及相关法律对第一审程序的规定。

导入案例

刘志军受贿、滥用职权案庭审情况

2013年6月9日，北京市第二中级人民法院一审开庭审理了原铁道部部长刘志军受贿、滥用职权案。庭审后，有不少网友提出了质疑。刘志军案件从2011年1月开始调查，到2013年6月开庭审理，前后侦办29个月，形成办案卷宗477本，仅牵扯出铁道部运输局原副局长苏顺虎、哈大客专公司原董事长杜厚智、中铁集装箱原董事长罗金宝、昆明铁路局原局长闻清良、中铁电气化局集团原总经理刘志远等副局级以上官员等就达15人之多，此外还有众多的证人和其他同案人。而据媒体报道，刘志军案件的庭审，从2013年6月9日8时30分开庭，到中午12时结束庭审，仅用了三个半小时，就完成了法庭调查、法庭辩论、最后的陈述。庭审是不是在走过场？

北京市第二中级人民法院对这一案件庭审情况进行了通报，全文如下：

现在向大家通报刚刚结束庭审的原铁道部部长刘志军受贿、滥用职权案的庭审情况。

被告人刘志军受贿、滥用职权一案，北京市人民检察院第二分院于2013年4月10日向本院提起公诉，本院受理后依法组成合议庭，及时向刘志军送达了起诉书副本，并告知其诉讼权利。因刘志军表示不愿自行委托辩护人，法院根据法律规定在征得其本人同意的情况下，由法律援助中心依法指派律师为其提供辩护，辩护人在庭前多次会见了刘志军并查阅了全案卷宗，法院充分保障了刘志军的诉讼权利。庭前，本院根据刑事诉讼法的规定召集了有公诉人、刘志军及其辩护人参加的庭前会议，对是否申请回避等与审判相关的问题了解情况，听取意见。经庭前通知和公告等法定程序，今天，本院依法公开开庭审理了刘志军案，公诉人出庭支持了公诉，刘志军及其辩护人到庭参加了诉讼。

关于涉嫌受贿罪，北京市人民检察院第二分院指控，1986年至2011年，被告人刘志军利用担任郑州铁路局武汉铁路分局党委书记、分局长、郑州铁路局副局长、沈阳铁路局局长、原铁道部（以下简称铁道部）运输总调度长、副部长、部长的职务便利，为邵力平、丁羽心等11人在职务晋升、承揽工程、获取铁路货物运输计划等方面提供帮助，先后非法收受上述人员给予的财物共计折合人民币6460.54万元。检察机关认为，刘志军身为国家工作人员，利用职务上的便利，为他人谋取利益，非法收受他人财物，数额特别巨大，情节特别严重，其行为已触犯《刑法》第385条第1款、第386条、第383条第1款第1项、第2款之规定，应当以受贿罪追究刘志军的刑事责任。

关于涉嫌滥用职权罪，北京市人民检察院第二分院指控，被告人刘志军在担任铁道部部长期间，违反规定，徇私舞弊，为丁羽心及其亲属实际控制的公司获得铁路货物运输计划、获取经营动车组轮对项目公司的股权、运作铁路建设工程项目中标、解决企业经营资金困难等事项提供帮助，使丁羽心及其亲属获得巨额经济利益，致使公共财产、国家和人民利益遭受特别重大损失，检察机关认为，刘志军身为国家机关工作人员，徇私舞弊，滥用职权，致使公共财产、国家和人民利益遭受特别重大损失，情节特别严重，其行为已触犯《刑法》第397条之规定，应当以滥用职权罪追究刘志军的刑事责任。

法庭上，公诉人当庭出示了书证、证人证言、视听材料、司法会计鉴定书等鉴定意见、被告人刘志军的供述和辩解等证据，控辩双方就上述证据进行了质证。

被告人刘志军对起诉指控的事实和罪名没有提出异议。刘志军的辩护律师发表了辩护意见，请求法庭对刘志军从轻处罚。刘志军的亲属、媒体记者、人大代表、政协委员及各界群众近50人旁听了庭审。庭审于12时结束，审判长宣布休庭。本院将认真、全面审查案件证据材料，充分考虑控辩双方意见，根据事实和法律，经合议庭评议后另行择期宣判。宣判时间另行公告。

本案知识点

公诉案件第一审程序、庭前准备。

第一节　公诉案件第一审程序

第一审程序是指人民法院对人民检察院提起公诉、自诉人提起自诉的案件进行初次审判的程序。在现代刑事诉讼中，为审慎对待刑事案件，各国法院普遍实行数级审判制度，我国的刑事诉讼实行两审终审制，其中一审程序的任务是人民法院通过开庭审理，在公诉人、当事人和其他诉讼参与人的参加下，调查核实各种证据，查明案件事实，对被告人是否犯罪，应否处以刑罚以及处以何种刑罚等，作出正确的判决，从而使罪犯受到应有的法律制裁，保障无罪的人不受刑事追究，并使到庭旁听的人及其他公民受到生动的法制教育。

依照起诉主体的不同，第一审刑事案件可以分为公诉案件和自诉案件。公诉案件第一审程序是指人民法院对人民检察院提起公诉的案件进行初次审判的程序。公诉案件第一审程序包括庭前审查、庭前准备、法庭审判等诉讼环节。

一、庭前审查

（一）庭前审查的概念

庭前审查，是指人民法院对人民检察院提起公诉的案件进行庭前审查，以决定是否开庭审判的活动。

《刑事诉讼法》第186条规定："人民法院对提起公诉的案件进行审查后，对于起诉书中有明确的指控犯罪事实的，应当决定开庭审判。"这一规定表明，人民法院对人民检察院提起公诉的案件，并非径直开庭审判，而是需要经过初步审查，然后才能决定是否开庭审判。因此，对公诉案件的审查是公诉案件第一审程序中的一个必经阶段。

审查公诉案件主要是查明人民检察院提起公诉的案件是否具备开庭审判的条件，即起诉书是否符合《刑事诉讼法》第186条规定的要求。对公诉案件的审查，是一种程序性审查，并不是对案件进行审理，它不解决对被告人的定罪量刑问题。

（二）审查的内容和方法

对提起公诉的案件，人民法院应当在收到起诉书（1式8份，每增加1名被告人，增加起诉书5份）和案卷、证据后，指定审判人员审查以下内容：

1. 是否属于本院管辖。

2. 起诉书是否写明被告人的身份，是否受过或者正在接受刑事处罚，被采取强制措施的种类、羁押地点，犯罪的时间、地点、手段、后果以及其他可能影响定罪量刑的情节。

3. 是否移送证明指控犯罪事实的证据材料，包括采取技术侦查措施的批准决定和所收集的证据材料。

4. 是否查封、扣押、冻结被告人的违法所得或者其他涉案财物，并附证明相关财物依法应当追缴的证据材料。

5. 是否列明被害人的姓名、住址、联系方式；是否附有证人、鉴定人名单；是否申请法庭通知证人、鉴定人、有专门知识的人出庭，并列明有关人员的姓名、性别、年龄、职业、住址、联系方式；是否附有需要保护的被害人、证人、鉴定人名单。

6. 当事人已委托辩护人、诉讼代理人，或者已接受法律援助的，是否列明辩护人、诉讼代理人的姓名、住址、联系方式。

7. 是否提起附带民事诉讼；提起附带民事诉讼的，是否列明附带民事诉讼当事人的姓名、住址、联系方式，是否附有相关证据材料。

8. 侦查、审查起诉程序的各种法律手续和诉讼文书是否齐全。

9. 有无《刑事诉讼法》第16条第2项至第6项规定的不追究刑事责任的情形。

审查的方法，应为书面审查，即通过审阅起诉书等，并围绕上述内容逐项予以审查。

（三）审查后的处理

人民法院对提起公诉的案件审查后，应当按照下列情形分别处理：

1. 属于告诉才处理的案件，应当退回人民检察院，并告知被害人有权提起自诉。

2. 不属于本院管辖或者被告人不在案的，应当退回人民检察院。

3. 需要补充材料的，应当通知人民检察院在3日内补送。

4. 依照《刑事诉讼法》第200条第3项规定宣告被告人无罪后，人民检察院根据新的事实、证据重新起诉的，应当依法受理。

5. 依照最高人民法院《解释》第296条规定裁定准许撤诉的案件，没有新的事实、证据，重新起诉的，应当退回人民检察院。

6. 符合《刑事诉讼法》第16条第2项至第6项规定情形的，应当裁定终止审理或者退回人民检察院。

7. 被告人真实身份不明，但符合《刑事诉讼法》第160条第2款规定的，应当依法受理。

（四）审查的期限

对公诉案件是否受理，应当在7日内审查完毕。人民法院对提起公诉的案件进行审查的期限，计入人民法院的审理期限。

二、庭前准备

庭前准备是指人民法院决定对案件开庭审判后，为了保证法庭审判的顺利进行，开庭前必须要做好的准备工作。根据《刑事诉讼法》第187条和有关司法解释的规定，在开庭审判前应当进行下列各项准备工作：

（一）组成合议庭

人民法院决定开庭审判以后，要由庭长或院长确定审判长及合议庭组成人员。第一审人民法院的合议庭可以全部由审判员组成，也可以由审判员和人民陪审员组成。人民法院的书记员承担审判庭的记录工作，并办理有关审判的其他工作，不属于合议庭的组成人员。

（二）送达起诉书副本

人民法院应在开庭10日前将起诉书副本送达被告人、辩护人。对于未委托辩护人的被告人，人民法院有义务告知其可以委托辩护人；对于符合《刑事诉讼法》第35条第2、3款规定的，依法通知法律援助机构指派律师为其提供辩护；对于被告人因经济困难或者其他原因没有委托辩护人的，告知本人及其近亲属可以向法律援助机构提出申请，符合法律援助条件的，法律援助机构应指派律师为其提供辩护，以确保公正审判。

（三）通知举证

人民法院应当通知当事人、法定代理人、辩护人、诉讼代理人在开庭5日前提供证人、鉴定人名单，以及拟当庭出示的证据；申请证人、鉴定人、有专门知识的人出庭的，应当列明有关人员的姓名、性别、年龄、职业、住址、联系方式。

（四）召开庭前会议

根据最高人民法院《解释》第226条的规定，在开庭以前，审判人员可以召集公诉人、当事人和辩护人，对与审判相关的问题，了解情况，听取意见。案件具有下列情形之一的，人民法院可以决定召开庭前会议：（1）证据材料较多、案情重大复杂的；（2）控辩双方对事实、证据存在较大争议的；（3）社会影响重大的；（4）需要召开庭前会议的其他情形。

根据《刑事诉讼法》第187条第2款及最高人民法院《解释》的相关规定，

召开庭前会议，审判人员可以就下列问题向控辩双方了解情况，听取意见：(1) 是否对案件管辖有异议；(2) 是否申请有关人员回避；(3) 是否申请调取在侦查、审查起诉期间公安机关、人民检察院收集但未随案移送的证明被告人无罪或者罪轻的证据材料；(4) 是否提供新的证据；(5) 是否对出庭证人、鉴定人、有专门知识的人的名单有异议；(6) 是否申请排除非法证据；(7) 是否申请不公开审理；(8) 与审判相关的其他问题。审判人员可以询问控辩双方对证据材料有无异议，对有异议的证据，应当在庭审时重点调查，无异议的，庭审时举证、质证可以简化。被害人或者其法定代理人、近亲属提起附带民事诉讼的，可以调解。

召开庭前会议是为了更好地准备法庭审理，保证庭审的顺利进行，提高诉讼效率。但要注意的是，庭前会议非庭审必经程序，审判人员可根据案件的实际需要，决定是否向有关人员了解情况，听取意见。而且，审判人员了解问题的范围仅限于对保证庭审顺利进行有意义的程序性问题，如回避、非法证据排除、调取新证据等，不包括犯罪事实是否存在、证据是否真实等实体认定问题。

（五）通知开庭和传唤当事人

人民法院确定开庭日期后，应在开庭 3 日前将开庭的时间、地点通知人民检察院。将传唤当事人的传票和通知辩护人、诉讼代理人、法定代理人、证人、鉴定人等出庭的通知书开庭 3 日前送达；通知有关人员出庭，也可以采取电话、短信、传真、电子邮件等能够确认对方收悉的方式。

（六）先期公告

人民法院公开审理案件，应在开庭 3 日前公布案由、被告人姓名、开庭时间和地点，以便群众到庭旁听以及新闻记者进行采访。

（七）拟定法庭审理提纲

开庭审理前，合议庭可以拟出法庭审理提纲，提纲一般包括下列内容：(1) 合议庭成员在庭审中的分工；(2) 起诉书指控的犯罪事实的重点和认定案件性质的要点；(3) 讯问被告人时需了解的案情要点；(4) 出庭的证人、鉴定人、有专门知识的人、侦查人员的名单；(5) 控辩双方申请当庭出示的证据的目录；(6) 庭审中可能出现的问题及应对措施。

三、法庭审判

法庭审判是人民法院采取开庭的方式，在公诉人、当事人和其他诉讼参与人的参加下，听取控、辩双方对证据、案件事实和运用法律展开辩论的情况下，依法确定被告人是否有罪，应否判刑，给予何种刑事处罚的诉讼活动。依据《刑事诉讼法》的规定，法庭审判程序大致可分为开庭、法庭调查、法庭辩论、被告人最后陈述、评议和宣判五个阶段。

（一）开庭

开庭是正式进行法庭审判前的准备工作。开庭审理前，书记员应当依次做好下列工作：查明公诉人、当事人、证人及其他诉讼参与人是否到庭；宣读法庭规则；请公诉人及相关诉讼参与人入庭；请审判长、审判员（人民陪审员）入庭；审判人员就座后，向审判长报告开庭前的准备工作已经就绪。

根据《刑事诉讼法》第190条和最高人民法院《解释》的相关规定，开庭阶段的程序有：

1. 审判长宣布开庭，传被告人到庭后，应当查明被告人的下列情况：姓名、出生日期、民族、出生地、文化程度、职业、住址，或者被告单位的名称、住所地、诉讼代表人的姓名、职务；是否受过法律处分及处分的种类、时间；是否被采取强制措施及强制措施的种类、时间；收到起诉书副本的日期；有附带民事诉讼的，附带民事诉讼被告人收到附带民事起诉状的日期。被告人较多的，可以在开庭前查明上述情况，但开庭时审判长应当作出说明。

2. 审判长宣布案件的来源、起诉的案由、附带民事诉讼当事人的姓名及是否公开审理；不公开审理的，应当宣布理由。

3. 审判长宣布合议庭组成人员、书记员、公诉人名单及辩护人、鉴定人、翻译人员等诉讼参与人的名单。

4. 审判长告知当事人及其法定代理人、辩护人、诉讼代理人在法庭审理过程中依法享有下列诉讼权利：可以申请合议庭组成人员、书记员、公诉人、鉴定人和翻译人员回避；可以提出证据，申请通知新的证人到庭、调取新的证据，申请重新鉴定或者勘验、检查；被告人可以自行辩护；被告人可以在法庭辩论终结后作最后陈述。

5. 审判长分别询问当事人及其法定代理人、辩护人、诉讼代理人是否申请回避、申请何人回避和申请回避的理由。

如果当事人及其法定代理人、辩护人、诉讼代理人申请审判人员、出庭支持公诉的检察人员回避，合议庭认为符合法定情形的，应当依照法律有关回避的规定处理。合议庭认为不符合法定情形的，应当当庭驳回，继续法庭审理。如果申请人当庭申请复议，合议庭应宣布休庭，待作出复议决定后，再决定是否继续法庭审理。同意或者驳回回避申请的决定及复议决定，由审判长宣布，并说明理由。必要时，也可以由院长到庭宣布。

6. 被告人认罪认罚的，审判长应当告知被告人享有的诉讼权利和认罪认罚的法律规定，审查认罪认罚的自愿性和认罪认罚具结书内容的真实性、合法性。

对于共同犯罪案件，应将各被告人同时传唤到庭，逐一查明身份和基本情况后，集中宣布上述事项和被告人在法庭审理过程中享有的权利，询问是否申请回避，以避免重复，节省开庭时间。

（二）法庭调查

法庭调查是法庭审判的中心环节。法庭调查是在审判人员主持下，在控、辩双方和其他诉讼参与人的参加下，当庭对案件事实和证据进行审查核实的诉讼活动。开庭阶段的事项进行完毕后，由审判长宣布开始法庭调查。根据《刑事诉讼法》和有关司法解释的规定，法庭调查阶段包括下列诉讼活动：

1. 宣读起诉书

审判长宣布法庭调查开始后，应当先由公诉人宣读起诉书；有附带民事诉讼的，再由附带民事诉讼原告人或者其法定代理人、诉讼代理人宣读附带民事起诉状。如果一案有 2 名以上被告人，宣读起诉书时可以同时在场，但宣读诉讼书后，讯问被告人一般应当分别进行，以免相互影响，不利于法庭调查。如果起诉书指控的被告人的犯罪事实为两起以上的，法庭调查一般应当分别进行。

2. 被告人、被害人陈述

在公诉人宣读起诉书之后，被告人、被害人可以分别就起诉书所指控的犯罪进行陈述。被告人如果承认起诉书中指控的犯罪事实，应对自己的犯罪行为进行陈述；被告人如果否认指控，应允许其陈述辩解意见。被告人陈述之后，应允许被害人根据起诉书对犯罪的指控陈述自己受害的经过。

3. 讯问和发问

在审判长主持下，公诉人可以就起诉书指控的犯罪事实讯问被告人。讯问同案审理的被告人，应当分别进行。必要时，可以传唤同案被告人到庭对质。公诉人讯问是法庭调查中的关键环节，通过讯问使审判人员对指控的犯罪事实清楚明了，从而支持其指控。

审判人员在法庭上并不是消极的仲裁者，在其认为有疑问的地方或者当事人在陈述时有表达不清的地方，可以向被告人、被害人及附带民事诉讼原告人、被告人讯问或者发问，以便查清案件。

被害人及其法定代理人、诉讼代理人经审判长准许，可以就公诉人讯问的犯罪事实补充发问，当庭揭露被告人的虚伪供述，进一步暴露被告人的犯罪行为。

附带民事诉讼原告人及其法定代理人、诉讼代理人经审判长准许，可以就附带民事部分的事实向被告人发问，以揭露和证实被告人的犯罪行为给自己造成的物质损失，证明被告人应承担的赔偿责任。

被告人的法定代理人、辩护人，附带民事诉讼被告人及其法定代理人、诉讼代理人可以在控诉一方就某一问题讯问完毕后向被告人发问，向法庭揭示有利于被告人的事实、情节和证据，维护被告人的合法权益。

经审判长准许，控辩双方可以向被害人、附带民事诉讼原告人发问。向被害人、附带民事诉讼原告人发问，有利于进一步揭示案情。

4. 出示证据

法庭审理过程中，对于定罪量刑有关的事实和证据都应当进行调查。控辩双方都有权要求证人出庭作证，向法庭出示物证、书证等证据。出示证据必须严格遵守法律规定的程序：

（1）控诉方向法庭举证。《刑事诉讼法》第 51 条规定，“公诉案件中被告人有罪的举证责任由人民检察院承担”。因此，应先由公诉方向法庭举证。对于指控的每一起案件事实，公诉人可以提请审判长通知证人、鉴定人和勘验、检查、辨认、侦查实验笔录制作人出庭作证，或者出示证据，宣读未到庭的被害人、证人、鉴定人和勘验、检查、辨认、侦查实验笔录制作人的书面陈述、证言、鉴定意见和勘验、检查、辨认、侦查实验笔录。被害人及其法定代理人、诉讼代理人，附带民事诉讼原告人及其诉讼代理人经审判长准许，也可以提出申请。

（2）由被告人及其法定代理人、辩护人就控诉方提出的证据当庭进行质证、辨认。

（3）辩方向法庭举证。在控诉方举证后，被告人及其法定代理人、辩护人可以提请审判长通知证人、鉴定人出庭作证，或者出示证据，宣读未到庭的证人的书面证言和鉴定人的鉴定意见。

（4）控辩双方依次当庭进行质证、辨认。

由以上出示证据的程序可以看出，每指控一起犯罪事实都要出示相应的证据，并由控辩双方进行质证、辨认。这既增强了公诉方的举证责任，强化了控辩双方的对抗性，也有利于法庭全面调查证据，辨别是非，查清案件事实。

控辩双方申请证人出庭作证，出示证据，应当说明证据的名称、来源和拟证明的事实。法庭认为有必要的，应当准许；对方提出异议，认为有关证据与案件无关或者明显重复、不必要，法庭经审查异议成立的，可以不予准许。已经移送人民法院的证据，控辩双方需要出示的，可以向法庭提出申请。法庭同意的，应当指令值庭法警出示、播放；需要宣读的，由值庭法警交由申请人宣读。

5. 出庭作证

（1）证人出庭作证。《刑事诉讼法》第 61 条规定：“证人证言必须在法庭上经过公诉人、被害人和被告人、辩护人双方质证并且查实以后，才能作为定案的根据。”因此，证人应当出庭作证。

《刑事诉讼法》第 192 条第 1 款规定：“公诉人、当事人或者辩护人、诉讼代理人对证人证言有异议，且该证人证言对案件定罪量刑有重大影响，人民法院认为证人有必要出庭作证的，证人应当出庭作证。”因此，证人出庭作证必须同时具备以下三个条件：一是诉讼中的一方或双方对证人证言有异议；二是该证人证言对案件定罪量刑有重大影响；三是人民法院认为证人有必要出庭作证。

《刑事诉讼法》第192条第2款规定："人民警察就其执行职务时目击的犯罪情况作为证人出庭作证，适用前款规定。"因此，人民警察在执行职务过程中目击犯罪的，与普通证人并无区别，如其证言满足证人出庭作证必须同时具备三个条件的，也应当出庭作证。

最高人民法院《解释》第253条规定："证人具有下列情形之一，无法出庭作证的，人民法院可以准许其不出庭：（一）庭审期间身患严重疾病或者行动极为不便的；（二）居所远离开庭地点且交通极为不便的；（三）身处国外短期无法回国的；（四）有其他客观原因，确实无法出庭的。具有前款规定情形的，可以通过视频等方式作证。"

《刑事诉讼法》第193条第1款规定："经人民法院通知，证人没有正当理由不出庭作证的，人民法院可以强制其到庭，但是被告人的配偶、父母、子女除外。"强制证人出庭的，应当由院长签发强制证人出庭令。第2款规定："证人没有正当理由拒绝出庭或者出庭后拒绝作证的，予以训诫，情节严重的，经院长批准，处以十日以下的拘留。被处罚人对拘留决定不服的，可以向上一级人民法院申请复议。复议期间不停止执行。"这两款规定分别赋予了人民法院强制证人出庭的权力和对证人拒绝出庭或出庭后拒绝作证的证人予以处罚的权力。

根据《刑事诉讼法》第194条的规定：证人到庭后，审判人员应当核实其身份、与当事人以及本案的关系，并告知其有关作证的权利义务和法律责任。证人作证前，应当保证向法庭如实提供证言，并在保证书上签名。向证人发问，应当先由提请通知的一方进行；发问完毕后，经审判长准许，对方也可以发问。向证人发问应当遵循以下规则：发问的内容应当与本案事实有关；不得以诱导方式发问；不得威胁证人；不得损害证人的人格尊严。控辩双方的发问方式不当或者内容与本案无关的，对方可以提出异议，申请审判长制止，审判长应当判明情况予以支持或者驳回；对方未提出异议的，审判长也可以根据情况予以制止。审判人员在必要时，也可以询问证人。向证人发问应当分别进行。证人经控辩双方或者审判人员询问后，审判长应当告知其退庭。证人不得旁听对本案的审理。

为了调动证人出庭作证的积极性，切实免除证人作证后的后顾之忧，法律明确规定了证人作证的补助制度和保护措施。证人出庭作证所支出的交通、住宿、就餐等费用，人民法院应当给予补助。审判危害国家安全犯罪、恐怖活动犯罪、黑社会性质的组织犯罪、毒品犯罪等案件，证人、被害人因出庭作证，本人或者其近亲属的人身安全面临危险的，人民法院应当采取不公开其真实姓名、住址和工作单位等个人信息，或者不暴露其外貌、真实声音等保护措施。审判期间，证人、被害人提出保护请求的，人民法院应当立即审查；认为确有保护必要的，应当及时决定采取相应保护措施。决定对出庭作证的证人、被害人采取不公开个人信息的保护措施的，审判人员应当在开庭前核实其身份，对证人如实作证的保证书不得公开，在判决书、裁定书等法律文书中可以使用化名等代替其个人信息。

（2）鉴定人出庭作证。《刑事诉讼法》第 192 条第 3 款规定："公诉人、当事人或者辩护人、诉讼代理人对鉴定意见有异议，人民法院认为鉴定人有必要出庭的，鉴定人应当出庭作证。经人民法院通知，鉴定人拒不出庭作证的，鉴定意见不得作为定案的根据。"因此，鉴定人应当出庭作证。鉴定人由于不能抗拒的原因或者有其他正当理由无法出庭的，人民法院可以根据案件审理情况决定延期审理。

鉴定人到庭后，审判人员应当核实其身份、与当事人以及本案的关系，并告知其有关作证的权利义务和法律责任。鉴定人作证前，应当保证向法庭如实说明鉴定意见，并在保证书上签名。对鉴定人询问的程序和规则适用以上询问证人的相关规定。

（3）有专门知识的人出庭作证。《刑事诉讼法》第 197 条第 2 款规定："公诉人、当事人和辩护人、诉讼代理人可以申请法庭通知有专门知识的人出庭，就鉴定人作出的鉴定意见提出意见。"第 3 款规定："法庭对于上述申请，应当作出是否同意的决定。"第 4 款规定："第二款规定的有专门知识的人出庭，适用鉴定人的有关规定。"最高人民法院《解释》第 250 条第 2 款规定："申请有专门知识的人出庭，不得超过二人。有多种类鉴定意见的，可以相应增加人数。"

因此，控辩双方都有权申请法庭通知专家出庭。这样的专家被称为专家辅助人。专家辅助人不同于专家证人。专家证人出庭是就案件中的专门问题提供意见，专家辅助人的意见是就专家的意见提供意见。

6. 调取新的证据

法庭审理过程中，当事人和辩护人、诉讼代理人有权申请通知新的证人到庭，调取新的物证，申请重新鉴定或者勘验。当事人及其辩护人、诉讼代理人申请通知新的证人到庭，调取新的证据，申请重新鉴定或者勘验的，应当提供证人的姓名、证据的存放地点，说明拟证明的案件事实，要求重新鉴定或者勘验的理由。法庭认为有必要的，应当同意，并宣布延期审理；不同意的，应当说明理由并继续审理。

审判期间，合议庭发现被告人可能有自首、坦白、立功等法定量刑情节，而人民检察院移送的案卷中没有相关证据材料的，应当通知人民检察院移送。审判期间，被告人提出新的立功线索的，人民法院可以建议人民检察院补充侦查。

审判期间，公诉人发现案件需要补充侦查，建议延期审理的，合议庭应当同意，但建议延期审理不得超过2次，每次不得超过1个月。人民检察院将补充收集的证据移送人民法院的，人民法院应当通知辩护人、诉讼代理人查阅、摘抄、复制。补充侦查期限届满后，经法庭通知，人民检察院未将案件移送人民法院，且未说明原因的，人民法院可以决定按人民检察院撤诉处理。

人民法院向人民检察院调取需要调查核实的证据材料，或者根据被告人、辩护人的申请，向人民检察院调取在侦查、审查起诉期间收集的有关被告人无罪或者罪轻的证据材料，应当通知人民检察院在收到调取证据材料决定书后3日内移交。

7. 法庭调查核实证据

根据《刑事诉讼法》的规定，证据必须经过当庭查证属实，才能作为定案的根据。因此，用于证明犯罪事实的每一个证据，都必须经过法庭调查程序核实。

根据最高人民法院《解释》第271条的规定，在法庭调查过程中，合议庭对证据有疑问的，可以告知公诉人、当事人及其法定代理人、辩护人、诉讼代理人补充证据或者作出说明；必要时，可以宣布休庭，对证据进行调查核实。对公诉人、当事人及其法定代理人、辩护人、诉讼代理人补充的和法庭庭外调查核实取得的证据，应当经过当庭质证才能作为定案的根据。但是，经庭外征求意见，控辩双方没有异议的除外。因此，合议庭调查核实的证据是在对控辩双方提出的证据有疑问的情况下进行的，目的是确定证据是否具有证明力，以及证明力的大小。因为合议庭认定案件事实，只能以经过庭审程序的证据为依据，所以合议庭对调查的证据是否予以采纳，应有较为明确的表示。

8. 量刑事实的调查

根据最高人民法院《解释》第276条的规定，法庭审理过程中，对与量刑有关的事实、证据，应当进行调查。人民法院除应当审查被告人是否具有法定量刑情节外，还应当根据案件情况审查以下影响量刑的情节：（1）案件起因；（2）被害人有无过错及过错程度，是否对矛盾激化负有责任及责任大小；（3）被告人的近亲属是否协助抓获被告人；（4）被告人平时表现，有无悔罪态度；（5）退赃、退赔及赔偿情况；（6）被告人是否取得被害人或者其近亲属谅解；（7）影响量刑的其他情节。因此，在法庭审理中不仅要对与定罪相关的事实进行调查，对与量刑有关的事实也应当进行调查，以便于准确量刑。

审判期间，合议庭发现被告人可能有自首、坦白、立功等法定量刑情节，而人民检察院移送的案卷中没有相关证据材料的，应当通知人民检察院移送。审判期间，被告人提出新的立功线索的，人民法院可以建议人民检察院补充侦查。

最高人民法院《解释》第278条还特别规定："对被告人认罪的案件，在确认被告人了解起诉书指控的犯罪事实和罪名，自愿认罪且知悉认罪的法律后果后，法庭调查可以主要围绕量刑和其他有争议的问题进行。对被告人不认罪或者辩护人作无罪辩护的案件，法庭调查应当在查明定罪事实的基础上，查明有关量刑事实。”

（三）法庭辩论

法庭经过调查，如果合议庭认为案件事实已经调查清楚的，应当由审判长宣布法庭调查结束，开始就定罪、量刑的事实、证据和适用法律等问题进行法庭辩论。

法庭辩论是控辩双方全面阐述自己主张的法律依据，并对对方的观点、理由进行反驳的过程，是庭审的重要环节。法庭辩论的目的在于从程序上保障当事人和诉讼参与人的合法权益，同时对于法庭查明案情、依法作出公正裁决也具有重要意义。

《刑事诉讼法》第 198 条第 1、2 款规定：“法庭审理过程中，对与定罪、量刑有关的事实、证据都应当进行调查、辩论。经审判长许可，公诉人、当事人和辩护人、诉讼代理人可以对证据和案件情况发表意见并且可以互相辩论。”因此，法庭辩论不仅集中在法庭调查后专门的法庭辩论阶段，而且在法庭调查阶段控辩双方就可以对案件事实是否清楚、证据是否确实充分进行辩论。

1. 法庭辩论应当在审判长的主持下，按照下列顺序进行：公诉人发言；被害人及其诉讼代理人发言；被告人自行辩护；辩护人辩护；控辩双方进行辩论。

2. 附带民事部分的辩论应当在刑事部分的辩论结束后进行，先由附带民事诉讼原告人及其诉讼代理人发言，后由附带民事诉讼被告人及其诉讼代理人答辩。

3. 法庭辩论过程中，辩论双方应坚持“以事实为根据，以法律为准绳”的原则，摆事实、讲道理，依法论罪，以理服人。要讲文明，尊重社会公德，遵守法庭纪律，以保障诉讼参与人的合法权益不受侵犯，保证辩论活动的正常进行。审判长对控辩双方与案件无关、重复或者指责对方的发言应当提醒、制止。

4. 法庭辩论过程中，审判长应当充分听取控辩双方的意见。人民检察院可以提出量刑建议并说明理由，量刑建议一般应当具有一定的幅度。当事人及其辩护人、诉讼代理人可以对量刑提出意见并说明理由。对被告人认罪的案件，法庭辩论时，可以引导控辩双方主要围绕量刑和其他有争议的问题进行。对被告人不认罪或者辩护人作无罪辩护的案件，法庭辩论时，可以引导控辩双方先辩论定罪问题，后辩论量刑问题。如果法庭辩论过程中，合议庭发现与定罪、量刑有关的新的事实，有必要调查的，审判长可以宣布暂停辩论，恢复法庭调查，在对新的事实调查后，继续法庭辩论。

5. 合议庭认为经过反复辩论，案情已经查明，罪责已经分清或者控辩双方的意见已经充分发表，审判长应及时宣布辩论终结。

（四）被告人最后陈述

《刑事诉讼法》第198条第3款规定："审判长在宣布辩论终结后，被告人有最后陈述的权利。"被告人最后陈述是指被告人在法庭辩论结束后，就自己被指控的罪行进行最后辩护和最后陈述的活动。这是法律赋予被告人的一项重要权利，从程序上讲还是法庭审理的一个独立的诉讼环节。

合议庭应当保证被告人充分行使最后陈述的权利，审判长宣布法庭辩论终结后，应当告知被告人享有此项权利。对于被告人最后陈述的内容，法律并未作限制性规定，只要是与案件有关的，合议庭都应认真听取，不得限制。但被告人在最后陈述中多次重复自己的意见的，审判长可以制止。如果陈述内容蔑视法庭、公诉人，损害他人及社会公共利益，或者与本案无关的，应当制止。在公开审理的案件中，被告人最后陈述的内容如果涉及国家秘密、个人隐私或者商业秘密的，应当制止。

被告人在最后陈述中提出新的事实、证据，合议庭认为可能影响正确裁判的，应当恢复法庭调查；被告人提出新的辩解理由，合议庭认为可能影响正确裁判的，应当恢复法庭辩论。

（五）评议和宣判

1. 合议庭评议

根据《刑事诉讼法》第200条的规定，在被告人最后陈述后，审判长宣布休庭，合议庭进行评议。合议庭评议案件，应当根据已经查明的事实、证据和有关法律规定，确定被告人是否有罪、构成何罪，有无从重、从轻、减轻或免除处罚情节，应否处以刑罚、判处何种刑罚，附带民事诉讼如何解决，并依法作出判决、裁定。

合议庭评议由审判长主持，应当秘密进行。进行评议时，合议庭成员都有平等的发言权，意见有分歧时，采取表决的方式，按少数服从多数的原则，形成判决，但少数人的意见应记入评议笔录。合议庭经过评议后，应当按照下列情形分别作出判决、裁定：

（1）起诉指控的事实清楚，证据确实、充分，依据法律认定指控被告人的罪名成立的，应当作出有罪判决。

（2）起诉指控的事实清楚，证据确实、充分，指控的罪名与审理认定的罪名不一致的，应当按照审理认定的罪名作出有罪判决。具有此情形的，人民法院应当在判决前听取控辩双方的意见，保障被告人、辩护人充分行使辩护权。必要时，可以重新开庭，组织控辩双方围绕被告人的行为构成何罪进行辩论。

(3) 案件事实清楚，证据确实、充分，依据法律认定被告人无罪的，应当判决宣告被告人无罪。

(4) 证据不足，不能认定被告人有罪的，应当以证据不足、指控的犯罪不能成立，判决宣告被告人无罪。

(5) 案件部分事实清楚，证据确实、充分的，应当作出有罪或者无罪的判决；对事实不清、证据不足部分，不予认定。

(6) 被告人因不满 16 周岁，不予刑事处罚的，应当判决宣告被告人不负刑事责任。

(7) 被告人是精神病人，在不能辨认或者不能控制自己行为时造成危害结果，不予刑事处罚的，应当判决宣告被告人不负刑事责任。

(8) 犯罪已过追诉时效期限且不是必须追诉，或者经特赦令免除刑罚的，应当裁定终止审理。

(9) 被告人死亡的，应当裁定终止审理；根据已查明的案件事实和认定的证据，能够确认无罪的，应当判决宣告被告人无罪。

宣告判决前，人民检察院要求撤回起诉的，人民法院应当审查撤回起诉的理由，作出是否准许的裁定。人民法院发现新的事实，可能影响定罪的，可以建议人民检察院补充或者变更起诉；人民检察院不同意或者在 7 日内未回复意见的，人民法院应当就起诉指控的犯罪事实作出判决、裁定。

2. 宣告判决

宣告判决是对判决的公开宣告，是指人民法院将判决的内容公开宣布告知的诉讼活动。宣判分为当庭宣判和定期宣判两种。当庭宣判，就是法庭审理完毕，合议庭利用休庭后的短暂时间，退庭进行评议并作出判决后，立即复庭，由审判长口头宣告判决的活动。当庭宣告判决的，应当在 5 日内将判决书送达当事人、法定代理人、诉讼代理人、提起公诉的人民检察院、辩护人和被告人的近亲属。定期宣判是指人民法院经过法庭审理后另行确定日期宣告判决的活动。定期宣告判决的，应当在宣判前，先期公告宣判的时间和地点，传唤当事人并通知公诉人、法定代理人、辩护人和诉讼代理人；判决宣告后，应当立即将判决书送达当事人、法定代理人、诉讼代理人、提起公诉的人民检察院、辩护人和被告人的近亲属，还应当送达被告人所在单位或原户籍所在地的公安派出所。被告人是单位的，应当送达被告人注册登记的工商行政管理机关。

案件不论是否公开审理，宣告判决一律公开进行。宣告判决结果时，法庭内全体人员应当起立。另外，宣告判决结果时，应通知公诉人、辩护人、诉讼代理人、被害人、自诉人或者附带民事诉讼原告人到庭，如果没有到庭，不影响宣判的进行。

四、法庭秩序和法庭纪律

法庭秩序是指人民法院开庭审理案件时，为保证法庭审理的正常进行，诉讼参与人和旁听人员应当遵守的纪律和秩序。法庭是人民法院行使国家审判权的场所，法庭活动有秩序地进行，不但体现了国家审判活动的严肃性，对于保障审判活动正确认定案件事实和适用法律也具有重要意义。因此，必须严肃审判活动，维持法庭秩序。

（一）法庭秩序和法庭纪律的主要内容

根据《刑事诉讼法》第199条和最高人民法院《解释》第306条的规定，庭审期间，全体人员应当服从法庭指挥，遵守法庭纪律，尊重司法礼仪，不得实施下列行为：(1）鼓掌、喧哗、随意走动；（2）吸烟、进食；（3）拨打、接听电话，或者使用即时通讯工具；（4）对庭审活动进行录音、录像、拍照或者使用即时通讯工具等传播庭审活动；（5）其他危害法庭安全或者扰乱法庭秩序的行为。旁听人员不得进入审判活动区，不得随意站立、走动，不得发言和提问。记者经许可实施第一款第四项规定的行为，应当在指定的时间及区域进行，不得干扰庭审活动。

（二）对违反法庭纪律、扰乱法庭秩序的处理

根据《刑事诉讼法》第199条和最高人民法院《解释》第307条的规定，有关人员危害法庭安全或者扰乱法庭秩序的，审判长应当按照下列情形分别处理：(1）情节较轻的，应当警告制止；根据具体情况，也可以进行训诫；（2）训诫无效的，责令退出法庭；拒不退出的，指令法警强行带出法庭；（3）情节严重的，报经院长批准后，可以对行为人处一千元以下的罚款或者十五日以下的拘留。未经许可对庭审活动进行录音、录像、拍照或者使用即时通讯工具等传播庭审活动的，可以暂扣相关设备及存储介质，删除相关内容。

有关人员对罚款、拘留的决定不服的，可以直接向上一级人民法院申请复议，也可以通过决定罚款、拘留的人民法院向上一级人民法院申请复议。通过决定罚款、拘留的人民法院申请复议的，该人民法院应当自收到复议申请之日起三日以内，将复议申请、罚款或者拘留决定书和有关事实、证据材料一并报上一级人民法院复议。复议期间，不停止决定的执行。

担任辩护人、诉讼代理人的律师严重扰乱法庭秩序，被强行带出法庭或者被处以罚款、拘留的，人民法院应当通报司法行政机关，并可以建议依法给予相应处罚。

实施下列行为之一，危害法庭安全或者扰乱法庭秩序，构成犯罪的，依法追究刑事责任：(1）非法携带枪支、弹药、管制刀具或者爆炸性、易燃性、毒害

性、放射性以及传染病病原体等危险物质进入法庭；（2）哄闹、冲击法庭；（3）侮辱、诽谤、威胁、殴打司法工作人员或者诉讼参与人；（4）毁坏法庭设施，抢夺、损毁诉讼文书、证据；（5）其他危害法庭安全或者扰乱法庭秩序的行为。

（三）其他程序性事项的处理

根据最高人民法院《解释》的规定，辩护人严重扰乱法庭秩序，被强行带出法庭或者被处以罚款、拘留，被告人自行辩护的，庭审继续进行；被告人要求另行委托辩护人，或者被告人属于应当提供法律援助情形的，应当宣布休庭。

此外，被告人当庭拒绝辩护人辩护，要求另行委托辩护人或者指派律师的，合议庭应当准许。被告人拒绝辩护人辩护后，没有辩护人的，应当宣布休庭；仍有辩护人的，庭审可以继续进行。有多名被告人的案件，部分被告人拒绝辩护人辩护后，没有辩护人的，根据案件情况，可以对该被告人另案处理，对其他被告人的庭审继续进行。重新开庭后，被告人再次当庭拒绝辩护人辩护的，可以准许，但被告人不得再次另行委托辩护人或者要求另行指派律师，由其自行辩护。被告人属于应当提供法律援助的情形，重新开庭后再次当庭拒绝辩护人辩护的，不予准许。法庭审理过程中，辩护人拒绝为被告人辩护的，应当准许；是否继续庭审，参照适用前述的规定。依照前述规定另行委托辩护人或者指派律师的，自案件宣布休庭之日起至第 15 日止，由辩护人准备辩护，但被告人及其辩护人自愿缩短时间的除外。

五、法庭审判笔录

法庭审判笔录，是全面记载法庭审判活动的诉讼文书。根据《刑事诉讼法》第 207 条的规定：

1. 法庭审判的全部活动，应当由书记员写成笔录，经审判长审阅后，由审判长和书记员签名。因此，制作法庭审判笔录是书记员的一项重要职责。书记员应按照法庭审判活动的顺序，如实地反映审判活动的全过程，对当事人、证人等的陈述，应原话记录，不失原意。

2. 法庭笔录中的证人证言部分，应当当庭宣读或者交给证人阅读。证人在承认没有错误后，应当签名或者盖章。

3. 法庭笔录应当交给当事人阅读或者向他宣读。当事人认为记载有遗漏或者差错的，可以请求补充或者改正，审判长、书记员认为有必要的，可以在笔录上注明意见。当事人承认没有错误后，应当签名或者盖章。

六、延期审理和中止审理

(一) 延期审理

延期审理是指在法庭审理过程中，遇到足以影响审判继续进行的情形时，法庭决定延期审理，待影响审判进行的原因消失后，再继续开庭审理。

根据《刑事诉讼法》第204条的规定，在法庭审判过程中，遇有下列情形之一，影响审判进行的，可以延期审理：(1) 需要通知新的证人到庭，调取新的物证，重新鉴定或者勘验的；(2) 检察人员发现提起公诉的案件需要补充侦查，提出建议的；(3) 由于申请回避而不能进行审判的。

最高人民检察院《规则》第420条规定了公诉人可以建议法庭延期审理的几种情形：(1) 发现事实不清、证据不足，或者遗漏罪行、遗漏同案犯罪嫌疑人，需要补充侦查或者补充提供证据的；(2) 被告人揭发他人犯罪行为或者提供重要线索，需要补充侦查进行查证的；(3) 发现遗漏罪行或者遗漏同案犯罪嫌疑人，虽不需要补充侦查和补充提供证据，但需要补充、追加起诉的；(4) 申请人民法院通知证人、鉴定人出庭作证或者有专门知识的人出庭提出意见的；(5) 需要调取新的证据，重新鉴定或者勘验的；(6) 公诉人出示、宣读开庭前移送人民法院的证据以外的证据，或者补充、追加、变更起诉，需要给予被告人、辩护人必要时间进行辩护准备的；(7) 被告人、辩护人向法庭出示公诉人不掌握的与定罪量刑有关的证据，需要调查核实的；(8) 公诉人对证据收集的合法性进行证明，需要调查核实的。

在人民法院开庭审理前发现具有前款情形之一的，人民检察院可以建议人民法院延期审理。

另外，一般还认为，除上述法律规定的几种情形外，在审理过程中，下列情况也应当延期审理：(1) 对于辩护人当庭拒绝继续为被告人进行辩护或被告人当庭拒绝辩护人为其辩护，而被告人要求另行委托辩护人或者要求人民法院通知法律援助机构另行指派律师，合议庭同意的，也应当宣布延期审理；(2) 依法应当出庭的鉴定人由于不能抗拒的原因或者有其他正当理由无法出庭的，人民法院可以根据案件审理情况决定延期审理。

延期审理原则上应有一个确定的日期，不能无限期推延，因为延期审理的时间原则上要求计入审理期限。延期审理的开庭日期和地点能当庭确定的，应当庭通知公诉人、当事人和其他诉讼参与人；不能当庭确定的，应当在确定后另行通知。

(二) 中止审理

中止审理是指在法庭审理过程中，因出现了某些诉讼外的情形致使案件在较长时间内无法继续审理，而决定暂停审理，待其消失后，再行开庭审理。

根据《刑事诉讼法》第206条的规定，在审判过程中，有下列情形之一，致使案件在较长时间内无法继续审理的，可以中止审理：（1）被告人患有严重疾病，无法出庭的；（2）被告人脱逃的；（3）自诉人患有严重疾病，无法出庭，未委托诉讼代理人出庭的；（4）由于不能抗拒的原因。中止审理的原因消失后，应当恢复审理。中止审理的期间不计入审理期限。

有多名被告人的案件，部分被告人具有上述情形的，人民法院可以对全案中止审理；根据案件情况，也可以对该部分被告人中止审理，对其他被告人继续审理。对中止审理的部分被告人，可以根据案件情况另案处理。

（三）中止审理与延期审理的主要区别

1. 时间不同

延期审理仅适用于法庭审理过程中，而中止审理适用于人民法院受理案件后至作出判决前。

2. 原因不同

导致延期审理的原因是诉讼自身出现了障碍，其消失依赖于某种诉讼活动的完成，因此，延期审理不能停止法庭审理以外的诉讼活动。而导致中止审理的原因是出现了不能抗拒的情况，其消除与诉讼本身无关，因此，中止审理将暂停一切诉讼活动。

3. 再行开庭的可预见性不同

延期审理的案件，再行开庭的时间可以预见，甚至当庭即可决定，但中止审理的案件，再行开庭的时间往往无法预见。

七、第一审程序的审理期限

人民法院审理公诉案件，应当在受理后2个月以内宣判，至迟不得超过3个月。对于可能判处死刑的案件或者附带民事诉讼的案件，以及有《刑事诉讼法》第158条规定情形之一的，经上一级人民法院批准，可以延长3个月；因特殊情况还需要延长的，报请最高人民法院批准。

人民法院改变管辖的案件，从改变后的人民法院收到案件之日起计算审理期限。人民检察院补充侦查的案件，补充侦查完毕移送人民法院后，人民法院重新计算审理期限。

八、判决形式和对认罪认罚案件的裁判

（一）判决形式

根据《刑事诉讼法》第200条的规定，第一审公诉案件的判决形式分为三种：

1. 有罪判决。案件事实清楚，证据确实、充分，依据法律认定被告人有罪的，应当作出有罪判决。

2. 确定的无罪判决。案件事实清楚，证据确实、充分，依据法律认定被告人无罪的，应当作出无罪判决。

3. 证据不足的无罪判决。证据不足，不能认定被告人有罪的，应当作出证据不足、指控的犯罪不能成立的无罪判决。

(二) 对认罪认罚案件的裁判

根据《刑事诉讼法》第201条的规定，针对人民检察院提出的罪名和量刑建议：

1. 对于认罪认罚案件，人民法院依法作出判决时，一般应当采纳人民检察院指控的罪名和量刑建议，但有下列情形的除外：

(1) 被告人的行为不构成犯罪或者不应当追究其刑事责任的；

(2) 被告人违背意愿认罪认罚的；

(3) 被告人否认指控的犯罪事实的；

(4) 起诉指控的罪名与审理认定的罪名不一致的；

(5) 其他可能影响公正审判的情形。

2. 人民法院经审理认为量刑建议明显不当，或者被告人、辩护人对量刑建议提出异议的，人民检察院可以调整量刑建议。人民检察院不调整量刑建议或者调整量刑建议后仍然明显不当的，人民法院应当依法作出判决。

第二节　自诉案件第一审程序

自诉案件的第一审程序，是指人民法院对自诉人起诉的案件进行初次审判的程序。自诉案件的第一审程序，总体上与公诉案件第一审程序基本相同，但由于自诉案件本身性质上主要是侵害公民个人合法权益的轻微刑事案件，因而其第一审程序也有一些特殊的地方。

一、自诉案件的受理

自诉人提起自诉后，案件要经过人民法院审查，符合条件的才能受理和进行审判。自诉案件的受理条件和提起自诉的条件相同，二者的区别在于，前者是从人民法院的角度予以界定，而后者是从自诉人的角度界定。

人民法院对于自诉案件进行审查后，按照下列情形分别处理：

1. 犯罪事实清楚，有足够证据的案件，应当开庭审判。

2. 发现具有下列情形之一的，应当说服自诉人撤回起诉；自诉人不撤回起诉的，裁定不予受理：（1）不符合法律规定的提起自诉条件的；（2）缺乏罪证的；（3）犯罪已过追诉时效期限的；（4）被告人死亡的；（5）被告人下落不明的；（6）除因证据不足而撤诉的以外，自诉人撤诉后，就同一事实又告诉的；（7）经人民法院调解结案后，自诉人反悔，就同一事实再行告诉的。

3. 自诉人明知有其他共同侵害人，但只对部分侵害人提起自诉的，人民法院应当受理，并告知其放弃告诉的法律后果；自诉人放弃告诉，判决宣告后又对其他共同侵害人就同一事实提起自诉的，人民法院不予受理。共同被害人中只有部分人告诉的，人民法院应当通知其他被害人参加诉讼，并告知其不参加诉讼的法律后果。被通知人接到通知后表示不参加诉讼或者不出庭的，视为放弃告诉。第一审宣判后，被通知人就同一事实又提起自诉的，人民法院不予受理。但是，当事人另行提起民事诉讼的，不受此限制。

4. 自诉人对不予受理或者驳回起诉的裁定不服的，可以提起上诉。第二审人民法院查明第一审人民法院作出的不予受理裁定有错误的，应当在撤销原裁定的同时，指令第一审人民法院立案受理；查明第一审人民法院驳回起诉裁定有错误的，应当在撤销原裁定的同时，指令第一审人民法院进行审理。

对自诉案件，人民法院应当在15日内审查完毕。经审查，符合受理条件的，应当决定立案，并书面通知自诉人或者代为告诉人。

二、自诉案件的审判

人民法院对于决定受理的自诉案件，除法律另有规定的以外，审判程序应参照公诉案件第一审程序进行。由于自诉案件本身具有特殊性，因此在审判程序上也有一些不同于公诉案件第一审程序的特点。

（一）自诉案件可以由审判员一人独任审判

对于告诉才处理的案件、被害人起诉的有证据证明的轻微刑事案件，可以适用简易程序，由审判员一人独任审判。

（二）自诉案件可以适用调解

人民法院审理自诉案件，可以在查明事实、分清是非的基础上，根据自愿、合法的原则进行调解。调解达成协议的，应当制作刑事调解书，由审判人员和书记员署名，并加盖人民法院印章。调解书经双方当事人签收后，即具有法律效力。调解没有达成协议，或者调解书签收前当事人反悔的，应当及时作出判决。

被害人有证据证明对被告人侵犯自己人身、财产权利的行为应当依法追究刑事责任，而公安机关或者人民检察院不予追究被告人刑事责任的案件，不适用调解。

(三) 自诉人与被告人自行和解或撤回自诉

自行和解或撤回自诉是法律赋予自诉案件当事人的一种诉讼权利，在判决宣告前，自诉案件的当事人可以自行和解，自诉人也可以撤回自诉。

人民法院对当事人自行和解或自诉人的撤诉，经审查确属自愿的，应当裁定准许；认为系被强迫、威吓等，并非出于自愿的，不予准许。裁定准许撤诉或者当事人自行和解的自诉案件，被告人被采取强制措施的，人民法院应当立即解除。

此外，自诉人经两次传唤，无正当理由拒不到庭，或者未经法庭准许中途退庭的，人民法院应当裁定按撤诉处理。部分自诉人撤诉或者被裁定按撤诉处理的，不影响案件的继续审理。

(四) 自诉案件中的反诉

反诉，是指自诉案件的被告人作为被害人控告自诉人犯有与本案有联系的犯罪行为，要求人民法院追究其刑事责任。反诉是相对于自诉而言的，以自诉的存在为前提，是一个独立的诉讼，而不是对自诉的答辩。

成立反诉，应具备下列条件：告诉才处理和被害人有证据证明的轻微刑事案件的被告人或者其法定代理人在诉讼过程中，可以对自诉人提起反诉。反诉必须符合下列条件：(1) 反诉的对象必须是本案自诉人；(2) 反诉的内容必须是与本案有关的行为；(3) 反诉的案件必须是告诉才处理和被害人有证据证明的轻微刑事案件；(4) 反诉只能由被告人或者其法定代理人在诉讼过程中提起。

反诉案件适用自诉案件的规定，应当与自诉案件一并审理。自诉人撤诉的，不影响反诉案件的继续审理。

三、自诉案件第一审程序的审理期限

人民法院审理自诉案件，被告人被羁押的，适用第一审普通程序的审理期限；未被羁押的，应当在受理后6个月以内宣判。

第三节 简易程序

简易程序是指人民法院审理第一审刑事案件所采用的较普通程序相对简化的审判程序。简易程序只适用于基层人民法院，其他各级人民法院都不能采用。因此，简易程序所适用的案件，都是犯罪事实较轻并且案件事实清楚、证据充分的第一审刑事案件，第二审程序、死刑复核程序和审判监督程序所审判的案件以及

各级人民法院审判的较为疑难、复杂的第一审案件，都不能采用简易程序。

设置简易程序符合当今世界各国刑事诉讼立法的趋势，对于及时惩罚犯罪，提高办案效率，都有重要意义。当然，适用简易程序，首先还是要保证刑事案件的审判质量，不能为了简便、省事而将不应适用简易程序的案件也按简易程序审理。

一、简易程序的适用范围

根据《刑事诉讼法》第 214 条的规定，基层人民法院管辖的案件，符合下列条件的，可以适用简易程序审判：（1）案件事实清楚、证据充分的；（2）被告人承认自己所犯罪行，对指控的犯罪事实没有异议的；（3）被告人对适用简易程序没有异议的。

此外，根据《刑事诉讼法》第 215 条的规定，人民法院审理有下列情形之一的案件，不适用简易程序：（1）被告人是盲、聋、哑人，或者是尚未完全丧失辨认或者控制自己行为能力的精神病人的；（2）有重大社会影响的；（3）共同犯罪案件中部分被告人不认罪或者对适用简易程序有异议的；（4）其他不宜适用简易程序审理的。

二、简易程序的适用方式

《刑事诉讼法》第 214 条第 1 款规定，基层人民法院管辖的案件，符合条件的，可以适用简易程序审判；第 2 款规定，人民检察院在提起公诉的时候，可以建议人民法院适用简易程序。根据这一规定，简易程序的适用包括人民法院主动适用和人民检察院建议适用两种方式。

基层人民法院经审查认为案件事实清楚、证据充分的，在将起诉书副本送达被告人时，应当询问被告人对指控的犯罪事实的意见，告知其适用简易程序的法律规定。被告人对指控的犯罪事实没有异议并同意适用简易程序的，可以决定适用简易程序，并在开庭前通知人民检察院和辩护人。

对人民检察院建议适用简易程序审理的案件，依照前款的规定处理；不符合简易程序适用条件的，应当通知人民检察院。

三、简易程序的法庭审判

根据简易程序的要求，《刑事诉讼法》作了一些不同于第一审普通程序的规定。人民法院适用简易程序时，不仅应当严格遵守这些规定，而且在没有特殊规定时，仍应参照第一审程序进行。

1. 根据《刑事诉讼法》第 216 条第 1 款的规定，适用简易程序审理案件，对于可能判处3年有期徒刑以下刑罚的，可以组成合议庭进行审判，也可以由审判员一人独任审判；对可能判处的有期徒刑超过3年的，应当组成合议庭进行审判。

此外，根据《刑事诉讼法》第216条第2款的规定，适用简易程序审理公诉案件，人民检察院应当派员出席法庭。该条款修改了1996年《刑事诉讼法》中人民检察院可以不派员出庭的规定，要求人民检察院必须派员出庭支持公诉。

2. 根据《刑事诉讼法》第217条的规定，适用简易程序审理案件，审判人员应当询问被告人对指控的犯罪事实的意见，告知被告人适用简易程序审理的法律规定，确认被告人是否同意适用简易程序审理。

3. 庭前准备程序和庭审程序上大为简化。《刑事诉讼法》第219条规定："适用简易程序审理案件，不受本章第一节关于送达期限、讯问被告人、询问证人、鉴定人、出示证据、法庭辩论程序规定的限制。但在判决宣告前应当听取被告人的最后陈述意见。"根据最高人民法院《解释》的相关规定，适用简易程序审理案件，人民法院应当在开庭3日前，将开庭的时间、地点通知人民检察院、自诉人、被告人、辩护人，也可以通知其他诉讼参与人。通知可以采用简便方式，但应当记录在案。适用简易程序审理案件，被告人有辩护人的，应当通知其出庭。适用简易程序审理案件，可以对庭审作如下简化：（1）公诉人可以摘要宣读起诉书。（2）公诉人、辩护人、审判人员对被告人的讯问、发问可以简化或者省略。（3）对控辩双方无异议的证据，可以仅就证据的名称及所证明的事项作出说明；对控辩双方有异议，或者法庭认为有必要调查核实的证据，应当出示，并进行质证。（4）控辩双方对与定罪量刑有关的事实、证据没有异议的，法庭审理可以直接围绕罪名确定和量刑问题进行。适用简易程序审理案件，一般应当当庭宣判，并在5日内将判决书送达被告人和提起公诉的人民检察院。

4. 审理期限较短。《刑事诉讼法》第220条规定："适用简易程序审理案件，人民法院应当在受理后二十日以内审结；对可能判处的有期徒刑超过三年的，可以延长至一个半月。"

四、简易程序变更为普通程序

《刑事诉讼法》第221条规定："人民法院在审理过程中，发现不宜适用简易程序的，应当按照本章第一节或者第二节的规定重新审理。"因此，人民法院在适用简易程序审理的过程中，发现不得或不宜以简易程序审判的情形，即应变更为第一审普通程序进行审判。

根据最高人民法院《解释》第368条的规定，适用简易程序审理案件，在法庭审理过程中，具有下列情形之一的，应当转为普通程序审理：

1. 被告人的行为可能不构成犯罪的；

2. 被告人可能不负刑事责任的；

3. 被告人当庭对起诉指控的犯罪事实予以否认的；

4. 案件事实不清、证据不足的；

5. 不应当或者不宜适用简易程序的其他情形。

决定转为普通程序审理的案件，审理期限应当从作出决定之日起计算。

第四节 速裁程序

一、速裁程序的适用范围

刑事速裁程序，是较简易程序更为简化的一种诉讼程序。该程序的设立意在通过改革创新实现“简单案件快办、疑难案件精办”，构建与案件难易、刑罚轻重程度相适应的多层次刑事诉讼程序体系，从而在确保司法公正的前提下，进一步推动繁简分流，优化司法资源配置，为社会提供更加优质高效的司法服务。

（一）适用条件

《刑事诉讼法》第222条规定，基层人民法院管辖的可能判处3年有期徒刑以下刑罚的案件，案件事实清楚，证据确实、充分，被告人认罪认罚并同意适用速裁程序的，可以适用速裁程序，由审判员1人独任审判。人民检察院在提起公诉的时候，可以建议人民法院适用速裁程序。可见，适用速裁程序的条件是：

1. 基层人民法院管辖的；

2. 可能判处3年以下有期徒刑的；

3. 案件事实清楚，证据确实充分的；

4. 被告人认罪认罚的；

5. 被告人同意或人民检察院建议的。

（二）排除条件

根据《刑事诉讼法》第223条的规定，有下列情形之一的，不适用速裁程序：

1. 被告人是盲、聋、哑人，或者是尚未完全丧失辨认或者控制自己行为能力的精神病人的；

2. 被告人是未成年人的；

3. 案件有重大社会影响的；

4. 共同犯罪案件中部分被告人对指控的犯罪事实、罪名、量刑建议或者适用速裁程序有异议的；

5. 被告人与被害人或者其法定代理人没有就附带民事诉讼赔偿等事项达成调解或者和解协议的；

6. 其他不宜适用速裁程序审理的。

二、速裁程序的法庭审判

1. 审判组织。根据《刑事诉讼法》第222条的规定，人民法院适用速裁程序审理案件，由审判员1人独任审判。

2. 庭审程序简化。《刑事诉讼法》第224条规定，适用速裁程序审理案件，不受本章第一节规定的送达期限的限制，一般不进行法庭调查、法庭辩论，但在判决宣告前应当听取辩护人的意见和被告人的最后陈述意见。适用速裁程序审理案件，应当当庭宣判。

3. 审理期限。《刑事诉讼法》第225条规定，适用速裁程序审理案件，人民法院应当在受理后10日以内审结；对可能判处的有期徒刑超过1年的，可以延长至15日。

三、速裁程序变更

根据《刑事诉讼法》第226条的规定，人民法院在审理过程中，发现有被告人的行为不构成犯罪或者不应当追究其刑事责任、被告人违背意愿认罪认罚、被告人否认指控的犯罪事实或者其他不宜适用速裁程序审理的情形的，法院应变速裁程序为简易程序或普通程序后，重新审理。

实训案例

案例一

被告人薄熙来，男，曾任大连市委书记，辽宁省委常委，辽宁省省长，商务部部长，中央政治局委员，重庆市委书记等职。

被告人薄熙来涉嫌受贿、贪污、滥用职权等犯罪，由山东省济南市人民检察院向济南市中级人民法院提起公诉。济南市人民检察院起诉书指控，被告人薄熙来身为国家机关工作人员，利用职务上的便利，为他人谋取利益，非法收受他人财物，数额特别巨大；贪污公款，数额巨大；滥用职权，致使国家和人民利益遭受重大损失，情节特别严重，依法应当以受贿罪、贪污罪、滥用职权罪追究刑事责任，并予以数罪并罚。2013年8月22日，济南市中级人民法院一审公开审理被告人薄熙来受贿、贪污、滥用职权案。在庭审中，法庭通知了本案的关键证人大连实德集团有限公司董事长徐明、大连市城乡规划土地局原局长王正刚作为证人出庭作证。本案审判中，公诉方多次使用被告人之妻薄谷开来的证词，包括作证录像，证明薄熙来对有关受贿及贪污犯罪知情，薄熙来在反驳的同时，多次要求薄谷开来出庭作证，公诉人及辩护人也向法庭提出了同样的申请。法庭经审查，认为薄谷开来应该到庭作证，并派法官到羁押场所会见，但她明确表示拒绝出庭。在一审中，证人之一唐肖林作出的5份证言及4份亲笔证词、公诉人当庭播放的2013年5月31日询问唐肖林的同步录音录像均详细证明了唐肖林给薄熙来行贿的经过。薄熙来对唐肖林证言的可靠性提出质疑，一再指称唐肖林为"贪腐分子和经济骗子""他十几年前能骗，今天仍然可以骗"，但证人唐肖林并未出庭。9月22日法庭对被告人薄熙来以受贿罪、贪污罪、滥用职权罪依法作出判决，数罪并罚，决定执行无期徒刑，剥夺政治权利终身。

问题：

1. 证人薄谷开来不到庭是否符合法律规定？为什么？
2. 证人唐肖林不到庭是否符合法律规定？为什么？

分析：

1. 证人薄谷开来不到庭合法。《刑事诉讼法》第193条第1款规定："经人民法院通知，证人没有正当理由不出庭作证的，人民法院可以强制其到庭，但是被告人的配偶、父母、子女除外。"据本案来看，薄谷开来虽然是整个案件的关键证人，但她作为被告人的配偶，明确表示拒绝出庭作证，法庭不能强制其到庭。

2. 证人唐肖林无法定的特殊情况，应当出庭作证。《刑事诉讼法》第62条第1款规定："凡是知道案件情况的人，都有作证的义务。"最高人民法院2012年《解释》第206条规定："证人具有下列情形之一，无法出庭作证的，人民法院可以准许其不出庭：（一）在庭审期间身患严重疾病或者行动极为不便的；（二）居所远离开庭地点且交通极为不便的；（三）身处国外短期无法回国的；（四）有其他客观原因，确实无法出庭的。具有前款规定情形的，可以通过视频等方式作证。"出庭作证是知道案件情况的公民的法定义务，也是保障刑事诉讼被告人权益的措施之一。证人出庭作证，并接受法庭及控辩双方的询问和反询问，有助于法庭对于案件事实的准确查明。本案中证人唐肖林如不具备司法解释中规定的例外情形，应当出庭作证。

案例二

被告人徐强，男，1977年4月27日出生，无业。2010年9月14日因涉嫌犯绑架罪被逮捕。（同案被告人钟建周等8人基本情况略）

福建省福州市鼓楼区人民检察院以被告人徐强等犯非法拘禁罪，向福州市鼓楼区人民法院提起公诉。

福州市鼓楼区人民法院经公开审理查明：2010年7月底至8月初，被告人徐强伙同汤义生、被害人张周勇等人在福州市鼓楼区台湾大饭店、金源国际大饭店、银河花园大酒店等处赌博，因徐强在赌博中输了钱，便怀疑汤义生、张周勇等人诈赌。同年8月4日下午，徐强得知张周勇当晚会来银河花园大酒店赌博，便纠集钟建周（同案被告人，已判刑）等4人共谋后，于当日19时许，在福州市鼓楼区银河花园大酒店楼下停车场将张周勇押上徐强驾驶的汽车，劫持到福建省福安市一座山上。钟建周打电话还邀约了郑夏晖（同案被告人，已判刑）等4人对张周勇殴打和威胁，逼迫张周勇退还徐强赌输的钱。在徐强等人暴力逼迫下，张周勇打电话给其亲属，要亲属筹集人民币40万元。8月5日凌晨，张周勇亲属汇来人民币12万元。在对张周勇非法关押过程中，徐强等取走张周勇随身携带的人民币（以下币种同）3万元及中国建设银行卡1张，并在当地银行将张周勇银行卡内3.7万元转账到徐强账户中。当日，张周勇亲属又汇款3.1万元至徐强账户上。次日，徐强等人被抓获。案发后，张周勇被解救，追回赃款20.17万元，尚有1.63万元未追回。

福州市鼓楼区人民法院认为，被告人徐强等以勒索财物为目的绑架他人，其行为均构成绑架罪，犯罪情节较轻。公诉机关指控徐强等犯非法拘禁罪，定性不当，应予纠正。徐强在共同犯罪中组织策划、指挥协调，起主要作用，系主犯，应当按照其所组织、指挥的全部犯罪处罚。据此，福州市鼓楼区人民法院判决如下：被告人徐强犯绑架罪，判处有期徒刑9年，并处罚金人民币2万元；其余被告人分别被以绑架罪判处有期徒刑2年6个月至7年，并处罚金人民币5000元至1万元不等。

问题：公诉机关指控轻罪名的，人民法院是否可以改变为重罪名？为什么？

思考与练习题

1. 人民法院对公诉案件庭前审查的内容有哪些？
2. 自诉案件的受理条件有哪些？
3. 什么是反诉？
4. 简易程序的适用范围有哪些？
5. 试述简易程序向普通程序转化制度。

第十五章

第二审程序

本章导读

通过本章的学习，了解对查封、扣押、冻结财物的处理，掌握第二审程序的审理方式、程序和审理后的处理，明确第二审程序的审判原则，熟悉并能够运用《刑事诉讼法》以及相关法律解释对第二审程序的规定。

导入案例

贾秀军受贿案

个体煤商李建明在延庆因一宗偷税案落网，由此牵出6名政府官员，成为轰动一时的“望京黑煤串案”。记者获悉，其中原北京市朝阳区环保局副局长贾秀军因涉嫌受贿20万元被起诉。

检方指控：贾秀军于2000年利用其担任朝阳区环保局副局长的职务便利，通过他人为李建明介绍“北京北辰热力厂”“北京望京蓝天供热中心”等用煤客户。2002年2月，贾秀军收受李建明好处费人民币20万元，之后用受贿款在朝阳区黄港乡黄港村为个人建房使用。2005年4月21日，贾秀军投案自首。

朝阳区人民法院经审理认为，贾秀军虽然不具备法定减轻处罚的情节，但根据案件的具体情况，依法可以减轻处罚。据此，朝阳区人民法院最终判处贾秀军有期徒刑3年。

宣判后，不服判决的贾秀军上诉，其辩护人提出，贾秀军收取20万元后主动予以退还，且在退钱3年后投案，不宜再认定为受贿罪。

北京市二中院作出裁定：贯秀军已经构成受贿罪，且不具有《刑法》第63条规定的“在法定刑罚以下判处刑罚”的特殊情况，一审判决属于“适用法律不当”，并依法将此案发回重审。

朝阳区人民法院再次作出一审判决，以受贿罪判处贯秀军5年有期徒刑。宣判后，贯秀军及其律师再次上诉。

北京市二中院作出终审裁定，维持了5年有期徒刑的判决。终审裁定称，根据查明的本案事实及情节，法院重审后对贯秀军依法减轻了处罚，因此作出5年有期徒刑的判决，量刑适当。一审法院此前判处的3年有期徒刑，属于适用法律不当，已被撤销，不能生效，也不能对重审后的量刑产生影响。据此，该院判处贯秀军5年有期徒刑并无不当，并驳回其上诉。

本案知识点

第二审程序、上诉不加刑原则。

第一节　第二审程序的提起

第二审程序，又称上诉审程序，是指第二审人民法院根据上诉人的上诉或者人民检察院的抗诉，对第一审人民法院尚未发生法律效力的判决或裁定进行审理时所应遵循的步骤和方式、方法。

一、提起第二审程序的主体

根据《刑事诉讼法》的规定，当事人等提出上诉或地方各级人民检察院提出抗诉时，即阻断第一审法院判决或裁定的效力，引起第二审程序。

（一）提起上诉的主体

上诉是指上诉人不服尚未生效的第一审判决、裁定，要求上一级人民法院对案件重新审理的诉讼行为。由于各类上诉主体在诉讼中所处的地位不同，《刑事诉讼法》对他们的上诉权限作了不同的规定。

1. 被告人、自诉人及其法定代理人

被告人、自诉人在诉讼中分别处于被告与原告的诉讼地位，人民法院的审判结果与他们有直接的利害关系，所以法律赋予他们独立的上诉权。作为未成年人、无行为能力人或者限制行为能力人的合法权益维护者，法定代理人也享有独立的上诉权。

2. 附带民事诉讼的当事人及其法定代理人

附带民事诉讼的当事人和他们的法定代理人享有部分的上诉权，上诉的内容仅限于附带民事诉讼部分，而对刑事判决、裁定部分无权上诉，并且不影响刑事判决、裁定在上诉期满后发生法律效力和执行。

3. 被告人的辩护人和近亲属

被告人的辩护人和近亲属不是案件的当事人，并且案件的审判结果与他们又没有直接的利害关系，所以法律没有赋予他们独立的上诉权。但有时被告人意识不到应当提出上诉或者不敢提出上诉，所以为了更好地维护被告人的合法权益，刑事诉讼法允许被告人的辩护人和近亲属在经过被告人同意后，也可以提出上诉。

（二）提起抗诉的主体

抗诉是地方各级人民检察院认为本级人民法院第一审的判决、裁定确有错误的时候，提请上一级人民法院对案件重新审理的诉讼行为。

《刑事诉讼法》第 228 条规定："地方各级人民检察院认为本级人民法院第一审的判决、裁定确有错误的时候，应当向上一级人民法院提出抗诉。"因此，有权对第一审尚未生效的判决、裁定提出抗诉的主体是第一审人民法院同级的人民检察院。

人民检察院是国家的法律监督机关，对于人民法院的审判活动是否合法，应当实施监督。因此，只要第一审尚未生效的判决、裁定确有错误，第一审人民法院同级的人民检察院就应提出抗诉，要求上一级人民法院对案件重新审判，纠正错误。

二、提起第二审程序的理由

（一）上诉的理由

我国《刑事诉讼法》对于提出上诉的理由没有作出具体规定，因此上诉主体不服第一审判决、裁定，并且在法定期限内依法提出上诉，不论是否附带理由，理由是否充分，人民法院都应当受理。

（二）抗诉的理由

关于抗诉的理由，《刑事诉讼法》第 228 条以及最高人民检察院《规则》第 584 条作出了严格的规定，即必须是认为同级人民法院的第一审判决、裁定具有下列情形之一的，才能提出抗诉。抗诉的理由具体表现为：（1）认定的事实确有错误或者据以定罪量刑的证据不确实、不充分的；（2）有确实、充分证据证明有罪判无罪，或者无罪判有罪的；（3）重罪轻判，轻罪重判，适用刑罚明显不当的；(4) 认定罪名不正确，一罪判数罪、数罪判一罪，影响量刑或者造成严重社会影响的；(5) 免除刑事处罚或者适用缓刑、禁止令、限制减刑等错误的；(6) 人民法院在审理过程中严重违反法律规定的诉讼程序的。

三、提起第二审程序的期限

对地方各级人民法院第一审判决、裁定的上诉或者抗诉，都应当在法定期限内提出。《刑事诉讼法》第 230 条规定：“不服判决的上诉和抗诉的期限为十日，不服裁定的上诉和抗诉的期限为五日，从接到判决书、裁定书的第二日起算。”最高人民法院《解释》第 380 条第 2 款还规定：“对附带民事判决、裁定的上诉、抗诉期限，应当按照刑事部分的上诉、抗诉期限确定。附带民事部分另行审判的，上诉期限也应当按照刑事诉讼法规定的期限确定。”

四、提起第二审程序的方式和程序

(一) 上诉的方式和程序

根据《刑事诉讼法》第 227 条中的规定，上诉可以用书状形式提出，也可以用口头形式提出。无论以哪一种形式提出上诉，人民法院都应当受理。

以上诉状形式提出上诉的，一般应当有上诉状正本及副本。上诉状内容应当包括：第一审判决书、裁定书的文号和上诉人收到的时间，第一审人民法院的名称，上诉的请求和理由，提出上诉的时间。被告人的辩护人、近亲属经被告人同意提出上诉的，还应当写明其与被告人的关系，并应当以被告人作为上诉人。

上诉可以通过第一审人民法院提出，也可以直接向第二审人民法院提出。上诉人通过第一审人民法院提出上诉的，第一审人民法院应当审查上诉是否符合法律规定。符合法律规定的，应当在上诉期满后 3 日内将上诉状连同案卷、证据移送上一级人民法院，并将上诉状副本送交同级人民检察院和对方当事人。上诉人直接向第二审人民法院提出上诉的，第二审人民法院应当在收到上诉状后 3 日内将上诉状交第一审人民法院。第一审人民法院应当审查上诉是否符合法律规定。符合法律规定的，应当在接到上诉状后 3 日内将上诉状连同案卷、证据移送上一级人民法院，并将上诉状副本送交同级人民检察院和对方当事人。

上诉人在上诉期限内要求撤回上诉的，人民法院应当准许。被告人、自诉人、附带民事诉讼当事人及其法定代理人是否提出上诉，以其在上诉期满前最后一次的意思表示为准。上诉人在上诉期满后要求撤回上诉的，第二审人民法院应当审查。如果认为原判认定事实和适用法律正确，量刑适当的，应当裁定准许撤回上诉；认为原判事实不清、证据不足或者将无罪判为有罪、轻罪重判等的，应当不予准许，继续按照上诉案件审理。

（二）抗诉的方式和程序

《刑事诉讼法》第232条规定："地方各级人民检察院对同级人民法院第一审判决、裁定的抗诉，应当通过原审人民法院提出抗诉书……"因此，抗诉应用书面形式，即必须制作抗诉书。

抗诉书应通过原审人民法院提出，同时还应抄送上一级人民检察院。第一审人民法院应当在抗诉期满后3日内将抗诉书连同案卷、证据移送上一级人民法院，并将抗诉书副本送交当事人。上一级人民检察院对下级人民检察院按照第二审程序提出抗诉的案件，认为抗诉正确的，应当支持抗诉；认为抗诉不当的，应当向同级人民法院撤回抗诉，并且通知下级人民检察院。下级人民检察院如果认为上一级人民检察院撤回抗诉不当的，可以提请复议。上一级人民检察院应当复议，并将复议结果通知下级人民检察院。上一级人民检察院在上诉、抗诉期限内，发现下级人民检察院应当提出抗诉而没有提出抗诉的案件，可以指令下级人民检察院依法提出抗诉。

人民检察院在抗诉期限内撤回抗诉的，第一审人民法院不再向上一级人民法院移送案件；在抗诉期满后第二审人民法院宣告裁判前撤回抗诉的，第二审人民法院可以裁定准许，并通知第一审人民法院和当事人。

第二节　第二审程序的审判

一、第二审程序的审判原则

（一）全面审查原则

《刑事诉讼法》第233条规定："第二审人民法院应当就第一审判决认定的事实和适用法律进行全面审查，不受上诉或者抗诉范围的限制。共同犯罪的案件只有部分被告人上诉的，应当对全案进行审查，一并处理。"这就是第二审程序的全面审查原则。其具体要求如下：

1. 既要对第一审人民法院认定的事实是否正确进行审查，又要对其适用法律是否正确进行审查。

2. 既要对上诉或抗诉的部分进行审查，又要对未上诉或抗诉的部分进行审查。

3. 在共同犯罪案件中，只有部分被告人提出上诉，或者人民检察院只对部分被告人的判决提出抗诉的，第二审人民法院应当对全案进行审查，一并处理。

在共同犯罪案件中，上诉的被告人死亡，其他被告人未上诉的，第二审人民法院仍应对全案进行审查。经审查，死亡的被告人不构成犯罪的，应当宣告无罪；构成犯罪的，应当终止审理。对其他同案被告人仍应作出判决、裁定。

4. 对于刑事附带民事诉讼案件，只有附带民事诉讼当事人及其法定代理人上诉的，第二审人民法院应当对全案进行审查。经审查，第一审判决的刑事部分并无不当的，第二审人民法院只需就附带民事部分作出处理；第一审判决的附带民事部分事实清楚，适用法律正确的，应当以刑事附带民事裁定维持原判，驳回上诉。

对于刑事附带民事诉讼案件，只有附带民事诉讼当事人及其法定代理人上诉的，第一审刑事部分的判决在上诉期满后即发生法律效力。对于应当送监执行的第一审刑事被告人是第二审附带民事诉讼被告人的，在第二审附带民事诉讼案件审结前，可以暂缓送监执行。

5. 审查包括程序性审查和实体性审查。

（1）程序性审查是指第二审人民法院对第一审人民法院移送的上诉、抗诉案卷、证据，应当审查是否包括下列内容：移送上诉、抗诉案件函；上诉状或者抗诉书；第一审判决书、裁定书8份（每增加1名被告人增加1份）及其电子文本；全部案卷、证据，包括案件审理报告和其他应当移送的材料。如果上述材料齐全，第二审人民法院应当收案；材料不全的，应当通知第一审人民法院及时补送。

（2）实体性审查是指第二审人民法院对上诉、抗诉案件，应当审查下列内容：第一审判决认定的事实是否清楚，证据是否确实、充分；第一审判决适用法律是否正确，量刑是否适当；在侦查、审查起诉、第一审程序中，有无违反法定诉讼程序的情形；上诉、抗诉是否提出新的事实、证据；被告人的供述和辩解情况；辩护人的辩护意见及采纳情况；附带民事部分的判决、裁定是否合法、适当；第一审人民法院合议庭、审判委员会讨论的意见。

（二）上诉不加刑原则

《刑事诉讼法》第237条第1款规定：“第二审人民法院审理被告人或者他的法定代理人、辩护人、近亲属上诉的案件，不得加重被告人的刑罚。第二审人民法院发回原审人民法院重新审判的案件，除有新的犯罪事实，人民检察院补充起诉的以外，原审人民法院也不得加重被告人的刑罚。”这就是第二审程序的上诉不加刑原则，旨在保护被告人的上诉权，防止上诉而招致不利的后果。

《刑事诉讼法》第237条第2款规定：“人民检察院提出抗诉或者自诉人提出上诉的，不受前款规定的限制。”这就是上诉不加刑原则的例外情况。因此，上诉不加刑原则只适用于被告人或者他的法定代理人、辩护人、近亲属提出上诉的案件。

第二审人民法院在审理被告人或者其法定代理人、辩护人、近亲属提出上诉的案件时，不得加重被告人的刑罚，并应当执行下列规定：

1. 同案审理的案件，只有部分被告人上诉的，既不得加重上诉人的刑罚，也不得加重其他同案被告人的刑罚。

2. 原判事实清楚，证据确实、充分，只是认定的罪名不当的，可以改变罪名，但不得加重刑罚。

3. 原判对被告人实行数罪并罚的，不得加重决定执行的刑罚，也不得加重数罪中某罪的刑罚。

4. 原判对被告人宣告缓刑的，不得撤销缓刑或者延长缓刑考验期。

5. 原判没有宣告禁止令的，不得增加宣告；原判宣告禁止令的，不得增加内容、延长期限。

6. 原判对被告人判处死刑缓期执行没有限制减刑的，不得限制减刑。

7. 原判事实清楚，证据确实、充分，但判处的刑罚畸轻、应当适用附加刑而没有适用的，不得直接加重刑罚、适用附加刑，也不得以事实不清、证据不足为由发回第一审人民法院重新审判。必须依法改判的，应当在第二审判决、裁定生效后，依照审判监督程序重新审判。

人民检察院抗诉或者自诉人上诉的案件，不受前款规定的限制。但是，人民检察院只对部分被告人的判决提出抗诉，或者自诉人只对部分被告人的判决提出上诉的，第二审人民法院不得对其他同案被告人加重刑罚。被告人或者其法定代理人、辩护人、近亲属提出上诉的案件，第二审人民法院发回重新审判后，除有新的犯罪事实，人民检察院补充起诉的以外，原审人民法院不得加重被告人的刑罚。

二、第二审程序的审判方式和程序

《刑事诉讼法》第234条第1款、第2款规定："第二审人民法院对于下列案件，应当组成合议庭，开庭审理：（一）被告人、自诉人及其法定代理人对第一审认定的事实、证据提出异议，可能影响定罪量刑的上诉案件；（二）被告人被判处死刑的上诉案件；（三）人民检察院抗诉的案件；（四）其他应当开庭审理的案件。第二审人民法院决定不开庭审理的，应当讯问被告人，听取其他当事人、辩护人、诉讼代理人的意见。"最高人民法院《解释》第393条第2款规定："被判处死刑的被告人没有上诉，同案的其他被告人上诉的案件，第二审人民法院应当开庭审理。"根据上述规定，第二审案件的审理方式有开庭审理和不开庭审理两种。

（一）开庭审理的方式和程序

开庭审理方式，是第二审人民法院依法组成合议庭，参照第一审案件的开庭程序进行审理的方式，即应当通知检察院派员出庭，通知辩护人、诉讼代理人及其他诉讼参与人到庭，经过法庭调查、法庭辩论、听取被告人最后陈述，合议庭评议后作出裁判。

由于第二审人民法院开庭审理上诉、抗诉案件是在第一审程序的基础上进行的，但又有其自身的一些特点，所以除参照第一审程序的规定外，还应当依照下列程序进行：

1. 开庭审理第二审公诉案件，应当在决定开庭审理后及时通知人民检察院查阅案卷。自通知后的第 2 日起，人民检察院查阅案卷的时间不计入审理期限。

2. 开庭审理上诉、抗诉的公诉案件，应当通知同级人民检察院派员出庭。抗诉案件，人民检察院接到开庭通知后不派员出庭，且未说明原因的，人民法院可以裁定按人民检察院撤回抗诉处理，并通知第一审人民法院和当事人。

3. 法庭调查阶段，审判人员宣读第一审判决书、裁定书后，上诉案件由上诉人或者辩护人先宣读上诉状或者陈述上诉理由，抗诉案件由检察员先宣读抗诉书；既有上诉又有抗诉的案件，先由检察员宣读抗诉书，再由上诉人或者辩护人宣读上诉状或者陈述上诉理由。

4. 法庭辩论阶段，上诉案件先由上诉人、辩护人发言，后由检察员、诉讼代理人发言；抗诉案件，先由检察员、诉讼代理人发言，后由被告人、辩护人发言；既有上诉又有抗诉的案件，先由检察员、诉讼代理人发言，后由上诉人、辩护人发言。

另外，开庭审理上诉、抗诉案件，可以重点围绕对第一审判决、裁定有争议的问题或者有疑问的部分进行。根据案件情况，可以按照下列方式审理：

1. 宣读第一审判决书，可以只宣读案由、主要事实、证据名称和判决主文等。

2. 法庭调查应当重点围绕对第一审判决提出异议的事实、证据以及提交的新的证据等进行；对没有异议的事实、证据和情节，可以直接确认。

3. 对同案审理案件中未上诉的被告人，未被申请出庭或者人民法院认为没有必要到庭的，可以不再传唤到庭。

4. 被告人犯有数罪的案件，对其中事实清楚且无异议的犯罪，可以不在庭审时审理。

同案审理的案件，未提出上诉、人民检察院也未对其判决提出抗诉的被告人要求出庭的，应当准许。出庭的被告人可以参加法庭调查和辩论。

（二）不开庭审理的方式和程序

不开庭审理，是指第二审人民法院的合议庭依法决定不开庭审理，经过阅卷、讯问被告人，听取其他当事人、辩护人、诉讼代理人的意见后，作出裁判的审理方式。

除《刑事诉讼法》第234条第1款规定的应当开庭审理的案件外，可以适用不开庭审理的方式。最高人民法院《解释》第394条规定，对上诉、抗诉案件，第二审人民法院经审查，认为原判事实不清、证据不足，或者具有《刑事诉讼法》第238条规定的违反法定诉讼程序情形，需要发回重新审判的，可以不开庭审理。采用不开庭审理，应遵循以下程序：

1. 合议庭成员共同阅卷，并制作阅卷笔录，必要时应当提交书面阅卷意见。

2. 讯问被告人，听取其供述和辩解以及对一审裁判的意见。共同犯罪案件，对没有上诉的被告人也应当讯问。

3. 听取其他当事人、辩护人、诉讼代理人的意见。

4. 合议庭评议和宣判。

经过上述程序，合议庭认定的事实与第一审认定的没有变化，证据充分的，可以不开庭审理即作出相应的处理决定，并予以公开宣判。

三、对第二审案件的处理

（一）对上诉、抗诉案件的处理

根据《刑事诉讼法》第236条、第238条的规定，第二审人民法院经过开庭或不开庭审理，对于不服判决的上诉、抗诉案件必须依法作出处理。

1. 原判决认定事实和适用法律正确、量刑适当的，应当裁定驳回上诉或者抗诉，维持原判。

2. 原判决认定事实没有错误，但适用法律有错误，或者量刑不当的，应当改判。

3. 原判决事实不清楚或者证据不足的，可以在查清事实后改判；也可以裁定撤销原判，发回原审人民法院重新审判。原审人民法院对于依照此种情况发回重新审判的案件作出判决后，被告人提出上诉或者人民检察院提出抗诉的，第二审人民法院应当依法作出判决或者裁定，不得再发回原审人民法院重新审判。

4. 第二审人民法院发现第一审人民法院的审理有下列违反法律规定的诉讼程序的情形之一的，应当裁定撤销原判，发回原审人民法院重新审判：违反本法有关公开审判的规定的；违反回避制度的；剥夺或者限制了当事人的法定诉讼权利，可能影响公正审判的；审判组织的组成不合法的；其他违反法律规定的诉讼程序，可能影响公正审判的。

发回原审人民法院重新审判的案件，应当另行组成合议庭审理。发回重审的案件，按第一审程序进行审理，对其判决、裁定仍可上诉或抗诉。

（二）对自诉案件的处理

1. 对于第二审自诉案件，必要时可以调解，当事人也可以自行和解。调解结案的，应当制作调解书，第一审判决、裁定视为自动撤销；当事人自行和解的，应当裁定准许撤回自诉，并撤销第一审判决、裁定。

2. 对于裁定准许撤诉或者当事人自行和解的自诉案件，被告人被采取强制措施的，人民法院应当立即解除。

3. 第二审期间，自诉案件的当事人提出反诉的，应当告知其另行起诉。

（三）对附带民事诉讼案件的处理

1. 第二审人民法院审理附带民事上诉案件，如果发现刑事和附带民事部分均有错误，应当一并审理，一并改判。

2. 第二审人民法院审理对刑事部分提出上诉、抗诉，附带民事部分已经发生法律效力的案件，如果发现第一审判决、裁定中的附带民事部分确有错误的，应当依照审判监督程序对附带民事部分予以纠正。

3. 第二审人民法院审理对附带民事部分提出上诉，刑事部分已经发生法律效力的案件，发现第一审判决、裁定中的刑事部分确有错误的，应当依照审判监督程序对刑事部分进行再审，并将附带民事部分与刑事部分一并审理。

4. 第二审期间，第一审附带民事诉讼原告人增加独立的诉讼请求或者第一审附带民事诉讼被告人提出反诉的，第二审人民法院可以根据自愿、合法的原则进行调解；调解不成的，告知当事人另行起诉。

四、第二审案件的审判期限

1. 第二审人民法院受理上诉、抗诉案件，应当在2个月以内审结。

2. 特殊情况。对于几种特殊情况经省、自治区、直辖市高级人民法院批准或者决定，可以延长2个月；因特殊情况还需要延长的，报请最高人民法院批准。主要包括：可能判处死刑的案件或者附带民事诉讼的案件；交通十分不便的边远地区的重大复杂案件；重大的犯罪集团案件；流窜作案的重大复杂案件；犯罪涉及面广，取证困难的重大复杂案件。

3. 第二审人民法院发回原审人民法院重新审判的案件，原审人民法院从收到发回的案件之日起，重新计算审理期限。

第三节　对查封、扣押、冻结财物的处理

由于第二审裁判是终审裁判，除死刑案件外，立即发生法律效力，随即转入执行程序，所以需要对诉讼中已查封、扣押、冻结在案的财物及孳息作出处理。一方面，应对由公安机关、人民检察院和人民法院查封、扣押、冻结的财物予以妥善处理；另一方面，还应妥善处理好上述财物的孳息，即由原物产生的收益，包括天然孳息和法定孳息，以更好地维护公民的财产权利。同时，防止可能滋生的司法腐败。根据《刑事诉讼法》第245条和最高人民法院《解释》及有关规定，公安机关、人民检察院和人民法院对于查封、扣押和冻结财物，应作以下处理：

一、妥善保管

公安机关、人民检察院和人民法院对查封、扣押、冻结的犯罪嫌疑人、被告人财物及其孳息，应当妥善保管，以供核查，并制作清单，附卷备查。任何单位和个人不得挪用或者自行处理。

二、及时返还

为切实保护被害人的合法权益，对被害人的合法财产，权属明确的，应当依法及时返还，但须经拍照、鉴定、估价，并在案卷中注明返还的理由，将原物照片、清单和被害人的领取手续附卷备查。权属不明的，应当在人民法院判决、裁定生效后，按比例返还被害人，但已获退赔的部分应予扣除。

三、随案移送

对作为证据使用的实物应当随案移送，对不宜移送的，应当将其清单、照片或者其他证明文件随案移送。

不宜移送的实物主要包括：大宗的、不便搬运的物品；易腐烂、霉变和不易保管的物品；枪支弹药、剧毒物品、易燃易爆物品以及其他违禁品、危险物品等。人民法院受理案件时，对上述不宜移送的实物，应当审查是否附有相关证据材料；依法需要鉴定、估价的，还应当审查是否附有鉴定、估价意见。

四、判决执行

人民法院作出的判决，应当对查封、扣押、冻结的财物及其孳息作出处理。

人民法院作出的判决生效以后，有关机关应当根据判决对查封、扣押、冻结的财物及其孳息进行处理。对查封、扣押、冻结的赃款赃物及其孳息，除依法返还被害人的以外，一律上缴国库。

五、法律责任

司法工作人员贪污、挪用或者私自处理查封、扣押、冻结的财物及其孳息的，依法追究刑事责任；不构成犯罪的，给予处分。

实训案例

案例一

2015年12月2日，最高人民法院赔偿委员会受理的沈阳北鹏房地产开发有限公司申请辽宁省公安厅刑事违法扣押赔偿一案在最高人民法院第二巡回法庭（沈阳）公开质证。本案系因沈阳北鹏房地产开发有限公司申请辽宁省公安厅违法扣押刑事赔偿一案，不服中华人民共和国公安部公赔复字（2015）2号刑事赔偿复议决定，向最高人民法院赔偿委员会申请作出赔偿决定。公开质证后，根据赔偿委员会会议讨论结果，当庭宣布了国家赔偿决定：辽宁省公安厅在决定作出之日起30日内返还北鹏公司被扣押的人民币2000万元并支付相应利息损失83万元。

分析：所谓"扣押"，是指刑事诉讼中的一种强制性措施，主要是为了收集证据、保全证据，同时也能确保在法庭确认被指控人的犯罪之后没收犯罪所得的顺利执行或挽回被害人的财产损失。公安机关为办案需要，有必要临时扣押犯罪嫌疑人的财物。但由于扣押财物关乎公民、法人的切身利益，公安机关必须在法律的规定内规范行使职权，不能任性而为。依法应当退还的财物而不退还应承担退还责任；造成财物损失或灭失的，还应承担赔偿责任。最高人民法院对全国首例刑事赔偿案作出由公安机关承担国家赔偿的责任的决定，让受害当事人的利益依法得到了保障，彰显了公平正义。

案例二

佘祥林，男，湖北省京山县雁门口镇何场村九组人。1994年1月20日，佘祥林的妻子张在玉失踪后，张在玉的亲属怀疑张在玉被佘祥林杀害。同年4月11日，雁门口镇吕冲村一水塘发现一具女尸，经张在玉亲属辨认，死者与张在玉特征相符，公安机关立案侦查。4 月 12 日佘祥林因涉嫌犯故意杀人罪被京山县公安局监视居住，4 月 22 日被刑事拘留，4 月 28 日经京山县检察院批准逮捕。10 月 13 日原荆州地区中级人民法院一审判处佘祥林死刑，佘祥林提出上诉。湖北省高级人民法院 1995 年 1 月 6 日作出裁定，以事实不清，证据不足发回重审。5 月 15 日原荆州地区检察分院将此案退回补充侦查。1996 年 2 月 7 日，京山县检察院补充侦查后再次退查。1997 年因行政区划变更，京山县检察院于 1997 年 11 月 23 日将此案呈送荆门市检察院起诉。12 月 15 日，荆门市检察院审查后认为佘祥林的行为不足以对其判处无期徒刑以上刑罚，将该案移交京山县检察院起诉。1998 年 3 月 31 日，京山县检察院将此案起诉至京山县法院。6 月 15 日，京山县法院以故意杀人罪判处佘祥林有期徒刑 15 年，附加剥夺政治权利 5 年。佘祥林不服提出上诉，9 月 22 日，荆门市中级人民法院裁定驳回上诉，维持原判。

问题：湖北省高级人民法院在原荆州地区中级人民法院的一审判决“事实不清，证据不足”的情况下，不是直接作出无罪判决，而是将案件发回重审的做法正确吗？

思考与练习题

1. 有权提起第二审程序的主体有哪些？
2. 如何正确理解全面审查原则？
3. 如何正确理解和适用上诉不加刑原则？

第十六章

死刑复核程序

本章导读

通过本章的学习，了解死刑复核程序的概念，理解死刑复核程序的意义，区分不同级别的人民法院关于死刑复核程序的过程与要求，掌握判处死刑立即执行和判处死刑缓期二年执行案件的复核程序。

导入案例

曾成杰非法集资诈骗案

曾成杰，曾用名曾维亮，1958年11月出生，湖南新邵县人，湖南三馆房地产开发集团有限公司原总裁。其主要犯罪事实如下：

2003年6月至9月，曾成杰为获得湘西自治州图书馆、体育馆、群艺馆、电力宾馆、东方红市场等（以下简称“三馆项目”）开发权，采取瞒报开发资质和资金能力、行贿湘西自治州州长杜崇烟的弟弟杜崇旺（已判刑），以吉首市国土房屋综合开发公司名义获得“三馆项目”的开发权。

2003年11月，曾成杰和范吉湘在吉首市挂牌成立“三馆建设工程筹建处”后，即开始在当地媒体上以大量广告虚假宣传“三馆项目”已由吉首市国土房屋综合开发公司和邵阳市建筑安装工程公司驻吉首开发部联合开发。同时，曾成杰和范吉湘商议决定，以邵阳市建筑安装工程公司驻吉首开发部为集资主体，依托“三馆项目”，面向社会公众非法集资。同月15日正式开始以《关于参与“三馆”开发项目的协议书》的形式，以年回报20%为诱饵，非法向社会不特定公众集资。

2004年1月30日，该集资主体变更为湘西吉首三馆房地产联合开发有限公司（以下简称三馆公司）。公司成立后，曾成杰便以三馆公司的名义对外集资。

在缺乏资金和经营亏损的情况下，曾成杰为了保持资金链运转，组织宋长银、曾正（均系同案被告人，已判刑）等人，采取与集资户签订认购协议书、承诺书、投资协议书、投资合同书等形式，并直接向集资户开具借条、收据，发售钻石卡、金卡、银卡、普卡等集资形式向不特定的社会公众集资。为了获得大量集资，曾成杰不顾自身兑付能力，反复多次提高三馆公司的非法集资利率。从2003年11月至2008年8月，曾成杰先后将集资利率从月息1.67%逐渐提高至10%。

2004年10月22日，吉首商贸大世界一期工程正式动工，同年12月9日，一期A栋7339.71平方米面积取得预售许可，截至2008年8月28日，该一期工程共计销售回款8400万元，三楼以上的大量商铺房产滞销。

2007年9月开始，曾成杰又决定按集资款存期不同给予集资户奖励，2007年5月17日至2008年8月19日，三馆公司支付奖励金额累计11 522.36万元。

曾成杰为维系资金链，隐瞒“三馆项目”吉首商贸大世界一期房产销售的真实情况和项目亏损的事实，项目区域由吉首市拓展到长沙、株洲和邵阳等大中城市，并宣称在三馆公司投资没有任何风险。

此外，曾成杰还通过邀请明星参加三馆公司成立周年庆典、大众飙歌、开展情系农民工等活动大肆彰显公司实力，并花钱为三馆公司和曾成杰个人换取“湖南商业地产十强”“第二届中国企业改革十大杰出人物”“中国诚信企业家”等荣誉。名利双收后，曾成杰便开始使用集资款以他人名义投资和成立公司，转移资产。集资总额34.52亿余元，但是实际投入工程项目支出只有5.56亿余元。集资资金被曾成杰以他人名义投资公司、项目或直接转移资产共计2.64亿余元，个人隐匿占有集资款1530万元，将资产转移到其妻邓友云名下1991.768万元，直接套取731.99万元。

2008年7月，三馆公司集资款退本付息出现困难。同年9月，三馆公司停止向集资户还本付息。因三馆公司及吉首市其他进行非法集资的公司相继不能兑付到期的集资款本息，2008年9月5日，吉首市万余名群众围堵铁路及火车站，同月25日，数千名集资群众围堵湘西自治州人民政府。

2009年1月20日14时许，集资户吴某（下岗工人）见集资款兑付无望，在湘西自治州人民政府旁的人行道上用汽油当众自焚造成七级伤残。

一审中，长沙市中级人民法院认定，被告人曾成杰以非法占有为目的，以高额利息为诱饵，不顾自身偿付能力，使用诈骗方法面向社会公众非法集资，造成集资户大量财产损失，既严重破坏国家金融管理秩序，又严重侵犯公民财产权，其非法集资总金额34.52亿余元，集资涉及24 238人，累计57 759人次，案发后仍有17.71亿余元的集资本金未归还，集资总额减去还本付息的金额后，曾成杰集资诈骗金额为8.29亿余元，造成集资户经济损失共计6.2亿元，并且引发当地多起群体性事件和恶性案件，严重影响当地社会稳定，罪行极其严重。2011年5月20日，长沙市中级人民法院一审判决曾成杰死刑，立即执行，剥夺政治权利终身，并处没收个人全部财产。

宣判后，被告人曾成杰不服一审判决，向湖南省高级人民法院提出上诉。

2011年12月26日，湖南省高级人民法院依法公开开庭审理，判决驳回曾成杰的上诉，维持原审对曾成杰的判决，并依法报请最高人民法院核准。最高人民法院依法组成合议庭，对本案进行了复核，依法询问了曾成杰，听取了辩护律师的意见，于2013年6月14日依法作出裁决，核准曾成杰死刑。同年7月12日，长沙市中级人民法院依法对曾成杰执行死刑。

本案知识点

死刑复核程序的意义。

第一节 死刑复核程序概述

一、死刑复核程序的概念

死刑复核程序是指最高人民法院或高级人民法院对判处被告人死刑的案件进行审查核准的一种特殊审判程序。

死刑是剥夺犯罪分子生命的刑罚，是我国刑罚体系中最严厉的刑种，因而又称为极刑。我国法律一方面把死刑当作打击犯罪、保护人民的有力武器，另一方面又在刑事诉讼法上严格控制死刑适用的条件、范围、对象，以确保死刑案件的审判质量，在普通审判程序之外规定了一个特别的审查核准程序，即死刑复核程序。死刑案件包括死刑立即执行和死刑缓期二年执行两种，因此，死刑复核程序既包括死刑立即执行案件的复核程序，也包括判处死刑缓期二年执行的复核程序。对于此概念的理解注重把握以下几点：

(一) 死刑复核程序审理对象的特定性

死刑复核程序只受理经过其他审判程序审结的判处死刑的刑事诉讼案件。具体包括以下三种情形：（1）第一审判处被告人死刑，在上诉、抗诉期限内，被告人没有上诉，检察院也没有抗诉的案件；（2）第二审人民法院判处被告人死刑的案件；（3）按照审判监督程序审结的判处被告人死刑的案件。

这三类案件必须报请有死刑核准权的人民法院进行审查核准后，方可发生法律效力，交付执行。死刑复核程序不受理判处被告人其他刑罚的案件。

（二）死刑复核程序的特定任务

有死刑复核权的人民法院在对案件进行复核时，必须完成两项最基本的任务：（1）全面审查死刑判决或裁定，确定该判决或裁定认定的事实是否清楚，证据是否确实、充分，罪名的认定、法律适用是否正确，判处死刑是否适当；（2）对案件作出是否核准死刑的决定，并制作相应的法律文书。

（三）死刑复核程序是死刑案件的终审程序

我国实行两审终审制，刑事案件最多经过两级法院的审理即告终结，其判决即可生效。但死刑复核程序是两审终审制的例外。对于判处死刑的案件，按照普通程序经过了一审和二审，其判决还不能生效，还必须再经过一个专门的死刑复核程序。只有经过有复核权的人民法院核准，死刑判决才能生效和交付执行。这表明了国家对判处死刑持特别慎重的态度，因而在普通的审判程序之外，又增加一道专门的程序进行把关，尽最大的努力避免错杀，保护生命权。

（四）死刑复核程序的启动无须附加条件

死刑复核程序是由作出死刑判决、裁定的法院主动报请而引起的。报请只能按照规定，在法院系统内自下而上逐级报请和核准。为了保证不致错杀无辜和防止轻罪重判，国家把死刑的核准权只授予最高人民法院和高级人民法院，刑事诉讼法把死刑复核程序规定为判处死刑的必经程序。因此，凡是判处死刑的案件，无论被告人是否服判、是否有当事人上诉或者检察院抗诉，一律要报请最高人民法院或者高级人民法院进行复核。言外之意，即核准死刑是最高人民法院或者高级人民法院的专有职权，这一程序的启动无须附加任何条件。这突破了“审判被动性”的一般原则。

二、死刑复核程序的意义

死刑复核程序是我国《刑事诉讼法》规定的特别程序，对于保障死刑案件的质量，正确地适用死刑，坚持少杀、防止错杀，切实保护公民人身权和维护社会主义法治都有着十分重要的意义。

（一）有利于保证刑事案件的办案质量

死刑是剥夺犯罪分子生命的最严厉的刑罚，它以其巨大的威慑力发挥着震慑犯罪分子的刑罚预防功能。但是，死刑的最大弊端就是生命的不可挽回性，因此，对死刑的适用必须慎之又慎。从立法上规定死刑复核程序正是为了最大限度控制死刑案件发生错判的概率。一是它要求确保死刑判决、裁定的准确性，对于判处死刑的案件，在履行了正常的普通程序之后，再加一道特殊死刑审核程序，防止错判死刑，错杀无辜。增加一次审核，就减少一次错判的可能性。死刑复核程序正是基于这样的认识论而设立的。二是我国《刑事诉讼法》明确规定，享有死刑复核权的人民法院只能是最高人民法院或高级人民法院，就是将死刑案件的最后裁决权交给水平更高的审判机关行使，以求最大限度地保证死刑案件的审判质量。

（二）有利于统一死刑适用标准

我国地域辽阔，各地经济水平发展不均衡，各地审判机关掌握死刑适用的标准难免会有一定程度上的偏差。同时，涉及死刑的犯罪案件，无论立法上的法定刑，还是司法实际情况都有一定的上下幅度，在适用死刑时，尽量保证死刑适用标准的统一，从而使判决结果达到最大可信度和最强的说服力。

（三）有利于贯彻保留死刑又严格控制死刑的基本政策

死刑造成的最大问题在于无法补救司法造成的错误，世界各国对死刑的存废之争已达200多年。目前，世界上超过2/3的国家已经在法律上或事实上废止了死刑。我国现行《刑法》规定死刑的罪名共有46种，目前，我国现阶段还不能废除死刑，这是由我国政治、经济状况以及社会治安形势、刑罚观念等诸多因素所决定的。基于此现状，既保留死刑又慎用死刑成为我国目前对待死刑问题的基本政策。但应当对死刑的适用加以严格的控制。在实际的执行中，只有严格遵循死刑复核程序，才能确保死刑仅适用于罪行极其严重又非杀不可的犯罪分子，体现了我国《刑事诉讼法》对死刑既保留又慎用的指导思想。

第二节　判处死刑立即执行案件的复核程序

根据《刑法》和《刑事诉讼法》的规定，死刑判决有两种不同的情况：一种是判处死刑立即执行，即在判决生效后，原判法院接到最高人民法院院长签发的死刑执行命令，在7日内交付执行；另一种是判处死刑缓期二年执行，即为被判处了死刑的罪犯设置了一个考验期，如果在这二年内没有故意犯罪，缓期执行期满后就应当予以减刑。由于这两种判决所产生的后果大不相同，因此，对这两类判决的核准权限以及具体的复核程序，理应有所区别。

一、行使死刑核准权的人民法院

我国《刑事诉讼法》第246条规定，死刑由最高人民法院核准。《人民法院组织法》第17条规定，死刑除依法由最高人民法院判决的以外，应当报请最高人民法院核准。上述规定说明，我国对死刑案件核准权的行使限制较为严格，对于死刑立即执行的案件，除最高人民法院判决的以外，只能由最高人民法院行使核准权。

二、判处死刑立即执行案件的报请复核

死刑复核程序是从作出死刑判决、裁定的人民法院上报复核开始的，目前只有最高人民法院才有核准权。所谓“报请最高人民法院”，是逐级上报，而不能由中级人民法院直接报送最高人民法院核准。具体来说，有以下几种情况：

1. 中级人民法院判处死刑的第一审案件，如果被告人不上诉、人民检察院不抗诉的，在上诉、抗诉期满后3日内报请高级人民法院复核。高级人民法院同意判处死刑的，应当在依法作出裁定后，再报请最高人民法院核准；高级人民法院不同意判处死刑的，应当提审或者发回重审。如果高级人民法院经过复核发现原审量刑过重，不同意判处死刑的，可以直接提审改判或以裁定撤销原判，发回中级人民法院重新审判。凡是高级人民法院提审改判的判决均为终审的判决，被告人不能上诉，人民检察院也不能按上诉审程序进行抗诉。提审后如果仍然判处死刑的，则还须报请最高人民法院核准。中级人民法院重新审判的判决仍为第一审判决，允许上诉和抗诉，如果重新审判后仍然判处死刑，被告人不上诉、人民检察院不抗诉的，还要按照复核程序报请高级人民法院、最高人民法院逐级复核。中级人民法院判处死刑的第一审案件，被告人不上诉、人民检察院不抗诉的，高级人民法院终审裁定维持死刑判决的，报请最高人民法院核准。

2. 高级人民法院判处死刑的第一审案件，被告人不上诉、人民检察院不抗诉的，在上诉、抗诉期满后3日内，应将案卷材料报送最高人民法院核准。高级人民法院判处死刑的第二审案件，也应当报请最高人民法院核准。

3. 依法应当由最高人民法院核准的死刑案件，判处死刑缓期二年执行的罪犯，在死刑缓期执行期间，如果故意犯罪查证属实，应当执行死刑的，由高级人民法院报请最高人民法院核准。

三、判处死刑立即执行案件报请复核的要求

根据我国《刑事诉讼法》的规定及最高人民法院的相关司法解释，报请死刑案件必须符合以下要求：

1. 上报时必须报送死刑案件的有关材料，应当报请死刑复核的报告、死刑案件综合报告和原审判决书各 15 份。同时，应将能够证明案件真实情况，并经查证属实的各种肯定性和否定性的证据随案卷材料一起报送。

2. 报请死刑复核案件，应当坚持一案一报的原则。不能将两个或者两个以上的死刑案件集中在一起报请复核，更不能等集中一批死刑案件后，再报请复核。

3. 在共同犯罪案件中，有的被告人被判处死刑立即执行，有的被告人被判处其他刑罚的，下级人民法院在上报复核时，应全案上报，即必须将全案报请最高人民法院核准。

四、判处死刑立即执行案件的审理程序

最高人民法院复核死刑案件，应当由审判员 3 人组成合议庭进行。合议庭审核案件时根据司法实践经验，复核采取书面审查与讯问被告人相结合的方式进行。

（一）阅卷是书面审查的重要方式

合议庭对报送复核的全部诉讼案卷进行全面审查，以确定诉讼程序是否符合法律程序，判决、裁定认定的犯罪事实是否清楚，据以定案的证据是否确实、充分，适用法律是否正确，量刑是否适当。

（二）必要的调查

合议庭成员通过阅卷发现对案卷的证据有疑问，需要进一步核查时，应当对证据进行调查核实，必要时到案发现场调查。

（三）讯问被告人听取辩护律师的意见

根据《刑事诉讼法》第 251 条的规定，最高人民法院复核死刑案件，应当讯问被告人，辩护律师提出要求的，应当听取辩护律师的意见。在复核死刑案件过程中，最高人民检察院可以向最高人民法院提出意见，最高人民法院应当将死刑复核结果通报最高人民检察院。

（四）人民法院复核死刑案件，应当全面审查

复核死刑案件，应当对案件事实认定、法律适用、诉讼程序进行全面审查，具体包括：

1. 被告人犯罪时的年龄和其他个人情况。特别应注意：犯罪时是否已满 18 周岁，不满 18 周岁的人，不适用死刑；如果是女犯，审判时是否怀孕，对怀孕的妇女不适用死刑，也不能判处死刑缓期二年执行；被告人有无刑事责任能力。

2. 原判认定事实是否清楚，证据是否确实、充分。

3. 犯罪情节、后果和危害程度。综合考虑犯罪是否达到了“罪行极其严重”

的程度。

4. 原审判决、裁定的定性是否准确，罪名的认定是否与案件事实、证据及有关法律规定相吻合，是否必须判处死刑立即执行。

5. 有无法定、酌定从轻或者减轻处罚的情节，以及其他应当审查的情况。

6. 审查审判期间有无违反法定程序和影响审判公正的情形。

7. 应当审查的其他情况。

（五）死刑立即执行案件复核后的处理

《刑事诉讼法》第250条规定，最高人民法院复核死刑案件，应当作出核准或者不核准死刑的裁定。对于不核准死刑的，最高人民法院可以发回重新审判或者予以改判。对报请复核的死刑案件全面审查后，合议庭应当进行评议并写出书面复核审理报告。报告内容包括：案件的由来和审理经过；被告人和被害人简况；案件侦破情况；原判要点和各方决定意见；复核对事实证据和证据的分析与认定；合议庭评议意见、审判委员会决定意见；需要说明的问题。

合议庭根据案件具体情况，作出核准或者不核准的裁定。对于不核准死刑的案件，最高人民法院可以发回重审或者予以改判。

1. 最高人民法院复核后，对于原判认定事实和适用法律正确、量刑适当、诉讼程序合法的，应当作出核准死刑的裁定。

2. 最高人民法院复核后，对于事实不清、证据不足，或者原判认定事实正确，但依法不应当判处死刑或者原审人民法院违反法定诉讼程序，可能影响公正审判的案件，应当作出不核准死刑的裁定，裁定撤销原判，发回重审。

3. 最高人民法院复核后，认为被告人可以判处死刑缓期执行并限制减刑的，应当裁定不予核准，并撤销原判，发回重审。

4. 数罪并罚的案件，一人有两罪以上被判处死刑，最高人民法院复核后，认为其中部分犯罪的死刑裁判认定事实不清、证据不足的，对全案裁定不予核准并撤销原判，发回重新审判；认为其中部分犯罪的死刑裁判认定事实正确，但依法不应当判处死刑的，可以改判并对其他应当判死刑的犯罪作出核准死刑的判决。

5. 共同犯罪中，部分被告人被判处死刑的，最高人民法院复核后，认为部分罪犯的死刑裁判认定事实不清、证据不足的，对全案裁定不予核准，并撤销原判，发回重审。认为其中部分罪犯的死刑裁判认定事实正确，但依法不应当执行死刑的，可以依法改判并对其他应当判处死刑的罪犯作出核准死刑的判决。

最高人民法院裁定不予核准死刑的，根据案件具体情形可以发回第二审人民法院或者第一审人民法院重新审判。对于发回重新审判的案件，原审人民法院应当另行组成合议庭进行审理。

第三节　判处死刑缓期二年执行案件的复核程序

死刑缓期二年执行（以下简称死缓），它并不是一个独立的刑罚种类，而是我国为了减少死刑执行而创立的一种独特的行刑制度，其目的在于贯彻实行少杀慎杀的方针，尽量挽救、教育和改造罪行极其严重但不是非杀不可的犯罪分子。被判处死刑缓期二年执行的罪犯，在二年考验期内没有故意犯罪的，在期满后就不再执行死刑而予以减刑。

一、对死缓行使复核权的人民法院

判处死刑缓期二年执行的案件与立即执行显然不同，由于它实际上是“刀下留人”，不致发生错杀的问题，也就不必将此类案件的核准权统一集中到最高人民法院。根据《刑事诉讼法》第248条的规定，中级人民法院判处死刑缓期二年执行的案件，由高级人民法院核准。这一规定说明，对判处死缓的案件行使核准权的是各省、自治区、直辖市的高级人民法院。

二、判处死缓案件的报请复核

（一）中级人民法院判处死刑缓期二年执行案件的报请复核

中级人民法院判处死刑缓期二年执行的案件，如果被告人不上诉、人民检察院不抗诉的，在上诉、抗诉期满后，应当报请高级人民法院核准。

中级人民法院一审判处死刑缓期二年执行的案件，如果被告人上诉、人民检察院抗诉，则应当按照第二审程序的规定将案件移送高级人民法院审理。

高级人民法院在二审时，如果同意判处死刑缓期二年执行的，应当裁定维持原判，还应当按照死刑复核程序的要求进行审查复核；如果认为原判事实不清、证据不足，或者认为必须判处死刑立即执行的，应当发回中级人民法院重新审判。

中级人民法院在报请复核时，应当写出报请复核报告、死刑缓期执行案件综合报告，连同各种诉讼文书及全部证据材料，一并送交高级人民法院。报请复核时也要坚持一案一报的原则，不能等积累了若干案件一起报送。

（二）高级人民法院一审判处的死刑缓期二年执行案件的报请复核

高级人民法院一审判处死刑缓期二年执行的案件，如果被告人不上诉、人民检察院不抗诉，在上诉、抗诉期满后，高级人民法院再按照死刑复核程序对死刑缓期二年执行案件进行复核；如果被告人上诉、人民检察院抗诉，则按照第二审程序的规定将案件移送最高人民法院进行审理，最高人民法院的二审裁判为终审裁判，不能上诉和抗诉。

三、判处死刑缓期执行案件复核的审理程序

高级人民法院在复核死缓案件时，应当由审判员3人组成合议庭进行。对死缓案件进行全面审查。复核后，应当分情况对案件作出如下处理：

1. 认为原判事实清楚，证据确实、充分，诉讼程序合法，适用法律正确，判处死缓适当的判决，用裁定予以核准。

2. 认为原判事实不清，证据不确实、不充分的判决，应当裁定发回原审人民法院重新审判。

3. 认为原判事实清楚，证据确实、充分，但适用法律有错误，或者量刑畸重的判决，应当直接改判。

高级人民法院核准死刑缓期二年执行的案件，如果只有被告人一方上诉的，不得自行改判为死刑立即执行，也不得以发回重审的方式指令原审人民法院加重刑罚。

高级人民法院发回重审的案件，原审人民法院应当依照第一审程序进行审判。重新审判后作出的判决和裁定，被告人不服，可以上诉，人民检察院可以抗诉。

实训案例

案例一

2008年10月30日，南京市中级人民法院判决元华死刑，缓期二年执行。判决书显示，元华于1998年10月至2007年5月，利用担任西城区区长等职务的便利，采取为请托人提供招标帮助，利用为施工单位、生产厂家承揽审判业务大楼建设项目、采购及安装提供等手段，多次索取或者非法收受张某等十余人给予的财物及侵占公款共计797.28万元。南京市中级人民法院判决元华犯有受贿罪与贪污罪，数罪并罚判处死刑，但鉴于元华因涉嫌犯受贿罪被审查后，具有坦白司法机关尚未掌握的部分受贿犯罪事实、赃款已被全部追缴等情节，且其能认罪悔罪，所以判处死刑缓期二年执行。被判死缓后，元华在10天的上诉期内，没有向江苏省高级人民法院上诉。但根据《刑事诉讼法》的规定，江苏省高级人民法院仍须对其死缓判决进行核准。江苏省高级人民法院核准裁定书称，元华身为国家工作人员，利用职务便利，为他人谋取利益或利用本人职权、地位形成的

便利条件，为他人谋取不正当利益，并非法收受、索取他人财物，还利用职务便利，采取侵吞、骗取手段非法占有公共财物，其行为构成受贿罪、贪污罪。江苏省高级人民法院裁定核准元华的死缓判决。

问题：本案涉及哪种死刑复核程序?

分析：这一案例涉及死刑缓期二年执行的死刑复核程序。

依据《刑事诉讼法》第 248 条的规定："中级人民法院判处死刑缓期二年执行的案件，由高级人民法院核准。"本案中，根据中级人民法院管辖的规定，由于被告人元华可能被判处无期徒刑或死刑，因此应由南京市中级人民法院进行一审审理。审理结果为判处死刑缓期二年执行，这一结果符合《刑事诉讼法》第 248 条的规定，因此，虽然一审结果未上诉或抗诉，但仍需报送至江苏省高级人民法院核准。值得注意的是，如果本案作出一审判决后，存在上诉或抗诉的情况而进入江苏省高级人民法院进行第二审程序，如果江苏省高级人民法院维持原判的话，则二审判决一经作出，立即生效，无须报至最高人民法院，也无须报至江苏省高级人民法院的相关其他科室。最高人民法院 2012 年《解释》第 345 条第 2 款规定："高级人民法院复核死刑缓期执行案件，应当讯问被告人。"依照此规定，本案中被告人元华在江苏省高级人民法院复核其贪污受贿案期间，江苏省高级人民法院有关办案人员应当对元华进行讯问，以保障被告人的辩护权得到合理维护。

案例二

被告人李冬因犯故意杀人罪被判处死刑，缓期二年执行，剥夺政治权利终身，于 2004 年 8 月 5 日被交付执行。2005 年 10 月 25 日 13 时许，李冬在北京市监狱管理局清河分局潮白监狱十三分监区五班监舍内自己的床下，发现一把自制小刀，便骂问是谁的小刀。李冬骂问了几遍后，见没有人理会，便将小刀扔到监舍对面水房的垃圾桶里。李冬回到监舍后，小刀失主（同监舍服刑人员）李刚与其发生争执并相互辱骂。李刚先动手打李冬面部一拳，李冬即朝李刚面部还击两拳。随即两人被同监舍服刑人员拉开。经鉴定，李刚鼻骨骨折，损伤为轻伤。北京市第一中级人民法院认为，李冬不能正确处理与他人的矛盾，在死刑缓期执行期间，故意伤害他人身体，致人轻伤，其行为已构成故意伤害罪，依法应予惩处。鉴于被害人在本案的起因上有过错，故对李冬予以从轻处罚。故认定李冬犯故意伤害罪，判处有期徒刑 1 年，随案移送的自制小刀一把予以没收，并依照《刑法》第 50 条、《刑事诉讼法》第 210 条和最高人民法院 2012 年《解释》第 339 条第 2 款之规定，依法移送北京市高级人民法院报请最高人民法院核准，对李冬执行死刑。一审宣判后，李冬以原判量刑过重为由提出上诉。李冬的指定辩护人认为，李冬的行为属正当防卫，不应承担刑事责任。北京市高级人民法院认为，上诉人李冬不能正确处理与他人的矛盾，在死刑缓期二年执行期间故意伤害他人身体，致人轻伤，其行为已构成故意伤害罪，依法应予惩处。鉴于被害人在本案的起因上有过错，一审法院已对李冬酌情予以从轻处罚，李冬所提原判量刑过重的上诉理由不能成立，应予驳回。在案证据证明，李冬与被害人李刚发生矛盾后互殴，并致被害人轻伤，其行为不构成正当防卫，李冬的指定辩护人的辩护意见缺乏事实及法律依据，不予采纳。原审人民法院根据李冬犯罪的事实、性质、情节及对社会的危害程度所作的刑事判决，定罪及适用法律正确，量刑及对随案移送物品处理适当，审判程序合法，应予维持。据此，依照《刑事诉讼法》第 189 条第 1 项之规定，裁定驳回上诉，维持原判。北京市高级人民法院同意对李冬执行死刑，并报请最高人民法院核准。最高人民法院认为，被告人李冬在死刑缓期执行期间，当发现自己床铺下有违禁刀具时，口出秽语并与同监舍服刑人员李刚发生争执，当遭到李刚拳击后，李冬用拳击打李刚面部致其轻伤的事实应予确认，但考虑到本案的起因和先遭李刚击打等因素，李冬的行为属于情节显著轻微，危害不大，不认为是犯罪。北京市第一中级人民法院（2006）一中刑初字第 1559 号刑事判决和北京市高级人民法院（2007）高刑终字第 149 号刑事裁定认定的事实清楚，证据确实、充分，但是认定李冬的行为构成故意伤害罪不当，应予纠正。依照《刑法》及《刑事诉讼法》的相关规定，判决撤销原一审判决和二审裁定，被告人李冬不构成故意伤害罪，不核准对李冬执行死刑。

问题：

1. 本案最高人民法院的做法是否正确？
2. 最高人民法院能否在死刑复核程序中行使审判权？

思考与练习题

1. 设立死刑复核程序的意义何在？
2. 死刑复核程序与其他程序有何区别？
3. 死刑立即执行与缓期执行的复核程序有何不同？

第十七章

审判监督程序

本章导读

通过本章的学习，了解审判监督程序的概念、特征，明确审判监督程序的材料来源和提起主体，掌握再审案件的审判方式和程序。

导入案例

陈 满 案

1. 案件始末

1992年12月25日，海南省海口市公安局振东分局接报，当日晚8时许，在海口市振东区上坡下村109号房发生火灾，群众及消防队员在救火时，发现屋内有一具尸体，尸体大面积烧伤，颈部和身上有刀杀痕迹，屋内有大量血迹。经公安机关侦查，死者为被害人钟作宽，认定本案是四川省富县籍陈满所为。

1994年2月，海南省海口市人民检察院以陈满犯故意杀人罪向海口市中级人民法院提起公诉。1994年11月9日，海口市中级人民法院以故意杀人罪、放火罪判处陈满死刑，缓期二年执行，剥夺政治权利终身。宣判后，海口市人民检察院以原判对陈满量刑过轻，应判处其死刑立即执行等为由，向海南省高级人民法院提出抗诉，海南省人民检察院支持抗诉。1999年4月15日，海南省高级人民法院二审裁定，驳回抗诉，维持原判。

2001年11月8日，海南高院经复查驳回陈家的申诉。2013年4月9日，海南省检察院审查后认为陈满案不符合立案复查条件。

2015年2月10日，最高人民检察院以海南高院对陈满案的裁定“认定事实错误，导致适用法律错误”为由，向最高人民法院提出抗诉。

2015年4月27日，最高人民法院指令浙江高院异地再审。

2016年2月1日，浙江高院依法对陈满故意杀人、放火再审案公开宣判，撤销原审裁判，宣告陈满无罪。

2. 提出申诉

裁判生效后，原审被告人陈满不服，向最高人民检察院提出申诉。2015年2月10日，最高人民检察院向最高人民法院提出抗诉。4月24日，最高人民法院根据《刑事诉讼法》第244条规定指令浙江省高级人民法院再审本案。

浙江省高级人民法院对该案立案再审后，依法组成合议庭，合议庭按程序调阅案卷、提审陈满，勘查作案现场，认真调查核实有关证据。为进一步查清案情，浙江省高级人民法院、浙江省人民检察院还找到了多名关键证人进行调查取证。同时，还就陈满有罪供述与本案现场勘查、尸体检验和物证检验等证据之间所存在的一些疑点问题，委托相关技术部门进行技术分析。

3. 开庭再审

2015年12月29日，浙江省高级人民法院在海南省海口市琼山区人民法院对陈满一案依法进行了公开开庭审理。浙江省人民检察院指派检察员出庭执行职务，陈满及其委托的律师到庭参加了诉讼。庭审中，合议庭依法组织检、辩双方进行了举证、质证，检、辩双方还各自发表了辩论意见。

4. 宣告无罪

2016年2月1日，浙江省高级人民法院依法对陈满故意杀人、放火再审案公开宣判，撤销原审裁判，宣告陈满无罪。浙江高院认为，原裁判认定原审被告人陈满杀死被害人钟作宽并放火焚尸灭迹的事实不清，证据不足，指控的犯罪不能成立，依法应予改判。据此，依照《刑事诉讼法》第245条、第225条第1款第3项，最高人民法院2012年《解释》第389条第2款之规定，撤销原审裁判，宣告陈满无罪。

本案知识点

审判监督程序的特征、任务及意义。

第一节　审判监督程序的提起

一、审判监督程序的概念、特征及意义

(一) 审判监督程序的概念

审判监督程序，又称再审程序，是指人民法院、人民检察院对于已经发生法律效力的判决和裁定，在认定事实或适用法律上确有错误时，采取的交由原审人民法院再审或上级人民法院提审，使案件得以重新审理，纠正错误判决、裁定的一种诉讼程序。审判监督程序的任务是纠正确有错误的已生效的判决、裁定，使案件得以正确处理，准确有效地惩罚犯罪，保障无辜的人不受刑事追究，做到实事求是，不枉不纵，罚当其罪，最终实现刑事诉讼法的根本目的。

(二) 审判监督程序的特征

审判监督程序作为刑事诉讼的一项特殊审判程序，既不同于二审程序，又不同于死刑复核程序，与这两种程序比较，审判监督程序具有以下特征：

1. 审理对象是已生效的判决、裁定

再审程序的审理对象必须是已经发生法律效力的判决和裁定，包括正在执行和已经执行完毕的案件。而二审程序的审理对象则是尚未发生法律效力的判决和裁定。死刑复核程序是对尚未发生法律效力的判决死刑案件进行复核，目的在于控制死刑的适用，防止发生错误判决。

2. 提起主体特殊

再审程序是各级人民法院院长提交本院审判委员会决定，以及最高人民法院、上级人民法院、最高人民检察院和上级人民检察院提起的。二审程序是由有上诉权的人及其法定代理人，以及经被告人同意的近亲属、辩护人提出上诉，或者由同级人民检察院提起抗诉而引起的。死刑复核程序则是由下级人民法院将判处被告人死刑的案件主动报请有核准权的高级人民法院或最高人民法院。

3. 提起理由是生效判决、裁定确有错误

再审程序对提起的理由进行了严格的法律限制，必须经有启动权的人民法院或者人民检察院审查，认为已经生效的判决、裁定在认定事实上或者适用法律上确有错误的，才能提起。二审程序则没有这样的限制，只要有上诉权的人及其法定代理人，经被告人同意的辩护人和近亲属依法提出上诉，无论何种理由或理由是否充分，都必然引起二审程序。而死刑复核程序的提起是强制性的，凡判处死

刑的案件，被告人在一审没有上诉、检察机关没有抗诉，或者二审判处死刑的，均会引起死刑复核程序的发生。

4. 提起程序无时间限制

法律对再审程序一般没有期限限制，只要发现生效的判决、裁定确有错误，有权提起的主体在任何时候都可以提起。二审程序中则存在严格的时间限制，上诉、抗诉必须在法定期限内提出，判决为 10 日，裁定为 5 日，超过法定期限，又无正当理由的，二审人民法院不予受理。死刑复核的报请，应当在上诉、抗诉期届满 3 日内。

5. 再审法院不受审级限制

再审案件的法院不受审级限制，既可以是原审的第一审或第二审法院，亦可以是提审的任何上级人民法院。按照二审程序审判案件的法院，只能是第一审人民法院的上一级人民法院。依照死刑复核程序规定有权进行复核的只有最高人民法院和高级人民法院。

6. 再审量刑受到一定限制

刑事诉讼法没有明确规定按照审判监督程序重新审理案件是否可以加重被告人刑罚处罚的后果。只是在最高人民法院相关司法解释中规定除人民检察院抗诉的以外，再审一般不得加重原审被告人的刑罚。但是，二审案件根据《刑事诉讼法》第 237 条的规定，必须遵守“上诉不加刑原则”的规定，在只有被告人一方上诉的情况下不得加重被告人刑罚。

7. 再审裁判法律效力取决于再审的审级

再审程序作出的判决、裁定的法律效力取决于再审裁判所适用的程序和审级。如果生效裁判的案件原来是第一审案件，应当按照第一审程序进行审判，所作出的判决、裁定允许向第二审人民法院上诉、抗诉；如果生效裁判的案件原来是第二审案件，或者是上级人民法院提审的案件，应当依照第二审程序进行审判，所作出的判决、裁定是终审的裁判，不允许上诉、抗诉。按照第二审程序的裁判一经作出，除法律规定需要复核的案件以外，即为生效裁判。死刑复核程序作出的判决、裁定为生效的判决、裁定，应当交付执行。

（三）审判监督程序的意义

我国刑事诉讼法中的审判监督程序的设立，对于实现刑事诉讼法的任务有着十分重要的意义。

1. 我国审判监督程序一方面设置了对确有错误的判决、裁定进行再次审判的程序，从而实现有错必纠；但另一方面又通过严格限定启动程序的主体和条件，从而确保审判监督程序不至于冲击生效裁判的稳定性的根基，这就有利于实现裁判稳定性和有错必纠的辩证统一。

2. 审判监督程序是上级人民法院对下级人民法院进行审判监督，以及人民检察院对人民法院进行审判监督的重要途径。法律赋予最高人民法院和其他上级人民法院有权按照审判监督程序提审或者指令下级人民法院再审，纠正错误判决、裁定，有利于原审人民法院或重新审理的其他人民法院从中总结经验教训，改进审判作风和方法，提高办案质量。最高人民检察院和其他上级人民检察院发现人民法院已经生效的判决、裁定确有错误，按照审判监督程序提出抗诉，行使审判监督权，可保证法律的正确实施。

3. 审判监督程序有利于人民群众对审判工作进行监督，消除人民群众对法院的不良看法，消除社会不安定因素，维护审判机关的威严。

二、提起主体

有权申请提起审判监督程序的主体是当事人及其法定代理人、近亲属，而有权提起审判监督程序的主体则是各级人民法院院长及审判委员会、最高人民法院和上级人民法院、最高人民检察院和上级检察院。

我国《刑事诉讼法》第254条对提起审判监督程序的主体及其行使这一职权的范围，作了严格的限制规定。根据这一规定，只有下列机关和人员才能提起审判监督程序。

（一）各级人民法院院长和审判委员会

各级人民法院院长对本院已经发生法律效力的判决和裁定，如果发现在认定事实上或者在适用法律上确有错误，必须提交审判委员会处理。对此必须明确以下几点：

1. 对本院已经发生法律效力的判决、裁定提起审判监督程序的权力，应由院长和审判委员会共同行使，即院长负责提交审判委员会处理，由审判委员会讨论决定是否对案件重新审理，院长本人不能自行决定对案件的处理。

2. 审判委员会对院长提交讨论的本院生效判决、裁定，讨论后决定再审的案件，应当另行组成合议庭。

3. 各级人民法院的院长及审判委员会提起审判监督程序的对象只能是本院的判决、裁定。

4. 各级人民法院的院长，对依照审判监督程序重新审结的案件，如果发现仍有错误，可以提交审判委员会处理，也可以送请上一级人民法院依照审判监督程序处理。

（二）最高人民法院和上级人民法院

最高人民法院对各级人民法院已经发生法律效力的判决和裁定，如果发现确有错误的，有权提起审判监督程序。其他人民法院则只能对其所属的下级人民法院行使审判监督权。最高人民法院、上级人民法院认为下级人民法院已经发生法律效力的判决和裁定，确有错误，应调卷审查。由院长或其指定的审判人员负责审查。经审查，如果认为原判并无错误，应以人民法院的名义将结果通知下级法院；如果认为有错误，应由院长提交审判委员会讨论决定。审判委员会经过讨论后，根据不同情况分别作出如下处理：

1. 对于需要重新审判的案件，最高人民法院和上级人民法院既可提审，也可以指令下级人民法院审理。

2. 上级人民法院指令下级人民法院再审的，应当指令原审法院以外的下级人民法院审理；由原审人民法院审理更为适宜的，也可以指令原审人民法院审理。

3. 下级人民法院收到最高人民法院或上级人民法院的提审或指令再审裁定书后，必须将案件依法移送或组成合议庭重新审理，无须由本院委员会对此再作讨论。

（三）最高人民检察院和上级人民检察院

最高人民检察院对各级人民法院已经发生法律效力的判决、裁定，上级人民检察院对下级人民法院已经发生法律效力的判决、裁定，如果发现确有错误，有权按照审判监督程序向同级人民法院提出抗诉。人民检察院是我国法定的法律监督机关，对人民法院已经发生法律效力的判决、裁定，如果发现确有错误，有权按照审判监督程序提出抗诉。

依照法律规定，只有最高人民检察院和上级人民检察院才有权对下级人民法院已经发生法律效力的判决、裁定提出抗诉。司法实践中，上级人民检察院一般向其的同级人民法院提出抗诉，或者由上级人民检察院指示作出原判决、裁定的人民法院的上一级人民检察院提出抗诉。

人民检察院抗诉的案件，接受抗诉的人民法院应当组成合议庭重新审理，对于原判决事实不清楚或者证据不足的，可以由接受抗诉的人民法院指令下级人民法院重新审判。

三、再审材料

（一）材料来源

再审案件材料来源，是指人民法院、人民检察院获得生效裁判可能发生错误的信息途径。从刑事诉讼司法实践来看，提起再审案件材料来源的途径主要有如下几种：

1. 当事人及其法定代理人、近亲属向人民法院提出申诉

审判监督中的申诉，是指享有申诉权的人对人民法院生效裁判不服，向人民

法院或者人民检察院提出申请，请求依法启动审判监督程序对案件重新审判的一种诉讼活动。这是法律赋予当事人及其法定代理人、近亲属一项重要诉讼权利，也是司法机关发现错误裁判的重要途径。

2. 人民法院、人民检察院自己发现的错误案件

根据不同司法机关的职能定位，不同级别的人民法院之间是监督和被监督关系，人民检察院是法律监督机关。因此这些机关之间会经常进行不同层次、不同规模的检查和总结，对已经生效的裁判进行监督和检查，从中发现可能发生错误的生效裁判。这是发现错误裁判的重要途径，也是提起审判监督程序的材料来源。

3. 各级人民代表大会对错误生效裁判的提案

人民代表大会是国家权力机关，司法机关应当对权力机关负责。所以，人民代表大会有权对人民法院生效裁判可能发生的错误提出议案、反映情况，这同时也是人民代表的一个重要职责。同时也为再审程序的启动提供途径。

4. 党政机关、团体、企事业单位和新闻媒体对案件情况的反映

我国有广泛的法律监督机制，如党的组织系统中有纪律检查委员会，国家行政管理系统中有监察机关，行业自律系统中有律师协会，社会监督系统中有新闻单位、工会、妇联和社会团体，这些单位和组织发现人民法院生效裁判有错误时，可以向司法机关提出意见、反映情况，这也是材料来源之一。

但应注意的是，上述材料并不必然引起审判监督程序，这些材料还需要经过人民法院、人民检察院的审查才可作出是否提起审判监督程序的决定。

（二）申诉及审查处理

申诉是指有申诉权的人对人民法院生效的判决、裁定不服，向人民法院或者人民检察院提出申请，请求依法启动审判监督程序对案件重新审判的一种诉讼活动。刑事申诉是法律赋予当事人及其法定代理人、近亲属的一项重要诉讼权利，也是启动审判监督程序的重要途径。

1. 申诉权人

根据《刑事诉讼法》第252条的规定，有权申诉的人为当事人及其法定代理人、近亲属。他们与案件的结果有利害关系，应当赋予他们对生效裁判不服提起重新审理的权利。

2. 申诉期限

根据最高人民法院《关于规范人民法院再审立案的若干意见》第10条的规定，对于刑事案件的申诉，原则上应当在刑罚执行完毕后2年内提出。对于属于可能对原审被告人宣告无罪，或者原审被告人在本规定的期限内向人民法院提出申诉，人民法院未受理的，或者系疑难、复杂、重大案件，超过2年提出申诉

的，人民法院也应当受理。

3. 申诉审查机关

申诉一般由终审人民法院审查处理。上级人民法院对未经终审人民法院审查处理的申诉，一般交终审人民法院审查；对虽经终审人民法院审查处理，当事人仍坚持申诉的，应当受理。

4. 申诉受理审查期限

人民检察院复查刑事申诉案件和人民法院受理申诉案件的审查期限均为3个月；案情复杂的，最长不得超多6个月。

5. 申诉理由

根据《刑事诉讼法》第253条的规定，申诉理由有下列情形之一的，人民法院应当重新审判：（1）有新的证据证明原判决、裁定认定的事实确有错误，可能影响定罪量刑的；（2）据以定罪量刑的证据不确实、不充分、依法应当予以排除，或者证明案件事实的主要证据之间存在矛盾的；（3）原判决、裁定适用法律确有错误的；（4）违反法律规定的诉讼程序，可能影响公正审判的；（5）审判人员在审理该案件的时候，有贪污受贿，徇私舞弊，枉法裁判行为的。

四、提起理由

我国《刑事诉讼法》第254条对提起审判监督程序的理由作了严格的限制性规定。只有在发现已经生效的判决、裁定“在认定事实或者在适用法律上确有错误”时才能提起审判监督程序。至于如何确定“确有错误”，法律未作具体规定。结合司法实践，从诉讼原理来分析，主要有如下表现：

（一）原判决、裁定在认定事实上确有错误

这主要是指原判决、裁定在认定事实或者重大情节上不清或者失实。主要有以下几种情况：（1）原判决、裁定认定的主要事实不存在或者有明显错误，与实际情况不符；（2）原判决、裁定证据不确实、不充分或证明案件事实的主要证据之间存在矛盾，不足以证明主要犯罪事实或重要情节；（3）发现了新的证据，证明原判决、裁定认定事实是错误的，如发现原判决、裁定依据的证据是伪造的，发现了被告人还有新的犯罪事实等；（4）发现在侦查、起诉和审判中，证人、鉴定人、记录人、翻译人对与案件有重大关系的情节，故意作虚假证明、鉴定、记录、翻译，导致错误认定案件事实的。

（二）原判决、裁定在适用法律上确有错误

原判决、裁定在适用法律上确有错误，主要是指没有正确地适用法律，导致定罪不准，量刑畸轻畸重，显失公正。适用法律不当，是指错用法律、法规，错引了法律条款或者定罪量刑违反了执行刑事政策原则。定性错误是指混淆了罪与

非罪、此罪与彼罪以及一罪与数罪的界限。量刑畸轻畸重是指原判决刑罚超出了法定量刑幅度，高于或者低于法定量刑幅度。

(三) 严重违反法律规定的刑事诉讼程序，影响对案件的正确裁判

适用法律错误，不仅指适用实体法错误，也包括适用程序法上的错误。如果严重违反刑事诉讼的程序，就不能保证正确适用法律，保障无罪的人不受刑事追究。主要有以下几种情况：(1) 违反本法有关公开审判的规定的；(2) 违反回避制度，审判人员在审理案件过程中贪污受贿、徇私枉法等；(3) 剥夺或限制当事人的法定诉讼权利，可能影响公正审判的；(4) 审判组织的组成不合法；(5) 其他违反法律规定的诉讼程序，可能影响公正审判的。

严重违反法律规定的刑事诉讼程序，也可以作为提起审判监督程序的理由，这不仅是为了纠正错误的判决、裁定，也是严肃执法、加强法治建设的有力保障。

第二节　再审案件的审判

一、再审案件的审判方式

人民法院按照审判监督程序重新审判的案件，由原审人民法院审理的，应当另行组成合议庭。根据司法实践经验，我国法院依照审判监督程序审理刑事案件的方式主要有以下三种：

(一) 开庭审理

开庭审理是指采用直接开庭的方法，由审判员直接调查核实案件事实和证据，传唤当事人，通知证人、鉴定人、辩护人、公诉人到庭，进行法庭调查和辩论后进行评议并宣判。开庭审理是普通程序中最基本和最主要的阶段，是当事人行使诉权进行诉讼活动和人民法院行使审判权进行审判活动最集中、最生动的体现，对人民法院正确审理刑事案件具有重要的意义。

根据最高人民法院《关于刑事再审案件开庭审理程序的具体规定（试行)》(以下简称《具体规定》) 第5条的规定，人民法院审理下列再审案件，应当依法开庭审理：(1) 依照第一审程序审理的；(2) 依照第二审程序需要对事实或者证据进行审理的；(3) 人民检察院按照审判监督程序提出抗诉的；(4) 可能对原审被告人（原审上诉人）加重刑罚的；(5) 有其他应当开庭审理情形的。人民法院开庭审理再审案件，同级人民检察院应当派员出庭。

（二）书面审理

书面审理是指再审人民法院不直接传唤有关诉讼参与人到庭，对案情不直接进行调查，只审查原案卷材料及申诉材料，由合议庭直接评议后作出裁判的审理方式。根据最高人民法院《具体规定》第6条的规定，人民法院审理再审案件可以不开庭审理的案件：（1）原判决、裁定认定事实清楚，证据确实、充分，但适用法律错误，量刑畸重的；（2）1979年《刑事诉讼法》施行以前裁判的；（3）原审被告人（原审上诉人）、原审自诉人已经死亡或者丧失刑事责任能力的；（4）原审被告人（原审上诉人）在交通十分不便的边远地区监狱服刑，提押到庭确有困难的，但人民检察院提出抗诉的，人民法院应征得人民检察院的同意；（5）人民法院按照审判监督程序决定再审，按本规定第9条第5项规定，经2次通知，人民检察院不派员出庭的。

（三）书面审理和调查讯问相结合的方式

采用这种方式审理，应当对原判决、裁定认定的事实、证据和适用法律进行全面书面审查，与此同时询问被裁判人，听取他们提出的申辩意见，调查新事实，收集新证据。另外，应听取人民检察院对原判决、裁定的看法以及如何纠正错误裁判的意见，必要时，应当通知检察院派员旁听合议庭对案件的评议，通过全面审查，实事求是的对案件作出处理，有错必纠。

二、再审案件的审判程序

根据相关司法解释，人民法院按照审判监督程序审理的案件，应当进行下列工作：

（一）庭前准备工作

再审案件的庭审准备工作在最高人民法院《具体规定》中作出了明确规定。根据最高人民法院《具体规定》第9条至第16条，对再审案件庭前准备工作有以下要求：

1. 送达与传唤的规定

其主要包括：（1）确定合议庭的组成人员。（2）将再审决定书，申诉书副本至迟在开庭30日前，重大、疑难案件至迟在开庭60日前送达同级人民检察院，并通知其查阅案卷和准备出庭。（3）将再审决定书或抗诉书副本至迟在开庭30日以前送达原审被告人（原审上诉人），告知其可以委托辩护人，或者依法为其指定承担法律援助义务的律师担任辩护人。（4）至迟在开庭15日前，重大、疑难案件至迟在开庭60日前，通知辩护人查阅案卷和准备出庭。（5）将开庭的时间、地点在开庭7日以前通知人民检察院。（6）传唤当事人，通知辩护人、诉讼代理人、证人、鉴定人和翻译人员，传票和通知书至迟在开庭7日以前送达。(7) 公开审判的案件，在开庭7日以前先期公布案由、原审被告人（原审上诉人）姓名、开庭时间和地点。

最高人民法院《具体规定》第10条规定，人民法院审理人民检察院提出抗诉的再审案件，对人民检察院接到出庭通知后未出庭的，应当裁定按人民检察院撤回抗诉处理，并通知诉讼参与人。

2. 采取强制措施和原裁判执行中止

一是人民法院决定再审或者受理抗诉书后，原审被告人（原审上诉人）正在服刑的，人民法院依据再审决定书或者抗诉书及提押票等文书办理提押。二是原审被告人（原审上诉人）在押，再审可能改判宣告无罪的，人民法院裁定中止执行原裁决后，可以取保候审。三是原审被告人（原审上诉人）不在押，确有必要采取强制措施并符合法律规定采取强制措施条件的，人民法院裁定中止执行原裁决后，依法采取强制措施。

3. 证据提交与交换

（1）人民法院应当在开庭30日前通知人民检察院、当事人或者辩护人查阅、复制双方提交的新证据目录及新证据复印件、照片。（2）人民法院应当在开庭15日前通知控辩双方查阅、复制人民法院调取的新证据目录及新证据复印件、照片等证据。(3) 控辩双方收到再审决定书或抗诉书后，人民法院通知开庭之日前，可以提交新的证据。开庭后，除对原审被告人（原审上诉人）有利的外，人民法院不再接纳新证据。（4）开庭审理前，合议庭应当核实原审被告人（原审上诉人）何时因何案被人民法院依法裁判，在服刑中有无重新犯罪，有无减刑、假释，何时刑满释放等情形。

（二）开庭审理

庭前准备工作结束后，进入再审案件开庭审理。

1. 宣布开庭

审判长宣布合议庭组成人员及书记员、公诉人、辩护人、鉴定人和翻译人员的名单，并告知当事人、法定代理人享有申请回避的权利。人民法院决定再审的，由合议庭组成人员宣读再审决定书。根据人民检察院提出抗诉进行再审的，由公诉人宣读抗诉书。当事人及其法定代理人、近亲属提出申诉的，由原审被告人（原审上诉人）及其辩护人陈述申诉理由。

2. 法庭调查

在审判长主持下，控辩双方应就案件的事实、证据和适用法律等问题分别进行陈述。合议庭对控辩双方无争议和有争议的事实、证据及适用法律问题进行归纳，予以确认。在审判长主持下，就控辩双方有争议的问题，进行法庭调查和辩论。在审判长主持下，控辩双方对提出的新证据或者有异议的原审据以定罪量刑的证据进行质证。

3. 法庭辩论

原审被告人（原审上诉人）及其法定代理人、近亲属提出申诉的，先由原审被告人（原审上诉人）及其辩护人发表辩护意见，然后由公诉人发言，被害人及其代理人发言。被害人及其法定代理人、近亲属提出申诉的，先由被害人及其代理人发言，公诉人发言，然后由原审被告人（原审上诉人）及其辩护人发表辩护意见。人民检察院提出抗诉的，先由公诉人发言，被害人及其代理人发言，然后由原审被告人（原审上诉人）及其辩护人发表辩护意见。既有申诉又有抗诉的，先由公诉人发言，后由申诉方当事人及其代理人或者辩护人发言或者发表辩护意见，然后由对方当事人及其代理人或辩护人发言或者发表辩护意见。公诉人、当事人和辩护人、诉讼代理人经审判长许可，可以互相辩论。

三、审理结果

人民法院依照审判监督程序对案件重新审理后，应当按照下列情形分别处理：

1. 原判决、裁定认定事实和适用法律正确、量刑适当的，应当裁定驳回申诉或者抗诉，维持原判决、裁定。

2. 原判决、裁定认定事实没有错误，但适用法律有错误，或者量刑不当的，应当撤销原判决、裁定，依法改判；如果是依照第二审程序审理的案件，认为必须判处被告人死刑立即执行的，应发回第一审人民法院重新审判或指定有管辖权的人民法院依照第一审程序重新审判，以避免剥夺被告人上诉权。

3. 应当对被告人实行数罪并罚的案件，原判决、裁定没有分别定罪量刑的，应当撤销原判决、裁定，重新审判或指定有管辖权的人民法院依照第一审程序重新审判。

4. 原判决、裁定认定事实不清，证据不足的，经过再审查清事实的，应依法作出判决。

5. 原判决、裁定认定事实不清，证据不足的，应作出证据不足、指控犯罪不成立的无罪判决。

为保障当事人合法权益，提高再审案件工作效率，《刑事诉讼法》规定，人民法院审理再审案件，应当在作出再审决定之日起 3 个月内审结。需要延长期限的，不得超过 6 个月。接受抗诉的人民法院按照审判监督程序审判抗诉案件的，审理期限适用前款规定；对需要指令下级人民法院再审的，应当自接受抗诉之日起 1 个月内作出决定，下级人民法院审理案件期限适用前款规定。

实训案例

案例一

2000年，杨军因赌博被警方罚款800元，他向乌鲁木齐县某机砖厂厂长陈某借钱，遭到对方拒绝。杨军心怀不满，便邀约好友王林对陈某进行报复。两人闯入陈某家中，使用暴力、威胁手段抢走价值1700元的物品。半年后，杨军被警方抓获归案，乌鲁木齐县人民法院以抢劫罪判处其有期徒刑3年，缓刑5年。王林潜逃几年后回新疆向警方自首。2008年12月，王林因抢劫罪被乌鲁木齐县法院判处有期徒刑3年零6个月，并处罚金3000元。乌鲁木齐县检察院以量刑畸轻提出抗诉。2009年5月，乌鲁木齐市中级人民法院以抢劫罪判处王林有期徒刑7年，并处罚金5000元。对两份大相径庭的判决结果，王林家人不服，向乌鲁木齐市检察院申诉。该院审查案卷后发现，造成两份判决差异较大的主要原因是：乌鲁木齐县人民法院认定杨军是一般抢劫而非入室抢劫。乌鲁木齐市人民检察院对杨军“入户抢劫”的证据重新补充侦查后，向乌鲁木齐市中级人民法院提出抗诉。2013年4月，乌鲁木齐县人民法院再审认为，杨军被抓获归案过程中，在尚未被公安机关采取强制措施的情况下，如实交代了犯罪事实，可以视为自首，于是判处杨军有期徒刑7年零6个月，并处罚金3000元。乌鲁木齐市检察院认为杨军如实交代犯罪事实属于坦白，不属于自首，再次依法向乌鲁木齐市中级人民法院提出抗诉。法院采纳了该院的抗诉意见，依法撤销了乌鲁木齐县人民法院的判决，最终改判杨军有期徒刑10年，并处罚金5000元。

问题：本案由乌鲁木齐县人民法院进行再审的做法是否正确？

分析：《刑事诉讼法》第254条第3款规定：“最高人民检察院对各级人民法院已经发生法律效力的判决和裁定，上级人民检察院对下级人民法院已经发生法律效力的判决和裁定，如果发现确有错误，有权按照审判监督程序向同级人民法院提出抗诉。”这一规定表明有权通过审判监督程序提出抗诉的机关只能是最高人民检察院或者其他原审人民法院的上级人民检察院。本案中，由于被告人杨军在一审判决后没有提出上诉，乌鲁木齐县人民检察院也没提出抗诉，因此一审判决即为生效裁判。在此情况下，乌鲁木齐市人民检察院作为生效裁判法院的上级检察院，有权向乌鲁木齐市人民法院提出抗诉，从而启动再审程序。《刑事诉讼法》第254条第4款规定：“人民检察院抗诉的案件，接受抗诉的人民法院应当组成合议庭重新审理，对于原判决事实不清楚或者证据不足的，可以指令下级人民法院再审。”这一规定表明，人民法院接受人民检察院的抗诉后，只有对那些原判决事实不清楚或者证据不足的案件，才可以指令下级人民法院再审。《刑事诉讼法》第255条规定：“上级人民法院指令下级人民法院再审的，应当指令原审人民法院以外的下级人民法院审理；由原审人民法院审理更为适宜的，也可以指令原审人民法院审理。”该规定表明，如果上级人民法院遇到事实不清楚或者证据不足的案件而采取指令下级人民法院再审的方式，那么，应当以指令原审人民法院以外的下级人民法院再审为原则，以指令原审人民法院再审为例外。本案中接受抗诉的乌鲁木齐市中级人民法院认为被告人杨军入户抢劫的证据存在不足，因此依据《刑事诉讼法》规定将案件指令下级人民法院再审。

案例二

2009年5月14日，王开久之弟李昌国与王美之母陈礼金因琐事发生打架事件，王开久得知后便从伊犁赶回家。同月15日14时许，王开久在阿合奇村王金家门口遇见王美及其弟王铁，王开久因两家的纠纷同王美发生争吵并抓打，抓打中王开久将王美的裤裆撕烂，并用手将王美掐晕后抱到王金家厨房门口实施强奸。王美被强奸后醒来往外跑，王开久便提起一把锄头打击王美头部致王美当场倒地，他看见王美弟弟在一旁大声啼哭，找来一根绳子，将王铁勒死。王开久作案后逃离现场。王美、王铁均因颅脑损伤伴机械性窒息死亡。2009年年底，伊犁州人民检察院以故意杀人罪和强奸罪，向伊犁州中级人民法院提起公诉。2010年7月，伊犁州中级人民法院判处王开久死刑。随后，王开久提出上诉，其辩护人以被告人王开久有自首情节、积极赔偿被害人家属部分损失、悔罪态度好，请求对其从轻处罚。2011年3月，新疆维吾尔自治区高级人民法院认为王开久在犯罪后到公安机关投案，并如实供述其犯罪事实，属自首；在归案后认罪、悔罪态度好，并赔偿了被害人家属部分经济损失，故上诉人王开久及其辩护人所提被告人具有自首情节，认罪、悔罪态度好，积极赔偿被害人家属的上诉理由和辩护意见属实，予以采纳。鉴于此，对王开久应当判处死刑，但可以不立即执行，对其改判死缓。死缓的终审改判让王美的家属非常震惊。家属连同本村200多名村民联名向新疆维吾尔自治区高级人民法院提起申诉，提请再审程序，重新判处王开久死刑立即执行。新疆维吾尔自治区人民检察院对此案发出再审检察建议。新疆维吾尔自治区高级人民法院对王开久故意杀人、强奸一案依照审判监督程序进行再审，认为原二审判决认定事实清楚，证据确实、充分，定罪准确，审判程序合法，但对王开久改判死刑，缓期二年执行，剥夺政治权利终身，量刑不当，故改判王开久死刑，剥夺政治权利终身。9月27日，经最高人民法院核准，王开久被执行死刑。

问题：本案提起审判监督程序的材料来源是什么？

思考与练习题

1. 简述审判监督程序的概念、特征和意义。
2. 简述有权提起审判监督程序的主体。
3. 简述再审案件审判与其他程序的异同。

第五模块　执行程序

第十八章

刑事执行程序

本章导读

通过本章的学习，了解刑事诉讼执行的概念和意义，明确各种生效判决、裁定的执行程序，掌握执行中刑罚的变更程序、法律监督以及新罪、漏罪和申诉的处理程序。

导入案例

薛某萍投放危险物质案

被告人薛某萍，女，30岁。2011年10月15日，被告人薛某萍因听信某算命老妇的话，认为自己将有血光之灾，如要避免就必须死几个外姓旁人，于是从集市上买来老鼠药，掺在某卖早点的小店储存的面粉中，抹在其和面的案板上，致使次日在该店食用早点的顾客不同程度的中毒，其中2人死亡。被告人薛某萍听说后，认为死的还不够，又从当地农贸市场买来大量烈性老鼠药，分别放在几家饮食店的水缸和饭碗中，致使在上述几家饮食店用餐的顾客多人中毒，死亡7人，在当地造成了极坏的影响。本案侦破后，某中级人民法院依法以投放危险物质罪判处薛某萍死刑立即执行，剥夺政治权利终身。本案死刑判决依法定程序核准后，由某中级人民法院执行。

问题：请判断以下做法是否正确？

1. 某中级人民法院在接到执行死刑的命令后于第4日交付执行。

答：对。《刑事诉讼法》第262条规定，下级人民法院接到最高人民法院执行死刑的命令后，应当在7日以内交付执行。

2. 某中级人民法院在交付执行死刑前，并未通知同级人民检察院。

答：错。《刑事诉讼法》第263条规定，人民法院在交付执行死刑前，应当通知同级人民检察院派员临场监督。

3. 由于本案影响大，执行前绕城一圈示众。

答：错。《刑事诉讼法》第263条第5款规定，执行死刑应当公布，不应示众。

4. 执行地点选在城区某公园附近。

答：错。《刑事诉讼法》第263条第3款规定，死刑可以在刑场或者指定的羁押场所内执行。

5. 由于执行前发现薛某萍怀孕，故停止执行，并报请最高人民法院依法改判。

答：对。《刑事诉讼法》第262条第3款规定，由于罪犯正在怀孕而停止执行死刑的，应当报请最高人民法院依法改判。

本案知识点

死刑的执行程序。

第一节　刑事执行程序概述

一、刑事执行的概念、特点和意义

（一）刑事执行的概念

刑事执行，是指执行机关将法院已经发生法律效力的判决和裁定付诸实施，以及解决实施过程中出现的特定诉讼问题而进行的活动。

执行是刑事诉讼的最后阶段，包括交付执行和变更执行两部分的内容。交付执行是指人民法院将已生效的判决、裁定交付有关刑罚执行机关的活动，如将徒刑的判决交付监狱来执行，人民法院自己实现罚金、没收财产的判决内容等。变更执行是指生效的判决和裁定在执行过程中，由于出现了法定情形，人民法院将原判决、裁定依法予以变更的活动。比如，对罪犯实施假释、减刑、监外执行等。执行过程中，除了交付执行和变更执行属于刑事诉讼范畴之外，其他的执行活动如对罪犯的教育改造、狱政管理等，属于司法行政活动，不属于刑事诉讼的范畴。

（二）刑事执行的特点

1. 合法性

刑事执行程序具有法律附属性，必须严格依照法律程序进行。交付执行时，必须做到司法文书齐全，相应的法律手续完备；变更执行时，必须按照法律规定的程序报请相应的人民法院裁定，不得随意变更或停止执行，否则将要承担相应的法律责任。

2. 强制性

执行程序依靠国家强制力保证实施，体现国家法律的严肃性。法院生效的判决和裁定对其所涉及的一切国家机关、企事业单位和个人都具有约束力，任何单位和个人没有法律依据，不得阻碍生效裁判的执行。特别是对犯罪人，不管他同意还是不同意，都不会影响生效判决和裁定所确定的内容的执行。如果抗拒执行，将要承担相应的法律责任。我国《刑法》第 313 条规定，对人民法院的判决、裁定有能力执行而拒不执行，情节严重的，处 3 年以下有期徒刑、拘役或者罚金。

3. 及时性

人民法院的判决和裁定一经发生法律效力，就必须立即执行，任何机关和个人不得以任何借口拖延。这样可以使国家刑罚权尽早得到实现，可以使被判刑的人及时得到惩罚，还可以使无罪或免予刑事处罚的人尽快得到释放，恢复人身自由。

（三）刑事执行的意义

刑事执行是整个诉讼活动的最后一道程序，是实现刑事司法活动的最终目的和必然阶段。执行使案件审判结果得到实现，使得立案、侦查、起诉和审判变得有意义，国家刑罚权落到了实处。因此，正确执行刑罚对实现诉讼目的和完成刑事诉讼任务具有重要意义。

1. 对犯罪分子的惩罚教育作用

正确、及时地执行生效的判决和裁定，可以使被判处刑罚的犯罪分子受到应有的惩罚和教育，有效打击犯罪活动。同时对被判处刑罚的犯罪分子本人，通过惩罚和教育进行改造，使其弃恶从善、自食其力、重新做人，将来不再危害社会，实现刑罚的特殊预防目的。

2. 对公民的合法权利予以保障

正确、及时地执行生效的判决和裁定，可以使无罪和被免除刑事处罚的在押被告人得到立即释放，恢复人身自由。特别是对无罪的被告人来说，法院的裁判可以使其名誉得到恢复，不再受刑事追诉的困扰，合法权利得到保障。同时，将罪犯交付执行刑罚，使被害人的人身权利得到了保障，法院通过财产刑和附带民事诉讼中民事赔偿裁判的执行，使被害人的财产权利也得到了保障。

3. 对公民的法制教育作用

正确、及时地执行生效的判决和裁定，有利于加强对公民的法制教育。刑事执行以活生生案例教育公民自觉遵守法律，使大家意识到“天网恢恢，疏而不漏”，增强公民的法制观念。同时可以震慑和警告那些蠢蠢欲动的潜在犯罪分子，让他们不敢以身试法，从而实现刑罚减少犯罪、预防犯罪的一般预防目的。

二、刑事执行的依据

《刑事诉讼法》第259条中规定，“判决和裁定在发生法律效力后执行”。据此，已经发生法律效力的判决、裁定是执行的依据。具体包括：

1. 已过法定期限没有上诉、抗诉的判决和裁定。即地方各级人民法院作出的上诉期满而没有上诉或抗诉的第一审判决和裁定。

2. 终审的判决和裁定。人民法院第二审案件的判决和裁定以及最高人民法院第一审的判决和裁定。

3. 高级人民法院核准的死刑缓期二年执行的判决、裁定。

4. 最高人民法院核准的死刑和在法定刑以下判处刑罚的判决、裁定。

三、刑事执行的机关

刑事执行机关是指将人民法院已经发生法律效力的判决、裁定付诸实施的机关。根据刑事诉讼法的规定，执行机关包括：

（一）人民法院

根据《刑事诉讼法》的规定，死刑、罚金、没收财产的判决和裁定以及无罪或免除刑罚的判决，均由人民法院自己执行。

（二）监狱

《刑事诉讼法》第264条第2款规定，被判处死刑缓期二年执行、无期徒刑、有期徒刑（剩余刑期超过3个月的）的罪犯由公安机关送交监狱执行刑罚。

该法第264条第3款规定，对未成年犯应当在未成年犯管教所执行刑罚。

（三）公安机关

根据《刑事诉讼法》第264条第2款、第270条的规定，拘役、剥夺政治权利的判决和裁定，由公安机关执行。

《刑事诉讼法》第264条第2款规定，对被判处有期徒刑的罪犯，在被交付执行刑罚前，剩余刑期在3个月以下的，由看守所代为执行。需要注意的是，看守所不是执行机关，这么做是为了减少羁押负担、节省司法资源。

（四）社区矫正机构

《刑事诉讼法》第269条规定，对被判处管制、宣告缓刑、假释或者暂予监外执行的罪犯，依法实行社区矫正，由社区矫正机构负责执行。

社区矫正是指将符合法定条件的罪犯置于社区内，在裁判或决定确定的期限内，矫正其犯罪心理和行为恶习，并促其顺利回归社会的非监禁刑罚的执行活动。它是与监禁改造相对应的执行方式。

四、刑事执行的监督

《刑事诉讼法》第276条规定，人民检察院对执行机关执行刑罚的活动是否合法实行监督，如果发现有违法的情况，应当通知执行机关纠正。人民检察院对执行中实施监督的主要内容包括：（1）人民法院执行死刑时，同级人民检察院派员临场监督；（2）对决定暂予监外执行、减刑、假释以及罪犯在服刑期间又犯罪等情形，人民检察院实施监督；（3）监狱和其他执行机关在刑罚执行中，如果认为判决有错误或者罪犯提出申诉，应当转请人民检察院或者原判人民法院处理。

第二节　判决、裁定的执行程序

一、死刑立即执行判决的执行

死刑是依法剥夺犯罪分子生命的刑罚，是我国刑罚体系中最严厉的刑种。为了从诉讼程序上确保死刑的正确适用，防止造成错杀的重大失误，《刑事诉讼法》和最高人民法院《解释》在死刑执行程序上作了严格而周密的规定，主要包括以下内容：

（一）执行死刑命令的签发

《刑事诉讼法》第261条第1款规定："最高人民法院判处和核准的死刑立即执行的判决，应当由最高人民法院院长签发执行死刑的命令。"也就是说，执行死刑命令的签发是一个必经程序，是死刑立即执行判决发生效力的附加条件，这是死刑判决不同于其他判决的一个显著特征。

（二）执行死刑的机关和期限

最高人民法院《解释》第499条规定，最高人民法院的执行死刑命令，由高级人民法院交付第一审人民法院执行。第一审人民法院接到执行死刑命令后，应当在七日以内执行。在死刑缓期执行期间故意犯罪，最高人民法院核准执行死刑的，由罪犯服刑地的中级人民法院执行。

中级人民法院、高级人民法院、最高人民法院都有执行死刑权。实践中，由中级人民法院执行的情况居多。这是考虑到死刑案件的被告人以及重新犯罪的死缓罪犯的被羁押场所，往往在中级人民法院的辖区内，若执行过程中出现特殊情况，第一审人民法院以及服刑所在地中级人民法院能及时掌控。

《刑事诉讼法》第262条规定，下级人民法院接到最高人民法院执行死刑的命令后，应当在7日以内交付执行。执行死刑的这一法定期限必须得到严格遵守，不得借故延期执行，超过7日未执行的，执行命令作废，要重新签发执行死刑的命令。公安机关应当根据最高人民法院执行死刑的命令，将罪犯交由人民法院执行。

（三）执行死刑的方法

《刑事诉讼法》第263条第2款规定，死刑采用枪决或者注射等方法执行。

1. 枪决

枪决是用枪弹射击罪犯致其死亡的执行死刑的方法，是我国长期且大量使用的一种行刑方法。实施枪决经济成本较小，但却需要占用很大场所，需动用很多人力、物力，有时还存在一枪难以毙命的现象。采用枪决的方法执行死刑，人民法院有条件的，交由司法警察执行；没有条件的，交由武装警察执行。

2. 注射

注射是指通过注射致命性药物使罪犯死亡的执行方法。用注射方法执行死刑，具有痛苦小、死亡迅速等特点，且无须兴师动众，实行起来较为经济，是更为人道、先进、文明的执行死刑方法。采用注射方法执行死刑由谁执行，法律未予规定，但一般认为，应当由法医或医师进行。

3. 其他方法

这是指比枪决、注射更为人道、科学、文明的方法。采用枪决、注射以外的其他方法执行死刑的，应当事先层报最高人民法院批准。

（四）执行死刑的场所

《刑事诉讼法》第263条第3款规定，死刑可以在刑场或者指定的羁押场所内执行。所谓“刑场”是指传统意义上由执行机关设置的执行死刑的场所。刑场不得设在繁华地区、交通要道和旅游区附近。所谓“指定的羁押场所”是指人民法院指定的监狱或者看守所。执行死刑应严格控制刑场，除依法执行死刑的司法工作人员以外，其他任何人不准进入刑场。

（五）执行死刑的具体程序

1. 验明正身和讯问有无遗言、信札

《刑事诉讼法》第 263 条第 4 款规定，指挥执行的审判人员，对罪犯应当验明正身，讯问有无遗言、信札，然后交付执行人员执行死刑。

对罪犯验明正身，是死刑立即执行的必经程序，包括核实罪犯姓名、别名、性别、年龄、籍贯、职业、所犯罪行、拘留、逮捕时间、判决时间等，确保将要执行的人确系应当执行的罪犯，确定执行无误，严防错杀。遗言是罪犯执行死刑前留下的口头信息，信札是指有关信件。对死刑罪犯的遗言、信札，指挥执行的审判人员都应详细记录和妥善保管。

在执行前，如果发现可能有错误，应当暂停执行，报请最高人民法院裁定。

2. 死刑罪犯同近亲属会见

最高人民法院《解释》第 505 条规定，第一审人民法院在执行死刑前，应当告知罪犯有权会见其近亲属。罪犯申请会见并提供具体联系方式的，人民法院应当通知其近亲属。确实无法与罪犯近亲属取得联系，或者其近亲属拒绝会见的，应当告知罪犯。罪犯申请通过录音录像等方式留下遗言的，人民法院可以准许。

3. 执行死刑应当公布

最高人民法院《解释》第 508 条第 2 款规定，执行死刑应当公布，禁止游街示众或者其他有辱罪犯人格的行为。这是为了避免死刑执行附加羞辱刑的效果。

4. 验证死亡、上报执行情况

最高人民法院《解释》第 509 条规定，执行死刑后，应当由法医验明罪犯确实死亡，在场书记员制作笔录。负责执行的人民法院应当在执行死刑后十五日以内将执行情况，包括罪犯被执行死刑前后的照片，上报最高人民法院。

（六）执行死刑后的处理

根据最高人民法院《解释》第 510 条的规定，执行死刑后，负责执行的人民法院还应当办理以下事项：

1. 对罪犯的遗书、遗言笔录，应当及时审查；涉及财产继承、债务清偿、家事嘱托等内容的，将遗书、遗言笔录交给家属，同时复制附卷备查；涉及案件线索等问题的，抄送有关机关。

2. 通知罪犯家属在限期内领取罪犯骨灰；没有火化条件或者因民族、宗教等原因不宜火化的，通知领取尸体；过期不领取的，由人民法院通知有关单位处理，并要求有关单位出具处理情况的说明；对罪犯骨灰或者尸体的处理情况，应当记录在案。

3. 对外国籍罪犯执行死刑后，通知外国驻华使领馆的程序和时限，根据有关规定办理。

二、死刑缓期二年执行、无期徒刑、有期徒刑和拘役判决的执行

（一）交付执行的机关、时间和法律文件

最高人民法院《解释》第511条规定，被判处死刑缓期执行、无期徒刑、有期徒刑、拘役的罪犯，第一审人民法院应当在判决、裁定生效后十日以内，将判决书、裁定书、起诉书副本、自诉状复印件、执行通知书、结案登记表送达公安机关、监狱或者其他执行机关。

罪犯需要收押执行刑罚，而判决、裁定生效前未被羁押的，人民法院应当根据生效的判决书、裁定书将罪犯送交看守所羁押，并依照前款的规定办理执行手续。

（二）交付执行的场所

《刑事诉讼法》第264条第2款、第3款规定，交付执行的场所有四个：

1. 监狱

对被判处死刑缓期二年执行、无期徒刑、有期徒刑的罪犯，由公安机关依法将该罪犯送交监狱执行刑罚。

2. 看守所

对被判处有期徒刑的罪犯，在被交付执行刑罚前，剩余刑期在3个月以下的，由看守所代为执行。这样规定旨在减少手续、节省时间。这些人一般犯罪情节较轻，社会危害性不大，由看守所代为执行，更为方便，也有利于罪犯服刑改造。

3. 公安机关

对被判处拘役的罪犯，由公安机关在拘役所执行，没有设立拘役所的，可放在看守所内执行。在看守所执行的，应当同未决犯罪嫌疑人、被告人分别关押，区别对待。

4. 未成年犯管教所

对已满14周岁、不满18周岁的未成年犯应当在未成年犯管教所执行刑罚。未成年犯管教所监管相对宽松，还能有针对性地对未成年人进行文化知识和生产技能的教育。同时，将未成年犯与成年犯分押分管，可以防止他们之间“交叉感染”，尤其是防止成年犯对未成年犯的教唆与传授活动，避免造成不利的后果。

（三）交付执行的期限

《监狱法》第15条第1款规定，人民法院对被判处死刑缓期二年执行、无期徒刑、有期徒刑的罪犯，应当将执行通知书、判决书送达羁押该罪犯的公安机关，公安机关应当自收到执行通知书、判决书之日起1个月内将该罪犯送交监狱

执行刑罚。

对于被判处拘役的罪犯，公安机关收到有关法律文书后，应当立即交付拘役所（或看守所）执行。

（四）执行机关收押审查

执行机关在接受罪犯时，有收押审查权。收押审查的内容包括：

1. 审查判决书、裁定书是否已发生法律效力。

2. 审查法律文书是否齐全、是否有错。《监狱法》第 16 条规定："罪犯被交付执行刑罚时，交付执行的人民法院应当将人民检察院的起诉书副本、人民法院的判决书、执行通知书、结案登记表同时送达监狱。监狱没有收到上述文件的，不得收监；上述文件不齐全或者记载有误的，作出生效判决的人民法院应当及时补充齐全或者作出更正；对其中可能导致错误收监的，不予收监。"

3. 审查罪犯是否具有《刑事诉讼法》第 265 条规定的可以暂予监外执行的三种情况：是否患有严重疾病需要保外就医，是否为怀孕或正在哺乳自己的婴儿的妇女，是否属于生活不能自理的情形。

对被判处有期徒刑或者拘役的罪犯，有上述三种情况的，可以暂予监外执行，不予收监；对被判处无期徒刑的怀孕或正在哺乳自己的婴儿的妇女，可以暂不收监，并书面说明理由，退回交付执行的人民法院审查是否暂予监外执行。

人民法院经审查认为监狱对罪犯暂不收监不符合《刑事诉讼法》第 265 条的规定的，应当决定将罪犯交付监狱收监执行，并将收监执行决定书分别送达负责执行的公安机关和监狱。

（五）罪犯收押改造

《刑事诉讼法》第 264 条第 4 款规定，执行机关应当将罪犯及时收押，并且通知罪犯家属。《监狱法》第 18 条、第 20 条规定，罪犯收监，应当严格检查其人身和所携带的物品。非生活必需品，由监狱代为保管或者征得罪犯同意退回其家属，违禁品予以没收。女犯由女性人民警察检查。罪犯收监后，监狱应当通知罪犯家属。通知书应当自收监之日起 5 日内发出，告知罪犯姓名、刑期及执行的地址等。

三、管制、有期徒刑缓刑、拘役缓刑的执行

（一）管制、缓刑的含义

管制是一种适用于罪行较轻的犯罪分子的刑罚。它是指对犯罪分子不予关押，交由其所在社区矫正机构管束和群众监督，进行教育改造，并限制一定自由的刑罚方法。缓刑是指在具备法定条件下，对被判处一定刑罚的罪犯，在一定期限内暂缓执行刑罚，如果罪犯在此期间未犯新罪，原判刑罚就不再执行的一种制

度。缓刑不是独立的刑种，只是一种执行刑罚的特殊方式。

（二）管制、缓刑的执行机关

《刑事诉讼法》第269条规定，对被判处管制、宣告缓刑、假释或者暂予监外执行的罪犯，依法实行社区矫正，由社区矫正机构负责执行。

（三）管制、缓刑的交付执行程序

最高人民法院《解释》第519条规定："对被判处管制、宣告缓刑的罪犯，人民法院应当依法确定社区矫正执行地。社区矫正执行地为罪犯的居住地；罪犯在多个地方居住的，可以确定其经常居住地为执行地；罪犯的居住地、经常居住地无法确定或者不适宜执行社区矫正的，应当根据有利于罪犯接受矫正、更好地融入社会的原则，确定执行地。

"宣判时，应当告知罪犯自判决、裁定生效之日起十日以内到执行地社区矫正机构报到，以及不按期报到的后果。

"人民法院应当自判决、裁定生效之日起五日以内通知执行地社区矫正机构，并在十日以内将判决书、裁定书、执行通知书等法律文书送达执行地社区矫正机构，同时抄送人民检察院和执行地公安机关。人民法院与社区矫正执行地不在同一地方的，由执行地社区矫正机构将法律文书转送所在地的人民检察院和公安机关。"

1. 被判处管制、宣告缓刑的裁判发生法律效力10日内，人民法院应当将判决书、裁定书、禁止令、决定书副本、结案登记表、接收社区矫正保证书、执行通知书等法律文书送达罪犯居住地县级司法行政机关，同时抄送罪犯居住地的县级人民检察院。

2. 被判处管制、宣告缓刑的社区矫正人员，应该在判决、裁定、决定发生效力之日起10日内，到居住地的司法所和社区矫正工作机构报到并办理登记手续。人民法院对可能被判处管制和宣告缓刑的被告人应该提前进行接收社区矫正的相关教育。

（四）缓刑的撤销

最高人民法院《解释》第542条、第543条规定，宣告缓刑的罪犯有下列情形之一的，应撤销缓刑：（1）在缓刑考验期内犯有新罪的；（2）发现判决宣告以前还有其他罪没有判决的；（3）违反禁止令，情节严重的；（4）无正当理由不按规定时间报到或接受社区矫正期间脱离监管，超过1个月的；（5）因违反监督管理规定受到治安管理处罚，仍不改正的；（6）受到执行机关2次警告而不改正的；（7）违反法律、行政法规和监督管理规定，情节严重的其他情形。人民法院收到社区矫正机构的撤销假释建议书后，经审查，确认罪犯在假释考验期限内具有前款第2项、第4项规定情形之一，或者有其他违反监督管理规定的行为，尚未构成新的犯罪的，应当作出撤销假释的裁定。

四、剥夺政治权利的执行

剥夺政治权利是在一定期限内剥夺罪犯参加国家管理和其他政治活动权利的刑罚。剥夺政治权利可以独立适用，也可附加适用。

对单独剥夺政治权利的罪犯，最高人民法院《解释》第520条规定：“对单处剥夺政治权利的罪犯，人民法院应当在判决、裁定生效后十日以内，将判决书、裁定书、执行通知书等法律文书送达罪犯居住地的县级公安机关，并抄送罪犯居住地的县级人民检察院。”

（一）执行机关

根据《刑事诉讼法》第270条的规定，对判处剥夺政治权利的罪犯，由公安机关执行。

（二）执行程序

公安机关在执行时应向其所在单位或居住地群众宣布犯罪事实、剥夺政治权利的期限和应当遵守的规定。如应遵守法律、行政法规和公安部门有关监督管理的规定，服从监督，不得行使《刑法》第54条规定的政治权利。

附加剥夺政治权利的刑期，从徒刑、拘役执行完毕之日或者从假释之日起计算，其效力当然适用于主刑执行期间。执行期满，由公安机关书面通知本人及其所在单位和居住地基层组织。

五、财产刑的执行

（一）执行机关

《刑事诉讼法》第272条规定，没收财产的判决，无论附加适用或者独立适用，都由人民法院执行；在必要的时候，可以会同公安机关执行。

（二）执行程序

1. 罚金的执行

《刑事诉讼法》第271条规定：“被判处罚金的罪犯，期满不缴纳的，人民法院应当强制缴纳；如果由于遭遇不能抗拒的灾祸等原因缴纳确实有困难的，经人民法院裁定，可以延期缴纳、酌情减少或者免除。”被判处罚金的罪犯或者犯罪单位，应按照判决确定的数额在判决规定的期限内一次或分期缴纳。期满无故不缴纳的，人民法院应当强制缴纳。对于被判处罚金的自然人，期满无故不缴纳的，人民法院可以通知其所在单位扣发工资或采取查封、变卖罪犯个人财产等方式执行；对被判处罚金的犯罪单位，人民法院可以通知银行从其账户上直接划拨。

罪犯缴纳的罚金，应按规定及时上缴国库，任何机关、个人都不得挪作他用或者私分。

2. 没收财产的执行

没收财产的范围，只限于犯罪分子本人所有的部分财产或者全部财产，不得没收属于罪犯家属所有或应有的财产。对于没收的财产，应按有关规定及时上缴国库或财政部门，任何机关、个人都不得私自挪用、调换、压价私分或变相私分。

为防止执行前罪犯或其他人将财产转移等影响判决执行的情况发生，人民法院可以先采取查封、扣押、冻结被告人财产的措施。

（三）执行财产刑需要注意的问题

1. 财产刑的执行过程中，案外人对被执行财产提出权属异议的，人民法院应当参照民事诉讼法有关执行异议的规定进行审查并作出处理。

2. 被判处财产刑，同时又承担附带民事赔偿责任的被执行人，应当先履行民事赔偿责任。判处财产刑之前被执行人所负正当债务，需要以被执行的财产偿还的，经债权人请求，应当偿还。

3. 被执行人或者被执行财产在外地的，可以委托当地人民法院执行。受托法院在执行财产刑后，应当及时将执行的财产上缴国库。

4. 执行财产刑过程中，具有下列情形之一的，人民法院应当裁定中止执行：

（1）执行标的物系人民法院或者仲裁机构正在审理案件的争议标的物，需等待该案件审理完毕确定权属的；

（2）案外人对执行标的物提出异议的；

（3）应当中止执行的其他情形。

中止执行的原因消除后，应当恢复执行。

5. 执行财产刑过程中，具有下列情形之一的，人民法院应当裁定终结执行：

（1）据以执行的判决、裁定被撤销的；

（2）被执行人死亡或者被执行死刑，且无财产可供执行的；

（3）被判处罚金的单位终止，且无财产可供执行的；

（4）依照《刑法》第53条规定免除罚金的；

（5）应当终结执行的其他情形。

裁定终结执行后，发现被执行人的财产有被隐匿、转移等情形的，应当追缴。

6. 财产刑全部或者部分被撤销的，已经执行的财产应当全部或者部分返还被执行人；无法返还的，应当依法赔偿。

六、无罪判决和免除刑事处罚判决的执行

《刑事诉讼法》第260条规定，第一审人民法院判决被告人无罪、免除刑事处罚的，如果被告人在押，在宣判后应当立即释放。最高人民法院《解释》第190条规定，第一审人民法院判决被告人无罪、不负刑事责任或者免除刑事处罚的被告人，应当在宣判后立即释放。

（一）执行机关

根据这一规定，无罪、免除刑事处罚的判决，由人民法院执行。

（二）执行程序

为了保护不应受到刑罚处罚的被告人的合法权益，这类判决一经宣布，首先要将被关押的被告人立即释放。由人民法院将无罪或免除刑事处罚的判决书连同执行通知书送交看守所，看守所在接到上述法律文书后应当立即释放被关押的被告人。即使当事人及其法定代理人提出上诉或者人民检察院提出抗诉，一审判决尚未生效，也不影响被告人的立即释放，不得等待判决生效后才予以执行。

第三节　执行变更

人民法院、监狱及其他执行机关对生效裁判在交付执行或执行过程中，出现法定需要改变刑罚种类或执行方法的情形后，需要对已确定的刑罚内容或刑罚的执行方法加以变更，其处理程序也是执行程序的组成部分。

一、死刑执行的变更

（一）变更执行的情形

第一审人民法院在接到执行死刑命令后、执行前，发现有下列情形之一的，应当暂停执行，并立即将请求停止执行死刑的报告和相关材料层报最高人民法院：

1. 罪犯可能有其他犯罪的；
2. 共同犯罪的其他犯罪嫌疑人到案，可能影响罪犯量刑的；
3. 共同犯罪的其他罪犯被暂停或者停止执行死刑，可能影响罪犯量刑的；
4. 罪犯揭发重大犯罪事实或者有其他重大立功表现，可能需要改判的；
5. 罪犯怀孕的；
6. 判决、裁定可能有影响定罪量刑的其他错误的。

(二) 变更执行的程序

1. 下级人民法院发现错误的

下级人民法院在接到执行死刑命令后、执行前，发现有需要停止执行情形的，应当暂停执行死刑，并立即将请求停止执行死刑的报告和相关材料层报最高人民法院审核。最高人民法院经审查，认为可能影响罪犯定罪量刑的，应当裁定停止执行死刑；认为不影响的，应当决定继续执行死刑。下级人民法院停止执行后，应当会同有关部门调查核实停止执行死刑的事由，并及时将调查结果和意见层报最高人民法院审核。

2. 最高人民法院发现错误的

最高人民法院在执行死刑命令签发后、执行前，发现有停止执行情形的，应当立即裁定停止执行死刑，并将有关材料移交下级人民法院。下级人民法院接到最高人民法院停止执行死刑的裁定后，应当会同有关部门调查核实停止执行死刑的事由，并及时将调查结果和意见层报最高人民法院审核。

(三) 变更执行的结果

最高人民法院《解释》第504条规定，最高人民法院对停止执行死刑的案件，应当按照下列情形分别处理：

1. 确认罪犯怀孕的，应当改判。

2. 确认罪犯有其他犯罪，依法应当追诉的，应当裁定不予核准死刑，撤销原判，发回重新审判。

3. 确认原判决、裁定有错误或者罪犯有重大立功表现，需要改判的，应当裁定不予核准死刑，撤销原判，发回重新审判。

4. 确认原判决、裁定没有错误，罪犯没有重大立功表现，或者重大立功表现不影响原判决、裁定执行的，应当裁定继续执行死刑，并由院长重新签发执行死刑的命令。

二、死刑缓期二年执行的变更

死刑缓期二年执行是死刑的特殊执行方法，是对判处死刑但具有不必立即执行的法定条件的犯罪分子，在判处死刑的同时宣告缓期二年执行，实施监督改造以观后效的制度。死缓必然产生减刑或者执行死刑两种结果中的一种，无论出现哪一种结果都涉及执行的变更。

(一) 变更执行的条件

《刑法》第50条第1款规定："判处死刑缓期执行的，在死刑缓期执行期间，如果没有故意犯罪，二年期满以后，减为无期徒刑；如果确有重大立功表现，二年期满以后，减为二十五年有期徒刑；如果故意犯罪，情节恶劣的，报请最高人民法院核准后执行死刑；对于故意犯罪未执行死刑的，死刑缓期执行的期间重新计算，并报最高人民法院备案。”可见，被判处死缓的罪犯在缓期执行期间，有无故意犯罪、有无重大立功表现，是对其予以减刑或者执行死刑的条件。

（二）变更执行的程序

被判处死刑缓期二年执行的罪犯，在死刑缓期执行期间，如果没有故意犯罪，二年期满后，应当减刑。其程序是：罪犯所在监狱提出减刑建议，报经省、自治区、直辖市监狱管理机关审核后，报请高级人民法院裁定。高级人民法院组成的合议庭对申报材料审查后，认为应当减刑的，裁定减刑，并将减刑裁定书副本同时抄送原判人民法院及人民检察院。

如果故意犯罪，情节恶劣，查证属实，应当执行死刑的，由高级人民法院报请最高人民法院核准；对于故意犯罪未执行死刑的，死刑缓期执行的期间重新计算，并报最高人民法院备案。

（三）变更执行的期限

1. 死刑缓期执行的考验期，自判决或者裁定核准死刑缓期执行的法律文书宣告或者送达确定之日起计算，判决前羁押的日期，不能折抵考验期，因此减刑必须待 2 年考验期满以后进行。

2. 死刑缓期执行期满减为无期徒刑、有期徒刑的，刑期自死刑缓期执行期满之日起计算。

3. 如果罪犯故意犯罪，可在考验期内的任何时间追究，查证属实，依法核准，都应当执行死刑。

4. 被判处死刑缓期二年执行的罪犯，死刑缓期二年执行期满后，尚未裁定减刑前又犯罪的，应当依法减刑后对其所犯新罪依法另行起诉，经人民法院审理，依照《刑法》第 69 条的规定，通过数罪并罚决定执行的刑罚，新罪应该判死刑的，才能执行死刑。

三、暂予监外执行

（一）含义

暂予监外执行，是指对被判处无期徒刑、有期徒刑、拘役的罪犯因出现法定的特殊情况，不宜在监内执行时，暂时将其交由社区矫正机构执行的一种变通方式。

（二）适用对象

《刑事诉讼法》第 265 条规定，对于被判处有期徒刑、拘役的罪犯，具备法定情形，可以暂予监外执行。如果是无期徒刑的罪犯确实怀孕或者正在哺乳自己婴儿的，也可以予以监外执行。但是对被判处死缓的罪犯，不适用监外执行。因为这些人罪行深重，社会危害性大，在监外执行难以达到改造目的。

（三）适用条件

1. 有严重疾病需要保外就医的。它是指罪犯病危或者患有恶性传染病、不治之症等，不宜在监狱或其他执行机关的医院治疗。为了防止罪犯在监外危害社会或滥用监外执行，《刑事诉讼法》第265条第3～4款作了限制性规定：对适用保外就医可能有社会危险性的罪犯，或者自伤自残的罪犯，不得保外就医。对罪犯确有严重疾病，必须保外就医的，由省级人民政府指定的医院诊断并开具证明文件。

2. 怀孕或者正在哺乳自己婴儿的妇女。

3. 生活不能自理，适用暂予监外执行不致危害社会的。它是指罪犯由于老、弱、病、残等原因需要他人照顾才能生活的。对这些罪犯实施监外执行，体现了人道主义精神，有利于罪犯的改造，也减轻了执行机关的负担。

（四）适用程序

1. 决定机关

在交付执行前，暂予监外执行由交付执行的人民法院决定；在交付执行后，暂予监外执行由监狱或者看守所提出书面意见，报省级以上监狱管理机关或者设区的市一级以上公安机关批准。

2. 执行程序

（1）人民法院决定暂予监外执行的，应当制作暂予监外执行决定书，写明罪犯基本情况、判决确定的罪名和刑罚、决定暂予监外执行的原因、依据等，通知罪犯居住地的县级司法行政机关派员办理交接手续，并将暂予监外执行决定书抄送罪犯居住地的县级人民检察院和公安机关。

人民检察院认为人民法院的暂予监外执行决定不当，在法定期限内提出书面意见的，人民法院应当立即对该决定重新核查，并在1个月内作出决定。

（2）对于罪犯在服刑过程中需要暂予监外执行的，由监狱提出书面意见，报省、自治区、直辖市监狱管理机关批准。批准机关应当将批准的暂予监外执行决定通知公安机关和原判人民法院，并抄送人民检察院。

人民检察院认为对罪犯适用暂予监外执行不当的，应当自接到通知之日起1个月内将书面意见递交批准暂予监外执行的机关，批准暂予监外执行的机关接到人民检察院的书面意见后，应当立即对该决定进行重新核查。

（3）对于暂予监外执行罪犯的监督管理和教育帮助，由司法行政机关进行，具体程序依照《社区矫正实施办法》的相关规定执行。

（五）暂予监外执行罪犯的收监

暂予监外执行的罪犯具有下列情形之一的，原作出暂予监外执行决定的人民法院，应当在收到执行机关的收监执行建议书后15日内，作出收监执行的决定：(1) 不符合暂予监外执行条件的；(2) 未经批准离开所居住的市、县，经警告拒不改正，或者拒不报告行踪，脱离监管的；(3) 因违反监督管理规定受到治安管理处罚，仍不改正的；(4) 受到执行机关两次警告，仍不改正的；(5) 保外就医期间不按规定提交病情复查情况，经警告拒不改正的；(6) 暂予监外执行的情形消失后，刑期未满的；(7) 保证人丧失保证条件或者因不履行义务被取消保证人资格，不能在规定期限内提出新的保证人的；(8) 违反法律、行政法规和监督管理规定，情节严重的其他情形。人民法院收监执行决定书，一经作出，立即生效。

人民法院应当将收监执行决定书送交罪犯居住地的县级司法行政机关，由其根据有关规定将罪犯交付执行。收监执行决定书应当同时抄送罪犯居住地的同级人民检察院和公安机关。被收监执行的罪犯有不计入执行刑期情形的，人民法院应当在作出收监决定时，确定不计入执行刑期的具体时间。

四、减刑、假释

《刑事诉讼法》第273条第2款规定："被判处管制、拘役、有期徒刑或者无期徒刑的罪犯，在执行期间确有悔改或者立功表现，应当依法予以减刑、假释的时候，由执行机关提出建议书，报请人民法院审核裁定，并将建议书副本抄送人民检察院。人民检察院可以向人民法院提出书面意见。"

（一）减刑

减刑是指对于被判处管制、拘役、有期徒刑、无期徒刑的犯罪分子，在刑罚执行期间，由于确有悔改表现或立功表现，因而将原判刑罚适当减轻的一种刑罚制度。

减刑可以由较重的刑罚减为较轻的刑罚，也可以由较长的刑期减为较短的刑期。减刑必须有一定限度，即减刑后实际执行的刑期，判处管制、拘役、有期徒刑的，不能少于原判刑期的二分之一，判处无期徒刑的，不能少于13年。

1. 减刑的适用对象

减刑的适用对象共四种，被判处管制、拘役、有期徒刑、无期徒刑的罪犯。

2. 减刑的适用条件

被判处管制、拘役、有期徒刑、无期徒刑的犯罪分子，在刑罚执行期间，如果认真遵守监规，接受教育改造，确有悔改或立功表现的，可以减刑；有重大立功表现的，应当减刑。

3. 减刑的程序

根据最高人民法院《解释》第534条的规定，对减刑、假释案件，应当按照下列情形分别处理：

（1）对被判处死刑缓期执行的罪犯的减刑，由罪犯服刑地的高级人民法院在收到同级监狱管理机关审核同意的减刑建议书后1个月以内作出裁定；

（2）对被判处无期徒刑的罪犯的减刑、假释，由罪犯服刑地的高级人民法院在收到同级监狱管理机关审核同意的减刑、假释建议书后1个月以内作出裁定，案情复杂或者情况特殊的，可以延长1个月；

（3）对被判处有期徒刑和被减为有期徒刑的罪犯的减刑、假释，由罪犯服刑地的中级人民法院在收到执行机关提出的减刑、假释建议书后1个月以内作出裁定，案情复杂或者情况特殊的，可以延长1个月；

（4）对被判处管制、拘役的罪犯的减刑，由罪犯服刑地的中级人民法院在收到同级执行机关审核同意的减刑建议书后1个月以内作出裁定。

对社区矫正对象的减刑，由社区矫正执行地的中级以上人民法院在收到社区矫正机构减刑建议书后30日以内作出裁定。

（二）假释

假释，是指被判处有期徒刑或无期徒刑的罪犯，实际执行一定刑期后，认真遵守监规，确有悔改表现，不致再危害社会，经人民法院裁定，将其附条件地予以提前释放的一种制度。

1. 假释的适用对象

假释的适用对象是被判处有期徒刑或无期徒刑的犯罪分子。

2. 假释的适用条件

（1）客观方面，必须是已经执行了一定的刑期。即被判处有期徒刑的犯罪分子，执行原判刑期二分之一以上，被判处无期徒刑的犯罪分子，实际执行13年以上。如果有特殊情况，经最高人民法院核准，可以不受上述执行刑期的限制。

对累犯以及因故意杀人、强奸、抢劫、绑架、放火、爆炸、投放危险物质或者有组织的暴力性犯罪被判处10年以上有期徒刑、无期徒刑的犯罪分子，不得假释。

（2）主观方面，犯罪分子在服刑期间认真遵守监规，接受教育改造，确有悔改表现，假释后不致再危害社会。

对犯罪分子决定假释时，应当考虑其假释后对所居住社区的影响。同时，报请假释的，应当附有社区矫正机构或者基层组织关于罪犯假释后对所居住社区影响的调查评估报告。

3. 假释的程序

假释的程序与减刑的程序基本相同，不再赘述。

4. 假释的考察与处理

对于被假释的罪犯，在假释考验期内，由社区矫正机构予以监督考察。

（1）对于被宣告假释的犯罪分子，在考验期内，没有犯新罪也没有发现遗漏罪行的，考验期满，则认为原判刑罚执行完毕，并公开宣布，无须办理释放手续。

（2）如果罪犯在假释考验期内犯新罪的，应当撤销假释，实行数罪并罚，决定执行的刑罚，收监执行。

（3）如果罪犯在假释考验期内发现还有其他罪行没有判决的，应当撤销假释，实行数罪并罚，决定执行的刑罚，收监执行。

（4）罪犯在假释考验期内，有违反法律、行政法规或者《社区矫正实施办法》关于假释的监督管理行为，尚未构成犯罪的，应当依法撤销假释，收监执行尚未执行完毕的刑罚。

（三）减刑、假释的审理程序

1. 减刑、假释材料的审查

最高人民法院《解释》第 535 条第 1 款规定，人民法院受理减刑、假释案件，应当审查执行机关移送的相关材料：（1）减刑、假释建议书；（2）原审法院的裁判文书、执行通知书、历次减刑裁定书的复制件；（3）证明罪犯确有悔改、立功或者重大立功表现具体事实的书面材料；（4）罪犯评审鉴定表、奖惩审批表等；（5）罪犯假释后对所居住社区影响的调查评估报告；（6）刑事裁判涉财产部分、附带民事裁判的执行、履行情况；（7）根据案件情况需要移送的其他材料。人民检察院对报请减刑、假释案件提出意见的，执行机关应当一并移送受理减刑、假释案件的人民法院。经审查，材料不全的，应当通知提请减刑、假释的执行机关在 3 日以内补送；逾期未补送的，不予立案。

人民检察院对报请减刑、假释案件提出检察意见的，执行机关应当一并移送受理减刑、假释案件的人民法院。

经审查，材料齐备的，应当立案；材料不齐的，应当通知执行机关在 3 日内补送，逾期未补送的，不予立案。

2. 减刑、假释案件的公示

最高人民法院《解释》第 537 条规定，审理减刑、假释案件，应当在立案后五日以内对下列事项予以公示：（1）罪犯的姓名、年龄等个人基本情况；（2）原判认定的罪名和刑期；（3）罪犯历次减刑情况；（4）执行机关的减刑、假释建议和依据。公示应当写明公示期限和提出意见的方式。

3. 开庭审理

审理减刑、假释案件，应当组成合议庭，可以采用书面审理的方式，但下列案件应当开庭审理：（1）因罪犯有重大立功表现提请减刑的；（2）提请减刑的起始时间、间隔时间或者减刑幅度不符合一般规定的；（3）被提请减刑、假释罪犯系职务犯罪罪犯，组织、领导、参加、包庇、纵容黑社会性质组织罪犯，破坏金融管理秩序罪犯或者金融诈骗罪犯的；（4）社会影响重大或者社会关注度高的；（5）公示期间收到不同意见的；（6）人民检察院提出异议的；（7）有必要开庭审理的其他案件。

4. 减刑、假释案件的处理

（1）被报请减刑、假释罪犯符合法律规定的减刑、假释条件的，作出予以减刑、假释的裁定。

（2）被报请减刑的罪犯符合法律规定的减刑条件，但执行机关报请的减刑幅度不适当的，对减刑幅度作出相应调整后，作出予以减刑的裁定。

（3）被报请减刑、假释罪犯不符合法律规定的减刑、假释条件的，作出不予减刑、假释的裁定。

5. 需要注意的问题

（1）人民法院作出减刑、假释裁定后，应当在7日内送达提请减刑、假释的执行机关、同级人民检察院以及罪犯本人。人民检察院认为减刑、假释裁定不当，在法定期限内提出书面纠正意见的，人民法院应当在收到意见后另行组成合议庭审理，并在1个月内作出裁定。

（2）减刑、假释裁定作出前，执行机关书面提请撤回减刑、假释建议的，是否准许，由人民法院决定。

（3）人民法院发现本院已经生效的减刑、假释裁定确有错误的，应当另行组成合议庭审理；发现下级人民法院已经生效的减刑、假释裁定确有错误的，可以指令下级人民法院另行组成合议庭审理。

第四节　执 行 监 督

执行监督，是指人民检察院对人民法院已经发生法律效力的判决、裁定的执行是否合法实行法律监督的活动。

一、对执行死刑的监督

《刑事诉讼法》第263条规定，人民法院在交付执行死刑前，应当通知同级人民检察院派员临场监督。结合最高人民检察院《规则》中的规定，人民检察院在接到通知后，应该做好如下工作：

1. 人民检察院收到同级人民法院执行死刑临场监督通知后，应当查明同级人民法院是否收到最高人民法院核准死刑的裁定或者作出的死刑判决、裁定和执行死刑的命令。

2. 被判处死刑的罪犯在被执行死刑时，人民检察院应当派员临场监督。死刑执行临场监督由人民检察院监所检察部门负责；必要时，监所检察部门应当在执行前向公诉部门了解案件有关情况，公诉部门应当提供有关情况。执行死刑临场监督，由检察人员担任，并配备书记员担任记录。

3. 临场监督执行死刑的检察人员应当依法监督执行死刑的场所、方法和执行死刑的活动是否合法。如果发现人民法院在执行死刑活动中有侵犯被执行死刑罪犯的人身权、财产权或者其近亲属、继承人合法权利等违法情形的，应当依法向人民法院提出纠正意见。

4. 临场监督执行死刑的检察人员在罪犯执行死刑前，发现有下列情形之一的，应当建议人民法院立即停止执行：（1）被执行人并非应当执行死刑的罪犯的；（2）罪犯犯罪时不满18周岁，或者审判的时候已满75周岁，依法不应当适用死刑的；（3）判决可能有错误的；（4）在执行前罪犯有检举揭发他人重大犯罪行为等重大立功表现，可能需要改判的；（5）罪犯正在怀孕的。

5. 在执行死刑过程中，人民检察院临场监督人员根据需要可以进行拍照、录像；执行死刑后，人民检察院临场监督人员应当检查罪犯是否确已死亡，并填写死刑执行临场监督笔录，签名后入卷归档。

二、对死刑缓期二年执行的监督

最高人民检察院《规则》第650条规定，判处被告人死刑缓期二年执行的判决、裁定在执行过程中，人民检察院监督的内容主要包括：

1. 死刑缓期执行期满，符合法律规定应当减为无期徒刑、有期徒刑条件的，监狱是否及时提出减刑建议提请人民法院裁定，人民法院是否依法裁定。

2. 罪犯在缓期执行期间故意犯罪，监狱是否依法侦查和移送起诉；罪犯确系故意犯罪，情节恶劣，查证属实，应当执行死刑的，人民法院是否依法核准或者裁定执行死刑。

被判处死刑缓期二年执行的罪犯在死刑缓期执行期间故意犯罪，执行机关向人民检察院移送起诉的，由罪犯服刑所在地设区的市级人民检察院审查决定是否提起公诉。

人民检察院发现人民法院对被判处死刑缓期二年执行的罪犯减刑不当的，应当向人民法院提出纠正意见。罪犯在死刑缓期执行期间又故意犯罪，经人民检察院起诉后，人民法院仍然予以减刑的，人民检察院应当依照相关规定，向人民法院提出抗诉。

三、对暂予监外执行的监督

《刑事诉讼法》第266条、第267条规定，监狱、看守所提出暂予监外执行的书面意见的，应当将书面意见的副本抄送人民检察院。人民检察院可以向决定或者批准机关提出书面意见。

最高人民检察院《规则》第631条规定，人民检察院接到决定或者批准机关抄送的暂予监外执行决定书后，应当进行审查。审查的内容包括：（1）是否属于被判处有期徒刑或者拘役的罪犯；（2）是否属于有严重疾病需要保外就医的罪犯；（3）是否属于怀孕或者正在哺乳自己婴儿的妇女；（4）是否属于生活不能自理，适用暂予监外执行不致危害社会的罪犯；（5）是否属于适用保外就医可能有社会危险性的罪犯，或者自伤自残的罪犯；（6）决定或者批准机关是否符合《刑事诉讼法》第265条第5款的规定；（7）办理暂予监外执行是否符合法定程序。检察人员审查暂予监外执行决定，可以向罪犯所在单位和有关人员调查、向有关机关调阅有关材料。

人民检察院向决定或者批准暂予监外执行的机关提出不同意暂予监外执行的书面意见后，应当监督其对决定或者批准暂予监外执行的结果进行重新核查，并监督重新核查的结果是否符合法律规定。对核查不符合法律规定的，应当依法提出纠正意见，并向上一级人民检察院报告。

对于暂予监外执行的罪犯，人民检察院发现罪犯不符合暂予监外执行条件、严重违反有关暂予监外执行的监督管理规定或者暂予监外执行的情形消失而罪犯刑期未满的，应当通知执行机关收监执行，或者建议决定或者批准暂予监外执行的机关作出收监执行决定。

四、对减刑、假释的监督

《刑事诉讼法》第274条规定，人民检察院认为人民法院减刑、假释的裁定不当，应当在收到裁定书副本后20日以内，向人民法院提出书面纠正意见。人民法院应当在收到纠正意见后1个月以内重新组成合议庭进行审理，作出最终裁定。

五、对社区矫正执法活动进行监督

最高人民检察院《规则》第643条规定，人民检察院依法对社区矫正执法活动进行监督，发现有下列情形之一的，应当依法向社区矫正机构提出纠正意见：(1) 社区矫正对象报到后，社区矫正机构未履行法定告知义务，致使其未按照有关规定接受监督管理的；(2) 违反法律规定批准社区矫正对象离开所居住的市、县，或者违反人民法院禁止令的内容批准社区矫正对象进入特定区域或者场所的；(3) 没有依法监督管理而导致社区矫正对象脱管的；(4) 社区矫正对象违反监督管理规定或者人民法院的禁止令，未依法予以警告、未提请公安机关给予治安管理处罚的；(5) 对社区矫正对象有殴打、体罚、虐待、侮辱人格、强迫其参加超时间或者超体力社区服务等侵犯其合法权利行为的；(6) 未依法办理解除、终止社区矫正的；(7) 其他违法情形。

六、对执行刑罚活动的监督

《刑事诉讼法》第276条规定，人民检察院对执行机关执行刑罚的活动是否合法实行监督。如果发现有违法的情况，应当通知执行机关纠正。这是《刑事诉讼法》关于人民检察院对执行机关执行刑罚活动进行监督的原则性规定，它是指人民检察院对除《刑事诉讼法》已有专条规定之外的一切执行刑罚活动的监督。

对于情节较轻的违法行为，检察人员可以口头方式向违法人员或者执行机关负责人提出纠正。对于比较严重的违法行为，应报请检察长批准后，向公安机关、监狱等执行机关发出《纠正违法通知书》。对造成严重后果、构成犯罪的，应当依法追究责任人的刑事责任。

实训案例

案例一

被告人李某因贩卖毒品被云南省昆明市中级人民法院判处死刑缓期二年执行，并于2012年12月1日由云南省高级人民法院核准。2014年12月3日，云南省高级人民法院就李某的减刑问题进行了评议，但尚未作出减刑裁定。2014年12月4日，李某将同监犯人王某打成重伤。

问题：云南省高级人民法院是否可以以李某又犯新罪为由核准执行死刑？理由是什么？

分析：云南省高级人民法院不能以李某又犯新罪为由核准执行死刑。

根据《刑事诉讼法》(2012年) 第250条第2款的规定："被判处死刑缓期二年执行的罪犯，在死刑缓期执行期间，如果没有故意犯罪，死刑缓期执行期满，应当予以减刑，由执行机关提出书面意见，报请高级人民法院裁定；如果故意犯罪，查证属实，应当执行死刑，由高级人民法院报请最高人民法院核准。"

对于在死刑缓期执行期间没有故意犯罪的罪犯，应当予以减刑。本案中，李某的死刑缓期执行考验期已满，应该及时减刑。李某在减刑前又犯罪是发生在2年的缓期执行期满以后，所以不能将其所犯新罪作为裁定或核准死刑的根据。

正确的做法应是：云南省高级人民法院先依法对李某予以减刑，然后对其所犯新罪故意伤害罪进行审判，如果新罪应判死刑的，方能执行死刑；如果新罪不应判死刑的，就应依据《刑法》第71条规定，把减刑后没有执行的刑罚和新罪所判处的刑罚，依照《刑法》第69条的规定，数罪并罚，决定应执行的刑罚。

案例二

被告人王磊、李英杰、李明、江小舟系某大学在校学生。王磊，男，17岁；李英杰，男，20岁。

某日晚，被告人王磊去食堂买饭，因小事与炊事员孔莉发生口角，炊事员孔莉即冲出来对其拳打脚踢。王磊回宿舍后告知被打经过，李英杰、李明、江小舟表示，食堂炊事员天天横得要命，非刹一刹这种歪风不可。次日凌晨，王磊、李英杰、李明、江小舟找到孔莉，说有事找他，将其骗到校园僻静处打了一顿，致孔莉双肘及胸、腹、肩、背等多处受伤。本案经人民法院依法审理后，以故意伤害罪对王磊、李英杰、李明、江小舟作了有罪判决。

问题：

1. 王磊被判处有期徒刑1年零6个月，应如何执行？
2. 李英杰被判处有期徒刑1年，但交付执行前已被羁押1个月，应如何执行？
3. 李明被判处有期徒刑6个月，但是交付执行时突患急性阑尾炎，应如何执行？
4. 江小舟被判处有期徒刑6个月，缓刑1年，应如何执行？

思考与练习题

1. 简述判处死缓、有期徒刑、无期徒刑或拘役的判决的执行。
2. 减刑、假释的条件和程序是什么？
3. 法律规定在什么情况下可适用暂予监外执行？监外执行的条件是什么？

第六模块　特别程序

第十九章

刑事特别程序

本章导读

通过本章的学习，了解涉外刑事诉讼程序，掌握犯罪嫌疑人、被告人逃匿、死亡案件违法所得的没收程序、依法不负刑事责任的精神病人的强制医疗程序和缺席审判程序，理解未成年人刑事诉讼程序、当事人和解的公诉案件诉讼程序。

导入案例

杀 婴 案

2012 年 12 月下旬某日，被告人邓某甲（女，1995 年 4 月 13 日生，汉族，中专文化，无业）在南京市江宁区双龙大道金王府商业街“情网网吧”上网，其间在该网吧北侧卫生间产下一名女婴。因担心被人发现，邓某甲将一团面巾塞入女婴口中后将其丢弃在垃圾桶内，随后将垃圾桶放置于南侧卫生间外窗台上，致该女婴死亡。南京市人民检察院指控被告人邓某甲犯故意杀人罪，于 2013 年 11 月 25 日向南京市中级人民法院提起公诉。法院受理后，依法由少年法庭组成合议庭不公开开庭审理此案。

庭审过程中，公诉人、辩护人以及审判人员针对邓某甲成长经历、犯罪原因、犯罪所造成的危害后果进行了法制宣传及法庭教育，引导其正确认识该犯罪行为的社会危害性，帮助树立正确的人生观、价值观，邓某甲当庭表示认罪、悔罪，并表示将认真接受教育、改造。

法院审理认为，被告人邓某甲故意非法剥夺他人生命，其行为已构成故意杀人罪。公诉机关指控被告人邓某甲的罪名成立，法院予以支持。对于公诉机关所提被告人邓某甲犯罪时系未成年人、认罪态度较好的公诉意见以及邓某甲的辩护人所提邓某甲系未成年人、认罪态度较好，建议从轻处罚的辩护意见，经查，本案系邓某甲在未成年时缺乏自我保护意识，致未婚先孕，且与家人、朋友沟通不善，怀孕后不能妥善处理相关问题而引发；被告人邓某甲犯罪时未满18周岁，案发后第一次接受询问，以及归案后基本如实供述自己的罪行，庭审时有认罪、悔罪表现。故公诉人的公诉意见、辩护人的上述辩护意见成立，法院予以采纳。

南京市中级人民法院依照《刑法》第232条，第17条第1款、第3款之规定，判处被告人邓某甲犯故意杀人罪，判处有期徒刑3年。

本案知识点

未成年人刑事案件审理的审判组织、审判人员及审理方式；案件处理过程中的全面调查；案件处理过程中要对未成年人进行教育、挽救。

第一节　未成年人刑事案件诉讼程序

一、未成年人刑事案件诉讼程序的概念

未成年人刑事案件诉讼程序，是指专门适用于未成年人刑事案件的侦查、起诉、审判、执行等程序的一种特别刑事诉讼程序。由于未成年人在心理、生理特点、犯罪主观恶性、动机及易改造程度等方面，有着区别于成年人的特点，因此，立法机关应充分考虑到未成年人的这些特点，设立更适合未成年人特点的特殊诉讼程序，从而更有利于保护未成年犯罪嫌疑人、被告人。我国2012年修正的《刑事诉讼法》在总结未成年人刑事案件司法经验的基础上，进一步完善了对未成年人刑事案件诉讼程序方面的规定，它标志着我国未成年人刑事案件诉讼立法不断走向成熟。

二、未成年人刑事案件诉讼程序的基本原则

未成年人刑事诉讼程序的基本原则，是公安司法机关在处理未成年人刑事诉讼案件过程中必须遵循的基本准则，它贯穿于刑事案件处理的全过程，主要有以下原则：

(一) 教育为主、惩罚为辅的原则

教育为主、惩罚为辅的原则在整个未成年人刑事案件诉讼中起着重要的指导作用，是处理未成年人刑事案件的主导思想，未成年人刑事案件的其他诉讼原则基本上都围绕此原则展开。这一原则要求：(1) 在未成年人刑事诉讼的各个阶段，公安司法机关都必须坚持教育为主、惩罚为辅，对未成年人不失时机地教育、挽救。(2) 公安司法人员应当考虑未成年人的身心特点，尊重其人格尊严，保障其合法权益，根据其平时表现、家庭情况、犯罪原因、悔罪态度等，实施针对性教育。

坚持教育为主，惩罚为辅的原则，并不意味着对其犯罪行为的纵容和不处罚。因此，在案件处理过程中，在尽可能多地给予未成年犯罪人改过自新机会的同时，也要杜绝那些对未成年犯罪人盲目减轻处罚，甚至不处罚的错误倾向和做法。对那些社会危害严重、主观恶性大的未成年犯罪人就应当在法律规定的原则和范围内予以必要的惩罚。

(二) 分案处理原则

分案处理，即在处理未成年人刑事案件时，应当在时间和地点上都与成年人犯罪的案件分开进行处理。对被拘留、逮捕和执行刑罚的未成年人与成年人应当分别关押、分别管理、分别教育；人民检察院审查未成年人与成年人共同犯罪案件，一般应当将未成年人与成年人分案起诉。对分案起诉至同一人民法院的未成年人与成年人共同犯罪案件，可以由同一个审判组织审理；不宜由同一个审判组织审理的，可以分别由少年法庭、刑事审判庭审理。

(三) 全面调查原则

全面调查的原则，是指公安司法机关在处理未成年人刑事案件时，不仅要查明案件本身的情况，还应对未成年犯罪嫌疑人、被告人的家庭背景、生活环境、教育经历、个人性格、心理特征等与案件处理有关的信息作全面细致的调查，必要的时候还应进行医学、心理学、精神病学等方面的鉴定。全面调查原则的实行，有助于未成年人刑罚个别化的实现，有利于加强对未成年犯罪嫌疑人、被告人的保护。全面调查贯穿于未成年人刑事案件诉讼的各个阶段，公安机关作出是否立案、提请逮捕、移送审查起诉决定之前都需要对未成年人刑事案件进行全面调查。在审查起诉阶段，如果检察机关认为侦查阶段的全面调查不够详尽，还可以作出进一步调查。在审判阶段，对人民检察院移送的未成年被告情况调查报告、辩护人提交的反映未成年被告人情况的书面材料，法庭应当接受。必要时，人民法院可以委托未成年被告人居住地的县级司法行政机关、共青团组织以及其他社会团体组织对未成年被告人的上述情况进行调查，或者自行调查。上述调查报告和调查材料可以作为法庭教育和量刑的参考。

（四）不公开审理原则

不公开审理原则是指人民法院在审理未成年人刑事案件时，不对社会公开，不允许旁听和记者采访。未成年人刑事案件审理的不公开，包括对公众的不公开、对新闻媒体的不公开和相关犯罪档案的不公开。审判时被告人不满 18 周岁的案件，一律不公开审理。但是，经未成年被告人及其法定代理人同意，未成年被告人所在学校和未成年人保护组织可以派代表到场。对未成年人犯罪案件，新闻报道、影视节目、公开出版物不得披露该未成年人的姓名、住所、照片，以及可能推断出该未成年人的资料；查阅、摘抄、复制未成年人刑事案卷材料，不得公开和传播。

（五）对未成年人诉讼权利特殊保护原则

未成年犯罪嫌疑人、被告人享有比成年犯罪嫌疑人、被告人更广泛的诉讼权利。《刑事诉讼法》第 277 条第 2 款规定，人民法院、人民检察院和公安机关办理未成年人刑事案件，应当保障未成年人行使其诉讼权利，保障未成年人得到法律帮助。《刑事诉讼法》第 278 条规定，未成年犯罪嫌疑人、被告人没有委托辩护人的，人民法院、人民检察院、公安机关应当通知法律援助机构指派律师为其提供辩护。《刑事诉讼法》第 281 条规定，对于未成年人刑事案件，在讯问和审判的时候，应当通知未成年犯罪嫌疑人、被告人的法定代理人到场。无法通知、法定代理人不能到场或者法定代理人是共犯的，也可以通知未成年犯罪嫌疑人、被告人的其他成年亲属，所在学校、单位、居住地基层组织或者未成年人保护组织的代表到场，并将有关情况记录在案。到场的法定代理人可以代为行使未成年犯罪嫌疑人、被告人的诉讼权利。到场的法定代理人或者其他人员认为办案人员在讯问、审判中侵犯未成年人合法权益的，可以提出意见。讯问笔录、法庭笔录应当交给到场的法定代理人或者其他人员阅读或者向他宣读。讯问女性未成年犯罪嫌疑人，应当有女工作人员在场。审判未成年人刑事案件，未成年被告人最后陈述后，其法定代理人可以进行补充陈述。

三、未成年人刑事案件诉讼程序的特点

（一）由专门机构或专职人员承办

《刑事诉讼法》第 277 条第 2 款规定，人民法院、人民检察院和公安机关办理未成年人刑事案件，应当保障未成年人行使其诉讼权利，保障未成年人得到法律帮助，并由熟悉未成年人身心特点的审判人员、检察人员、侦查人员承办。公安部《规定》第 319 条要求，公安机关应当设置专门机构或者配备专职人员办理未成年人刑事案件。未成年人刑事案件应当由熟悉未成年人身心特点，善于做未成年人思想教育工作，具有一定办案经验的人员办理。最高人民检察院《规

则》第458条规定，人民检察院应当指定熟悉未成年人身心特点的检察人员办理未成年人刑事案件。最高人民法院《解释》第550条规定被告人实施被指控的犯罪时不满十八周岁、人民法院立案时不满二十周岁的案件，由未成年人案件审判组织审理。下列案件可以由未成年人案件审判组织审理：（1）人民法院立案时不满二十二周岁的在校学生犯罪案件；（2）强奸、猥亵、虐待、遗弃未成年人等侵害未成年人人身权利的犯罪案件；（3）由未成年人案件审判组织审理更为适宜的其他案件。共同犯罪案件有未成年被告人的或者其他涉及未成年人的刑事案件，是否由未成年人案件审判组织审理，由院长根据实际情况决定。最高人民法院《解释》第546条要求人民法院审理未成年人刑事案件，应当贯彻教育、感化、挽救的方针，坚持教育为主、惩罚为辅的原则，加强对未成年人的特殊保护。

（二）必须查明犯罪嫌疑人、被告人的准确出生日期

对于未成年人刑事案件，不论是在立案阶段，还是在侦查、起诉及审判阶段，都必须重点查明犯罪嫌疑人、被告人确切的出生时间，这是因为年龄因素很可能决定着是否应当追究犯罪嫌疑人、被告人的刑事责任。最高人民检察院《规则》第464条规定，应当重点查清其是否已满14周岁、16周岁、18周岁。对难以判断犯罪嫌疑人实际年龄，影响案件认定的，应当作出不批准逮捕的决定；需要补充侦查的，同时通知公安机关。最高人民法院《关于审理未成年人刑事案件具体应用法律若干问题的解释》第4条规定，对于没有充分证据证明被告人实施被指控的犯罪时已经达到法定刑事责任年龄且确定无法查明的，应当推定其没有达到相应法定刑事责任年龄。相关证据足以证明被告人实施被指控的犯罪时已经达到法定刑事责任年龄，但是无法准确查明被告人具体出生日期的，应当认定其达到相应法定刑事责任年龄。

（三）严格限制强制措施的适用

在刑事诉讼中，对未成年犯罪嫌疑人应当慎重适用强制措施，尽量不用或少用。对于可捕可不捕的，一般不要逮捕。《刑事诉讼法》第280条第1款规定，对于未成年犯罪嫌疑人、被告人应当严格限制适用逮捕措施。人民检察院审查批准逮捕和人民法院决定逮捕，应当讯问未成年犯罪嫌疑人、被告人，听取辩护律师的意见。最高人民检察院《规则》第463条规定，对于罪行较轻，具备有效监护条件或者社会帮教措施，没有社会危险性或者社会危险性较小的未成年犯罪嫌疑人，应当不批准逮捕。对于罪行比较严重，但主观恶性不大，有悔罪表现，具备有效监护条件或者社会帮教措施，具有下列情形之一，不逮捕不致发生社会危险性的未成年犯罪嫌疑人，可以不批准逮捕：（1）初次犯罪、过失犯罪的；（2）犯罪预备、中止、未遂的；（3）防卫过当，避险过当的；（4）有自首或者

立功表现的；（5）犯罪后认罪认罚，或者积极退赃，尽力减少和赔偿损失，被害人谅解的；（6）不属于共同犯罪的主犯或者集团犯罪中的首要分子的；（7）属于已满14周岁不满16周岁的未成年人或者系在校学生的；（8）其他可以不批准逮捕的情形。对于没有固定住所，无法提供保证人的未成年犯罪嫌疑人适用取保候审的，可以指定合适的成年人作为保证人。

（四）相对和缓的办案方式

在未成年人刑事案件中，除了要严格要求限制强制措施的适用外，还应当使用相对和缓的侦查方式。办理未成年人犯罪案件原则上不得使用戒具。对确有行凶、逃跑、自杀、自伤、自残等现实危险，必须使用戒具的，应当以避免和防止危害结果的发生为限度，现实危险消除后，应当立即停止使用。在案件办理过程中，公安司法人员应当根据未成年被告人的智力发育程度和心理状态，使用适合未成年人的语言表达方式，禁止发生对未成年犯罪嫌疑人、被告人诱供、训斥、讽刺或者威胁等情形。

（五）实行区别对待的起诉政策以及附条件不起诉制度

为充分体现宽严相济、区别对待的刑事政策，最高人民检察院《人民检察院办理未成年人刑事案件的规定》将“可诉可不诉的不诉”这一原则进一步具体化。其中，第26条规定，“对于犯罪情节轻微，具有下列情形之一，依照刑法规定不需要判处刑罚或者免除刑罚的未成年犯罪嫌疑人，一般应当依法作出不起诉决定：（一）被胁迫参与犯罪的；（二）犯罪预备、中止、未遂的；（三）在共同犯罪中起次要或者辅助作用的；（四）系又聋又哑的人或者盲人的；（五）因防卫过当或者紧急避险过当构成犯罪的；（六）有自首或者立功表现的；（七）其他依照刑法规定不需要判处刑罚或者免除刑罚的情形”。第27条规定，“对于未成年人实施的轻伤害案件、初次犯罪、过失犯罪、犯罪未遂的案件以及被诱骗或者被教唆实施的犯罪案件等，情节轻微，犯罪嫌疑人确有悔罪表现，当事人双方自愿就民事赔偿达成协议并切实履行或者经被害人同意并提供有效担保，符合刑法第三十七条规定的，人民检察院可以依照刑事诉讼法第一百七十三条第二款的规定作出不起诉决定，并可以根据案件的不同情况，予以训诫或者责令具结悔过、赔礼道歉、赔偿损失，或者由主管部门予以行政处罚”。

为了最大限度地教育、挽救未成年犯罪嫌疑人，《刑事诉讼法》第282条第1款还规定了附条件的不起诉制度。该条规定，对于未成年人涉嫌刑法分则第四章、第五章、第六章规定的犯罪，可能判处1年有期徒刑以下刑罚，符合起诉条件，但有悔罪表现的，人民检察院可以作出附条件不起诉的决定，在作出附条件不起诉的决定以前，应当听取公安机关、被害人的意见。

（六）实行犯罪记录封存制度

犯罪的时候不满18周岁时，被判处5年有期徒刑以下刑罚的，应当对相关犯罪记录予以封存。犯罪记录被封存的，不得向任何单位和个人提供，但司法机关为办案需要或者有关单位根据国家规定进行查询的除外。依法进行查询的单位，应当对被封存的犯罪记录的情况予以保密。被封存犯罪记录的未成年人，如果发现漏罪或实施新的犯罪，且漏罪或新罪与封存记录之罪数罪并罚后被决定执行5年有期徒刑以上刑罚的，应当对其犯罪记录解除封存。

第二节 当事人和解的公诉案件诉讼程序

一、当事人和解的公诉案件诉讼程序的概念和意义

当事人和解的公诉案件诉讼程序，是指在公诉案件的刑事诉讼过程中，犯罪嫌疑人、被告人真诚悔罪，通过向被害人赔偿损失、赔礼道歉等方式获得被害人的谅解，被害人自愿与犯罪嫌疑人、被告人和解，经过公安机关、人民检察院或人民法院的审查并在其主持下达成和解协议后，对犯罪行为人予以从宽处理的一种特别程序。

该程序具有以下意义：

1. 通过和解，可以较好地使受害人、加害人以及国家的利益得以均衡。

2. 有利于保护被害人的利益。公诉案件和解程序的启动，充分关注了被害人的地位，不仅可以确保被害人的物质利益，而且通过被害人与加害人之间的沟通还能弥补被害人精神上的损害。

3. 有利于加害人重归社会，降低再犯率。适用当事人和解的公诉案件诉讼程序，加害人可能因情节较轻不予起诉，可能被从轻处理并适用缓刑，从而有利于加害人重新回归社会。加害人通过在和解过程中与被害人的交流，深刻感觉到自己的犯罪行为对被害人造成的痛苦，真诚地认罪、悔罪，从而降低其回归社会后的再犯率。

4. 实现个案效率，节省司法资源。司法实践中，罪行轻微的刑事案件在整个刑事案件中占有相当大的比例，并呈持续上升的趋势，如果整个诉讼流程并没有因为案件的轻微而与重大刑事案件有差别，司法机关也会不堪重负。适用当事人和解的公诉案件诉讼程序后，一些情节较轻的案件可以作不起诉处理，不仅能使案件得到迅速及时的处理，也将大大减轻司法机关的工作量。

二、当事人和解的公诉案件诉讼程序适用的案件范围

（一）因民间纠纷引起，涉嫌《刑法》分则第四章、第五章规定的犯罪案件，可能判处3年以下有期徒刑的

1. 该类刑事案件起因于民间纠纷。所谓民间纠纷是指公民之间有关人身、财产权益和其他日常生活中发生的纠纷。公安部《规定》第334条对民间纠纷的范围进行了限制，该条规定有下列情形之一的，不属于因民间纠纷引起的犯罪案件：（1）雇凶伤害他人的；（2）涉及黑社会性质组织犯罪的；（3）涉及寻衅滋事的；（4）涉及聚众斗殴的；（5）多次故意伤害他人身体的；（6）其他不宜和解的。

2. 涉嫌案由必须是《刑法》分则第四章侵犯公民人身权利、民主权利的犯罪以及《刑法》分则第五章规定的侵犯财产的犯罪。

3. “3年有期徒刑以下刑罚”是指宣告刑而非法定刑。也就是说，即便法定刑为3年有期徒刑以上，但是，根据具体案件事实和情节，犯罪嫌疑人、被告人有可能被处以3年有期徒刑以下的刑罚的，也可以适用当事人和解的公诉案件诉讼程序。

（二）除渎职犯罪以外的可能判处7年以下有期徒刑的过失犯罪案件

将过失犯罪纳入可以和解的公诉案件范围，主要是因为过失犯罪行为人的主观恶性较轻，相对容易获得被害人的谅解。而且，这类犯罪行为人回归社会的可能性也较大。过失犯罪的案件适用和解还需要满足以下两个条件：（1）可能判处7年以下有期徒刑；（2）不包括渎职犯罪。

三、当事人和解的公诉案件诉讼程序的适用条件

（一）犯罪嫌疑人、被告人真诚悔罪

真诚悔罪是适用和解的基本前提。所谓真诚悔罪，是指犯罪嫌疑人、被告人已经充分认识到自己的犯罪行为给被害人等相关人员和组织带来的损害，并有具体的悔罪行为。主要通过承认全部犯罪事实和作案的目的、动机，深刻反省自己的犯罪行为，积极赔偿、赔礼道歉等方式具体体现出来。

（二）获得被害人谅解

被害人谅解是达成刑事和解的决定性条件。刑事和解以当事人双方，特别是被害人的和解意愿为前提，而被害人谅解是被害人表达和解意愿的行为方式。如果只有犯罪嫌疑人、被告人表示悔罪，而被害人没有表达对其谅解，那么刑事和解也无从达成。

（三）被害人自愿和解

自愿性是刑事和解的应有之义，是刑事和解正当性的必要条件。被害人自愿和解，是指被害人谅解并且达成和解协议基于自愿意志，而非受外来压力而同意和解。办案机关、犯罪嫌疑人、被告人等均不得以任何方式强迫被害人作出同意和解决定。

（四）犯罪嫌疑人、被告人在5年以内未曾故意犯罪

犯罪嫌疑人、被告人在5年以内未曾故意犯罪，这是前科条件。5年内曾故意犯罪，反映了犯罪嫌疑人、被告人主观恶性较大、人身危险程度较高、再犯的可能性大，回归社会的可能性程度降低，同时也说明对其之前的故意犯罪的教育改造并不成功。

（五）案件事实清楚，证据确实、充分

案件事实清楚，证据确实、充分是公安司法机关公正处理刑事案件的基本前提，也是正确适用和解制度的基本要求。只有案件事实清楚、证据确实、充分，才能正确区分犯罪嫌疑人、被告人的罪过和刑事责任的轻重，才能合理确定和解的具体方式。

四、当事人和解的公诉案件诉讼程序的主要内容

（一）和解程序的启动

依据《刑事诉讼法》第288条、第289条及相关司法解释的规定，当事人双方都可以要求启动公诉案件的和解程序。被害人死亡的，其法定代理人、近亲属可以与犯罪嫌疑人、被告人和解，近亲属有多人的要达成和解协议，应当经处于同一继承顺序的所有近亲属同意。被害人系无行为能力人、限制行为能力人的，其法定代理人可以代为和解，经犯罪嫌疑人、被告人同意的近亲属，也可代为和解。公安司法机关由于其职权影响，可能会给双方当事人带来不当压力，不宜依职权启动和解程序。和解可以在侦查、起诉、审判阶段进行，也就是说，在公安机关立案开始至判决作出之前，均可以启动和解程序。不同的诉讼阶段，由不同的办案机关负责刑事和解的具体工作。

（二）自愿性、合法性审查

为了保证刑事和解的有效性，公安司法机关在主持制作和解协议之前、在审查起诉和审判时，都必须对和解的自愿性、合法性进行审查。自愿性、合法性审查重点审查以下内容：（1）双方当事人是否自愿和解；（2）犯罪嫌疑人是否真诚悔罪，是否向被害人赔礼道歉，经济赔偿数额与其所造成的损害和赔偿能力是否相适应；（3）被害人及其法定代理人或者近亲属是否明确表示对犯罪嫌疑人予以谅解；（4）是否符合法律规定；（5）是否损害国家、集体和社会公共利益

或者他人的合法权益;(6)是否符合社会公德。

（三）和解协议书的制作

当事人达成和解,公安机关、人民检察院和人民法院通过查阅相关书面材料、听取当事人和其他有关人员的意见等方式进行审查后,认为和解是自愿、合法的,应当主持制作和解协议书。和解协议书应当载明和解的时间、地点、参加和解的当事人、办案人员以及其他人员的信息、和解的具体事项等内容,和解协议书经当事人双方签名或者盖章后生效。

（四）达成和解协议后的处理

在侦查阶段,对达成和解协议的案件,经县级以上公安机关负责人批准,公安机关将案件移送人民检察院审查起诉时,可以提出从宽处理的建议,人民检察院在审查逮捕和审查起诉时应当充分考虑公安机关的建议。

无论是公安机关主持的和解,还是检察机关自己主持的和解,检察机关都可以根据案件情况和犯罪嫌疑人社会危险性程度,作出是否批准逮捕、是否变更强制措施、是否起诉、起诉是否需要向人民法院提出从宽处罚的量刑建议的决定。

对公安机关、人民检察院主持制作的和解协议书,当事人提出异议的,人民法院应当审查。经审查,和解自愿、合法的,予以确认,无须重新制作和解协议书;和解不具有自愿性、合法性的,应当认定无效。和解协议被认定无效后,双方当事人重新达成和解的,人民法院应当主持制作新的和解协议书。

审判期间,双方当事人和解的,人民法院应当听取当事人及其法定代理人等有关人员的意见。双方当事人在庭外达成和解的,人民法院应当通知人民检察院,并听取其意见。经审查,和解自愿、合法的,应当主持制作和解协议书。

对达成和解协议的案件,人民法院应当对被告人从轻处理。在共同犯罪案件中,只有部分被告人与被害人达成和解协议的,可以依法对该部分被告人从宽处罚,但要注意全案的量刑平衡。对于达成和解协议的案件,人民法院应当在裁判文书中作出叙述,并援引相关法条。

第三节　缺席审判程序

一、缺席审判程序的含义

缺席判决是对席判决的对称。刑事缺席审判,是指为了及时打击犯罪,针对特殊类型的犯罪案件，在犯罪嫌疑人、被告人不能到庭的情况下而对其进行审理和判决的一种刑事诉讼制度。

设立缺席审判制度是反腐败和国际追逃追赃的现实需要，为海外追逃追赃工作奠定了坚实的法律基础，对于以法治方式推进反腐败斗争，发挥法律的震慑和惩治双重效果，具有重要意义。

二、缺席审判程序适用范围和条件

《刑事诉讼法》第 291 条第 2 款规定："对于贪污贿赂犯罪案件，以及需要及时进行审判，经最高人民检察院核准的严重危害国家安全犯罪、恐怖活动犯罪案件，犯罪嫌疑人、被告人在境外，监察机关、公安机关移送起诉，人民检察院认为犯罪事实已经查清，证据确实、充分，依法应当追究刑事责任的，可以向人民法院提起公诉。人民法院进行审查后，对于起诉书中有明确的指控犯罪事实，符合缺席审判程序适用条件的，应当决定开庭审判。"

（一）案件适用范围

1. 贪污贿赂犯罪案件；

2. 需要及时进行审判，经最高人民检察院核准的严重危害国家安全犯罪、恐怖活动犯罪案件。

（二）适用条件

1. 犯罪嫌疑人、被告人在境外；

2. 监察机关、公安机关移送起诉，人民检察院认为犯罪事实已经查清，证据确实、充分，依法应当追究刑事责任的；

3. 人民法院进行审查后，对于起诉书中有明确的指控犯罪事实，符合缺席审判程序适用条件的。

三、缺席审判程序的管辖

对于以上类型的案件缺席审判，由犯罪地、被告人离境前居住地或者最高人民法院指定的中级人民法院组成合议庭进行审理。

四、文书送达

《刑事诉讼法》第 292 条规定，人民法院应当通过有关国际条约规定的或者外交途径提出的司法协助方式，或者被告人所在地法律允许的其他方式，将传票和人民检察院的起诉书副本送达被告人。传票和起诉书副本送达后，被告人未按要求到案的，人民法院应当开庭审理，依法作出判决，并对违法所得及其他涉案财产作出处理。

根据本条规定，向境外送达诉讼文书方式：有国际条约的，首先考虑按照国际条约规定的方式送达；没有国际条约的，通过另外两种方式送达。另外，按照我国《国际刑事司法协助法》的规定，向国外送达文书时，办案机关应当制作刑事司法协助请求书并附相关材料，经所属主管机关审核同意后，由对外联系机关及时向外国提出请求。请求书应当载明受送达人的姓名或者名称、送达的地址以及需要告知受送达人的相关权利和义务。

五、权利保障

《刑事诉讼法》第293条和第294条明确规定了被告人的诉讼权利。

1. 被告人有权委托辩护人，被告人的近亲属可以代为委托辩护人；

2. 被告人及其近亲属没有委托辩护人的，人民法院应当通知法律援助机构指派律师为其提供辩护；

3. 被告人或者其近亲属不服判决的，有权向上一级人民法院上诉。辩护人经被告人或者其近亲属同意，可以提出上诉。

六、重新审理

根据《刑事诉讼法》第295条的规定，缺席审判程序重新审理的情况有两种：

1. 在审理过程中，被告人自动投案或者被抓获的，人民法院应当重新审理。

2. 罪犯在判决、裁定发生法律效力后到案的，人民法院应当将罪犯交付执行刑罚。交付执行刑罚前，人民法院应当告知罪犯有权对判决、裁定提出异议。罪犯对判决、裁定提出异议的，人民法院应当重新审理。

《刑事诉讼法》第295条规定了外逃被告人到案后的程序流转问题，按照到案的先后循序，分不同情况处理：（1）审理过程中，被告人到案的，缺席审判的条件消失，程序流转，一律重新审理。（2）判决裁定生效后，被告人到案的，要交付执行；如被告人对判决、裁定有异议，人民法院应重新审理。从理论上看，这里的重新审理应该是启动审判监督程序的重新审判，但《刑事诉讼法》对启动再审的案件是有条件限制的，即“确有错误”的才能再审。按照本条的规定，被告人只要对生效判决、裁定提出异议，一律再审。

七、特殊情形下的缺席审判

（一）因病无法出席法庭的缺席审判

《刑事诉讼法》第296条规定，因被告人患有严重疾病无法出庭，中止审理超过6个月，被告人仍无法出庭，被告人及其法定代理人、近亲属申请或者同意恢复审理的，人民法院可以在被告人不出庭的情况下缺席审理，依法作出判决。

根据本条规定，因病无法出席法庭缺席审判的条件是：（1）被告人患有严重疾病。本条中的“严重疾病”应作限制解释。（2）宽延期限6个月。之所以规定6个月的宽延期限，既考虑到给有恢复可能的被告人一定的“等待期”，又考虑到为患有精神疾病无行为能力人，确定法定代理人需要的时间。（3）被告人及法定代理人、近亲属申请或同意恢复审理。

（二）死亡被告人的缺席审判

《刑事诉讼法》第297条规定：“被告人死亡的，人民法院应当裁定终止审理，但有证据证明被告人无罪，人民法院经缺席审理确认无罪的，应当依法作出判决。人民法院按照审判监督程序重新审判的案件，被告人死亡的，人民法院可以缺席审理，依法作出判决。”

根据本条第1款的规定，审判过程中被告人死亡的，人民法院一般应裁定终止审理，但有证据证明被告人无罪，人民法院经审理确认无罪的，应作无罪判决。

本条第2款规定了审判监督程序中的缺席审判制度。在审判监察程序中，被告人死亡的，人民法院可以缺席审判，依法判决。考虑到我国审判监督程序是为了纠正错误判决而启动的特别程序，因此，人民法院依照审判监督程序作出的判决结果，既可能有利于被告人也可能不利于被告人。但是考虑到被告人已经死亡的事实，可罚性判决已经失去意义，建议人民法院充分行使裁量权，只依法判处有利于被告人的无罪判决。这符合审判监督对已经死亡原审被告人缺席审判的人格权益保护目的。

第四节　违法所得的没收程序

一、违法所得的没收程序的概念

违法所得的没收程序，又称犯罪嫌疑人、被告人逃匿、死亡案件违法所得没收程序，是指在贪污贿赂犯罪、恐怖活动犯罪等重大犯罪案件的诉讼过程中，由于犯罪嫌疑人、被告人长时间逃匿不能归案，或者犯罪嫌疑人、被告人死亡，依照《刑事诉讼法》的规定追缴其违法所得及其他涉案财产，公安司法机关对案件中的涉案财产予以处理的一种特别程序。

二、违法所得的没收程序的适用条件

(一)贪污贿赂犯罪、恐怖活动犯罪等重大犯罪案件

根据《刑事诉讼法》第298条的规定，该程序主要适用于以下三类案件：(1)贪污贿赂犯罪案件；(2)恐怖活动犯罪案件；(3)其他重大犯罪案件，包括洗钱罪、毒品犯罪等案件。以上三类犯罪案件必须同时具备重大犯罪案件的条件。重大犯罪案件是指该案的犯罪嫌疑人、被告人可能被判处无期徒刑以上刑罚，或者该案在本省、自治区、直辖市或者全国范围内有较大影响，或者其他重大犯罪案件。

(二)犯罪嫌疑人、被告人逃匿，较长时间内不能到案，或犯罪嫌疑人、被告人死亡

较长时间内不能到案，是指犯罪嫌疑人、被告人实施了贪污贿赂犯罪、恐怖活动犯罪等重大犯罪后逃匿，在通缉1年后不能到案，自通缉令发布之日起1年后，可以启动违法所得的没收程序。如果犯罪嫌疑人、被告人能够到案接受处理的，应当依照《刑事诉讼法》有关侦查、起诉和审判的程序进行处理，不能单独对其财产进行审理，也不能在不到庭的情况下对其财产进行审理。

已立案的刑事案件，在案件判决之前，犯罪嫌疑人、被告人死亡的，应当撤销案件，或者不起诉，或者终止审理，或者宣告无罪。在诉讼过程中，如果已经查清的犯罪事实、证据能够证明犯罪嫌疑人、被告人应当追究刑事责任，符合没收违法所得条件的，检察机关可以依法向人民法院提出没收违法所得的申请，从而启动这一特别程序。

(三)依照《刑法》规定应当追缴其违法所得及其他涉案财产

违法所得及其他涉案财产，是指犯罪嫌疑人、被告人实施犯罪行为所取得的财物及其孳息以及犯罪嫌疑人非法持有的违禁品、供犯罪所用的本人财物。包括动产、不动产、存款、汇款、债券、股票、基金份额等。需要注意的是，对犯罪嫌疑人、被告人的合法财产，不得在该程序中没收，这与附加刑中的没收财产是有区别的。

三、违法所得的没收程序的启动

(一)公安机关侦办的案件

依照《刑法》规定应当追缴其违法所得及其他涉案财产的，经县级以上公安机关负责人批准，公安机关应当写出没收违法所得意见书，连同相关证据材料一并移送同级人民检察院。公安机关向人民检察院移送没收违法所得意见，由有管辖权的人民检察院的同级公安机关移送。

人民检察院应当在接到公安机关移送的没收违法所得意见书后30日以内作出是否提出没收违法所得申请的决定。30日以内不能作出决定的，经检察长批准，可以延长15日。

人民检察院经审查，认为符合没收违法所得的适用条件的，应向有管辖权的法院依法提出违法所得没收申请。

对于公安机关移送的没收违法所得案件，经审查认为不符合《刑事诉讼法》第298条第1款规定条件的，作出不提出没收违法所得申请的决定，并向公安机关书面说明理由；认为需要补充证据的，应当书面要求公安机关补充证据，必要时也可以自行调查。

人民检察院发现公安机关应当启动违法所得没收程序而不启动的，可以要求公安机关在7日以内书面说明不启动的理由；经审查，认为公安机关不启动理由不能成立的，应当通知公安机关启动程序。

（二）检察机关直接受理的案件

人民检察院直接立案侦查的案件，认为需要依法没收犯罪嫌疑人、被告人逃匿、死亡案件违法所得的，侦查部门应当启动违法所得没收程序进行调查。确实需要依法予以没收的，侦查部门写出没收违法所得意见书，连同案卷材料一并移送有管辖权的人民检察院侦查部门，并由有管辖权的人民检察院侦查部门移送本院公诉部门。

公诉部门对没收违法所得意见书进行审查，作出是否提出没收违法所得申请的决定，具体程序按照最高人民检察院《规则》第522条、第523条的规定办理。认为符合没收违法所得的适用条件的，应向有管辖权的人民法院提出违法所得没收申请。

四、审理和裁决

（一）审判组织和管辖

根据《刑事诉讼法》第299条的规定，没收违法所得的申请，由犯罪地或者犯罪嫌疑人、被告人居住地的中级人民法院组成合议庭进行审理。

（二）公告

人民法院决定受理没收违法所得的申请后，应当在15日内发出公告，公告期为6个月。公告程序的设立，一方面督促逃匿的犯罪嫌疑人归案参加诉讼，另一方面便于犯罪嫌疑人、被告人的近亲属和其他利害关系人了解案情和被没收财产，同时也有时间委托诉讼代理人参加诉讼。

（三）审理和裁决

公告期满后，人民法院应当组成合议庭对申请没收违法所得的案件进行审理。利害关系人申请参加诉讼的，人民法院应当开庭审理。没有利害关系人申请参加诉讼的，可以不开庭审理。开庭审理申请没收违法所得的案件，人民检察院应当派员出庭，并承担举证责任。审理程序按照以下程序进行：审判长宣布法庭调查开始后，先由检察员宣读申请书，后由利害关系人、诉讼代理人发表意见；法庭应当依次就犯罪嫌疑人、被告人是否实施了贪污贿赂犯罪、恐怖活动犯罪等重大犯罪并已经通缉 1 年不能到案，或者是否已经死亡，以及申请没收的财产是否依法应当追缴进行调查；调查时，先由检察员出示有关证据，后由利害关系人发表意见、出示有关证据，并进行质证；法庭辩论阶段，先由检察员发言，后由利害关系人及其诉讼代理人发言，并进行辩论。

对申请没收违法所得的案件，人民法院审理后，应当按照下列情形分别处理：（1）案件事实清楚，证据确实、充分，申请没收的财产确属违法所得及其他涉案财产的，除依法返还被害人的以外，应当裁定没收；（2）不符合违法所得没收所需条件的，应当裁定驳回申请。

五、没收程序的上诉、抗诉

对没收违法所得或者驳回申请的裁定，犯罪嫌疑人、被告人的近亲属和其他利害关系人或者人民检察院可以在 5 日内提出上诉、抗诉，从而启动二审程序。

六、犯罪嫌疑人、被告人逃匿、死亡案件违法所得的没收程序的终止

根据《刑事诉讼法》第 301 条的规定，在审理过程中，在逃的犯罪嫌疑人、被告人自动投案或者被抓获的，人民法院应当终止审理。终止审理意味着案件将回归正常的审判程序，对犯罪嫌疑人、被告人涉案财物的处理问题将在判决中一并作出。

七、到案犯罪嫌疑人、被告人对没收裁定的异议

没收违法所得裁定生效后，犯罪嫌疑人、被告人到案并对没收裁定提出异议，人民检察院向原作出裁定的人民法院提起公诉的，可以由同一审判组织审理。人民法院经审理，应当按照下列情形分别处理：（1）原裁定正确的，予以维持，不再对涉案财产作出判决；（2）原裁定确有错误的，应当撤销原裁定，并在判决中对有关涉案财产一并作出处理。人民法院生效的没收裁定确有错误的，应当依照审判监督程序予以纠正。已经没收的财产，应当及时返还；财产已经上缴国库的，由原没收机关从财政机关申请退库，予以返还；原物已经出卖、拍卖的，应当退还价款；造成犯罪嫌疑人、被告人以及利害关系人财产损失的，应当依法赔偿。

第五节 刑事强制医疗程序

一、刑事强制医疗程序的概念

刑事强制医疗程序，又称为依法不负刑事责任的精神病人的强制医疗程序，是对于实施了犯罪行为的依法不承担刑事责任的精神病人，进行依法认定后予以强制医疗的一种特别程序。该程序的设立，有利于防止精神病人继续实施危害社会的行为，有利于维护和保障精神病人的合法权益，有利于精神病的认定、强制医疗的程序的规范化。

二、刑事强制医疗程序的适用条件

依据《刑事诉讼法》第 302 条的规定，行为人如果同时满足以下三个条件，无论家属是否能够、愿意履行监护职责，都应入院接受刑事强制治疗。

（一）实施了危害公共安全或者严重危害公民人身安全的暴力行为

刑事强制医疗程序的适用对象限于具有暴力倾向以及主动攻击意识的精神病人，这在客观上要求行为人实施了暴力行为，危害了公共安全或严重危害了公民的人身安全。需要特别指出的是，精神病人是否实施暴力行为，以及暴力行为危害公共安全或其他公民的人身安全是否达到犯罪的程度，这是适用该程序必须予以考量的。如果未实施暴力行为，或者暴力行为未侵犯公共安全或其他公民的人身安全，或者尽管以暴力行为危害了公共安全或其他公民的人身安全，但尚未达到犯罪程度，这些情况下均不应适用刑事强制医疗程序。

（二）经精神病司法鉴定程序确认为无刑事责任能力

精神病司法鉴定程序是刑事强制医疗的必经程序，只有经过鉴定被认定为依法不负刑事责任的精神病人，才可能被刑事强制医疗。精神病司法鉴定可以在侦查阶段作出，也可以在审查起诉阶段作出，还可以在审理阶段作出。在法院审理阶段，为保障刑事强制医疗的正确适用，合议庭有权根据当事人双方任何一方的申请或者依照职权再次启动精神病司法鉴定，并将其作为刑事强制医疗决定的依据。

（三）有继续危害社会的可能

继续危害社会的可能，应该从精神病人的主观状态和客观表现两个方面衡量和判断。主观状态主要为精神状态，由精神病鉴定过程中鉴定机构作出相应评估；客观表现为行为人实施的危害行为和危害结果所达到的严重程度。

三、刑事强制医疗的启动和决定程序

（一）刑事强制医疗的启动程序

1. 公安机关发现并启动

在侦查的过程中，对经法定程序鉴定依法不负刑事责任的精神病人，有继续危害社会可能，符合刑事强制医疗条件的，公安机关应当在7日以内写出刑事强制医疗意见书，经县级以上公安机关负责人批准，连同相关证据材料和鉴定意见一并移送同级人民检察院。在人民法院决定刑事强制医疗前，经县级以上公安机关负责人批准，公安机关可以采取临时的保护性约束措施，必要时可以将其送精神病医院接受治疗。

人民检察院在接到公安机关移送的刑事强制医疗意见书后30日以内作出是否提出刑事强制医疗申请的决定。根据案情及犯罪嫌疑人的精神状态，检察机关可以作如下处理：（1）经审查符合刑事强制医疗条件的，应依法作出不起诉的决定，同时向人民法院提出刑事强制医疗的申请；（2）经审查认为不符合刑事强制医疗条件的，应当作出不提出刑事强制医疗申请的决定，并向公安机关书面说明理由；（3）认为需要补充证据的，应当书面要求公安机关补充证据，必要时也可以自行调查。

2. 检察机关发现并启动

在审查起诉中，犯罪嫌疑人经鉴定为依法不负刑事责任的精神病人的，符合刑事强制医疗的条件的，人民检察院应当作出不起诉决定，并向人民法院提出刑事强制医疗的申请。

3. 人民法院发现并启动

如果检察机关在移送起诉案件时没有提出刑事强制医疗的申请，人民法院在审理案件的过程中发现被告人可能符合刑事强制医疗的条件的，应当依照职权启动刑事强制医疗程序，对被告人进行精神病司法鉴定。

（二）检察机关对强制医疗程序启动的监督

人民检察院发现公安机关应当启动刑事强制医疗程序而不启动的，可以要求公安机关在7日以内书面说明不启动的理由。经审查，认为公安机关不启动理由不能成立的，应当通知公安机关启动程序。

人民检察院发现公安机关对涉案精神病人进行鉴定的程序违反法律或者采取临时保护性约束措施不当的，应当提出纠正意见。公安机关应当采取临时保护性约束措施而尚未采取的，人民检察院应当建议公安机关采取临时保护性约束措施。

对开庭审理的刑事强制医疗案件，人民检察院应当派员出席法庭，进行相关诉讼活动和法律监督。

（三）审理和认定程序

作为一种特别程序，《刑事诉讼法》和相关司法解释只对相对特殊的地方作了规定，没有规定的参照公诉案件的第一审普通程序和第二审程序的规定。

1. 审理以开庭审理为原则，不开庭审理为例外

审理刑事强制医疗案件，应当组成合议庭，开庭审理。但是，被申请人、被告人的法定代理人请求不开庭审理，经人民法院审查同意的除外。

2. 开庭审理

开庭审理申请刑事强制医疗的案件，按照下列程序进行：（1）审判长宣布法庭调查开始后，先由检察员宣读申请书，后由被申请人的法定代理人、诉讼代理人发表意见。(2) 法庭依次就被申请人是否实施了危害公共安全或者严重危害公民人身安全的暴力行为、是否属于依法不负刑事责任的精神病人、是否有继续危害社会的可能进行调查；调查时，先由检察员出示有关证据，后由被申请人的法定代理人、诉讼代理人发表意见、出示有关证据，并进行质证。(3) 法庭辩论阶段，先由检察员发言，后由被申请人的法定代理人、诉讼代理人发言，并进行辩论。

被申请人要求出庭，人民法院经审查其身体和精神状态，认为可以出庭的，应当准许。出庭的被申请人，在法庭调查、辩论阶段，可以发表意见。检察员宣读申请书后，被申请人的法定代理人、诉讼代理人无异议的，法庭调查可以简化。

3. 裁决

对申请刑事强制医疗的案件，人民法院审理后，应当按照下列情形分别处理：（1）符合刑事强制医疗条件的，作出对被申请人刑事强制医疗的决定。(2) 被申请人属于依法不负刑事责任的精神病人，但不符合刑事强制医疗条件的，应当作出驳回刑事强制医疗申请的决定；被申请人已经造成危害结果的，应当同时责令其家属或者监护人严加看管和医疗。(3) 被申请人具有完全或者部分刑事责任能力，依法应当追究刑事责任的，作出驳回刑事强制医疗申请的决定，并退回人民检察院依法处理。

人民法院在一审中发现并启动刑事强制医疗程序，审理后，应当按照下列情形分别处理：(1) 被告人符合刑事强制医疗条件的，应当判决宣告被告人不负刑事责任，同时作出对被告人刑事强制医疗的决定；（2）被告人属于依法不负刑事责任的精神病人，但不符合刑事强制医疗条件的，应当判决宣告被告人无罪或者不负刑事责任，被告人已经造成危害结果的，应当同时责令其家属或者监护

人严加看管和医疗；（3）被告人具有完全或者部分刑事责任能力，依法应当追究刑事责任的，应当依照普通程序继续审理。

人民法院在审理第二审刑事案件过程中，发现被告人可能符合刑事强制医疗条件的，可以依照刑事强制医疗程序对案件作出处理，也可以裁定发回原审人民法院重新审判。

4. 审理期限

人民法院经审理，对于被申请人或者被告人符合刑事强制医疗条件的，应当在1个月以内作出刑事强制医疗的决定。

四、刑事强制医疗的复议程序

被决定刑事强制医疗的人、被害人及其法定代理人、近亲属对刑事强制医疗决定不服的，可以自收到决定书之日起5日内向上一级人民法院申请复议。复议期间不停止执行刑事强制医疗的决定。对不服刑事强制医疗决定的复议申请，上一级人民法院应当组成合议庭审理，并在1个月内，按照下列情形分别作出复议决定：（1）被决定刑事强制医疗的人符合强制医疗条件的，应当驳回复议申请，维持原决定；（2）被决定刑事强制医疗的人不符合刑事强制医疗条件的，应当撤销原决定；（3）原审违反法定诉讼程序，可能影响公正审判的，应当撤销原决定，发回原审人民法院重新审判。

五、刑事强制医疗的解除

刑事强制医疗解除的申请可以由刑事强制医疗机构或被强制医疗的人及其近亲属向原审人民法院提出。原审人民法院应组成合议庭进行审查，并在受理之日起1个月内作出是否解除刑事强制医疗的决定。

第六节　涉外刑事诉讼程序

一、涉外刑事诉讼程序的概念

涉外刑事诉讼程序，是指诉讼活动涉及外国人（包括无国籍人）或需要在国外进行的刑事诉讼所特有的方式、方法和步骤。涉外刑事诉讼在程序上有涉外因素，因而在调查取证、羁押犯罪嫌疑人或被告人、送达等方面，都要采取与非涉外刑事诉讼不同的方式、方法和步骤。涉外刑事诉讼是中国刑事诉讼活动的一个组成部分，因而它所适用的实体法和程序法都应是中国的法律以及中国参加或者缔结的国际条约或国际公约，不存在适用外国实体法和程序法的问题。

二、涉外刑事诉讼程序适用的案件范围

由于涉外刑事诉讼是诉讼活动涉及外国人或者某些诉讼活动需要在国（境）外进行的刑事诉讼，所以只有以下几种案件才可能适用涉外刑事诉讼程序。

1. 中国公民在中华人民共和国领域内对外国公民、无国籍人及外国法人犯罪的案件。

2. 外国公民、无国籍人或外国法人在中华人民共和国领域内对中国国家、组织或者公民实施犯罪的案件。

3. 外国公民、无国籍人或者外国法人在中华人民共和国领域内侵犯外国公民、无国籍人或者外国法人的合法权利，触犯中国刑法，构成犯罪的案件。

4. 中华人民共和国缔结或者参加的国际条约所规定的，中国有义务管辖的国际犯罪行为。

5. 外国公民、无国籍人、外国法人在中华人民共和国领域外对中国国家或公民实施的，按照中国刑法的规定最低刑为3年以上有期徒刑的犯罪案件，但按照犯罪地法律不受处罚的除外。

6. 某些刑事诉讼活动需要在国外进行的非涉外刑事案件。包括：《刑法》第7条规定的中国公民在中国领域之外犯罪的案件；中国公民在中国领域内犯罪，犯罪后潜逃出境的案件；犯罪嫌疑人、被告人、被害人均为中国公民，但证人是外国人且诉讼时已出境的案件。

7. 外国司法机关管辖的，根据国际条约或者互惠原则，外国司法机关请求中国司法机关为其提供刑事司法协助的案件。

三、涉外刑事诉讼程序的特有原则

我国目前尚没有系统的涉外刑事诉讼立法，现行刑事诉讼法对涉外刑事诉讼的规定也不完善，所以至今并未有法定的涉外刑事诉讼原则。但是，作为一种与非涉外刑事诉讼不完全相同的涉外刑事诉讼，它本身应当具有一些特有原则。涉外刑事诉讼的特有原则，有的是对刑事诉讼基本原则的补充，如“适用中国刑事法律与信守国际条约相结合的原则”“外籍当事人委托中国律师辩护和代理的原则”，有的是对某项刑事诉讼基本原则的具体化，如“外籍被告人依法享有中国法律规定的诉讼权利并承担诉讼义务原则”，就是“保障诉讼参与人享有诉讼权利”这一基本原则的具体化。

（一）适用中国刑事法律和信守国际条约相结合的原则

适用中国刑事法律和信守国际条约相结合原则，是指公安司法机关及诉讼参与人在进行涉外刑事诉讼时，除了要遵守中国刑法和刑事诉讼法外，还应当遵守中国缔结或者参加的国际条约中有关刑事诉讼程序的具体规定，除非中国对该条款有保留。如果中国的刑事法律与中国缔结或者参加的国际条约有冲突，应当适用国际条约的有关规定。

（二）外国籍犯罪嫌疑人、被告人享有中国法律规定的诉讼权利并承担诉讼义务的原则

外国籍犯罪嫌疑人、被告人享有中国法律规定的诉讼权利并承担诉讼义务原则，是指具有外国国籍的犯罪嫌疑人、被告人（包括无国籍人及外国籍法人）在涉外刑事诉讼中，依照中国刑事诉讼法和其他法律的有关规定，享有诉讼权利，承担诉讼义务，他既不能享有本国法规定的诉讼权利，也不必承担本国法所规定的诉讼义务。

（三）使用中国通用的语言文字进行诉讼的原则

使用本国通用的语言文字进行涉外刑事诉讼，是国家司法主权独立和尊严的象征，是各国涉外刑事诉讼立法普遍采用的一项原则。最高人民法院在其发布的有关司法解释中，对人民法院审判涉外刑事案件时如何适用这项原则作了明确规定。根据这个规定的内容及司法实践经验，使用中国通用语言文字进行诉讼原则包括以下内容：（1）司法机关在进行涉外刑事诉讼时，使用中国通用的语言进行预审、法庭审判和调查讯问。（2）司法机关在涉外刑事诉讼中制作的诉讼文书为中文文本。（3）司法机关在涉外刑事诉讼中，应当为外国籍犯罪嫌疑人、被告人提供翻译。如果外国籍犯罪嫌疑人、被告人通晓中国语言文字，拒绝为其提供翻译的，应当由本人出具书面声明，或者将他的口头声明记录在卷。（4）为便于诉讼的顺利进行，司法机关在送达外国籍犯罪嫌疑人、被告人及其他当事人的中文本诉讼文书时应当附有犯罪嫌疑人、被告人通晓的外文译本。但外文译本不加盖司法机关印章，送达的文书内容以中文本为准。

（四）外国籍当事人委托中国律师辩护或代理的原则

外国籍当事人如欲委托律师辩护或代理，必须委托在中国注册的律师，不允许委托外国律师。外国律师接受委托担任辩护人或诉讼代理人参加诉讼，不以律师的名义或身份出庭，不享有中国法律赋予律师的权利，人民法院只将其视为一般的辩护人或诉讼代理人；人民法院为没有委托辩护人的外国籍被告人指定辩护人，应当指定中国律师。

四、刑事司法协助

刑事司法协助是指根据国内法律的规定、共同参加的国际条约、双边协定或互惠原则，我国（他国）的公安司法机关，依他国（我国）的公安司法机关的请求，代为或者协助实行与刑事诉讼有关的司法行为。刑事司法协助的请求由我国的公安司法机关或他国公安司法机关提出，对方予以代为或协助。其活动内容包括：代为送达刑事诉讼文书、委托调查取证、协助侦查案件、移交有关物品、引渡、对外国生效判决的承认和执行等。

实训案例

案例一

被告人陈某（16 岁）伙同吴某某（25 岁，另案起诉）将停放在 × 市润和小区 8 号楼下的一辆摩托车盗走。经鉴定，价值 3060 元。陈某又伙同吴某某、李某某（未达刑事责任年龄）将停放在 × 市开元小区便道上的一辆踏板摩托车盗走。经鉴定，价值 1440 元。人民检察院对陈某的成长经历、犯罪原因、监护教育等情况进行了调查，了解到陈某智商偏低，自理能力较差。检察机关依法向人民法院提起公诉。法院受理后，依法组成合议庭，不公开开庭审理了本案，判决被告人陈某犯盗窃罪，处罚金 5000 元。

问题：

1. 对吴某某另案起诉，体现了未成年人刑事案件诉讼程序的什么原则？

2. 人民检察院为什么要对陈某的成长经历、犯罪原因、监护教育等情况进行了调查？公安机关、法院是否也应该调查，为什么？

3. 此案为什么要不公开审理？

4. 如果在此案审理过程中，陈某的法定代理人没有委托辩护人，法院应当如何处理？

5. 陈某的犯罪记录应如何处理？

分析：

1. 对吴某某的另案起诉，体现了分案处理的原则。《人民检察院办理未成年人刑事案件的规定》第 51 条第 1 款规定："人民检察院审查未成年人与成年人共同犯罪案件，一般应当将未成年人与成年人分案起诉。但是具有下列情形之一的，可以不分案起诉：（一）未成年人系犯罪集团的组织者或者其他共同犯罪中的主犯的；（二）案件重大、疑难、复杂，分案起诉可能妨碍案件审理的；（三）涉及刑事附带民事诉讼，分案起诉妨碍附带民事诉讼部分审理的；（四）具有其他不宜分案起诉情形的。”由此，对共同犯罪案件中，未成年人涉嫌犯罪的，一般应该分案起诉。

2.《刑事诉讼法》第279条规定，公安机关、人民检察院、人民法院办理未成年人刑事案件，根据情况可以对未成年犯罪嫌疑人、被告人的成长经历、犯罪原因、监护教育等情况进行调查。因此，本案中公检法机关都有义务进行未成年人社会情况调查，作为教育和办案的参考。

3.《刑事诉讼法》第285条规定，审判的时候被告人不满18周岁的案件，不公开审理。本案中，被告人陈某为16周岁，根据该条规定，应不公开审理。

4.《刑事诉讼法》第278条规定：“未成年犯罪嫌疑人、被告人没有委托辩护人的，人民法院、人民检察院、公安机关应当通知法律援助机构指派律师为其提供辩护。”陈某的法定代理人没有委托辩护人，人民法院应当通知法律援助机构指派律师为其提供辩护。

5.《刑事诉讼法》第286条规定：“犯罪的时候不满十八周岁，被判处五年有期徒刑以下刑罚的，应当对相关犯罪记录予以封存。犯罪记录被封存的，不得向任何单位和个人提供，但司法机关为办案需要或者有关单位根据国家规定进行查询的除外。依法进行查询的单位，应当对被封存的犯罪记录的情况予以保密。”本案中，被告人陈某年龄为16周岁，且被判处刑罚为罚金5000元，根据该条规定，陈某的犯罪记录应该予以封存。

案例二

被害人贺某开车载刘某到某村一赌场找人。在准备离开时，正好遇见刚从赌场出来的两个年轻人（阻止开赌场），因刘某认识其中一个人，便答应带他们回县城。还未出村时，被被告人李某某所驾驶的黑色别克车拦住，李某某伙同五六个人围住砸烂贺某的车，李某某持匕首将贺某刺伤，经鉴定，贺某的损伤程度为重伤乙级。庭审后，被告人李某某向被害人贺某赔礼道歉，达成了赔偿×万元的和解协议，取得了被害人的谅解和从宽处罚的建议。

该案是否适用刑事和解并对被告人予以减轻处罚有两种意见。

一种意见认为，根据最高人民法院《解释》第334条第1项之规定，本案系非民间纠纷引起，不能适用和解程序，即不能对被告人适用减轻处罚。

另一种意见认为，民间纠纷的含义宽泛，上述解释规定，主要是限制《刑法》分则第四章、第五章其他罪名的适用。该案系错伤他人，被告人与被害人之间既非民间纠纷也不是因民间纠纷引起的，被告人能向被害人赔礼道歉，赔偿全部损失，得到被害人谅解，被害人也请求对被告人从宽处理，根据规范化量刑很可能在3年以下，就可以适用减轻处罚。

问题：该案能否适用当事人和解的公诉案件诉讼程序？

思考与练习题

1. 未成年人刑事案件诉讼程序的基本原则有哪些?
2. 未成年人刑事案件诉讼程序具有哪些特点?
3. 刑事和解适用的案件范围有哪些?
4. 刑事和解的适用条件是怎样的?
5. 违法所得没收程序的适用条件有哪些?
6. 刑事强制医疗程序的适用条件有哪些?
7. 涉外刑事诉讼程序有哪些原则?

参考文献

1. 陈光中主编:《刑事诉讼法学》，北京大学出版社、高等教育出版社2013年版。

2. 汪海燕主编:《刑事诉讼法》，中国政法大学出版社2015年版。

3. 刘军主编:《刑事诉讼法原理与实务》，中国政法大学出版社2014年版。

4. 郎胜主编:《中华人民共和国刑事诉讼法释义》，法律出版社2012年版。

5. 宋英辉:《刑事诉讼目的论》，中国人民公安大学出版社1995年版。

6. 李心鉴:《刑事诉讼构造论》，中国政法大学出版社1997年版。

7. 熊秋红:《刑事辩护论》，法律出版社1998年版。

8. 陈永生:《刑事诉讼的宪政基础》，北京大学出版社2010年版。

9. 樊崇义主编:《刑事诉讼法教程》，中国政法大学出版社1998年版。

10. 陈瑞华:《刑事审判原理论》(第2版)，北京大学出版社2003年版。

11. 陈光中主编:《刑事诉讼法学教学案例》，法律出版社2007年版。

12. 龙宗智:《相对合理主义》，中国政法大学出版社1999年版。

13. 陈卫东主编:《刑事诉讼法实施问题对策研究》，中国方正出版社2002年版。

14. 陈瑞华:《刑事诉讼的前沿问题》，中国人民大学出版社2005年版。

15. 汪建成:《理想与现实——刑事证据理论的新探索》，北京大学出版社2006年版。

16. 龙宗智:《刑事庭审制度研究》，中国政法大学出版社2001年版。

17. 孙长永:《探索正当程序——比较刑事诉讼法专论》，中国法制出版社2005年版。

18. 王以真主编:《外国刑事诉讼法学》，北京大学出版社2004年版。

19. 甄贞主编:《刑事诉讼法学研究综述》，法律出版社2002年版。

20. 陈瑞华:《问题与主义之间——刑事诉讼基本问题研究》,中国人民大学出版社 2003 年版。

21. 汪建成:《冲突与平衡——刑事程序理论的新视觉》,北京大学出版社 2006 年版。

22. 汪海燕等:《刑事诉讼法》,中国政法大学出版社 2013 年版。